U0744170

宁波市社会科学研究基地研究课题成果(JD15MGB)

2019 年度宁波市社会科学学术著作出版资助项目(19CB—B01)

徐青甫评传

沈松平 著

浙江工商大学出版社 ZHEJIANG GONGSHANG UNIVERSITY PRESS | 杭州

图书在版编目(CIP)数据

徐青甫评传 / 沈松平著. —杭州：浙江工商大学出版社，2019.9

ISBN 978-7-5178-3470-0

Ⅰ.①徐… Ⅱ.①沈… Ⅲ.①徐青甫(1879—1961)—评传 Ⅳ.①K825.31

中国版本图书馆 CIP 数据核字(2019)第 209147 号

徐青甫评传

XUQINGFU PINGZHUAN

沈松平 著

责任编辑 周敏燕
封面设计 林朦朦
责任印制 包建辉
出版发行 浙江工商大学出版社
(杭州市教工路 198 号 邮政编码 310012)
(E-mail:zjgsupress@163.com)
(网址:http://www.zjgsupress.com)
电话:0571-88904980,88831806(传真)
排　　版 杭州朝曦图文设计有限公司
印　　刷 虎彩印艺股份有限公司
开　　本 787mm×960mm 1/16
印　　张 19
字　　数 302 千
版 印 次 2019 年 9 月第 1 版 2019 年 9 月第 1 次印刷
书　　号 ISBN 978-7-5178-3470-0
定　　价 50.00 元

浙江工商大学出版社营销部邮购电话 0571-88904970

徐青甫抗战时期摄于重庆

徐青甫夫妇 1961 年摄于杭州长生路老宅

徐青甫儿子徐继庄夫妇 30 岁以前摄于上海

住于杭州长生路的徐家老宅

1958 年的全家福

1961 年春节期间拍的全家福

1953 年冬徐青甫夫妇与儿媳、孙辈合影于杭州龙兴路 1 号(今延安路,1954 年售于原浙江医科大学)的徐家老宅

1958 年徐青甫夫妇与儿媳金姗如、孙子徐起华、孙女徐起坤及曾孙在杭州西湖游览

1927 年上海特别市第一届市政府组成人员合影(左七为徐青甫,时任上海特别市财政局局长,左八为上海特别市市长黄郛)

抗战时期一度迁至永康方岩的浙江省政府办公旧址——重楼

出席浙江省第一届临时参议会第一次大会的参议员与来宾合影（前排坐者左十为徐青甫，左九为时任浙江省政府主席黄绍竑）

浙江省第一届临时参议会第五次大会开幕典礼合影（前排坐者左八为徐青甫，左七为时任浙江省政府主席黄绍竑）

1955 年 2 月 22 日至 26 日，政协第一届浙江省委员会第一次全体会议在杭州召开

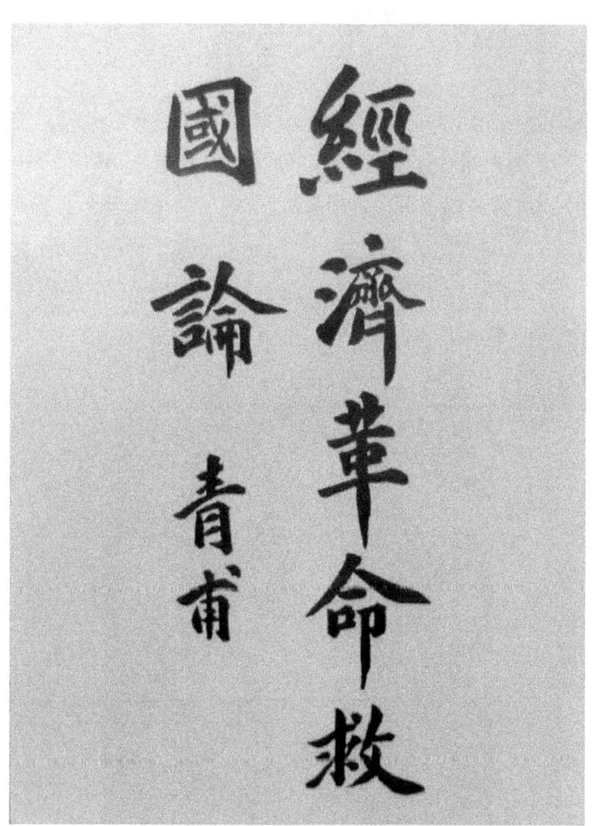

徐青甫 1932 年出版的代表作《经济革命救国论》，1987 年在香港再版

1984年10月，包玉刚夫妇乘香港港龙航空公司飞机到杭州，时任浙江省副省长徐起超(徐青甫孙子)代表省人民政府到机场迎接，并陪同包玉刚去宁波洽谈投资事宜

时任浙江省副省长徐起超与邵逸夫、方逸华夫妇1987年4月摄于宁波

目 录
CONTENTS

导 言

一、研究缘起

徐青甫(1879—1961),原名鼎,字青甫。1879 年 4 月 3 日出生,原籍浙江省镇海县崇邱乡顾家桥村(今宁波市北仑区小港街道顾家桥村),随父母居住在杭州。辛亥革命后出任浙江省诸暨县知事,因时任浙江省民政长屈映光在委任状上误写成“徐鼎年”,将错就错,以“徐鼎年”之名上任,从此改名徐鼎年。在宁波近现代历史人物中,徐青甫和其三叔的长子徐桴都是当地耳熟能详的风云人物,并且在国民党政治集团中都担任过比较重要的角色。徐青甫虽然集士绅、银行经理、官员于一身,并还是一位在经济学领域独树一帜的学者,但由于种种原因,他却一直为主流经济学界所忽视。

徐青甫早年因家贫而过早地担负起生活的重担,年仅 16 岁就经同乡介绍游幕安徽,1905 年以后又背井离乡,前往奉天、安东、汉口等地谋生。1899 年 9 月,因日语好被选中担任浙江武备学堂的翻译,在浙江武备学堂一待 7 年,从翻译做起,陆续由助教升至教授。1903 年考中秀才,成为封建时代的末代秀才。在浙江武备学堂任教期间,徐青甫受西学影响,接受了西方的民主思想和平等博爱的观念,思想上先是倾向维新变法,后来又接受了孙中山的“三民主义”,有革故鼎新之志,在政治思想、生活方式乃至价值观念上都与传统士大夫有了明显的区别,逐渐从一个传统士绅转变为新型知识分子,一个“新旧兼学”的学绅。他有在银行长期从业的经历,袁世凯复辟帝制后,眼见共和前途暗淡,遂齐仕从商,经同乡介绍出任中国银行奉天分号出纳主任一职,开始踏入银行界。从 1915 年 10 月到 1922 年 12 月,徐青甫在奉天、青岛、杭州、上海等地中国银行任职 7

年，后又担任官办浙江地方银行理事长，私营东莱银行常务董事兼总经理、监察人、董事。从抗战后期到国民党政权垮台又担任了农民银行、中国银行官股董事，对银行业务非常精通，有着丰富的银行管理经验，这为他后来成为一名学者和经济学家积累了丰富的素材。他著有《经济革命救国论》《经济革命论的要旨》《粮食问题之研究》《物价问题之研究》《国难期间经济之设计》《改善经济之途径》《通资联营组织与发展经济之关系》等经济学著作。其中《经济革命救国论》是他的代表作，系统评述了西方各种经济学说，同时又不因循旧说，而是另起炉灶，走自己的路，有自己独到的见解，力主从改革金融币制入手发展经济，提出富国救国的 13 项方策，是“货币二元论”“虚粮本位论”“物本币末论”“物品证券论”理论的倡导者。其提出的经济统制、银行国有、虚粮本位、田赋征实等思想，有些至今仍不失其光彩。由于徐青甫与南京国民政府的高层如蒋介石、黄郛等人关系特殊，与蒋介石的结拜兄弟黄郛还是总角之交，故其亦被蒋介石所熟知，并因其经济学思想得到蒋介石的欣赏而被蒋请为讲授经济学的老师，这使得他的经济学主张有了实践的可能，其经济理论间接地影响到了国民政府的经济政策的制定，对国民政府抗战时期实行战时经济统制政策尤其是实行粮食统制、“田赋征实”起到了至关重要的作用。徐青甫在北洋政府时期担任过浙江省诸暨县知事、湖北省通城县知事、浙江省政务厅厅长，南京国民政府初期短暂担任过浙江省政府财政委员、浙江省政务委员会委员、上海特别市财政局局长，1934 年后又因蒋介石欣赏其“懂得理财”而复入政坛，官至浙江省财政厅厅长、民政厅厅长、代理省主席、浙江省临时参议会议长，以善于理财闻名政、学、商（银行）三界。尤难能可贵的是，终其从政生涯，清正廉洁贯穿始终，无论是北洋政府时期，还是南京国民政府时期，他从不为自己捞钱，凡是不应是私人所得的，都让会计算清全部上缴，这在当时的官场上是不多见的。

但令人遗憾的是，对于这样一位宁波先贤、在国内具有一定影响的民国人物，还是宁波历史上为数不多的在国内数得着的经济学家，国内外过往的研究实在是太稀少了，甚至可以说是被忽略了，不仅迄今为止没有一部关于徐青甫的传记问世，即使是专门研究徐青甫的学术论文也是寥寥无几。正是基于这个原因，笔者产生了撰写《徐青甫评传》的想法，希冀抛砖引玉，以此作为系统研究徐青甫的开始，以求对徐青甫有一个全面的认识，弥补浙东、宁波名人研究中的这一空白，对民国史、中国经济史的研究也是一种丰富和深化。

二、研究回顾

徐青甫是民国知名的经济学家，其经济学思想独树一帜，著有不少经济学论著，但由于战火和一些文章未集稿刊印的缘故，散失的不少，今天仅存的书稿只有《经济革命救国论》《经济革命论的要旨》《粮食问题之研究》《物价问题之研究》《国难期间经济之设计》《改善经济之途径》《通资联营组织与发展经济之关系》《徐青甫先生演讲集（第二册）》等寥寥数种。此外，徐青甫在民国的一些报纸杂志如《银行周报》《浙江经济》《浙江商业》《浙光》《浙江自治》《浙江民意》《战旗》《胜利》《本行通讯》《中国农民银行月刊》《金融知识》《新社会》《新闻杂志》《市政评论》《浙江日报》及《东南日报》上发表了不少文章，虽可能挂一漏万，一鳞半爪，但毕竟为我们今天研究徐青甫提供了宝贵的第一手资料。

目前海内外关于徐青甫的研究非常稀少，不仅至今尚无徐青甫的传记问世，即使是专门研究徐青甫的学术成果也是寥寥无几。据笔者所知，现有的与徐青甫相关的研究成果可以分为三类：第一类是后人的回忆或文史资料上对徐青甫的片段概述。如徐青甫孙女徐启政（徐起政）的《徐青甫和他的〈经济革命救国论〉》一书，除全文照录徐青甫的代表作《经济革命救国论》一书外，还收录了她的回忆文章《我记忆中的爷爷和家族二三事》，以及沈凯璋的《近代经济学家徐青甫》、张振华的《论徐青甫和他的〈经济革命救国论〉》两篇简要概述徐青甫生平的文章，其中沈凯璋的《近代经济学家徐青甫》一文还收录于《北仑文史资料》第 1 辑。沈凯璋另有一篇短文《徐青甫与他的〈经济革命救国论〉》，则收录于《浙江近代金融业和金融家》（《浙江文史资料选辑》第 46 辑）一书。金梁的《瓜圃述异》（广文书局 1976 年版）中也有《徐青甫》一节，简要叙述其生平。上述文章的共同特点是，它们都只是对徐青甫的生平进行了简单的介绍，作用是让不知道徐青甫的人们能够在读了他们的文章之后，对徐青甫有一个大概的了解，并没有深入地发掘和做系统的研究。第二类是专门研究徐青甫经济思想某个方面的专题论文，主要有复旦大学叶世昌的《胡召南和徐青甫的经济救国论》（《上海经济研究》1991 年第 6 期）和《徐青甫的物本币末论》(《学术月刊》1992 年第 7 期),前者围绕徐青甫代表作《经济革命救国论》,阐述其从改革金融币制入手发展经济的理论,并针对其具体设想——"虚粮本位论"作专题探讨,指出其利弊;后者则围绕徐青甫 1944 年所著《物价问题之研究》一书,阐述其 20 世纪 40 年代提出的"物本币末论"思想。叶世昌、李宝金、钟祥财合著的《中国货币理论史》(厦门大学出版社 2003 年版)内有《徐青甫的虚粮本位论》和《徐青甫的物本币末论》两节,分别阐述了徐青甫的"虚粮本位论"和"物本币末论"思想。丁孝智的专著《五四以来中国商业经济思想的发展》(广东人民出版社 2001 年版)中也有《徐青甫:"通财主义"商业经营发展论》和《徐青甫:"物主币从"的物价理论》,分别简要叙述了徐青甫的商业经济思想和"物本币末论"思想。第三类是在某些论著中涉及徐青甫的情况,如胡忆红的《抗战时期政界与学界对粮食统制问题的讨论与研究》(《历史教学》2015 年第 4 期)、钟祥财的《三十年代我国币制理论述评》(《中国钱币》1992 年第 2 期)、贾钦涵的《"纸币兑现之争"与 1935 年法币改革决策》(《中国社会经济史研究》2016 年第 2 期)、笔者的专著《陈训正评传》和马晶的硕士论文《浙江省临时参议会研究(1939—1946)》等,从不同侧面或角度提到了与徐青甫相关的内容,这些研究成果自然也就成为研究徐青甫生平及其思想的二手资料,可以为研究徐青甫带来有益的帮助。

三、基本思路与整体框架

本书是徐青甫的个人传记,拟在前人鲜少研究的基础上,力求对徐青甫做一个较为全面和系统的研究,完整、真实、全面地向世人展现徐青甫的一生。全书共分十二章,并附其年谱(简谱)。

第一章,阐述徐青甫的出身家世、生平概要以及其后辈子女的简要情况,使读者对徐青甫及徐氏家族有一个大概的了解。

第二章,阐述徐青甫早年在浙江武备学堂任教的情况,在新式学堂任教的经历使他耳濡目染,接受了西学的洗礼,由一个旧士子转化为晚清"新旧兼学"的学绅,无论从知识结构到政治思想、生活方式以至价值观念都与传统士大夫有了明显的区别。

第三章,阐述徐青甫清末离开浙江武备学堂后,在奉天、武汉等地的从政生涯。包括历任奉天巡警总局交涉股股长、行政科长,奉天巡警教练所教务长，安东县巡警局长，奉天审计处，大清银行东三省密查等职；担任汉口后湖清丈局稽核清查私占官田；以及奉派考察日本拓殖、金融，筹组八旗兴业银行的情况。

第四章，阐述徐青甫民国以后的从政生涯。包括辛亥革命后短暂担任浙江诸暨知事、湖北通城知事的经历；北洋军阀直接统治浙江时期短暂出任浙江省政务厅厅长，支持夏超反正响应北伐；以及南京国民政府成立以后，历任上海特别市财政局局长、浙江省财政厅厅长、浙江省民政厅厅长、浙江省代理主席的情况。

第五章，阐述徐青甫在银行任职的情况。包括历任中国银行奉天分号出纳主任、经理，青岛支行经理，浙江分行副经理，中国银行第一区区域行帮办；出任浙江地方实业银行官商拆股后成立的浙江地方银行理事长兼杭州分行经理；以及担任国民党当局吞并后的中国银行官股董事，中国农民银行官股董事等职的情况。

第六章，阐述徐青甫在抗战中的主要经历。包括担任浙江省抗敌后援会执行委员、常务委员兼设计委员会常务委员，以及出任浙江省第一届临时参议会议长，主持浙省议坛，参政议政，匡济时艰，关注民生的情况。

第七章，论述徐青甫的统制经济思想，包括土地公有、资本公管、建立通资联营组织、统御对外贸易，计划从改革币制金融入手，促进经济机构的改善，而以平均地权、节制资本作为改善经济的两大根本。

第八章，论述徐青甫的货币金融思想。徐青甫的统制经济思想是从改革币制金融入手，本章对其先后提出的“虚粮本位论”“物品证券论”“物本币末论”理论以及货币银行思想进行了客观评价。

第九章，论述徐青甫的财政思想。分析了其财政思想的来源，突出论述了他的理财思想、公债思想、税收改革思想、利用外资思想。

第十章，论述徐青甫的战时经济思想。抗战全面爆发后国民政府转向统制经济，徐青甫又具体提出了粮食统制、田赋征实、节制消费等条陈，对国民政府经济政策的制定产生了一定的影响，本章拟对其上述思想展开探讨。

第十一章，阐述徐青甫晚年在杭州的生活。国民党政权在大陆垮台后，徐青市没有随国民党去台湾，而是选择留在了杭州，为新中国服务，本章叙述了他在新中国建立初期主持募集人民胜利折实公债，参加中国人民救济总会杭州分会工作，参加浙江省政协和省、市民革组织的活动等情况。

第十二章，是本书的结语部分，在总结前文的基础上，较为客观、全面地评价徐青甫在民国经济界的地位和影响，彰显其一以贯之的民族主义和爱国主义思想。

本书首先揭示徐青甫的家世生平，继而勾勒其人生轨迹，依次阐述其在浙江武备学堂任教，任职奉天巡警系统，担任汉口后湖清丈局稽核，奉派考察日本拓殖、金融并筹组八旗兴业银行，辛亥革命后短暂担任浙江诸暨知事、湖北通城知事，北洋军阀直接统治浙江时期任浙江省政务厅厅长，南京国民政府成立以后历任上海特别市财政局局长、浙江省财政厅厅长、浙江省民政厅厅长、浙江省代理主席、浙江省抗敌后援会常务委员、浙江省临时参议会议长，以及在中国银行、浙江地方银行、中国农民银行、东莱银行长期任职的经历，重点论述其统制经济思想、货币金融思想、财政思想和战时经济思想，对其独辟蹊径提出的“虚粮本位”、“物本币末”、土地公有、资本公管、通资联营等理论进行客观评价，最后对徐青甫在民国经济界的地位和影响做出一个恰如其分的评价，并附其年谱(简谱)。

第一章　家世生平

第一节　出身家世

徐青甫(1879—1961),原名鼎,字青甫,中年后改名鼎年。清光绪五年三月十二日[①](1879 年 4 月 3 日)生,浙江省镇海县崇邱乡顾家桥村(今宁波市北仑区小港街道顾家桥村)人。据《镇海大枫林徐氏宗谱》记载,徐氏祖先原先生活在鄞县,至明代万历年间,先祖徐茂久由鄞县高塘头迁居定海南之大枫林(镇海旧属定海,至清康熙年间始分设镇海县治),繁衍生息,历代以务农为主,“公讳茂久,大枫林徐氏始迁一世祖也,相传自明万历年间由鄞高塘头迁居定南,时属定海治”[②]。到 19 世纪末,迁居大枫林的徐氏已蔚成大族。在大枫林徐氏一脉中,徐青甫和其

---

① 《镇海大枫林徐氏宗谱世传》,第 61 页,徐鼎年、徐桴修:《镇海大枫林徐氏宗谱》,1935 年 12 月。

② 《徐茂久公传》,《列传》,第 1 页,徐鼎年、徐桴修:《镇海大枫林徐氏宗谱》,1935 年 12 月。

三叔的长子徐桴[①]都是中国近现代史上耳熟能详的人物，并且在国民党政治集团中都担任了比较重要的角色。

徐青甫出生的年代处于清王朝历经大动乱后的间歇期。经过席卷大半个中国的太平天国运动和捻军起义的沉重打击，统治中国两百多年的清王朝已是内患不断，以湘、淮军为代表的地方督抚势力加强，改变了满汉地主阶级的力量对比，且兵为将有，将秉帅意，成为近代军阀割据形成的萌芽，中央权威江河日下。为了维系摇摇欲坠的统治，在中央以恭亲王、领班军机大臣兼总理衙门首席大臣奕䜣，军机大臣文祥、宝鋆为代表，地方以镇压太平天国等起义起家的地方督抚曾国藩、李鸿章、左宗棠等为代表的洋务派官僚，接过魏源"师夷之长技以制夷"的旗帜，主张向西方学习，从 19 世纪 60 年代开始在"中体西用"的思想下进行了一系列引进西方机器生产、科学技术和武备的活动，由此掀起了中国近代史上的"洋务运动"。其结果是出现了相对平稳的一段发展时期，社会各阶层的矛盾相对缓和，社会各方面也在缓慢地进步，出现了所谓的"同光中兴"，但处于社会底层的广大人民仍受到各个阶层的盘剥，生活在水深火热之中。

徐青甫的父亲官名徐光祖，生于清道光二十一年（1841），是家中长子，曾游学杭州，是浙江省仁和县（今浙江省杭州市）著名塾师余炳元的及

---

① 徐桴（1882—1958），清末秀才，后毕业于浙江省立商科专门学校，曾赴日本留学，入读日本东京第一高等师范学校。在日本期间，结识孙中山，1905 年加入中国同盟会，参加辛亥上海光复之役、护国运动和护法运动。1920 年赴广州，任广东省长公署统计科长，孙中山广州大本营财政部参事，广州护法军政府粤军联系人。1925 年夏任黄埔军校政治教官，广州国民政府财政部专门委员，参加两次东征，任国民革命军总司令部经理处长，广东东江各属行政委员。1926 年 7 月，任北伐军总司令部军需处长。1927 年夏，任南京国民政府财政部全国卷烟统税局局长，次年 5 月任国民革命军总司令部中将军法处长，不久转任福建省政府委员兼财政厅厅长。1930 年起先后担任上海市政府委员兼财政局局长、土地局局长、上海市银行总经理、上海兴业信托社董事兼总经理、辛泰银行常务董事，兼任上海、南京、无锡等地多家银行、保险、实业的董事。抗日战争期间，担任过浙江省政府委员兼粮食管理局局长、粮政局局长。1947 年当选国民大会代表。1949 年移居台湾。

门弟子。1865年他赴杭州应乡试，高中辛酉、壬戌恩正并科举人[①]。时其师余炳元夫妇已亡故，独留一女，经人说合与徐光祖完婚，徐光祖遂占籍仁和县，居杭州。后以州同知官职分发江苏，宦海十余年，曾被保举为安徽省池州府青阳县知县，因徐光祖母亲病重，需要回乡侍奉而未到任。清光绪十三年（1887），徐青甫9岁的时候，父亲不幸病逝。[②] 因父亲居官时两袖清风，故父亲病逝后，徐青甫一家便家道中落，跌入了社会底层。徐青甫母亲余氏不仅要照顾她和徐光祖所生的两个儿子徐超和徐青甫，还要负担起拉扯徐光祖与前妻冯氏所生子女的责任，日子过得非常艰难，光要养活这么一大家子人（共五子三女，徐光祖与冯氏所生另一子早夭）就已经是非常不容易了，自然就没钱供他们上学，因此徐青甫到了该接受教育的年龄，也只是勉强在私塾和义学[③]各读了两年，接受了初步教育而已。徐青甫7岁的时候曾由父母做主，与新昌俞家订有婚约，其岳父俞鸿学是新昌县学的廪生，时曾有意让徐青甫去新昌念书，但母亲余氏不愿他远行，更怕因此被人看轻，故未成行。徐青甫在中国农民银行纪念周发表的演讲中曾提到自己少年时求学的艰辛，“我可以说是一个最失学的人，过去受到各种学问很少，自幼求学仅花了三十二元：在中文上花三十元，在日文上仅费二元，因之对于普通的学识自己所见到的非常粗浅”[④]。在

① 清咸丰辛酉年（1861）为清代正常的乡试年，壬戌年（1862）为庆贺同治皇帝登基，朝廷又开恩科，但杭州于1860年、1861年两次被太平军攻陷，直至1864年才被清军收复，故辛酉年、壬戌年的浙江乡试均被迫停考，延至清同治四年（1865）秋才补行辛酉、壬戌恩正并科乡试。

② 《徐公光祖家传》，《列传》，第20页，徐鼎年、徐桴修：《镇海大枫林徐氏宗谱》，1935年12月。

③ 地方、宗族捐助钱财、学田，聘师设塾以教贫寒子弟，称村塾、族塾（宗塾）或者义塾；塾师私人设馆收费教授生徒的，称门馆、教馆、学馆、书屋或私塾。

④ 《徐董事青甫在本行纪念演讲》，《本行通讯》第40期，中国农民银行经济研究所编印，1942年8月31日，第2—3页。

杭州正蒙义塾读书时与同窗黄郛[①]、厉汝洲最为友善，曾相约他日居家，成三角形，距离等，每日走晤。[②] 尤其是遇见了同样因父早亡、家境衰落而不得不在义塾就读的黄郛，两人同病相怜，惺惺相惜，共同度过了一段儿时艰苦的求学时光，后来成为一生的朋友。此段求学虽然时间甚短，但也使徐青甫初步接受了传统教育，为他日后活用中国传统哲学精神进行学术研究奠定了扎实的基础。徐青甫后来在回忆幼时学习生活时曾说："幼时仅攻读四子书，获得自诚而明之求知方法，与忠恕一贯治事之道。"[③]后来虽然家里已无力供他继续上私塾，但徐母对徐青甫这个小儿子期望却很高，常在家中督导徐青甫进行自学，而徐青甫禀性聪明，读书过目不忘，自学也能修得其大概。杭州是中国东南沿海著名的历史名城，中国七大古都之一，以经济发达、美丽富饶而著称，北宋诗人柳永曾形容杭州"东南形胜、三吴都会、钱塘自古繁华"。清初在杭州城西沿西湖一带

---

① 黄郛(1880—1936)，原名绍麟，字膺白，号昭甫，浙江省上虞县人，后迁居杭县。曾以第一名的成绩考入浙江武备学堂，因成绩优异被保送日本留学，毕业于日本振武学校，与蒋介石、张群是同学，在日期间秘密加入中国同盟会，又择其中学习军事同志与黄兴创组丈夫团，其后辛亥光复，南北各省发难及主持人物，丈夫团儿居大半。1911 年 10 月被陈其美招往上海，参与上海光复起义，担任沪军都督府参谋长兼沪军第二师师长，组织江浙联军攻克南京，在此期间与陈其美、蒋介石结为异性盟兄弟。中华民国南京临时政府成立后，被任命为南京临时政府兵站总监，旋任江苏都督府参谋长，参加了此后革命党人发动的二次革命、护国运动，遭到通缉而流亡海外。袁世凯死后始定居天津，并与北洋政府政客过从甚密，先后出任北洋政府出席华盛顿会议的代表团顾问、外交总长、教育总长，1924 年 10 月冯玉祥发动北京政变，推翻直系曹锟政府后，被推举为代理国务总理，并摄行大总统职权，直至同年 11 月段祺瑞出任中华民国临时执政。1927 年 1 月受蒋介石邀请南下，参加北伐战争、反共清党，南京国民政府成立后担任上海特别市市长，曾北上说服冯玉祥、阎锡山附蒋，同年 8 月蒋介石第一次下野后，随同辞职。1928 年 1 月，蒋介石重新上台，黄出任外交部部长，参与改订新约运动，同年 5 月 3 日，日军为阻止国民革命军北伐，进攻济南，在济南城内肆意焚掠屠杀，制造济南惨案，遂代蒋受过，引咎辞职。1933 年日军攻占热河，进入河北，中国军队长城抗战失利，华北亟亟可危，黄在蒋介石和国民党政府的屡次催召下，出任南京国民政府行政院驻北平政务整理委员会委员长，在华北推行对日本屈辱妥协的外交方针，签订丧权辱国的《塘沽协定》，1935 年 6 月托病辞职。1936 年 9 月复任国民政府委员，同年 12 月病逝上海。

② 沈云龙：《黄膺白先生年谱长编》(上)，台湾联经出版事业公司 1976 年版，第 6 页。

③ 徐青甫：《物价问题之研究》，邮政储金汇业局刊行，1944 年，自序第 1 页。

置有“旗营”，俗称“满城”，是专门划给八旗子弟生活居住的地方，占地1436亩，成为杭州的“城中城”（民国初年拆除）。但满汉分居从清初开始就未严格执行过，到了清末，杭州城内满、汉两族混居，旗、民交往更是屡见不鲜。徐青甫自幼在杭州城内生活、进学，幼时同窗好友中亦多有旗人，其中就包括了徐青甫的好友金梁①。

因家境困难，徐青甫16岁的时候就不得不外出谋职贴补家计，诚如他后来回忆所说“我因少孤家贫，学龄期间受教日寡。成童即为衣食奔走，非时有所得，即难维持一家生活者几卅年”②。浙江的读书人历来都有做幕的传统，浙江省地狭人稠、文化发达、科举极盛，大量科举落榜生以及虽有功名但仕途不顺的读书人，多选择外出做师爷谋生，四海为家。迫于生计需要，徐青甫也改习战国时期申不害和韩非的法家学问，练习做一名刑名师爷，从清光绪二十年（1894）起，经同乡介绍，辗转安徽六安州霍山县石门湾（今安徽省六安市霍山县衡山镇东石门村）巡检司、庐州府舒城县麻地（今安徽省六安市舒城县干汊河镇）巡检司、凤阳府寿州（后一度归属六安，今安徽省淮南市寿县）州衙、六安州西两河口（今安徽省六安市裕安区西河口乡）厘金局等衙门做师爷，开始了“长游四方，以代力养”的四年游幕生涯。临别时，母亲余氏告诫徐青甫说：“汝兄以耳疾难期上达，予苦志抚汝，以徐余两姓振兴之责，汝幼年能早自立，甚慰予怀，古人以掾属起家者多矣。幕道久为弊薮，勿堕名德，以忝祖宗。”③母亲的谆谆教诲

① 金梁（1898—1962），字锡侯、息侯、希侯，晚号瓜圃老人，满洲正白旗苏完瓜尔佳氏，其父祖均为杭州驻防旗人。1902年中举，1904年中进士，历任内阁中书、京师大学堂提调、监察御史、内城警察厅左厅知事、民政部丞参等职。1908年7月出任奉天旗务司总办，主持奉省八旗制度变通事务，赢得朝野交口称赞，著有《变通旗制三上书》《奉天旗制变通案甲乙二类》。1911年8月调任奉天省新民府知府。民国后被任命为镶红旗蒙古副都统。曾担任张学良老师，张作霖统治东北时期担任过奉天清丈局代理局长，奉天省政务厅代理厅长、厅长。1924年被溥仪任命为小朝廷内务府大臣。1928年起担任东三省博物馆委员长，主持沈阳故宫内的东三省博物馆事务。“九一八”事变后，因妻女劝阻，拒赴伪满洲国任职，而隐居于天津，但仍以清朝遗老自居。

② 徐青甫：《纪念先师》，《本行通讯》第41期，中国农民银行经济研究所编印，1942年9月15日，第1页。

③ 《徐母余太夫人家传》，《列传》，第33页，徐鼎年、徐桴修：《镇海大枫林徐氏宗谱》，1935年12月。

对徐青甫影响很大，使他时时刻刻不忘做一个正直的人，早年在做刑名师爷的时候他始终能够公正执法，从不与贪官污吏同流合污。清光绪二十二年(1896)，徐青甫在寿州州衙代理刑名师爷。当时寿州命案盗案很多，而且呈文中牵涉到的人总是少则几十，多则一二百，衙门里差役有三千多，借机搜刮民脂民膏，民间受扰，苦不堪言，徐青甫代理刑名师爷后，呈文多予批驳，即使批准的拘票、提票或传票，至多也只拣案中主要的三四个人，其他都给删去，于是衙役们抱怨连天，纷纷央告："这样下去，我们要饿死了！请师爷多'直'('直'就是在名旁用红笔画过，要被拘传的——笔者注)几下吧！"但徐青甫则正气凛然地回答："我良心上'直'不下去啊！我知道，我'直'下去了，这人的生命财产，就操在别人的手里，我不能做违背良心的事，请原谅！"

徐青甫所处的时代，正是西学东渐，近代中国适逢"千古未有之变局"的时代。虽然19世纪末的中国，旧学(即传统的儒学教育)的地位尚未被新学(即西学)所取代，但少数通商口岸城市外国租界的存在和华洋杂居的格局，使这些城市的读书人有较多的机会接触、了解西人、西文、西方文化，士林风气率先发生变化，认识到"时世既殊，枪炮林立之中断非谕以诗文，御以弓矢所能息其兵戎者也，惟有力求富强之道耳，富强维何？开五金之矿以裕财用，开煤铁之矿以供制造而已"[①]。尤其是甲午一役，大清王朝惨败于"蕞尔小夷"日本，对中国社会各阶层，尤其是士大夫阶层产生了极大的震动。以康、梁为首的维新派批评洋务派官僚"仅袭皮毛，震其技艺之片长，忽其政本之大法"[②]，掀起了以革新中国制度文化为目标的戊戌变法，变科举、兴学堂是其主要内容之一。徐青甫生活在杭州，清光绪二十一年(1895)的《马关条约》将杭州、苏州、沙市、重庆列为通商口岸，并允许日本在中国的通商口岸开设工厂，次年9月，杭州正式开埠。这年3月，日本在杭州设立领事馆，1897年英国也在杭州设有领事，其他国家则没有在杭州派驻领事，一般委托英国领事代为照管各国在杭商民的有关事务。杭州开埠后，原拟参照宁波通商模式，在武林门外北郊和拱宸桥外开辟商埠，作为日本和外国人居留和贸易区域，中日双方签订《杭州塞德耳门原议日本租界章程》，规定原来议定的商埠区域北半部为日本人居

① 《论时世》，《申报》1877年12月4日。

② 梁启超：《上南皮张尚书书》，《饮冰室合集·文集之一》，《饮冰室合集》第1册，中华书局1989年版，第105页。

住地，南半部为通商场地，日本人居住地管理以中国官府为主，日本驻杭领事也有一定的行政事务管辖权。但日本政府对此章程很不满意，没有予以批准，转而强迫清政府与之签订《公立文凭》，规定“添设通商口岸，专为日本商民妥定租界，其管理道路以及稽查地面之权，专属该国领事”[①]，由此推翻了原先达成的租界章程。清光绪二十三年四月十二日（1897 年 5 月 13 日），中日双方在杭州重新签订《杭州日本租界续议章程》，正式将原日本人居住区改为日本专管租界，其范围南接各国通商区，西至运河东岸，北至长公桥河岸，东至陆家务河西岸，面积约 900 亩，这也是杭州唯一的租界，日本领事拥有对租界的行政、市政、司法管理权。至于日租界南面的各国通商区，北接日租界，西临大运河，东到陆家务河西岸，南至拱宸桥，面积也约 900 亩，最初仍由浙江地方政府管理，但日本人不断违章扩张势力，最终也将其置于殖民统治之下。按照“利益均沾”的原则，西方列强也纷纷在拱宸桥一带租地开设洋行，创立公司，到清光绪二十三年（1897），“杭州新辟租界，各国所筑马路俱已竣工，洋商租地造屋者亦十有七八，唯日人界内，租者寥寥”[②]。

徐青甫耳濡目染，亲身接触到西方资本主义的文化，思想观念开始变化，加之戊戌变法带来的思想启蒙，“知非求新，不能救国”[③]，于是下定决心学习当时被社会视为“奇淫巧技”的新学。在游幕期间，他每每在公务写作之余，借阅新闻杂志，初步接触到西学。清光绪二十二年（1896），徐青甫在安徽省庐州府舒城县麻地巡检司衙门的时候，碰到一位姓金的巡检使，思想比较新派，他订有上海出版的《时务报》和《格致新报》，徐青甫常向他借阅该报，后来到寿州衙门的时候，徐青甫自己也订了一份，不仅对西学有所认识，还接受了维新变法的思想。因“泰西各学，门径甚多，每以兵、农、工、商、化验、制造诸务为切于时用，而算学则其阶梯，语言文字乃从入之门，循序以进，渐有心得，非博通格致不得谓之学成”[④]，徐青甫与幕友商量，

---

① 《公立文凭》，王铁崖编：《中外旧约章汇编》第 1 册，生活·读书·新知三联书店 1957 年版，第 686 页。

② 《申报》1897 年 7 月 16 日。

③ 徐青甫：《经济革命救国论》，民国二十一年（1932）四月，自序第 1 页。

④ 廖寿丰：《请专设书院兼课中西实学折》，陈谷嘉、邓洪波：《中国书院史资料》（下册），浙江教育出版社 1998 年版，第 2157—2158 页。

决定从学习算学入手，追求新知识，以适应潮流。首先买来我国近代数学家无锡华蘅芳所著的《华氏笔谈》阅读，再去读中国旧算学名著、明末清初数学家梅文鼎所著的《梅氏九章》，最后再阅读包含了现代代数、几何、三角等内容的《中西算学大成》，均“自修得其大概”[①]，这为他日后成为经济学家、在经济学上颇有建树奠定了扎实的基础。

清光绪二十四年(1898)冬，“以同门幕浙臬署，返杭谋馆，设帐授蒙，暂资糊口”[②]。清光绪二十五年(1899)正月初十，徐青甫闲居无事，到街上溜达，偶见日本僧人东本愿寺在杭州开设的日文学堂招生入学的广告，正月二十开课，学费为每月2元。因甲午战争后，昔日的“蕞尔小国”日本一跃而与欧美并驾齐驱，近代先进的中国人有向日本学习之倾向，徐青甫也有进入日文学堂接受系统日文教育而后赴日留学的想法，然而学堂每月2元的学费，超出了他的经济能力范围，恰好此时他的杜、王、叶、孙四位同业蒙师也有学习日文的打算，于是5人商量，合凑2元，推举一人去学堂学习，回来再转教大家，因徐青甫年龄最小且记性较好，就推他去学堂学习。此后一段时间，徐青甫每天早晨8时到12时，就去上课4小时，自己的蒙馆，上午由家嫂帮忙管理，下午自己主持，到了四五点钟，蒙童散馆后，4位同业蒙师来，徐青甫转教给他们日文，晚饭过后，个人自修，到晚上12时才休息。隔了10天后，其中一位姓孙的蒙师因害怕在雨雪中跑路，且初学很困难，首先退出，又读了一个月，其他两位蒙师也兴趣索然，陆续中止学习日文，因此3月份的学费是徐青甫独力出的，好在3月底学堂举行季考，同班有50多人，徐青甫名列第一，获得学堂奖励，得以免费继续学习。到夏季季考，徐青甫仍名列第一，继续免费学习，这样一直到9月离开日文学堂，徐青甫总共只花了2元钱的学费。据他后来回忆:“计三个月中学费6元，四友凑者4元，予个人勉凑2元，幸值季考，予列第一，得免学费。夏秋两季，试仍冠首，赖得始终免费，继续就学。”[③]到了这年9月，浙江武备学堂因聘请日本人斋藤实大尉担任总教官，三宅逢造等几个少尉为教官，来日文学堂找一个日文翻译，学堂推荐了徐青甫，就这样，徐青甫阴差阳错地担任了浙江武备学堂的翻译，兼任战术学、兵器学、步兵操典等教材的翻译工作，薪俸16两银子，后来加到20两。在

①②③ 徐青甫:《经济革命救国论》，民国二十一年(1932)四月，自序第1页。

浙江武备学堂，徐青甫从翻译做起，陆续由助教升至教授，一待就是 7 年。

清光绪二十六年(1900)，徐青甫与早年就有婚约的俞振亚结为伉俪。俞振亚(1880—1978)小徐青甫一岁，是俞鸿学的三女儿，因徐青甫多年来在外游幕讨生活，一直没有完婚。1900 年趁武备学堂放暑假，徐青甫为了避祸，暂住岳父家，岳家便劝徐青甫可趁机举办婚礼，“青甫要以即日成礼，徐夫人亦不愧良妻也，立允之，遂草草完婚，闻者传为美谈”①。俞振亚是个典型的家庭妇女，恭俭淑仁，与徐青甫婚后琴瑟和谐，两人相伴一生，感情至笃。徐青甫公务繁多，在外应酬也不可少，俞振亚婚后包揽了家中一切杂事，将家务处理得井井有条，使徐青甫能够专心读书，献身事业。而徐青甫亦十分敬重夫人，家中大小事务皆与俞振亚协商。

19 世纪末的中国，在少数通商口岸城市，西学对传统儒学的冲击虽然比较大，但总的来说，在 1905 年科举制度废除前，这些通商口岸城市的科举考试仍方兴未艾，士子入新式学堂接受近代教育，同时又参加科举考试的例子比比皆是。这是因为儒学在传统中国是一般士子获取社会地位和通向仕途的敲门砖，其实用价值是看得见、摸得着的，诚如蒋梦麟在《西潮》中形象的描写：“在最初几年，家塾生活对我而言简直像监狱，唯一的区别是：真正监狱里的犯人没有希望，而家塾里的学生们都有着前程无限的憧憬。所有的学者名流，达官贵人不是都经过寒窗苦读的煎熬吗？‘吃得苦中苦，方为人上人。’‘天子重英豪，文章教尔曹。万般皆下品，惟有读书高。’‘别人怀宝剑，我有笔如刀。’这些成语驱策着我向学问之途迈进，正如初春空气中的芳香吸引着一匹慵懒的马儿步向碧绿的草原。”②处于其中的徐青甫自然也不能免俗。说起他与旧式科举的渊源，这里还有一个故事，清光绪二十八年(1902)八月初八，浙江补行庚子、辛丑恩正并科乡试③，这也是清末新政废八股、改试策论以后的第一届乡试，因第二场试考的是

① 金梁：《瓜圃述异》，广文书局 1976 年版，第 17 页。

② 蒋梦麟：《西潮·新潮》，岳麓书社 2000 年版，第 31 页。

③ 乡试在明清两代为每三年一次，原本乡试应在 1900 年举行，由于该年八国联军侵入北京，慈禧太后偕光绪皇帝逃到了西安，所以考试没有进行，1901 年补行恩科，但其时尚在乱中，故辛丑年只有广东、广西、甘肃、云南、贵州 5 省举行了乡试，浙江与大多数省份的乡试则推迟到了 1902 年进行，这一年的乡试也就成了补行庚子、辛丑恩正并科。1903 年又是正常的乡试年，清政府仍按惯例照常进行了乡试，至 1905 年清政府废科举，故 1903 年乡试就成了封建社会最后一次举人考试。

“各国政治艺学”，考前那些饱读四书五经的待考秀才大都因不了解政治艺学而急得团团转，徐青甫偶然听闻有秀才说：“假如有一本关于这方面的书，给我们参考参考，那多好啊！”灵机一动，与一乐姓朋友商量编一本书供待考秀才使用。徐青甫亲自从四五十种新书中摘抄相关内容，由乐姓朋友誊写，于八月初五装订出书，共印1000部，每部2册，书名为《各国政治艺学简要录》，成本是一角二分，定价为一元二角，代售者给予八折优待。因徐青甫自感抄袭来得很惭愧，故作者一栏没有署上自己的名字，而是写上了“杭州图书公司主人辑”（杭州图书公司是徐青甫与朋友合办的），并在书里坦白地说明：“此书仅二册，定价一元二角，自觉过高，但本书简要精当，较以数十元购大批的参考书，来得值得便当，请阅者一评。”未料该书出版后，购者踊跃，从初五下午到初七下午，发售仅2天，共卖出900余部，获利不少，许多考生借此考中了举人，甚至帮他誊写书稿的乐姓朋友也在此次乡试中高中举人。更有意思的是，到了1903年末代乡试，杭州的一些书铺里堆满了徐青甫编的《各国政治艺学简要录》的盗版翻印本，且为了畅销好卖，竟赫然在封面上印上了“南皮张之洞辑”字样。也正因为编辑《各国政治艺学简要录》带来了意想不到的效果，徐青甫在家兄和亲戚朋友的怂恿下，参加了当年秀才的考试，因为当时徐青甫的很多学生已经中了举人、贡生、廪生，而他还在考秀才，出于怕羞，所以他用了原来的名字——徐鼎参加考试，结果考中了秀才，但继而参加1903年的末代乡试，却没有中举，从而成为一名地地道道的末代秀才。[①]

清光绪三十一年（1905），赵尔巽任盛京将军，主持东三省政务，徐青甫经赵尔巽亲信幕僚叶景葵推荐，举家迁往奉天，投入赵尔巽门下，被保举出任奉省巡警总局交涉股股长，专门负责警局内涉外事宜。1907年9月，赵尔巽补授湖广总督，徐青甫也随其到武汉，担任汉口后湖清丈局稽核。1908年5月，赵尔巽调任四川总督，徐青甫于是年重返奉天，先是担任奉天巡警总局行政科长兼奉天巡警教练所教务长，后又升迁为安东县

---

① 沈凯璋的《近代经济学家徐青甫》、张振华的《论徐青甫和他的〈经济革命救国论〉》中皆提到徐青甫是清光绪末科举人，此说法不确切，据徐青甫先生抗战时期的自述，他实际上只是末代秀才，未中过举人，可参见祝纪和笔录，杨荫溥选辑：《徐青甫先生二三事（续）》，《储汇服务》第50期，邮政储金汇业局发行，1945年5月15日，第14—15页。

巡警局局长，并兼任安东商埠交涉员，之后又协助金梁整理奉天旗务，曾赴长白山下的安图县勘查筹备设治事宜，还一度担任了筹备中的八旗兴业银行总经理，为此还前往日本考察拓殖、金融两个月。1911年8月，金梁调任奉天新民府知府，徐青甫离开八旗兴业银行，改去奉天审计处任职。其间还应当时署理大清银行正监督的叶景葵的邀请，担任了大清银行东三省密查一职，因不久后武昌起义爆发，徐青甫与叶景葵一起辞去大清银行职务，携眷返杭。

1912年11月，因原来武备学堂的同事、学生推荐，徐青甫出任浙江省诸暨县知事，不久，因袁世凯北洋政府推行地方基层官吏的回避制度，徐青甫经内务部考试后分发至湖北省通城县担任知事，不到一年辞职。

1915年10月，徐青甫经时任中国银行奉天分号管理陈廷綮的介绍，出任中国银行奉天分号出纳主任一职，开始踏入了银行界。1917年升任中国银行奉天分号经理。1919年7月奉天分号升格为奉天分行后，徐青甫坚辞分行行长。同年10月应时任浙江兴业银行董事叶景葵相邀，前往哈尔滨任浙江兴业银行哈尔滨分庄主任，但上任没多久，因水土不服，被迫辞职。1920年，徐青甫接替吴光焴担任中国银行青岛支行经理。1921年由青岛回到杭州，接替金润泉担任中国银行浙江分行副经理。1922年7月，中国银行第一区区域行成立，以上海分行为区域行，管辖沪宁浙皖四家分行，徐青甫被上海分行行长兼第一区区域行总经理宋汉章任命为第一区区域行帮办。

1922年10月，其在浙江武备学堂的学生张载阳担任浙江省省长，不久徐青甫被延揽为浙江省政务厅厅长，复入政界。1925年1月辞职后，又因其另一学生、续任浙江省省长夏超的邀请，担任官办的浙江地方银行理事长。夏超响应北伐、反对孙传芳失败后，徐青甫与阮性存、陈训正等浙江名流辗转南昌投奔北伐军，被邀担任浙江省政府财政委员，北伐军进入浙江后一度担任浙江省政务委员会委员，还短期担任了上海特别市财政局局长。1932年3月起，徐青甫应东莱银行创办人刘子山邀请，先后担任东莱银行常务董事兼总经理、监察人、董事。

1934年10月，国民党新桂系头目黄绍竑第一次出任浙江省政府主席，蒋介石亲自推荐徐青甫任浙江省政府财政厅厅长。1936年2月，又由财政厅厅长转任民政厅厅长，兼浙江省还债基金保管委员会委员。“两广事变”后，因国民政府新任命的浙江省政府主席白崇禧拒绝到任，徐青甫还在1936年八九月间短暂代理浙江省政府主席。1936年12月，因黄绍竑调任湖北省政府主席，徐青甫被免去浙江省政府委员兼民政厅厅长，改任南京国民政府行政院参事。1929年，中国经济学社杭州分社成立。中国经济学社创立于1923年11月，由在北京的中外经济学者刘大钧、戴乐仁、陈长蘅、卫挺生、赵文锐、胡立猷、陈达、林襟宇、吴泽湘、杨培昌、李炳华、戴贝等12人倡议成立，1927年后在马寅初[①]、刘大钧的领导下，由一个区域性的小型谈话会发展成为以留美归国经济学者为主，集合政、学、商各界上层分子组成的全国性经济学术团体，其学术和思想居于当时经济学界的主流地位，对国民政府经济政策的制定也有一定影响。1927年中国经济学社南迁上海，并相继成立了上海、杭州、南京、长沙、广州、平津、开封7个分社。杭州分社从创立伊始就有请时任浙江省财政厅厅长担任分社社长或理事长的习惯，如钱永铭、周骏彦、王澂莹、徐青甫、程远帆等人担任社长或理事长时，都是当时浙江省的现任财政厅厅长。1935年2月25日，中国经济学社杭州分社召开社员大会，徐青甫因时任浙江

---

① 马寅初(1882—1982)，字元善，浙江嵊州人，当代中国经济学家、教育家、人口学家。天津北洋大学矿冶专业毕业，因学业优秀被公费保送美国留学，在美期间改学经济学，获得美国哥伦比亚大学经济学博士学位。回国后担任北京大学经济学教授，1923年发起创立中国经济学社，任社长，这是一个以留美归国经济学者为主，集合政、学、商各界上层分子组成的全国性经济学学术团体，是中国经济学界的中心组织。1928年10月起担任南京国民政府立法院立法委员、立法院经济委员会委员长、立法院财政委员会委员长，同时兼任南京国立中央大学、上海交通大学、苏州东吴大学教授。1938年至1940年任重庆大学商学院院长、教授。1940年12月因公开抨击假抗战之名而大发国难财的孔祥熙、宋子文，要求开征“临时财产税”，重征发国难财者的财产来充实抗日经费，矛头直指“四大家族”，被国民党政府逮捕，关押于息烽集中营和上饶集中营，后在社会舆论压力和中国共产党的营救下，1942年8月获释，但仍被软禁在重庆歌乐山家中，抗战胜利后始恢复自由。1948年当选为第一届中央研究院院士。1949年转赴北平出席中国人民政治协商会议第一届全体会议，当选为中央人民政府委员，同年10月被任命为政务院财经委员会副主任，12月出任华东军政委员会副主席。1949年8月出任浙江大学校长。1952年5月被任命为北京大学校长。全国人民代表大会第一、二届常务委员会委员。1957年因发表《新人口论》，提倡控制人口，计划生育，遭到错误批判，1960年3月被免去北京大学校长职务。党的十一届三中全会以后被平反，担任第五届全国人民代表大会常务委员会委员、北京大学名誉校长、中国人口学会名誉会长、中国经济学团体联合会第一届理事会顾问等职。

省财政厅厅长，被推为杭州分社理事长。[①]

抗战全面爆发后，1937 年 8 月 5 日成立浙江省抗敌后援会，徐青甫被推选为执行委员、常务委员，兼下设的设计委员会常务委员。1938 年 4 月，被浙江省党政联席会议推举为第一届国民参政会参政员候选人。1939 年 3 月 13 日浙江省第一届临时参议会成立后，徐青甫又被重庆国民政府行政院指定为首任议长。1942 年 5 月日军发动浙赣战役，浙江省临时省会驻地永康沦陷，省政府南迁云和，徐青甫则随子徐继庄迁居重庆，没有再参加于是年 11 月召开的浙江省第二届临时参议会。抗战后期起，徐青甫担任中国农民银行董事、中国银行官股董事。

新中国成立后，徐青甫没有追随欣赏自己"懂得理财"的蒋介石去台湾，也没有跟自己儿子定居香港，而是坚定地选择了留在大陆，以无党派爱国人士身份为新中国服务。1950 年 1 月 11 日，徐青甫被推为杭州市公债推销第五分会第三支会(下城支会)主任委员，在国家发行 1950 年第一期人民胜利折实公债运动中，不仅带头认购了 1 千分[②]公债，还组织第五分会第三支会的公债推销和宣传工作，付出了很大的心血。1950 年 10 月，徐青甫被推为杭州市首届人民救济代表会议代表。同月，又被推为杭州市支援皖北、苏北灾民劝募寒衣委员会委员和第七分会(城区殷实富户)委员，投入到支援皖北、苏北灾民寒衣劝募的运动。1955 年 2 月，徐青甫作为 37 名特别邀请人士之一，被推选为浙江省政协第一届委员会委员。1958 年 10 月，被续推为浙江省政协第二届委员会委员，为新中国的发展建言献策。1961 年 7 月 16 日，病逝于杭州，享年 83 岁，被浙江省人民政府隆重安葬于杭州市南山公墓。著有《经济革命救国论》《经济革命论的要旨》《粮食问题之研究》《物价问题之研究》《国难期间经济之设计》《改善经济之途径》《通资联营组织与发展经济之关系》等。其中《经济革命救国论》一书系统评述了西方经济学说，不因循旧说，而是另起炉灶，走

---

① 《中国经济学社昨开杭州分社社员大会》，《浙江商报》1935 年 2 月 26 日。

② 1950 年第一期人民胜利折实公债是按照实物计算方式募集公债及还本付息的，每分所含实物为大米(天津为小米)3 公斤、面粉 0.75 公斤、白细布 4 市尺、煤炭 8 公斤，并以上海、天津、汉口、西安、广州、重庆 6 大城市的批发价，用加权平均法计算实物价格，其权重定为：上海百分之四十五、天津百分之二十、汉口百分之十、西安百分之五、广州百分之十、重庆百分之十。

自己的路，提出了救国富国的13项方策，以及改革的步骤。“在寻常经济学说中，虽似无成例可以援用，而于原理中求之，则未始无法可创”①，时人评价其书“尤有独到之处”，“当兹国难日深，民生日困，先生此不世之作，真吾同胞之福音也”②。

第二节　后辈子女

徐青甫和俞振亚夫妇只育有一子，叫徐继庄，早年曾过继给徐青甫同父同母的哥哥徐超，故兼祧两房。徐继庄(1904—1988)，字子青，清光绪三十年(1904)出生于杭州，毕业于杭州私立安定中学，肄业于青岛大学，肄业后在中国银行杭州分行做实习生。后留学美国，在加州大学伯克利分校学习金融。回国后经父亲徐青甫好友黄郛推荐，先后担任北伐军总司令部军需处课长、科长，南京国民政府外交部总务科科长。1928年5月，黄郛因“济南事件”辞去外交部部长，举荐徐继庄入中央银行任职，短短数年间，由蚌埠支行经理、南京分行副经理、济南分行经理，升迁至中央银行汉口分行经理。1933年4月1日，蒋介石在汉口成立了豫鄂皖赣四省农民银行，这是在豫鄂皖三省“剿匪”总司令部农村金融救济处的基础上创办的由蒋介石直接控制的一个金融机构。到1935年，蒋介石觉得四省农民银行已不能满足其需要，遂在致行政院院长汪精卫、财政部部长孔祥熙、实业部部长陈公博的密电中称：“前三省剿匪总部所主办之豫鄂皖赣四省农民银行，成立两年有余，于调剂农村金融颇见成效。现四省之外，陕甘浙闽湘等省及京沪等市，均次第入股；而其他各省农村金融，亦确有统筹调剂之必要。现拟将四省农行扩大范围，改为中国农民银行。经已拟定条例及章程，由武昌行营正式备文送达院部。到时，请予核准备案施行为荷。”③是年4月1日，将豫鄂皖赣四省农民银行改组为中国农民银行。豫鄂皖赣四省农民银行首任总经理是担任豫鄂皖三省“剿匪”总司令

① 徐青甫：《经济革命救国论》，民国二十一年(1932)四月，自序第7页。

② 同上书，魏颂唐跋第2页。

③ 《蒋介石电告汪精卫、孔祥熙、陈公博》，中华民国史资料丛稿《中国农民银行》，中国财政经济出版社1980年版，第29—30页。

部农村金融救济处处长的郭外峰。1934 年夏,郭外峰病故,蒋介石属意徐青甫继任豫鄂皖赣四省农民银行总经理,特召徐青甫赴赣相商[①],徐青甫以年老为由坚辞不受,但又内举不避亲,认为还不如他儿子徐继庄较为适宜,于是拜托时任行政院驻北平政务整理委员会委员长的黄郛向蒋介石推荐。在黄郛的大力举荐下,蒋介石任命徐继庄接任豫鄂皖赣四省农民银行总经理,后又担任改组后的中国农民银行总经理。[②]

1937 年 4 月,徐继庄因与时任行政院副院长、财政部部长兼中央银行总裁孔祥熙有矛盾,被迫辞去中国农民银行行长一职,随即调任位于上海的邮政储金汇业总局副局长,局长由邮政总局副局长兼任。1937 年 12 月上海沦陷后,徐继庄随部分邮政储金汇业局机构迁至香港办公,1940 年 4 月 1 日又迁重庆办公。时中国农民银行总经理叶琢堂赴美治病,徐继庄又第二次来到农民银行,担任农民银行协理,并暂代总经理处理行务,半年后顾翊群到任,徐继庄卸任代理总经理一职,仍任协理[③],直至 1942 年调任邮政储金汇业总局局长。1944 年 7 月 28 日,徐继庄兼任邮政总局局长。1947 年 2 月 24 日被免邮政总局局长职,同年 6 月 21 日任立法院立法委员,12 月 31 日辞免。[④] 1948 年后移居香港经商。徐继庄的夫人金姗如,又名金坤福,满族人,是徐青甫好友金梁的族人,与徐继庄同岁,早年徐青甫在奉天谋事时与金梁为他们订下的亲事。徐继庄的长子徐起余,早年夭折,其他子女,依次为子徐起超、徐起华、徐起黄、徐起民、徐起纲、徐起唐、徐起夏、徐起虞,女徐亚孙、徐起坤(徐筱珊)、徐起鲁、徐起常、徐起贞、徐起宁、徐起政、徐起俞。徐继庄赴港后,金姗如也去了香港,直到 1953 年回到杭州,照顾年幼的儿女和徐青甫夫妇,1972 年重返香港与徐继庄团聚。

① 柳和城:《叶景葵年谱长编》,上海交通大学出版社 2017 年版,第 783 页。

② 《沈士盛提供的材料》,中华民国史资料丛稿《中国农民银行》,中国财政经济出版社 1980 年版,第 265—266 页。

③ 《顾翊群的讲话》,中华民国史资料丛稿《中国农民银行》,中国财政经济出版社 1980 年版,第 36 页。

④ 刘国铭主编:《中国国民党百年人物全书》(下册),团结出版社 2005 年版,第 1977 页。

第二章　浙江武备学堂时期的热血青年

在中国明清两代的官方文献中，士绅是一个在法律上明确区别于平民（包括一般地主）的特权阶层，指在野的地方社会中的精英群体，以科举功名之士为主体，同时也包括通过其他渠道（如捐纳、保举等）而获得身份和职衔者。功名和职衔是士绅的基本标志，他们因此而被赋予政治、经济和社会的特权，从而高居于广大普通老百姓即平民之上，统治着中国社会及经济生活，同时又源源不断地输送各种大小官吏。曾在中国居住20多年的美国传教士何天爵（Holcombe Chester）在1895年出版的《真正的中国佬》一书中，将中国的“乡绅士大夫阶层”译为“literati”，意为“文人”“知识界”，“这一阶层的人都是在他们所居住的地区受过教育的读书人，他们一般都完成了读书人所必读的内容，而且已经通过了一两级通向仕途的科举考试。如果把这一类人用西方社会的各阶层作一比较的话，他们非常近似于我们西方国家不在政府中任职的大学毕业生”[①]。这一定义不够全面，士绅不光有知识占有者（即知识分子）的特征，而且这种对知识的占有必须与政治特权相结合，才能形成士绅这样一个特殊的知识阶层。同时士绅群体不应该包括在职官吏，因为士绅并不像官那样是封建统治权力的直接代表，他们并不参与国家政策的制定和实施，并无实际的政治权力，而只是封建政权统治地方的中介和工具。士绅固然可以出而为官或曾经在位为官，但当他们作为士绅而存在的时候，乃“无官一身轻”之人，仅仅享有象征性的功名、职衔和顶戴。正是在这一意义上，费孝通等社会学家非常强调“尽管绅士阶层事实上与士大夫那样有着密切联系，但

① 何天爵著，鞠方安译：《真正的中国佬》，光明日报出版社1998年版，第168页。

还是应当将其与士大夫相区别”[1]。近代以来，面对“数千年来未有之变局”，传统精英群体——士绅出现了前所未有的不可挽回的分化与蜕变，他们或投身近代工商业成为绅商，或转向西学而成为“新旧兼学”的“学绅”（包括了转向西学的“绅而为学者”），或倡导立宪、地方自治而成为清末资政院、各省谘议局、各地自治机构的中坚力量，从而改变了传统士绅集团的构成，瓦解着士绅们在传统社会中所共有的经济基础和思想信仰。徐青甫 1903 年考取了末代秀才，虽然距离他 1899 年 9 月进入浙江武备学堂任教已有多年，但毕竟是进入了士绅的行列，同时又在新式学堂任教，算得上是不折不扣的“新旧兼学”的学绅，虽然受过旧学教育，但在西学的冲击下，少了几分旧士子观念上的迂腐，在保守中酝酿着进取精神，无论从知识结构到政治思想、生活方式以至价值观念，都与传统士大夫有了明显的区别，用正统士大夫的话说就是“渐染异俗，性情顿变”。[2]

第一节　矢志维新事业

1899 年 9 月，徐青甫被浙江武备学堂聘为日本教习翻译，由此开始了在浙江武备学堂 7 年的任教生涯，从翻译做起，继而任助教、教授。

自第二次鸦片战争以后，清朝统治阶级内部的一些洋务派官僚，中央有奕䜣、文祥、宝鋆，地方有曾国藩、李鸿章、左宗棠等，在战争中看到英、法等国在许多方面比中国强，于是接过了魏源“师夷之长技以制夷”的旗帜，主张向西方学习，掀起了中国近代史上的“洋务运动”，而首先做的是学习西方的军事，购置西洋船炮枪械，建立近代军事工业，训练新式海陆军。清光绪十一年（1885），李鸿章在天津设立天津武备学堂，为中国近代陆军学校之始。此后，清政府令各省仿天津武备学堂办法添设武备学堂，浙江武备学堂就是在这样的背景下成立起来的。清光绪二十三年（1897）四月，时任浙江巡抚的廖寿丰奏准清廷，在杭州蒲场巷（今大学路）报国寺设立浙江武备学堂，是为杭州最早的近代军事学堂。第一期共招新生 40

---

① 费孝通：《皇权与绅权》，《费孝通选集》，天津人民出版社 1988 年版，第 130 页。

② 《拣选知县举人褚子临等条陈宪政八大错十可虑呈》，《清末筹备立宪档案史料》（上），中华书局 1979 年版，第 231 页。

名，从省内旧防营中挑选年龄在25岁以下，略识文字，身体健康的哨长、营书、勇丁入学。学习期1年，毕业后充当练军骨干。后来，根据培养目标和学习年限的不同，曾有教将堂、储才堂和正则科、速成科之分。学生不仅不收学费和伙食费，每人每月还给杂费若干，吸引了不少贫困失学的知识分子。联豫、伍元芝、三多等人先后担任过浙江武备学堂总办。学堂聘用多名日本人为教习，其中有总教习斋藤实，炮科教习三宅缝造，工科教习松岛良吉，步科教习高本朝雄、上月三郎等人。又聘用数名中国人为帮教习和汉文教习，徐青甫即是其中之一。武备学堂的教学方法和课程仿照日本士官学校，附设武备小队，为学生练习实兵指挥之用。正则科科目有战术、兵器、地形、筑城、代数、三角、测绘、日文翻译、日本语言、兵式操练、技艺（马术、器械、体操、竹剑、木枪）、物理、化学、伦理、行伍须知、地理、历史。速成科科目有战术、简易测绘、筑城、数学、汉文、图学、兵式体操及技艺（器械、体操、木枪、竹剑）。由外籍教习教授天文、地舆、格致、测绘、算化及西洋行军新法等课，并督率学生赴营演试枪炮阵式，建造台垒，提习马队、步队、炮队及行军、布阵、分合、攻守诸式。由中国教习教授经史，进行忠义教育，以端其本。武备学堂于1906年5月停办，前后8年，共6期，从武备学堂肄业的学生前后达500余人，毕业生230余人，毕业后多充实为浙江新军中各级军官。[①] 部分优秀毕业生曾被选送至日本士官学校官费留学。毕业或肄业学生中也有相当一部分人参加了同盟会、光复会等革命组织，在辛亥革命上海、杭州光复之役中发挥了骨干作用，如正则科第四期学生夏超、张载阳、周凤岐，第五期学生黄郛等。民国时期，浙江军事人才也多毕业于武备学堂，浙江军界有"武备派"之说，颇有些浙江"黄埔军校"的味道，与黄埔学生一样，同一所学堂走出的同学，其后怀抱不同信仰走上了不同的道路。

徐青甫在浙江武备学堂任教的头两年，正是清末统治最动荡的一个阶段，以慈禧太后为首的顽固派镇压了戊戌变法，光绪皇帝被软禁于瀛台，谭嗣同等戊戌六君子被杀，康有为、梁启超等维新派骨干流亡海外，发起"保救大清光绪皇帝会"（简称"保皇会"），由康有为任会长，梁启超、徐勤任副会长，公开打出"保皇"旗帜，在华侨中掀起了一股"尊皇攘后"热。

---

① 李俊洁：《人物·事件·记忆：浙江辛亥革命遗迹图考》，浙江古籍出版社2013年版，第10页。

1899年冬指派唐才常[①]回上海组织“正气会”,1900年义和团运动爆发后,清政府内外交困,康、梁等保皇派认为是一个大好时机,指使唐才常将“正气会”改称“中国国会”,拟在长江流域举事,兴勤王之师,迎光绪皇帝复位。唐才常在汉口英租界设立起义总机关,在长江一带联络会党10余万人,组织自立军,定于8月9日起义,唐自任总司令,不少留学生甚至革命党人也参加了自立军,史称“自立军起义”。而另一方面,戊戌变法失败后,慈禧再度垂帘听政,她曾想废掉光绪,因遭到中外各种势力的强烈反对而未能实现。1899年底,又玩弄手法,以光绪无嗣为由,立端王载漪之子溥儁为大阿哥,企图逐步取代光绪皇帝,这就是所谓“己亥建储”,又称“大阿哥”事件,岂料又遭英、日、美等列强干涉,各国公使拒绝入宫庆贺,表示不予承认,“废立”计划因此受挫,“太后及载漪内惭,日夜谋所以报”[②]。以慈禧太后为首的顽固派在各方孤立中利用义和团对付洋人,导致列强出兵干涉,八国联军侵华,北京沦陷,慈禧太后带着光绪和一些亲信臣仆,仓皇西逃。而当清廷在北方与洋人开战后,东南各省的督抚如两广总督李鸿章、湖广总督张之洞、两江总督刘坤一、四川总督奎俊、闽浙总督许应骙、浙江巡抚刘树棠、山东巡抚袁世凯等却与西方列强勾结,称清廷向列国宣战的诏书为伪诏,拒不奉诏,并在自己管辖的境内策划所谓“中外互保”(又称“东南互保”),签订了《东南互保章程》,规定上海租界归各国共同保护,长江及苏、杭内地,均归各督抚保护,两不相扰,共同维护社会秩序,阻止义和团运动向南发展。

徐青甫当时还是一个20岁出头的青年,血气方刚,因趋向新学,对世界大势较为敏锐,对近代中国的亡国危机有切肤之痛,因此思想上赞同维新变法,而庚子年的乱局,又使他忧心国家的危亡,爱国热忱高涨。是年7月,因随好友金梁到上海参加由唐才常组织的“中国国会”,徐青甫结识了著名维新派志士唐才常,一番长谈后,徐青甫决意以身许国,以死力谏

---

① 唐才常(1867—1900),字伯平,号黻丞、拂尘,湖南浏阳人,清末维新派领袖。戊戌变法时期参与湖南的维新活动,1898年夏赴北京参与“百日维新”,途中闻慈禧太后发动政变,遂流亡日本。1899年冬,受康有为指派回上海组织“正气会”。义和团运动爆发后,在长江一带联络会党发动自立军起义,兴勤王之师,迎光绪帝复位。1900年8月21日,被湖广总督张之洞勾结英国领事捕杀,自立军起义失败。

② 李希圣:《庚子国变记》,中国史学会主编:中国近代史资料丛刊《义和团》第1册,中华书局1957年版,第11页。

两江总督刘坤一[①]出兵平乱，拥护光绪帝复位，“中逢庚子拳乱，知国势阽危，留书别母，图为国死。道出沪上，晤唐烈士才常，告以己志，拟赴宁垣，死谏刘制军岘庄，起义戡乱”[②]。唐才常告诉他，在此之前已有张、杜等3人向刘坤一谏言，刘坤一起初没有听从，最后一次，已有所动心，约定第二天再商量，但等到第二天早上再见面，刘坤一仍以年事已高为由推辞，终究没有结果。他怕徐青甫前往谏说还是会被拒绝见面，与徐青甫约定，如果不被接见就马上回上海，与他一同赴武汉举事。据徐青甫后来自述，他到达南京后，才知道在南京凡是没有保证人的旅客，客栈一概不准留宿，他连着问了好几家客栈，都遭到了拒绝，最后来到总督府旁边的斌贤客栈，就随机应变说自己是来督署会见朋友的，马上便有人可以来做担保，请求先暂时住下，客栈老板见徐青甫身着官纱长衫，便信以为真，同意他住下来。徐青甫原本想请其旧日熟识的朋友汤寿潜[③]或蒯光典[④]为他引见刘坤一，但碰巧他们都不在南京，于是只好毛遂自荐。徐青甫由于做过幕僚，所以知道前清权

① 刘坤一(1830—1902)，字岘庄，湖南新宁人，湘军名将，晚清洋务派官僚。因军功官至两广总督、两江总督兼南洋通商大臣。1895年加入强学会。1898年戊戌政变后，强烈反对慈禧太后废黜光绪帝，称“君臣之义已定，中外之口难防。坤一为国谋者以此，为公谋者亦以此”。1900年义和团运动爆发后，与湖广总督张之洞、两广总督李鸿章等策划东南互保。1901年清末新政开始后，同年10月与湖广总督张之洞联名提出3个变法奏折，史称“江楚会奏变法三折”，成为清末新政第一阶段的蓝本。

② 徐青甫：《经济革命救国论》，民国二十一年(1932)四月，自序第1页。

③ 汤寿潜(1856—1917)，原名震，字蛰先、蛰仙，浙江萧山人，清末民初实业家和政治活动家，晚清立宪派领袖，因争路权、修铁路而名重一时。1890年著有《危言》一书，宣传维新变法。1905年发动旅沪浙江同乡抵制英国侵夺苏杭甬铁路修筑权，倡议集股自办全浙铁路，7月在上海成立“浙江全省铁路公司”，被推举总理全浙铁路事宜。1906年12月，在上海联合江浙闽商绅200余人成立“预备立宪公会”，敦促清廷早日立宪，郑孝胥为会长，汤寿潜和张謇被推举为副会长。辛亥革命爆发后，汤寿潜被推举为浙江军政府首任都督。中华民国南京临时政府成立后，被任命为交通部长，未就任，晚年闲居故里。

④ 蒯光典(1867—1911)，字礼卿，号季逑，安徽合肥人，晚清著名学者、教育家，清流派官僚。曾任两湖书院监督、江南高等学堂总办、学部欧洲留学生监督、学部丞参上行走兼京师督学局局长、南洋劝业会总提调等职，思想上倾向维新变法和立宪。戊戌政变后，慈禧太后有废帝之意，其心腹荣禄向各省督抚发密电征求意见，蒯光典曾劝说刘坤一“公国家宗臣，义不容默”，刘坤一从之，遂向荣禄回电反对废黜光绪帝，慈禧乃止废黜之事。刘坤一曾曰：“吾三督两江，可引为师友列者，蒯某一人而已。”

贵人家的大门，往往拒人千里，如果不是先有邀请函直接送到拜访者本人手上，就不会破例容许平民百姓拜见，而只有机密文件，督抚才会亲自打开查看，或许因此能蒙招见。于是咬破手指写了一封血书，说明自己拜见的来意，将外面的信封做成机密文件的形式，写着从"浙江抚署"投送，前往两江总督衙门，声称从浙江来，有机密重要的事情，必须当面拜见刘坤一。但未料刘坤一接信后，让巡捕带话给徐青甫，以身体染病为托词，拒绝见面。徐青甫万般无奈之下只好放弃，又因回程旅费不足，找"江宽"号轮船副买办借钱买船票才得以返回上海。抵达上海后，徐青甫立刻赶到唐才常家中，但恰好唐才常外出，而副买办马上要随船返回上游，如果欠着船费不还，未免失信于人，于是就到另一位朋友的住处，准备向他借钱归还欠着的船费。等到了这位朋友的住处，朋友挽留徐青甫吃饭，而暗中向徐青甫的兄长报信。家里人正因其不告而别，到处寻找，已到这位朋友的家中找过，并托他代为寻访。朋友知道徐青甫心意已决，无法说服，遂以准备午饭作为留下他的借口，同时向徐青甫的兄长通报信息。徐青甫饭还未吃完，其兄长就已经到了，哭着说母亲因为他不辞而别，病急危重，容不得他再离开一步，徐青甫不得已勉强顺从兄长回了家，未与唐才常再见面。如果不是为了归还一元钱欠资的缘故，徐青甫或许早已与唐才常奔赴汉口，为国捐躯了。[①]

回到武备学堂后，徐青甫受唐才常创立"正气会"启发，和浙江武备学堂、求是书院两所学校的有志青年蒋尊簋[②]等 9 人，组织创办了"争存会"。

---

① 徐青甫:《经济革命救国论》，民国二十一年(1932)四月，自序第 2—4 页。

② 蒋尊簋(1882—1931)，字百器，又名伯器，浙江诸暨人。早年求学于杭州求是书院，1900 年官费留学日本，1904 年毕业于日本陆军士官学校，以精通军事著称，与蒋百里、蔡锷合称"南方三杰"。1904 年加入光复会，1905 年加入中国同盟会。1906 年应浙江巡抚张曾敭聘请，担任浙江督练公所教练处帮办、浙江讲武堂总办、新兵第二标标统(团长)，创设浙江弁目学堂、陆军小学堂和炮工学堂。徐锡麟、秋瑾起义失败后，为当局所疑忌，远赴广西任陆军小学堂总办，后又调任广东混成协协统(旅长)。辛亥革命爆发后，任广东都督府军事部长。1912 年 1 月 1 日，中华民国南京临时政府成立后，汤寿潜被任命为交通部部长，蒋尊簋继任浙江都督兼民政长，同年 7 月辞职。后参加护国运动，一次、二次护法运动，担任孙中山大本营参谋处主任、大本营军需总监等职。1926 年 12 月北伐军入浙前，被地方人士推举为浙江省省务委员会委员、军政部长，策动浙省自治。1927 年 4 月任国民党中央政治会议上海临时分会主席，因不满蒋介石独裁而退隐。1931 年 5 月宁粤分裂，国民党内的元老派、汪系及两广军人在广州另组国民政府，蒋被推举为国民政府委员。

作为年轻的教师，他与学生们志气相投，亦师亦友，共同接受新式教育的熏染，投身于历史前进的洪流中。求是学院是浙江大学的前身，与浙江武备学堂一样，是甲午战争以后浙江省创办的新式高等学校。清光绪二十三年(1897)正月，时任浙江巡抚廖寿丰利用被查没的普慈寺为校址，设立求是书院，杭州知府林启任总办。当年招收20岁以下举贡生监30名，学制5年。次年扩充学额，分设内、外两院，以原有30名为内院生，另招外院生60名。外院生分经生、蒙生两类，经生只招了一班，20人，亦为举贡生监出身；而蒙生年年招生，取文理粗通而无出身者。求是书院的课程以"西学"为主，国文、英文、数学、理化为必修课，后来又加日文，可自由选读。英文教本为《英文初阶》至《进阶》等，并读文法。算学自心算至代数，取材于《笔算数学》《代数备旨》《形学备旨》《八线备旨》等。物理化学所用教本，多译自英国中学教本。各人先以国文程度定班次，但英算等则可各按实际能力定其受课之班次。国文不重口讲，但由学生自阅。疑则发问，教师解答，往往有上课1小时而教师未发一言的。学生必须日作札记，每晚呈缴，教师批改。教习中不仅有著名的维新派人士宋恕，而且有不少留学生，且有西籍和日籍教师若干名，除总教习是美国人王令赓外，尚有西籍教师亨培克(西史)、梅立卡、克伦德(理化)等，日籍教师铃木龟寿(博物)、十安弥(外国史地)、元桥义敦(音乐)、富长德载(体操)等。[①] 据曾肄业该校的蒋梦麟回忆："它的课程和中西学堂很相似，不过功课比较深，科目比较多，先生教得比较好，全凭记忆的工作比较少。它已粗具现代学校的规模。……在浙江高等学堂里新接触的知识非常广泛。从课本里，从课外阅读，以及师友的谈话中，我对中国以及整个世界的知识日渐增长。我渐渐熟悉将近4000年的中国历史，同时对于历代兴衰的原因也有相当的了解。这是我后来对西洋史从事比较研究的一个基础。"[②]求是书院在学校体制、课程内容、教学方式等方面的改革，改变了学生的知识结构，扩大了视野，启迪了青年学子的思想，使他们呈现出程度不同的与传统日渐离异的趋向。曾是求是书院学生、民国后担任过浙江高等学校(即原来的

① 郑晓沧：《戊戌前后浙江兴学纪要与林启对教育的贡献》，中国人民政治协商会议浙江省委员会文史资料研究委员会编：《浙江文史资料选辑》第1辑，1964年9月，第110—113页。

② 蒋梦麟：《西潮·新潮》，岳麓书社2000年版，第56页。

求是书院）校长的邵裴子称赞求是书院是“浙江革命思想重要源泉之一”，“求是书院成立不过三年而校内革命思想已蓬勃发展，后来参加革命的亦颇有其人，成为本省及全国革命史上不可磨灭之一部分”。[①] 许多日后在民国叱咤风云的人物都曾毕业或肄业于求是书院，例如蒋尊簋、蒋百里、许寿裳、邵飘萍、邵元冲、何燏时、陈布雷、陈仪、蒋梦麟、何炳松等。尤其值得一提的是，浙江武备学堂和求是书院院舍毗连，书院在北，学堂在南，书院的东南和学堂的东面，同临着一个大水塘，塘内绿波荡漾，景色悦人，武备学堂大操场在蒲场巷路西，正对着求是书院，这一文一武两所新式学校当年共同孕育了浙江民主革命的崭新希望。

1900 年 8 月 21 日，原来对自立军起义抱观望态度的湖广总督张之洞在英国领事支持下，包围了汉口英租界自立军的总机关，捕杀了唐才常等 100 多人，自立军起义失败。自立军起义是戊戌维新运动的尾声，它的失败，使一些受康梁影响、徘徊于革命和改良之间的进步人士如秦力山、毕永年等从此坚定地走上了革命的道路，他们从清政府对自立军的残酷镇压中，进一步丢弃了对它的幻想，觉悟到只有用激烈的革命手段推翻清政府，才能实现救国和改革社会的目的。唐才常在汉口遇难的消息传来，徐青甫和金梁都悲痛异常。杭州也有搜捕唐才常同党的风声，武备学堂、求是书院两校的当局者，虽然对徐青甫与唐才常的交往略有耳闻，却没有想要深究，武备学堂告诉门房，凡是有人寻访徐青甫，都不许通知他，而求是书院的蒋尊簋等 3 个学生则来信与他绝交，“未几武汉噩耗传来，杭垣亦有查逮与党之说，武备、求是两校当局，虽微有所闻，而不欲深究。武校则告阍者，凡有访予之人，不许通知。而求是学生三人，来函与予绝交。予正在怀疑，而伯器等赶至，申明事出被逼，望勿介意，予始恍然。愤感之余，病卧匝月”[②]，“争存会”因此解散。徐母恐流言猛于虎，让徐青甫趁武备学堂放暑假的机会，往新昌岳父家暂避一段时间。在岳父家暂住期间，徐青甫与俞振亚草草成婚。等时局稳定后，徐青甫回浙江武备学堂继续任教。

---

① 郑晓沧：《戊戌前后浙江兴学纪要与林启对教育的贡献》，中国人民政治协商会议浙江省委员会文史资料研究委员会编：《浙江文史资料选辑》第 1 辑，1964 年 9 月，第 112 页。

② 徐青甫：《经济革命救国论》，民国二十一年（1932）四月，自序第 4 页。

第二节　向近代新型知识分子转型

清光绪二十六年十二月十日(1901年1月29日),在清政府与八国联军达成谈判意向、接受慈禧为清政府"最高领导人"后,远在西安的慈禧太后以光绪的名义颁布了明确宣布清廷变革意向的《辛丑变法诏书》,标志着清末十一年新政的开始。新政虽然没有从根本上触动封建专制政体,预备立宪成了一场骗局,但对中国社会却产生了深远的影响,改革推动了教育、军事制度的变革和经济的发展。新政中的奖励工商等措施,客观上对于改变中国封建社会中传统的"重农抑商"思想,提高工商的社会地位,促使地主官僚投资工商业,发展民族资本主义具有积极的意义;而编练新军,废科举,办新学堂,选派留学生,创办报刊,促进了近代新型知识分子群体,有助于西学新知和资产阶级民主革命思潮的传播,使许多人因此走上了革命的道路,从而在客观上培养了自己的掘墓人。在这一历史大背景下,徐青甫在浙江武备学堂任教之余,与友人合作,在杭州珠宝巷开设一家书店,名"杭州编译局",同时又开设了一家图书公司,"思国人知识太旧,且以无财,难于活动,乃谋设新书店,以资灌输新知识"[①]。徐青甫在教书的闲暇时间,从事日文图书的翻译、出版工作。因为徐青甫自身担任教职,而且翻译也需占据大量时间,故将书店的事务基本委托给了经理。由于晚清社会人民识字率低下,能认识几个基本字便是难能可贵了,更遑论读懂深奥的新学理论,所以西学书籍的销售面较为狭窄,书店影印成本也过高,难以持久维持,仅仅两三年中,徐青甫便赔尽了译书稿费,还亏损了2000多元,不得已中止了原定于1901年赴日本留学的计划。

庚子年以后,向日本学习成为中国学界的潮流。清末新政中,清政府对出国留学也采取了更为积极的鼓励政策,1903年颁布了《奖励游学生章程》和《约束游学生章程》,令各省派遣官费留学生,学成回国,经考核后分别赏给进士、举人等各项出身,同时也鼓励自费留学,"官筹学费,究属

① 徐青甫:《经济革命救国论》,民国二十一年(1932)四月,自序第4页。

有限，拟请明谕各省士人，如有自备资斧出洋游学，得有优等凭照者，回华后复试相符，亦按其等第作为进士、举贡。如此，则游学者众，而经费不必尽出官筹"[①]。在政府的提倡下，清末形成了留学，尤其是留日高潮。据统计，1901 年浙江省留学日本学生 39 人，其中官费 18 人、自费 21 人，人数仅次于湖北、江苏[②]；1903 年浙江省留学日本的学生已达到 119 人（已毕业归国者 15 人及告假归国者 11 人未记入）；1904 年浙江省留学日本的学生增至 193 人，已毕业的为 35 人。[③]

徐青甫由于所开设的杭州编译局和图书公司经营不善，最终倒闭，倒欠了两千多元钱，家境贫困，自然无法赴日留学，只得留校继续任职以偿还债务。其间，1905 年日本人也在杭州创设编译局，除印刷日文学堂编译的各书籍外，兼营印刷新闻纸，徐青甫还应聘兼任过一段时间的经理，用以偿还债务[④]。但徐青甫在浙江武备学堂和求是书院的好友黄郛、蒋尊簋、蒋百里等留学日本后，每次假期回国都会传播一些新思想，帮助他打开国际视野。例如黄郛每次回国，都会联络同学聚会，名为游山玩水，实际上是借机分送冒着生命危险从日本带回来的革命书籍，宣传革命思想，努力灌输新知识，这些对于学术、国内及国际形势知识尚浅的年轻人来说，既新鲜又及时。[⑤] 加之他毕竟在新式学堂任教，又多年从事新学书籍的翻译工作，其知识结构得到了更新，相应地在政治思想、生活方式乃至价值观念上都与传统士大夫有了明显的区别，逐渐从一个传统士绅转变为新型知识分子，一个"新旧兼学"的学绅。

---

① 《变通政治人才为先遵旨筹议折》（光绪二十七年五月二十七日），《张之洞全集》第 4 册，武汉出版社 2008 年版，第 14 页。

② 汪林茂：《浙江通史》（清代卷下），浙江人民出版社 2005 年版，第 256 页。

③ 浙江省教育志编纂委员会：《浙江省教育志》（浙江省志丛书），浙江大学出版社 2004 年版，第 941 页。

④ 《广济医刊编辑部启事附该日之江原报》，《广济医刊》第 6 卷第 6 号，1929 年 6 月，琐闻，第 6 页。

⑤ 葛敬恩：《悼膺白学兄》，《黄膺白先生故旧感忆录》，沈云龙主编：《近代中国史料丛刊》正编第 3 辑，台北文海出版社 1967 年版，第 164 页。

第三章　早期奉鄂从政经历

第一节　首度任职奉天巡警总局

我国东北地区在清代是特别区域，因被清统治者视为龙兴之地，为防止“龙脉”被汉人“污染”，禁止汉人迁入，开发这一地区。清康熙七年(1668)，朝廷颁布了禁令，严格禁止汉人进入这一地区。同时，为了保持东北地区的特殊性，清政府对这一地区也不实行内地通行的行省制度，各地不设总督、巡抚，而是设立盛京、吉林、黑龙江3大将军管辖满、蒙、汉在籍旗人，基本保留了清入关前的八旗驻防系统，是一种军政合一的政体。又因盛京为清朝陪都，盛京将军为东北地区最高长官。近代以后，沙皇俄国首先侵略我国东北。1858年5月，沙俄借英、法发动第二次鸦片战争之机，强迫黑龙江将军奕山签订《瑷珲条约》，割占我国黑龙江以北、外兴安岭以南60多万平方公里的领土，仅这一地区的江东六十四屯仍保留中国方面的永久居住和管辖权，同时还把乌苏里江以东的中国领土划为中俄共管，原属中国内河的黑龙江和乌苏里江，此后只准中、俄两国船只往来，别国不得航行。1860年11月，驻北京的俄国公使伊格纳季耶夫以调停第二次鸦片战争有功为名，强迫清政府签订《中俄北京条约》，将乌苏里江以东地区的40余万平方公里的中国领土割让给俄国。1895年三国干涉还辽事件[①]后，

① 1895年中日甲午战争后，战败的清政府被迫与日本签订了《马关条约》，其中有将辽东半岛割让给日本的条款。沙俄认为这将威胁到自己独霸中国东北，遂联合法国、德国向日本提出交涉，“劝告”日本退还辽东半岛。日本被迫退还了辽东半岛，但向中国索取了3000万两的“赎辽费”，史称“三国干涉还辽事件”。

沙俄又以还辽有功为借口，获得中国旅顺、大连两个港口的租借权，允许俄国修筑一条由海参崴通过黑龙江、吉林两省直至旅顺、大连的铁路，名为“中国东省铁路”，简称“中东铁路”，铁路的修筑和经营名为中、俄合办，实由俄国独揽大权，致使整个东北全境成为俄国的势力范围。1900 年中国爆发了义和团运动，导致八国联军侵华。沙俄除了参加由英、美、俄、日、德、法、意、奥组成的八国联军外，还单独出兵我国东北，占领东北主要城市和交通线，制造了血洗海兰泡、强占江东六十四屯、火烧瑷珲城等惨案，严重影响了清政府对东北行使主权。1901 年 9 月 7 日，丧权辱国的《辛丑条约》签定，列强军队陆续从华北撤走，但沙俄的军队仍盘踞我国东北，无意撤走，清光绪二十七年(1901)七月，吉林将军长顺上奏说，“窃查东三省为国家根本。自上年边衅遽开，壤地全失。吉林虽保有腹内，今亦他族兵满。名为交还，而事事干预，并无交还之实。当时官民所日日盼望者和约耳。今则约成复废，另议无期。人心惶惑，有傀焉不可终日之势”①。沙俄的野心与后起的日本夺取我国东北的侵略政策发生了严重冲突。

英国在中东、远东各地和沙俄争夺霸权，矛盾很深，因而和日本订立同盟，支持日本对抗沙俄。美国也企图插足东三省，不愿沙俄独占东北权益，希望日本去“开放”被沙俄关闭的“门户”。在这样的历史背景下，1904 年 2 月到 1905 年 9 月，日、俄两国为争夺我国东北地区权益，在东北的土地上爆发了一场战争，史称“日俄战争”，对我国东北地区尤其是奉天造成了极大破坏。战后签订的《朴次茅斯条约》规定两国除铁路警备队外，同时撤退在中国东三省的军队；俄国将租自中国的旅顺、大连港口，以及长春至旅顺的铁路及其他有关权益全部转让给日本。这样，清政府虽然收回了东北三省的主权，但东北从此成为沙俄和日本共同的势力范围，沙俄势力退守东北北部，而长春以南(包括长春)则归日本势力控制。面对日益严重的东北边疆危机，清政府被迫开放汉民迁入东北，在东北实施新政，以巩固对东北的统治，向列强表现出他还是具备统治东三省的能力，以此证明东三省依然是中国的领土。1905 年 5 月，清政府任命赵尔巽为盛京将军，谕其“破除常例，因时制宜，所有应兴应革及惩劝各项均并悉心

① 《吉林将军长顺折》(清光绪二十七年七月十六日)，故宫博物院明清档案部编：《义和团档案史料》(下册)，中华书局 1959 年版，第 1302 页。

体察”[①]。赵尔巽(1844—1927)，字公镶，号次珊，清末汉军正蓝旗人，奉天铁岭(今辽宁省铁岭市)人，祖籍山东蓬莱。清同治十三年(1874)进士，授翰林院编修，历任安徽、陕西按察使，甘肃、新疆、山西布政使，署理湖南巡抚。1904 年内调署理户部尚书。次年出任盛京将军，支持清末新政，是年 9 月，与袁世凯、张之洞等联名上奏恳请清廷“立停科举”，认为“科举一日不停，士人皆有侥幸得第之心，以分其砥砺实修之志。民间更相率观望，私立学堂者绝少，又断非公家财力所能普及，学堂决无大兴之望”[②]，清政府诏准“自丙午(1906)科为始，所有乡会试一律停止，各省岁科考试亦即停止”[③]，一切士子皆由学堂出身，正式废除了自隋代以来沿袭的科举制度，由此带来了中国传统教育的转型:从为科举制所制度化的传统儒学教育转向以传授西学为主的近代教育。1907 年调任湖广总督，旋迁任四川总督。清宣统三年(1911)任东三省总督。武昌起义后在奉天成立奉天国民保安会，反对清帝退位，阻止革命。民国后蛰居青岛。1914 年袁世凯委任其担任清史馆馆长，主持编修《清史稿》。袁世凯称帝时，被尊为“嵩山四友”之一。1925 年段祺瑞执政期间，担任善后会议议长、临时参议院议长。

在赵尔巽的亲信幕僚中，有徐青甫的同乡好友叶景葵[④]。1896 年，叶景葵经赵尔萃[⑤]结识了其兄赵尔巽，“君就甥馆于济南，时赵尔巽丁艰家

---

① 中国第一历史档案馆藏:《赵尔巽档案全宗》第 101 号。

② 《会奏请立停科举推广学校折》(光绪三十一年八月初二),《张之洞全集》第 4 册，武汉出版社 2008 年版，第 233 页。

③ 《谕令停科举以广学校》，沈桐生:《光绪政要》卷 31，沈云龙主编:《近代中国史料丛刊》正编第 35 辑，台北文海出版社 1972 年版，第 2158 页。

④ 叶景葵(1874—1949)，字揆初，号卷盦，别称存晦居士，浙江杭州人，民国著名银行家、实业家。清光绪二十九年(1903)进士，受维新思想影响，入赵尔巽幕。1911 年 3 月署理度支部天津造币厂正监督，同年 4 月调任署理大清银行(即今天中国银行)正监督，不久实授。民国后弃官从商，走上了“实业救国”的道路。1915 年 8 月改组浙江兴业银行为董事长负责制，在华商银行中最早担任董事长，并数度兼任总经理，还担任过汉冶萍公司经理、中兴煤矿公司董事长等职。1947 年 5 月，北京、上海等地发起“反饥饿、反迫害、反内战”的爱国学生运动，遭到国民党政府镇压，叶为著名的“十老上书”人之一，声援进步学生，坚决反对当局的倒行逆施。

⑤ 赵尔萃(1851—1917)，字小鲁，汉军正蓝旗人，晚清重臣赵尔巽之弟。光绪己丑年(1889)进士，曾任山东夏津县知县，后以道员分发直隶候补，旋辞官，定居于山东泰安。在兄弟四人中排行第四，老大赵尔震、老二赵尔巽、老四赵尔萃均考取进士，唯老三赵尔丰屡试不第，最后只能以纳捐为官。

居，谂君才”[①]。1902 年秋，赵尔巽由山西布政使护理巡抚，聘任叶景葵为其内书记。[②] 此后，叶景葵成为赵尔巽主要幕僚之一，为赵尔巽草拟公文奏折，与赵的另一位主要幕僚金仍珠被人戏称为“金枝玉叶”。赵尔巽调任盛京将军时，曾上《奏调京外人员折》，拟调包括湖北候补知府叶景葵在内的 10 余人随其赴东三省任职，并请清政府授予自己部分人事任用权，“奴才于上年春遵旨筹东事十八条，皆以辑睦邦交、变通内治，造端宏大，经画维艰。自应广集人才，以资器使。现值东事未定，口付尤难。奴才自顾心庸，深惧上无以副九重之知，下无以慰苍生之望，尤需慎选材俊，量能量事，分别派委，庶可以匡助不逮，与有成功”[③]，故叶景葵与金仍珠仍跟随赵尔巽出关任职。由于当时东北百废待兴，赵尔巽急需在东北实施新政，需要大量有实干经验的人才。叶景葵向赵尔巽适时引荐了徐青甫，得到首肯。而此时徐青甫因开设杭州编译局和图书公司经营不善所欠的债务也还得差不多了，他深知自己继续留在学堂教书虽生活稳定，但不是长久之计，事业亦不能再精进，遂辞去武备学堂的教职，举家前往奉天（今辽宁省沈阳市），投入赵尔巽门下。时徐青甫母亲已届七旬，虽古话云父母在，不远游，但徐母却十分支持儿子的这一举动，《徐母余太夫人家传》称“当太夫人年已七旬，诸子以亲老戒远游，太夫人每促行为国服务，毋恋恋膝下，就事假归亦不许久恋旷职，临别示以喜色，从不作一悲感语，若自信寿可操券者噫”[④]。

中国的近代警察制度始于清末新政时期。清光绪二十八年（1902），督办政务大臣、直隶总督兼北洋大臣袁世凯率先在保定创设警务总局，并在保定开办巡警学堂，各省纷纷仿效举办。1905 年 10 月，清政府成立巡警部（后改为民政部），以徐世昌为尚书，赵秉钧任右侍郎，督办各省巡警。奉天警察局虽由盛京将军增祺于清光绪二十八年（1902）三月创办，设总办、帮办各 1 名，总理局务，下设文牍、承审、收支 3 处，但有名无实。赵尔巽任盛京将军后，在东北实行新政，首先改革了警察组织，扩充省城及各州、县警察，虽然其组织系统尚未完善，但具有一定的规模。他仿照京师

---

① 柳和城：《叶景葵年谱长编》上册，上海交通大学出版社 2017 年版，第 35 页。

② 同上书，第 85 页。

③ 同上书，第 104—105 页。

④ 《徐母余太夫人家传》，《列传》，第 34 页，徐鼎年、徐桴修：《镇海大枫林徐氏宗谱》，1935 年 12 月。

工巡总局，把兴修马路事宜并于警察局，改为工巡局。后因京师工巡总局改为巡警部，“旧名与部章不合”，遂于翌年又改为巡警总局，由道员张锡銮任总办。巡警总局主要负责省城的治安，兼管工程和卫生事宜。在张锡銮任内，巡警总局裁撤了原有的帮办一职，设置提调、总巡各一员，并裁撤文牍、承番、收支3处，设警务、书记、裁判、卫生、工程、调查、侦探、消防、出纳、庶务10科。[①] 至清光绪三十二年(1906)六月，道员姜恩治又厘定章程，设置执行、司法、卫生、教练、工程5科，在5科之中分别设股，“复立书记、交涉、出纳三股以综五科之成”[②]。直属巡警总局的书记、交涉、出纳3股，有股长1名，股员4至7名。执行、司法、卫生、教练和工程各科有科长1名，几个所属股，各股有股长1名，股员2至9名，其中执行科有警事警卫、消防、交通风俗、营业工厂4股，司法科掌管户口、侦探、裁判3股，卫生科有清洁、医务、防疫、分析4股，教练科管理教练股，工程科有筹备、监察、工事3股。巡警总局下设7个分局，设局长1人，各分局设有巡弁、巡长、巡记、书手、司书生、局役等职，但关于他们的职务和权限，都不得而知，最基层的则是巡目和巡警。除此之外，还附设了卫生医院、屠兽场、工程队，都隶属于巡警总局。总之，在赵尔巽盛京将军任内，奉天巡警总局不仅实现了在组织规模上的扩大，而且其组织系统也显示出专业化的趋势，奠定了后来警政发展的基础。

徐青甫初到奉天，被保举出任奉天巡警总局交涉股股长，负责警局内涉及外国人的相关事宜。当时的奉天，违法滋事的日本浪人很多，各分局抓到了，就送到总局来，但根据1843年10月签订的《虎门条约》的规定，外国人在租界违法享有治外法权，因此只能转送日本领事馆，由日本领事根据日本法律来处置，所以这些犯事的日本浪人都嚣张得很，成为奉天治安一个比较头疼的地方。幸亏有一个日本顾问宪兵大佐峰，是奉天未收回前这里的民政长，比较配合徐青甫的工作，帮助对付日本浪人，而日本浪人对他有些惧怕，故涉外治安方面大体上没出什么纰漏。但有时也有意外事件发生，据徐青甫回忆，有一次据传一个日本浪人被巡警打死了，

---

① 王树楠、吴廷燮、金毓黻等纂：《奉天通志》卷143，民治二，警察，沈阳古旧书店1983年1月印，第3265页。

② 徐世昌等编纂，李澍田等点校：《东三省政略》卷6，民政，奉天省，警政篇，纪内城巡警，吉林文史出版社1989年版，第939页。

地界在铁道以外属乡镇巡警局管辖的范围，徐青甫和乡镇巡警局总办朱庆澜跑去现场勘验，发现日本浪人尸体上并无被打的伤痕，但日本人却坚持中国验法不科学，于是请来日本和德国的医生会同解剖，结果发现是因为花柳病毒侵入脑髓，导致猝然死亡，与中国巡警无关，从而避免了一场外事纠纷。

其时奉天锐意建设，城内城外都在筑马路，而承建的都是日本人，城内是饭塚组，城外是大仓组，大仓组倒是循规蹈矩，而饭塚组则经常偷工减料，常与巡警总局工程科发生矛盾。由于工程归巡警总局管理，而徐青甫又身居交涉股股长要职，于是饭塚组试图贿赂徐青甫。有一天，交涉股股员徐某（在徐青甫到任前代理交涉股股长）邀请徐青甫到一家日本料理馆吃饭，谁知却是饭塚工程局的经理做东，席间，饭塚抱怨工程科对待大仓组和饭塚组不平等，对他们挑剔特别厉害，并把一个装了钱的封袋塞给徐青甫，“你们政府的俸给低，不够用，我们是知道的，我愿意跟你交一个朋友，如有不够用的时候，可随时通融”。徐青甫当即板起面孔，正色说：“现在你们口口声声在喊中日亲善，这亲善是要使大家都好啊！假使中国的官员不廉洁，如何能好呢？不正当的举动，不是图谋亲善的人应该有的，本来工程科公事到我这里，是毫无异样看待的，现在倒叫我要格外注意了，否则我就要有嫌疑。但请放心，我决没有格外挑剔的心思，仍旧依照合同做事，各尽各的义务，决无不利于你的举动。”徐青甫坚决地拒绝了饭塚的贿赂，展现了廉洁的政治风范。

第二节　汉口后湖清丈局稽核任上

1907 年 9 月 5 日，湖广总督张之洞[①]入调军机处，担任军机大臣。因

① 张之洞（1837—1909），字香涛，直隶（今河北）南皮人。清同治二年（1863）一甲三名进士，授翰林院编修。历任湖北、四川学政，国子监司业，翰林院侍读，内阁学士，早年为“清流派”领袖，支持顽固派领袖、军机大臣李鸿藻。1881 年升任山西巡抚，1884 年中法战争爆发后调任两广总督，此时他思想上已转化为洋务派，是洋务运动后期洋务派的主要代表。1889 年 8 月，调补湖广总督，办有湖北枪炮厂、汉阳铁厂、马鞍山煤矿、湖北织布局、湖北缫丝局等洋务企业，并筹办芦汉铁路。1901 年 10 月 2 日，与两江总督刘坤一联名提出《江楚会奏变法三折》，成为清末新政第一阶段的蓝本。1907 年 9 月 4 日入调军机处，担任军机大臣，授协办大学士。1908 年 11 月，以顾命重臣身份晋升太子太保，次年病卒，谥号“文襄”。

东三省官制改革而被裁缺的前盛京将军赵尔巽补授湖广总督，徐青甫随赵尔巽来到汉口，担任后湖清丈局稽核。20世纪初，老汉口市区只局限于硚口起沿城堡（今中山大道）下至通济门（今一元路）与长江、汉水之间的狭长地带。市郊的后湖一带当时地势低洼，一到夏天涨水就成了一片泽国，因此那里的地皮不值钱，但随着张之洞担任湖广总督期间，于1905年建成了著名的后湖防洪官堤——张公堤，不仅消除了老汉口城腹背两面终年饱受洪水泛滥之忧，为新通车的京汉铁路建立起一道坚固的防水屏障，还涸出了大量的良田，泽国瞬间化作沃壤，后湖一带的地皮跟着迅速飞涨，由2元涨到了20000元。正如1917年2月《汉口中西报》的一篇文章说："汉口后湖一带均经筑堤捍水，变泽国为桑田，至今民食，文襄之惠。以视苏堤春晓、花柳六桥迥乎。"其中又以法国立兴洋行、东方汇理银行汉口分行买办刘歆生[①]获益最多，他在张公堤未筑之前看准商机，抢先低价购得大片后湖湖淌之地，大堤竣工后，荒泽之地变良田，上自舵落口，下至丹水池，西起张公堤，南到铁路边60平方公里之内的湖淌之地，他个人所有约占总面积的四分之一[②]，从而获得了"汉口地皮大王"的绰号。后湖清丈局则成立于清光绪三十三年(1906)三月，其任务是对堤内土地分段清丈登记，查明地主，清查出官荒田。总办齐耀珊为张之洞的亲信，赵尔巽到任后指派陈理卿担任后湖清丈局会办，又要徐青甫过去担任稽核，实际上就是想让齐耀珊靠边。

徐青甫到任后，坚持原则，依法办事，将原有各种地契如"白契""印契""官印契"，以及契据上坐落不明等情况分门别类详加研究，规定了整理办法，呈赵尔巽批准后予以公布，称"后湖处理法"。这样做既化繁为简，又有法可依，只要由书记将各种地契依内容填入表格，依法批注即可，大大减少了舞弊行为。他还因此拒绝了"汉口地皮大王"刘歆生对他的贿

---

① 刘歆生(1857—1941)，名祥，字人祥，别号歆生，湖北汉阳人。早年家贫，因偶然原因结识汉口法国天主堂神甫金宝善，信奉天主教，由金宝善介绍进入法国立兴洋行、法国东方汇理银行汉口分行当买办。在张之洞修筑后湖防洪官堤——张公堤之前，低价购进后湖大片湖淌之地，获得暴利，人称"汉口地皮大王"。1906年与人合作建成汉口"华商跑马场"，1907年被推选为汉口商会首任协理，成为清末民初的著名商人、地产业主、实业家。

② 董明藏：《汉口地皮大王刘歆生》，政协武汉市委员会文史学习委员会编：《武汉文史资料文库》第8卷(历史人物)，武汉出版社1999年版，第10页。

赂，再一次让人领略了洁身自好的工作作风。有一天，徐青甫正在黄陂街上的清丈局办公，他的一个老同事广东人何君来看他，并邀他到歆生路上最大的一家广东菜馆吃饭，刚一落座，见有军乐队演奏，就好奇地问何君，两个人吃饭，为什么要请军乐队？何君只得实言相告："老实告诉你，今天有人请你吃饭，是要我出面的。刘歆生先生想跟你做朋友，他知道你目前待遇不好，所以你要十万二十万都可以！"徐青甫听罢说："老朋友吃饭无所谓，今天是刘歆生请客，我有所不便的。我的地位是查卷，他的契据多半有问题的，我跟他交朋友，别人要怀疑的，对不起，心领吧！"说完起身就走。

第三节　二度谋职奉天警局

1908 年 5 月，赵尔巽调任四川总督。靠山一走，徐青甫也于是年夏重返奉天，时老友金梁担任奉天旗务司总办，他托金梁为其在东北谋职。经金梁推荐，徐青甫担任了奉天巡警总局行政科长之职，并且兼任了奉天巡警教练所[①]的教务长。时东北地区已试行新官制改革，清政府改盛京将军为东三省总督，裁撤吉林将军、黑龙江将军，东三省每省设巡抚一员，各省设行省公署，下设各司主管各方事务，有民政司、交涉司、度支司、提学司、劝业司、旗务司、蒙务司，并设承宣厅，以为办理全省一切机要总汇之地，设议政厅专为议定一省法令、章制及研究本省兴革事宜，既废除了"旗民并治"的政治制度，也与内地通行的行省制度有别，改变了内地省份督抚之下藩、臬分署的旧制，实现了省级行政的合署办公。

① 清末中国警察从无到有，已设置专门培训机构来培养专业人才。根据 1908 年民政部奏定的《各省巡警学堂章程》规定，巡警学堂分为高等巡警学堂和巡警教练所，各省在省城设立高等巡警学堂，在府州县设立巡警教练所一处。奉天省城警务学堂创办于 1905 年，1906 年 9 月改为高等巡警学堂，而奉天巡警教练所则成立于 1907 年 9 月。

北洋系的徐世昌[①]出任首任东三省总督、钦差大臣兼管三省将军事务。他到任后，在赵尔巽改革警务的基础上，进行了大刀阔斧的改革，进一步完善了奉省的警政建设。时巡警事务已由民政司兼理，奉天巡警总局总办王治馨改订局章，改设总务、行政、司法、卫生、捐务5课，下设21股，并设警卫队、消防队、探访马队。其中，总务科有警事股、机要股、文牍股、支应股、统计股、筹备股、警卫股7股，行政科有治安股、交涉股、户籍股、营业股、交通股5股，司法科有裁判股、侦察股、监视股3股，卫生股有清洁股、防疫股、医务股3股，捐务科有收发股、核计股、稽查股3股。[②] 1907年5月，清政府发布各省官制改革案，规定省会增设巡警道一员，专管全省警政事务，随之，奉天也设置了巡警道一缺。1908年，裁撤巡警道，由民政司管理全省警务，设警政一科，并改巡警总局为警务公所。1909年改为奉天全省警务公所，以民政使为总办，内设总务、行政、司法、卫生、捐务5课改为5科。[③] 原来的巡弁、巡长、正目、副目分别改为(正)巡弁、副巡弁、(正)巡长、副巡长，至于巡警兵的等级区分，因史料不足，不得而知，应该与赵尔巽在任时没有太大改变。1909年2月，徐世昌调任邮传部尚

---

① 徐世昌(1855—1939)，字卜五，号菊人，直隶(今河北)天津人，袁世凯的把兄弟，清末、北洋政府官僚，曾任民国大总统。翰林出身，1897年起随袁世凯在小站练兵，成为袁的主要幕僚，此后累获擢升，清末新政后历任巡警部尚书、兵部尚书、军机大臣、东三省总督、邮传部尚书、协办大学士、体仁阁大学士、内阁协理大臣等要职。武昌起义爆发后，徐世昌力主起用袁世凯镇压革命，同年11月袁组织责任内阁，徐改任军谘大臣，加太保衔。清帝退位后，退避青岛隐居。1914年5月，袁世凯改责任内阁制为总统制，任命徐世昌为国务卿，次年袁公开推行帝制，徐不满，遂退居河南辉县水竹村。袁世凯死后，黎元洪继任民国大总统，段祺瑞任国务总理，不久即发生“府院之争”，徐以北洋元老身份应邀抵京，调解黎元洪和段祺瑞之间的权力斗争，后又调解直系军阀首领冯国璋和段祺瑞的矛盾。在袁世凯之后北洋军阀各派系的斗争中，徐世昌惯以元老身份和居间调和者的角色因势操纵。1918年10月，徐世昌经皖系操纵的安福国会选举为总统，但受段祺瑞控制。1919年五四运动爆发，徐顺应民意，被迫免去曹汝霖、章宗祥、陆宗舆的职务，并拒绝在《巴黎和约》上签字。1922年第一次直奉战争后，直系控制了北京政府，曹锟、吴佩孚迫徐去职，徐遂退居天津租界，从此淡出政坛。

② 徐世昌等编纂，李澍田等点校:《东三省政略》卷6，民政，奉天省，警政篇，纪内城巡警，吉林文史出版社1989年版，第939—941页。

③ 王树楠、吴廷燮、金毓黻等纂:《奉天通志》卷143，民治二，警察，沈阳古旧书店1983年印，第3265页。

书，云贵总督锡良[①]接任钦差大臣、东三省总督，兼管三省将军事务。1910年，警务公所归并民政司，委派奉天知府孟秉初兼充所长。1911年5月，赵尔巽回奉任东三省总督，又将警务公所仍改为巡警总局，添设总办一员掌管局务，归总督节制。

徐青甫担任行政科长期间的主要职责是治安和户籍管理，包括户口管理、巡逻、站岗、调查等。徐青甫对户籍管理工作尤其重视，要求警员不仅要把户口情况调查仔细，归档在案，而且要记在脑子里。他把当时30万人口的奉天城按胡同划分，每位巡长负责三四百户，再叫警察帮同记忆，把每户的情形像背书似的背出来。具体的做法是这样的：当巡长巡街的时候，到了某家门口，就把户口册上的记录背了一遍，譬如人数、职业、年龄以及这一家中人的生活状态等，这样久而久之，就深深印在脑海中了。对日本浪人的来往踪迹，也都有暗簿记录。徐青甫还常常抽查警员背诵户口册的情况。这样做的目的，一是可以造福百姓，如果发生孩童碰倒、车被抢、消防、卫生等突发事情，可以做到心中有数，从容处置；二是可以改善治安，以往常有绺子（土匪）在乡下抢劫后逃到城内避风头，如果经常留意各户来往的人，就可以避免窝贼、匿赃等情形发生。徐青甫创立的这一套做法，坚持做的时间久了，效果也就体现出来了，赢得了百姓的一片赞誉。

清宣统元年（1909）八月底，徐青甫调任安东县巡警局长，兼辖安东县乡镇巡警局，还兼任了安东商埠交涉员。安东（今辽宁省丹东市）在清末是奉天省的一个边境小县，隔江就是朝鲜，1907年3月1日正式开辟为通商口岸，在七道沟一带有日本居留地，那里是安东巡警局不能干涉的。也正因为如此，所以徐青甫在安东整饬治安时就碰到了一个大麻烦。七道沟烟馆林立，赌风炽盛，而日本人委派管理日人居留地的黄姓巡捕头竟

---

① 锡良（1853—1917），字清弼，巴岳特氏，蒙古镶蓝旗人。清同治十三年（1874）进士，历经同治、光绪、宣统三朝，以正直清廉、勤政务实著称，一生不为大势所屈，不媚同僚之俗。庚子事变后，因西行护驾有功被授予山西巡抚，后又担任河道总督、河南巡抚、热河都统。1903年调任四川总督，积极推行清末新政，支持川汉铁路自主商办。1907年调任云贵总督，镇压孙中山领导的云南河口起义。1909年2月，接任钦差大臣、东三省总督，兼管三省将军事务，严吏治，肃军制，清理财政，整顿盐务，筹办八旗生计，政绩突出。1911年6月改任热河都统，辛亥革命爆发后病退，拒绝医治而逝。

还是烟赌的后台大老板，严重影响了安东的治安。由于有交涉员的身份，徐青甫先去拜会了日本驻安东领事，交涉七道沟禁烟查赌事宜，日本领事先是借口中国警察不能在居留地行使职权，继而推脱容他些时日考虑出解决办法，最后被徐青甫逼得没办法，只得说："只要你不在我的地界里，一切动作都可以！"徐青甫想了一个办法，派一些警员便衣进入赌场，等到赌客们赌得昏天黑地的时候，就在其背后用粉笔画一条白线在身上，等他走出日人居留地，就立刻逮捕，从此大家就不敢再去七道沟赌博了。但这终究不是一个彻底的办法，俗话说"擒贼先擒王"，只有把黄姓巡捕头捉住，七道沟的烟赌才能斩草除根。于是徐青甫秉明了总督锡良，以黄某为国贼，请授予就地正法之权，黄某得信后，吓得不敢再出居留地一步，而日本领事又多方维护黄某，事情陷入僵局。徐青甫独辟蹊径，请了以前是绺子头目的金寿山帮忙。金寿山派了他的 200 多个徒弟专门到七道沟日人居留地哄闹捣乱，仅半个多月，日本人就受不了了，被迫由日本领事出面宣布自即日起明禁赌博，而那黄姓巡捕头则在某天夜晚由日本人保护上了日本军舰，逃往大连。就这样，徐青甫总算是把七道沟的烟赌禁绝了，安东商埠的治安情况焕然一新。

第四节　参与奉天旗务改革

清宣统二年八月底(1910 年 9 月底)，已在安东县巡警局局长任上待了有一年的徐青甫又被派到今天位于延边朝鲜族自治州的安图县，勘查筹备设治事宜。安图紧靠我国长白山国界，在那里设县治，隶属于长白府，既有捍卫国界的意图，如之所以命名安图县，意为安定图们江界，保国安民；但同时也是因为其时奉天旗务改革，以迁旗殖边解决改制后的旗人生计的需要。

清末以来，东北地区原来的"旗民分治"体制已落伍于时代，不适应社会发展的需要。为统一旗民事权，徐世昌以东三省总督身份兼管三省将军事务，为总理三省军、政、旗务最高长官，建署于奉天，而三省巡抚也均兼副都统衔，这样，在东三省最高行政机构中就废除了旗民两重制。在东三省新官制改革中，省公署下设置旗务司，三省旗署作为独立衙门已不复存在。东北仿内地各省实行省、道、府(直隶厅、州)、县(散厅、属州)四级制，徐世昌在广设地方官的同时，先后裁撤了海龙府总管，三姓、阿勒楚喀、呼伦贝尔等处副都统。而协领以下各缺，先将富克锦协领裁去，其余如驻防人数与辖地较少，或秩崇而任轻者则裁之；驻防人数虽少辖地较多，或事本一体而权政歧出者则并之；驻防人数众且辖地广，或积习过重一时未便裁者则暂从旧制，并加以整顿，饬其专理旗务。这样，在地方基层政权中也基本废除了旗民两重制。"旗民分治"体制的废除，使旗人不再是拥有特权的一个阶层，开始自谋生计[①]，消除了满汉民族之间的隔阂，使民族融合成为可能，但随之带来的便是旗人生计的规划问题。东北旗人基本脱离农业生产，主要依赖兵饷度日，世代相承，至清末，他们已逐渐变成"有饷而贫"的特殊群体，旗丁"舍当差充兵而外别无生计，上下交困，百弊丛生。旗制精神殆尽于此！"[②]因此，解决东北旗人的生计问题，成为清末变通八旗制度的关键所在。1907 年 4 月，在奉天行省公署下面设立旗务司，主要负责管理奉天省所有旗人事务。1908 年 7 月，徐世昌保举其得意门生金梁担任奉天旗务司总办，同时兼管盛京内务府事务。1909 年 8 月 19 日，因"变通旗制系属暂局，不必特设专司"，"奉天旗务司"改为"奉天旗务处"，后者承担了前者的全部职责和事务，也就是说由旗务处统筹并解决旗人生计问题，金梁续任总办。全省各县政府也纷纷效仿，成立旗务分处，构成了覆盖全省的旗务管理体系，在全省范围内有序地推进各项旗人生计措施，如推广新式学堂、发展实业教育、创办八旗工厂、创办八旗女工传习所、计口授田、迁旗殖边等。就像金梁说的那样，解决旗人生计问题，一要结合地理特征，比如西北矿藏丰富，可以广泛开垦农田，东南物产丰富，适合工商兴办。二要考虑到旗人的条件，年轻力壮的旗人，可以转型成为军人、巡警或进入学堂，年老体弱的旗人，可以从事农业生产或开辟实业。[③] 计口授田始于徐世昌任东三省总督时候，其目的是将旗人纳入耕作队伍中并获取相应报酬，扩充其经济来源。但由于人口数量膨胀，而原住地农田却不曾有所增加，故采取迁旗殖边的方

---

① 在清末八旗制度改革时，由于旗人的不满，旗人的钱粮、兵饷仍照常发放，直到清亡前也未停止。

② 徐世昌等编纂，李澍田等点校：《东三省政略》卷 8，旗务，述要，吉林文史出版社 1989 年版，第 1305 页。

③ 金梁：《变通旗制三上书》，第一书，宣统朝铅印本。

针。1910年5月，金梁呈东三省总督锡良《奉天旗制变通案甲乙二类》《试办迁旗实边报告书》，首先在长白府试行迁旗殖边。这才有了金梁派徐青甫、刘建封调查筹备安图设治的一幕。为完成老朋友的委托，徐青甫于是年9月底出发，不避艰险，不辞辛苦，跋涉于长白山荒林野草、人烟罕至之地近两个月，终不辱使命，完成调查报告交给金梁，作为旗民迁移的参考。

徐青甫初到安图时，那里人烟稀少，要7里外才有邻居，一共只有居民500人，其中朝鲜人占了300多人，中国人只有180多人，而女的只有两人，还是上了四五十岁的人，年轻女人因犯大气懒子病，在那里不易居住。而安图迁旗设治后，首批移民即达到300户，每户发放土地500亩、3间房屋、耕牛及粮食种子，以上这些费用和迁移车马费用全部由政府垫资。而据金梁的外甥女婿、时任库伦办事大臣的三多说："计迁旗户凡五百有余口，而来者踊跃，报名至五千户之多。"[①]金梁在《光宣小记》中对此次安图设治有回忆："余筹八旗生计，创议迁旗殖边，先在长白山试办。奏明允准，派徐青甫（鼎年）、刘铜阶（建封）前往调查筹备，设县治曰安图，第一次迁三百户，均带家口，户各给田五百亩、屋三间，牛粮籽种、一切器具莫不代为制办，送往路费概由官发。既筹旗计，兼事开垦，又顾边防，一举而得三善，实善谋也。迁往旗户宾至如归，欢声载道，数岁生聚皆得温饱，其勤俭者且称小康焉，遂公议为余立生祠。"[②]三多在为《东三省迁旗实边书》作序时，高度评价了金梁主持奉天旗制改革的成就，"今议变通旗制，筹办生计，根本之策非从计口授田入手不可。吾舅岳金公希侯主张迁旗实边，以为满蒙一带地广人稀，内治边防，隐忧正切，倘能急起经营，为边蒙谋开辟，并为满洲固根本，非唯三省旗人生计无虑，而京外驻防亦可借此为安置之地，一举三得，事半功倍，诚今日救国利民安旗筹边之要著。尝议清理旗地，筹款千万，期以实行，主者以事体重大，非可轻举，置之殊可惜也。……公慨然念故乡，以东边事亟，将仗剑出关，辞不就，遂赴满洲，先后佐徐菊帅、锡清帅总理旗务，兴实业，广教育，尤注重移殖事宜，初苦无经费，旗务又不司财政，一无凭借，乃统筹全局，悉意钩稽，以一手一

---

① 三多：《东三省迁旗实边书序》，金梁：《瓜圃丛刊叙录》，沈云龙主编：《近代中国史料丛刊》正编第29辑，台北文海出版社1968年版，第71页。

② 金梁：《光宣小记》，上海书店出版社1998年版，第36—37页。

足之烈，不及三年，筹款得百万金以上以筹办生计，凡所建设，未动公家一款，成绩灿烂，识者叹为奇才。公犹以枝枝节节而为之无补大局，近方盛有所规划，盖非大行其迁旗实边主义以立百年久远之基意不足也。呜呼！其志远矣。多北门持节，万里横戈，定远出塞之年，德裕筹边之日，壮怀如昔，未尽消磨，功业久虚，抑郁谁语。忆公赐和有句云：'壮怀班定远，独立夕阳边'。牧马悲鸣，边声四起，深夜坐读，泪下泫然"[①]。

其时为了筹划旗人生计，需要筹措大量资金，奉天旗务处决定设立八旗兴业银行和八旗垦务公司。徐青甫在完成安图县试行移民任务后，金梁计划聘任他为八旗兴业银行经理，故于清宣统二年（1910）十月委派徐青甫等二人赴日本考察。徐青甫负责考察拓殖和金融，作为回国后开设银行的借鉴，另一位同伴则考察工业。这样，在时隔多年之后，徐青甫终于有机会来到日本，亲身领略日本近代化的发展程度。

徐青甫一行从奉天坐火车到大连，再搭日本轮船到日本门司港登陆，改坐火车到东京。大约是在农历十月底十一月初的时候，动身去北海道考察了一个星期，涉及金融、农、林、牧及改良马种、羊种。由于清朝驻日本公使汪大燮已事先与日本外务省打过招呼，所以北海道方面每天派马车接送，并派人陪同考察，先后考察了北海道的拓殖银行、农科大学和各种农场部。了解到北海道起先是蝦夷土人，由日本人经营不过几十年的工夫，先是由农、林、渔、牧同时着手，后来才渐次进入工业。它开发资金的来源，是由拓殖银行发一种拓殖债券，因为那里需要长期低利的资金，其间长的要 30 年，少则 5 年，普通的商业资金是不适用的，所以特设了一家银行，发行拓殖债券，最先是抽奖推销，后来逐渐改掉，有帝国银行及其他银行辅助，拓殖债券得以畅销，获得了大宗的长期资金来经营开发。日本的农业技术也很发达，在农隙期间，教授农民种子选择法、肥料使用法、耕作改良法等实际技能，以农科大学研究有把握的东西，即传授给从事者或农工来实验，所以在农业技术上有非常大的进步。把研究的拿来做工作实验，而把实验供教育参考，这样科学与事业得以共同迈进。第二站是日本东京，参观了有 10 多天。由于徐青甫事先买了东京地图、日本通信录和实业名人传等进行研究，把工厂名目及所在地列了一个单子，排定参

---

① 三多：《东三省迁旗实边书序》，金梁：《瓜圃丛刊叙录》，沈云龙主编：《近代中国史料丛刊》正编第 29 辑，台北文海出版社 1968 年版，第 70—72 页。

观的顺序，所以在东京，他每天自早到晚都在参观，以银行、工厂为主，由公使馆直接去信约定见面时间，日本方面招待较为诚恳，想问的必定得到仔细解答或赠送印刷的说明书。在东京期间，徐青甫还碰到了他在奉天巡警总局的同事、日本人宪兵大佐峰，他当时已担任东京宪兵署长，由他来引导帮助，更使徐青甫一行在东京考察得到了不少方便。在东京考察期间，徐青甫感触良多，一是日本统一发行钞票，在全国建立了健全的金融网，调节上着实便利，市场上的交换，95%是以支票划付，5%才用现钞，钞票很少使用，大多是银行户头间的转划而已；二是日本证券市场的推进，对于事业的发达与否，关系重大，因为它把不生产的力变成了生产力，把无形的力联合起来，变成了生产力，产生生产物，增加了社会的财富；三是三井、三菱、大仓、住友等实业家，他们所办的事业包括了农、工、矿、航业、银行、保险等，有计划地成为一个生产体系，甲厂的产品可以供给乙厂使用，在资本周转上非常灵活，以少数的资本做伟大的事业，而且一旦出厂产品不良，也可以随时得到改善。接下来，徐青甫一行还考察了大阪、神户等地的工业，并在大阪度过了元旦。这次考察，大大开阔了徐青甫的眼界，提高了他在经济方面的认识，购得的许多经济书籍后来也为他撰写《经济革命救国论》提供了资料①。

回国后，徐青甫把这次在日本考察的所见所感整理成报告，交给金梁作为参考。1911 年 3 月 29 日，金梁正式以奉天旗务处总办的名义与依凌阿筹办八旗兴业银行，在奉天省城大北门外元宝胡同设立筹办事务所，计划由大清银行和浙江兴业银行为经理收股处，拟招股本 100 万两，每股 100 两，共招 1 万股，其中奉天旗务处占股 50%，剩余股份由私人认购，所融资金用于筹划旗人生计，迁旗殖边，兴办实业。虽然八旗兴业银行是由政府和商界人士共同出资，但其经营和管理完全参考了日本银行的模式，具有近代商业银行的性质，和一般的殖民银行没有什么区别，对于变通旗制、改善旗民生计能起到积极的作用。徐青甫被委任为总理。金梁在《瓜圃述异》一文中回忆说："余方任移旗殖边，遣青甫筹办，不辞艰苦。余又创兴业银行，约青甫为经理，资之赴日考察金融，青甫购得经济书类百十种，余即以赠之。近撰经济救国论，谓即取

① 祝纪和笔录，杨荫溥选辑：《徐青甫先生二三事(三)》，《储汇服务》第 52 期，邮政储金汇业局发行，1945 年 7 月 15 日，第 12—13 页。

材于此书也。”[①]

徐青甫在八旗兴业银行筹办期间，尽心尽力，制订银行章程，主持银行的筹备事宜。其制订的八旗兴业银行章程参考了日本银行的情形，经金梁审核后公布[②]：（一）宗旨。奉天八旗兴业银行由奉天旗务处主办，“以振兴农工实业，广筹八旗生计为宗旨”，其性质是殖业银行，属于官商合股，其中官股占五成，商股占五成，“遵照奏定商律和银行则例办理”。（二）股份。本行招集股份银 100 万两为 1 万股，也就是每股 100 两，旗务处认购 5000 股，其余 5000 股无论官绅商民均可以购买，将来如果贸易需要增添股本，由股东会议审核处理。本行一次性向股东收取银钱，即使有亏欠也与股东无关，只是招新股时只有旧股东不买原股，才可以重新添设新股。关于股份获利，除了一部分用于开支薪水和补贴官利外，“如有盈余，按十成摊派，以二成留为公积，二成为各执事花红，其余六成各股均作为红利”，“唯官股应得之红利，首五年全数公积，次五年一半公积，十年后方一律摊派”。凡是购买股票先交一半的银钱，分两期付清，买股票的股东必须书明姓名、籍贯，但是八旗兴业银行的股份不能直接或间接地卖给外国人。如果需要续股本，必须提前两个月申请，否则会将股本还给股东并会扣除一定的罚款及变卖股份的费用。同时本行股份没有到期无论官商“概不得随时提用”。如果股东要将股票卖给他人，必须由原股东带领受股人一同前往，签字画押，并将凭证交给银行过户，盖章，交过户费银二钱。股票若有遗失，必须立即前往银行挂失，并登报说明，若 3 个月内仍然没有找回就要补办，并交手续费银二钱。本行在定期股东大会 15 日前不办理任何股票买卖事宜。（三）营业。本行首先在奉天开办，往后可以考察各地情形，在“农工贸易繁盛之地”开设分行或代理店。本行按殖业银行则例办理同时兼管储蓄事务。本行是官商合办性质的，官方款项既存在银行内，即有保护之责，无论款项是关系到多么重大的事件，没有凭证都是不允许官方向银行施加压力，查阅账日，违章挪动公款。本行是专为提倡地方农工实业而办的，应该受到地方保护，如果遇到营业困难，一时不能周转运作，可以申请地方官款或公共财政借款，如果无款可借，可

---

① 金梁：《瓜圃述异》，广文书局 1976 年版，第 17 页。

② 《八旗兴业银行章程》，《盛京时报》宣统三年四月初五（1342 号）、四月初六（1343 号）、四月初七（1344 号）。

以申请向大清银行作抵押借款。每年或每个季度终，银行必须向旗务处禀报营业资财情况，待督宪查核后送往度支部备案，旗务处总办对于八旗银行有监察之权，可随时调查各账，但是不能干预银行各项贸易事务。（四）职员及事权。本行设总、协理各1员，由股东内部推选并交由旗务处审查，总督委派。设董事5员、查账2员，均由股东内部推举，董事须有股份50股，查账须有股份30股以上。其中总、协理任期4年，董事任期3年，查账任期2年，期满可以选举连任。总、协理的薪资由董事会决定，而董事和查账的薪资由总、协理决定。日常事务由总、协理及各执事人员照章办理，如有重大事件必须由总、协理和董事们会议公决。董事会以总理为议长，总理不在协理履行总理之职，“从多数议决”，如遇可否同数则决之于议长，董事会议参加人数不到半数不能召开。这里除了上述人员，其余工作人员的薪资酬劳、升降黜陟由总、协理主持，董事会认可。这里的执事人员不得同时兼管他人的生意，并且不能自开支店，原有的贸易可以照常经营但不能“以其字号出名”在银行借款，若他人借款也不能用自己的字号作保，唯现银交易汇兑不在此例。（五）总会。股东总会分定期和临时两种，定期会议主要解决前一届的账目、利息等事项，临时会议是解决临时问题的。会议定期在每年2月召开，具体时间和地点由总理定之并在1月前通知。临时会议的召开必须由总、协理和董事、查账商议认为有必要性，或者由本行集股1/10以上的股东说明事由请求开会，开会的时间、地点也会提早通知。总会决议的事情必须记载于议事录，并将人员列名，重要职员签字方可。总会议事时奉天旗务处必须派官股代表参加。议事时除官股代表外，商股1/3股东必须到场，并且票数过半才可以，如仅关于前届各项账目及分派利息等事，虽不满前数亦得决议。如果要更改章程，除官股代表外，商股必须有半数参加，决议必须票数过半。如果到场股东数目不合格，将会暂停会议，待第二次开会时再进行决议，届时不论到会股东多寡，以议决权之过半数即得议决。股东的议决权每股1个，11股以上每5股1个，每股东最多不能超过100个议决权。股东会议前各股东必须到本行凭证报名，如果有事不能来，也要托“本银行之股东”。总会以总理为议长，如果总理不在可由协理代替。（六）结算。每年年终各项账目结算一次，由查账员核对无误，加盖图记，在定期大会时将各账目提出请股东们审核。年终应将所有项目审核作账目表，将财产目录、存欠对照清楚，将盈亏、利息等结算、记录明白。最后将账目送给各股东 1 份，并转呈旗务处 1 份，由督宪审查后送度支部备案。（七）期限。本行营业期限定 50 年，可以延长，如果需要提前解散，必须官股代表外，商股有半数参加，决议必须票数过半，同时需要清算账目。

但遗憾的是，八旗兴业银行在金梁任内并没有开办，据 1911 年 5 月 29 日奉天旗务处总办金梁奉办八旗兴业银行情形内载：查前定银行章程先集股本 100 万两，分为 1 万股，官商合办，由本处又放充公官地价项下议购 5000 股，其余均招商股，原拟于 6 月内定期开办，现商股以市面日衰，截至 5 月谋集千股之谱，一时不易招齐；而充公官地共 5 万余亩，分三则收价，上地 20 元，中地 15 元，下地 10 元，折中计算可收银圆六七十万元。照章股本收足 1/4 即可开办。但适值农忙之际，民佃均请缓期交纳，拟缓期开办。[①] 金梁调任新民府知府后，续任旗务处总办张铣也认识到八旗兴业银行的重要性，“现当变通旗制之时，亟须振兴实业，为八旗人民广筹生路，因拟将前次金总办议设八旗兴业银行继续办成，借资推广八旗生计”[②]。但由于清政府其时已是大厦将倾之势，随着武昌起义，革命军兴，八旗兴业银行终究化成泡影，其先期筹集的资本计白银一万六千一百三十二两八钱，具解陆军粮饷局核收。因 1911 年 8 月，金梁调任奉天新民府知府，徐青甫也不得不离开八旗兴业银行，改去奉天审计处任职。

第五节　担任大清银行东三省密查

1911 年 4 月 22 日，徐青甫昔日的好友叶景葵被清政府任命为署理大清银行（民国后改称中国银行）正监督，原监督张允言降职为帮办，陈锦涛为副监督。大清银行的前身是户部银行。1905 年，清政府设立户部银行，除经营库存接济、存放款项、汇兑划拨、代客收存财物等一般银行业务外，还赋予铸造钱币、发行钞票、代理部库等特权。1908 年改称大清银

① 荆有岩：《东三省官银号》，辽宁省政协文史资料委员会编：《辽宁文史资料》第 12 辑，辽宁人民出版社 1985 年版，第 60 页。

② 《张总办注意八旗兴业银行》，《盛京时报》宣统三年七月初六（1442 号）。

行，厘定《大清银行则例》，进一步确定该行国家银行的性质。资本增加至一千万两，分为十万股，国家认股五万股，其余限定本国人承买，俗称商股。但是该行长期在监督张允言把持下，朋比为奸，内外勾结，贪污盗窃，达到肆无忌惮的程度。汪康年曾揭露大清银行的奢靡腐败："吾国有凡事业局面大者，则靡费以渐而大，而官场为甚，官场而有洋气者尤甚。闻大清银行每年开支王公大臣庆吊之礼达万金！夜间行中人咸归，而开支点灯费月至五百金，今始删除云"[①]，"银行之理事，使检察行中之弊病也。闻大清银行之理事，直自挪用，即以己名作保，真奇突哉！"[②]清政府为挽救危局，派叶景葵去整顿，但却又保留张允言帮办职务。叶景葵面临的险恶局面可想而知。

1911 年 5 月 9 日，度支部又致叶景葵札，嘱其赴东三省调查币制事，"度支部为札饬事。通阜司案呈：查东三省各官银钱号所发纸币，已达数千万之多，而现金及各种证券之准备绝少计及。以致任意发行，漫无限制，价值日落，信用日微。外国纸币遂乘间流入，充溢市廛，实于币制前途大有窒碍，非亟筹整理之法，设有恐慌，愈难着手。该道于三省财政本所熟谙，现又经本部奏署银行监督，于此事责无旁贷。应于此次到奉之日，将三省纸币如何收回，外币如何抵制，妥筹良法，禀报本部，以凭核办。为此札饬该道，仰即遵照可也"[③]。是月，赵尔巽任东三省总督，5 月 22 日，叶景葵随赵尔巽抵达奉天，调查东三省币制事宜。同年 7 月 10 日由奉返京，正式署理大清银行正监督，8 月 22 日实授。叶景葵就职后，欲以一己之力改革积病缠身的大清银行，宣布大清银行营业新方针，主张大清银行应向中央银行方向发展，凡普通银行能办之事，大清银行应竭力缩小其范围，中央银行应办的事则须逐步扩充，专以"维持币制，活动金融"为任务。按此方针，致力于统一国库，各地关税一律由大清银行有关分行经理，清政府向外国借款也由大清银行上海分行经办。同时主持制定并向社会公布了《大清银行规程》五章四十九条，力主发行国币，草拟了《大清银行国币兑换所章程》。但不久以后，叶景葵就认识到，要想使大清银行马上成为完全意义上的中央银行是根本不可能的，只能徐图改革，遂决定大清银行改革的第一步方针是将其改为纯粹的商业银行。

---

①② 柳和城：《叶景葵年谱长编》上册，上海交通大学出版社 2017 年版，第 172 页。

③ 同上书，第 173 页。

吴鼎昌在《银行政策之研究》一文中记云："前清末叶，我国金融界以号称中央银行之大清银行，为最新最大之机关。然一考其内容之组织及营业之状况，实遗传钱庄、票号及衙署之性质，而兼营投机的商业银行及不动产之抵押银行之事业。故基础危险，而势力不厚，不仅不能执金融界之牛耳，且不足以侪于外国银行之列。去岁忽有改革之举，叶景葵氏欲整理经营之，以成我国完全之中央银行。乃入行后，熟考其事实，而知有万不可能之理由四。旧日之亏欠太巨，若不营商业银行之营利事业，以谋补救，则不能维持现状。一也。旧日债务太多，若不营商业银行之营利事业为之接济，则不能收回积欠。二也。币制未定，纸币无扩充之法。三也。现款无多，汇拨无集中之理。四也。有此四者，遂不能不改变方针，暂定第一步之计划，改为纯粹之商业银行，将旧日投机营业及不动产之抵押严行禁绝，俟币制实行后，再为第二步之计划。乃所谋未终，而武昌起事，大清银行总分行机关，非破坏即停滞矣。积病之身，复经巨创，奄奄一息，永与世辞，而其收束之办法，至今尚无完全之策。此我国所谓中央银行办理之情形也。"[①]鉴于各省官银钱局时有滥发纸币情事，一旦因此倒闭，不仅引起全国市面恐慌，还会引起国际纠纷，因此需要调查各省资本，限制其纸币发行，其中尤以东三省为甚。于是，叶景葵就想到了懂经济的徐青甫，计划聘任其为大清银行东三省密查，为将来整顿全国金融作一些调查研究。时盛宣怀[②]虽为清"皇族内阁"的邮传大臣，但授命帮办度支部币

---

① 柳和城：《叶景葵年谱长编》上册，上海交通大学出版社2017年版，第191页。

② 盛宣怀(1844—1916)，字杏荪，别号愚斋，晚年自号止叟，江苏省常州府武进县人，秀才出身，官办商人，清末洋务派代表人物。1870年入李鸿章幕，协助李鸿章办轮船、铁矿、邮政、织布等洋务，曾任上海轮船招商局督办、天津电报总局总办。1895年创办北洋大学堂(今天津大学前身)。1896年以四品京堂候补督办铁路总公司事务，接办汉阳铁厂、大冶铁矿，改组为商办的汉冶萍公司并担任总经理。同年创办南洋公学(今上海交通大学前身)。1897年创办中国第一家银行——中国通商银行。1904年与英、美、法、德合办"上海万国红十字会"，后被清政府委任为中国红十字会首任会长。1908年任邮传部右侍郎，管摄路、电、航、邮四政。袁世凯被免职后得到朝廷重用，重新担任轮船招商局董事会主席，又帮办度支部币制事宜。1911年升任邮传部尚书、清"皇族内阁"的邮传大臣。1911年因抛出"铁路干线国有"政策，剥夺各省自办铁路的权利，并向列强借款修路，引发保路运动。辛亥革命爆发后，被清廷作为替罪羊，革职永不叙用。民国后任轮船招商局董事会副会长、汉冶萍公司董事长，复主持轮船招商局、汉冶萍公司事务。

制事宜，故叶景葵为保荐徐青甫一事致盛宣怀函云："午间获聆教海，感甚。徐令事仰蒙俯允栽培，尤为感谢。附呈衔条一纸，有另件一纸，均求督收。"[①]经盛宣怀允可，徐青甫担任了大清银行东三省密查一职。但上任没多久，1911 年 10 月 10 日武昌起义爆发，大清银行总行及上海分行发生严重挤兑风潮，至 11 月初，挤兑风潮愈来愈严重。叶景葵实在无力回天，于是以"维护无力，咎无可辞去"为由，宣布辞去大清银行正监督职，回上海。见东北政局亦不稳，徐青甫也随同叶景葵辞去大清银行职务，携眷南归，回到了故乡杭州。

① 柳和城：《叶景葵年谱长编》上册，上海交通大学出版社 2017 年版，第 190 页。

第四章　辛亥后的政坛沉浮

第一节　出任诸暨知事

1911 年爆发的辛亥革命，是中国历史上第一次比较完整意义上的资产阶级民主革命，推翻了清王朝统治，结束了中国 2000 多年的封建君主专制，建立了中国历史上第一个资产阶级共和国，颁布了《中华民国临时约法》，使民主共和的观念开始深入人心。“鄂风泱泱，扇遍天下”，是年 10 月 10 日武昌起义，很快波及全国，浙江新军 11 月 4 日在杭州起义，次日光复全城，成立了浙江军政府，晚清立宪派领袖、省谘议局议员汤寿潜成为浙江军政府首任都督，浙江历史翻开了崭新的一页。但好景不长，孙中山领导的南京临时政府为时短暂，袁世凯继任中华民国临时大总统，中国历史进入了北洋军阀统治的黑暗时期，诚如孙中山所说：“夫去一满洲之专制，转生出无数强盗之专制，其为毒之烈，较前尤甚。于是而民愈不聊生矣！”[①]浙江从 1911 年 11 月杭州光复到 1927 年 2 月北伐军克复浙江全境，经历了浙人治浙和北洋军人统治浙江两个阶段。从辛亥革命到 1916 年底为浙人治浙阶段。辛亥革命后，地方官吏的回避制度被打破，“浙人治浙”成为当时流行的口号，这一阶段担任浙江地方军政要职的均为清一色的浙籍人士，先后担任都督（1914 年 6 月改称将军，1916 年 7 月改称督军）、民政长（1914 年 5 月改称巡按使，1916 年 7 月改称省长）的为

① 孙中山：《建国方略》，《孙中山全集》第 6 卷，中华书局 2006 年版，第 158 页。

汤寿潜、蒋尊簋、朱瑞[1]、屈映光、吕公望，直到1917年元旦北洋政府国务总理、皖系军阀首领段祺瑞任命皖系杨善德为浙江督军，齐耀珊为浙江省长，才打破了“浙人治浙”的局面，开始了由杨善德、卢永祥、孙传芳等北洋军阀直接统治时期。而在浙江省人士内部也是矛盾重重，浙江光复之初，就有同盟会、光复会对浙江控制权的激烈争夺；在浙人治浙时期，又有武备派、士官派、保定派、陆师派（指张之洞在南京创设的江南陆师学堂毕业的学生）的权力斗争。

武昌起义爆发后，大清银行总行及上海分行发生大规模挤兑风潮，叶景葵“引咎辞职”，徐青甫亦随之辞去大清银行东三省密查工作，返回杭州。由于其不少旧时朋友和学生都参加了杭州光复之役，所以徐青甫回杭州后也积极参与了江浙联军攻克南京和建立民国的伟业，“既克南京，浙人陈时夏、徐鼎年、王正廷、黄旭初、汤尔和，与十七省代表，开会选举孙文为大总统”[2]。中华民国南京临时政府成立后，汤寿潜被任命为交通部长，徐青甫的旧识蒋尊簋成为浙江都督兼民政长。同年7月辞职，8月21日，朱瑞被袁世凯任命为浙江都督，屈映光为浙江省民政长。由于诸暨县是蒋尊簋的家乡，该地出身的军人又特别多，退伍裁兵后到地方很难应付，所以这个县的知事（即县长）最好是找一个在军界有些声望的，而徐青甫因为担任过浙江武备学堂的教习，许多军人是他的学生，“而光复有功者，无非旧友或门徒”[3]，于是浙江省政府有意让徐青甫出任诸暨县知事。当时委任官职要先由被委任人写一个履历，而其时浙江刚刚光复，人们书写履历的习惯仍然是前清遗风，无标点符号。徐青甫原名徐鼎，青甫为字，履历上自然书“徐鼎年三十三岁浙江杭县人曾任……”，而时任民政长

---

① 朱瑞（1883—1916），字介人，浙江海盐人，光复会会员。早年毕业于江南陆师学堂，毕业后任浙江督练公所参谋处差遣，新兵第二标执事官，协同标统蒋尊簋创设弁目学堂，后任浙江陆军第二十一镇第81标代标统（团长）。参与辛亥杭州光复之役，并担任浙军援苏支队司令，参与江浙联军攻克南京战役。民国后担任浙军第五军军长。因投靠袁世凯，于1912年8月被任命为浙江都督，此后积极支持袁世凯称帝，获封兴武将军、一等侯。护国运动爆发后，武备派夏超、周凤岐联络保定派吕公望、童葆暄于1916年4月发动起义，推翻朱瑞政权，宣布浙江独立。

② 徐映璞：《辛亥浙江光复记》，《两浙史事丛稿》，浙江古籍出版社1988年版，第288页。

③ 徐青甫：《经济革命救国论》，民国二十一年（1932）四月，自序第5页。

屈映光误以为徐青甫名字叫“徐鼎年”，即下委任“委徐鼎年署诸暨县知事”，结果委任牌挂出后一个多星期也无人报到，最后还是诸暨县前任知事派人来催，徐青甫才知道已被委任诸暨县知事。于是徐青甫也只有将错就错，以徐鼎年之名上任，从此以后改名为徐鼎年，“青甫原单名曰鼎，为县知事时，缮履历于名下接书年若干岁，而悬牌者误连写为徐鼎年，遂沿用未更正，今则以字行云”[①]。屈映光为徐青甫改名，盛传于杭州官场，成为笑谈，至今常为人乐道。

民国初年各地县治情况相比前清并不见得好多少，当时的《申报》报道：“仕路混淆，吏才消乏。少年新进之士，略谙法政即诩新知，才获文凭辄图悻进。叩以学理则持之有故，按诸事实则核而不通，仅窃空言，何关治术。至于旧时官吏不乏贤明，其庸劣者实居多数，或性情顽固不达时宜，或才具空疏未尝学问，此在当日本属废材，准诸今时讵为适用。他若材官、末弃、走卒、武夫，或自命光复有功，或妄称奔走出力，酌量任使，自有取裁，乃或识字无多滥司民牧，或出身卑鄙亦绾县符。里巷据为笑谈，僚采羞与为伍。”[②]但徐青甫出任诸暨知事，却做出了别样的风采。

诸暨明清时期属绍兴府管辖。民国元年（1912）根据浙江军政府命令，废府、州、厅旧制，地方行政区划实行省、县两级制，原绍兴府辖县均直属浙江军政府。1914 年复于省县间设立会稽道，治所设在宁波，辖地相当于今天的绍兴、宁波、台州三地，诸暨县隶属于会稽道。诸暨民风彪悍，诉讼、械斗成风，花会盛行，整顿秩序、刷新治安、稳定民心、移风易俗成为当务之急，也是树立新政府威信的关键所在，徐青甫 1912 年 11 月到任后，重点抓了诉讼和花会这两件事。民国初年，虽律师制度实行不久，但绍兴历来是出师爷的地方，讼师是出了名的，那时经常是有理的不请律师，无理的仰仗律师，混淆黑白，颠倒是非，碰到审判人员较软，常常对付不过律师，以致评判有失公平之处，常有偏断之弊。律师一度成为收入颇丰的职业，竟有邻县知事辞了职来任律师的，而百姓则怨声载道。一旦通过诉讼不能解决问题，就群起械斗，大打出手，如 1911 年同山镇唐仁村的寿姓和汤姓举行械斗，死伤 100 多人，甚至岳丈和女婿见了面也相斗相杀。徐青甫到任后，每遇到不好判的案子，都坚持亲自出庭审判，对不请

① 金梁：《瓜圃述异》，广文书局 1976 年版，第 19 页。

② 《申报》1913 年 11 月 11 日。

律师的人，给予援助，平百姓之不平。遇到不能用法理来判断的案子，就以情理来调解，避免械斗。譬如有一次，两个人来争坟地，只有一个土堆，没有余地，亦无风水等背景，但双方都争说是自己的祖坟，是清乾隆年间筑的，各以家谱为凭。徐青甫无法判断，只得亲自下乡，见到一座荒冢，但双方仍力争是自己的，还说历年都来这里扫墓。徐青甫试图调解："既然是祖宗的坟，那么就照常上坟好啦！何必争呢？"但一周姓诉讼人坚持要徐青甫开棺验尸。徐青甫驳斥说："这话无理！大家有证据，但家谱上土地位置是笼统的，不能确切指定；而且一二百年的坟墓，里面的棺木和死尸早已烂尽，即使掘将出来，亦无法辨识的。"由于事先做过调查，徐青甫判断周姓诉讼人是想借诉讼来谋夺他家祠堂的产业，于是吓唬他说："我知道你的居心，你借诉讼来骗取祠产，侵吞周氏的产业，我要严办你！我一定要严办你！"果不其然，周姓诉讼人以为把戏已被拆穿，于是爽快地答应和平了结此事，避免了一场械斗。

打花会又叫花会、常家赌等，常常伴随着迷信、赌博行为，在诸暨很盛行，各乡镇都有，男女老幼都参加，造成风化很坏。徐青甫对此采取了严禁但不滥押的手段。因为如果大量捉拿花会，不仅监狱容纳不下，而且坐监出去的人极易穷途潦倒，反而走上邪道，达不到应有的效果。因此他对打花会的人薄施体刑，再游街示众，然后找保释放，同时恳切劝诫，责令其去求学或做小生意，实际效果往往比较好。如诸暨同山镇王沙溪村平日花会较多，徐青甫带人去捉花会，沿途有村民拦阻，徐青甫随即劝导他们，"我为你们祖宗流泪！你们不务正业，不事生产，这样只有越弄越穷，我禁止花会是为大家的生活着想，否则穷困将一天天增加，你们应该求学做事才好"。众人仍为被抓的人求情。徐青甫顺势说："不办可以的。不过有二件事你们得答应我。第一，不得再有花会；第二，要以祠产兴办学堂，切切实实地生活。若是答应马上释放，决不留难。"于是大家具结保释。等到第二年徐青甫再去王沙溪村巡视的时候，面貌已焕然一新，花会没有了，祠堂里的学堂也办起来了，说明劝导起到了效果。又如诸暨浦阳江下游一带有三江庙，每逢二三月间，当地总要聚集二三万人行一次花会，骚扰附近各村常达一两个月，在江藻镇更有着著名的赌场，借行会来赌博，有人因此输得倾家荡产，历任知事想禁但都未能禁绝它。徐青甫到任后，决心查禁三江庙花会。首先是加强宣传，纠正人们头脑中的迷信观念。他印了几万张传单，让附近各乡的 48 个乡长拿回去张贴，传单的大意是：

我是最相信神的人，但感慨大家对菩萨的敬法是错误了，这样做只是在侮辱神明，大家知道，"聪明正直之为神"，譬方人世间的官，因为公正无私，才成神明，菩萨的能力很大，无所不至，每个人心里的动念，它也知道，好的要保佑，不对的就要受惩罚，现在大家当它是昏聩糊涂的，以为它是贪小的，营私的，拿元宝来烧，拿来供，祈求保佑，当他是贪官污吏，岂不是侮辱神明！我觉得过去的错误，应该跟光复一道革新了。现在应当努力修身，对国家、朋友、自己的行为，力求改良，不要做过去那种无知识的举动。"行贿可以免祸"的思想一定要革除，从明年起，这会永远停止举行，如有理由反对的，请来诚恳讨论。还要求 48 个乡长立了一个公约并具结画押，答应回去帮助宣传破除迷信。其次是亲力亲为，雷厉风行。有一次到了会期，有乡长来报："无知识的人弹压不住，年轻人在哄动，把菩萨抬出殿了！"徐青甫正言厉色地说："我明天亲自下乡，请菩萨回殿！"有人劝说："菩萨很重，恐怕没人抬吧？"徐青甫干脆地说："自己带人去！"第 2 天他果然雇了 48 个挑夫，带了 48 个警察，下乡亲自查办。看到徐青甫真的下乡了，那些打花会的人远远的就偃旗息鼓了。到三江庙大约 15 里的地方，有村民来说："我们知错，已经把菩萨抬回，请老爷不必劳驾了！"但徐青甫仍坚持要到庙里去看一看，走到三江庙，果然菩萨已经回座，徐青甫遂恭敬地向菩萨行三鞠躬礼，并借机向乡民宣传破除迷信、禁赌的好处。自此以后，诸暨三江庙花会有 10 多年没有举行过。

因为诉讼案件大多由徐青甫亲自审理，侵犯了一些颠倒是非的无良律师的利益，他们怀恨在心，竟去省城上告，控告徐青甫有两大罪状：一是以部民(即统属下的人民)为妾，二是捉拿花会时滥用体刑。省里专门派了人来诸暨调查。说起徐青甫纳妾，简直是荒唐之极。起因是徐青甫带了夫人和侄女同去诸暨上任，有那爱管闲事的人问他们家的仆人："这女小囡是不是你家的？"仆人说："不是的。这是大太太生的。"因为在杭州家里，仆人称呼徐青甫的大嫂为大太太，俞振亚则为二太太，到了诸暨一时也没有改过口来。那人又问："那么这位太太没有生过啊？"仆人随口说："二太太生的少爷，没有带来。"就这样传来传去，竟变成了徐青甫纳部民为妾，还作为一大罪状控告于省府。当然事情很快调查清楚了，还了徐青甫清白。至于滥用体刑，徐青甫承认使用体刑是事实，与法不符，但并非滥用，遂提笔在调查公文上批注道：确属实情，自知与法相违。惟为一时良心冲动，一般乡绅父老均认为监禁不得，但又不能不予以惩戒，故用体刑。惟亦非乱施，有保即释。[①] 这一举动显示出徐青甫做官做事光明磊落，一心求治，心系百姓，不计个人荣辱得失的品格和情怀。诸暨在徐青甫在任的两年时间里，革除了陈规陋习，移风易俗，开了风气之先，顺应了时代潮流，得到了百姓的拥护，诸暨的社会秩序和风气也焕然一新。

第二节 分发湖北通城知事

1913 年 12 月，北洋政府公布了《知事任用暂行条例》《知事试验暂行条例》，次年 4 月又公布了《修正知事试验条例》。规定各县知事非经考试及格或经保荐并在内务部注册，不得荐请任命；已经任命或未经任命的现任知事，未经考试的，一律改为署理或代理，由各地方民政长官分期送内务部考试或根据有关规定保荐免试；如有抗不应试或有意拖延者，就地免职。[②] 北洋政府力图通过上述法案将县知事的选拔、任用、考核权力收归中央，并重新采取回避原籍制度。回避制度是为防止亲属关系被引入政治领域以致拉帮结派、以权谋私、激化统治阶级与百姓矛盾而采取的一种任官限制制度。早在秦汉时期，中国的吏治就有地方各级官员回避本籍的规定，此后历代相沿。辛亥革命后，地方官吏的回避制度被打破，与以往各朝官制中“本地人不得任本地官”的规定相反，本地人治本地成为民国初期地方政治的一种潮流。但到了北洋政府时期，重新要求实行地方官员的籍贯回避，规定地方各级官员必须回避本籍、寄籍、祖籍、原籍距任所 500 里之外，在任用时要求省级行政长官转送铨叙局审核后，再呈请任命，以防打破地方官员回避的规定。浙江在朱瑞和屈映光治理时期，基本上依附于袁世凯，对中央政策多表示拥护，政治态度倾向于保守，其所谓的“浙人治浙”自然不适用于基层官员。1914 年，徐青甫按规定赴北平（今北京市）参加了“县知事试验”考试，结果在现任知事中名列第一。不久任命公布，调湖北通城县担任知事，“本年九月二十八日奉大总统策令

① 祝纪和笔录，杨荫溥选辑：《徐青甫先生二三事》，《储汇服务》第 53 期，邮政储金汇业局发行，1945 年 9 月 15 日，第 17 页。

② 《中国大事记》，《东方杂志》第 10 卷第 7 号，商务印书馆，1914 年 1 月 1 日，第 7—8 页。

署湖北巡按使吕调元呈请任命实验及格分发湖北之知事，……徐鼎年试署通城县知事”[①]。

湖北通城县别称隽邑，始于汉高祖六年（前201）置隽县，又名隽州，故简称隽，位于湖北省东南部，湘鄂赣三省交界处。县名来源一说是通城地处三省六县通衢，东可达南昌，南可通长沙，北可抵武昌，西连岳阳，四面通城，故而得名；一说取意于“水道通，地势顺，直注武昌城”。军事上的地位很重要，相传为明末著名起义军领袖李自成殉难之处。徐青甫到任后，发现县衙门的行政事务很清闲，但衙门口小客栈特别多，住店的大多是准备打官司的人，于是决定亲自处理第一科司法事务，而第二科的行政事务则由其在诸暨的助手姚君办理。徐青甫每天早晨定时坐大堂，当面收呈状，先问原告，听他说看是否跟呈状相符，有的由讼师铺张其事，就不准，有理由的才准诉，并当即填票计算路程，定时审问，等到被告一到，就上堂，照例行公事来做，为大家省事省钱，95%的案子都一堂了结，或是具结，或是上诉，因为诉讼者本身很淳朴，而讼师在幕后捣鬼，他们唯恐天下不乱，一经怂恿，常有反诉情事，具了结，就不会有这些事情了。徐青甫还常常动之以情，晓之以理，劝解来打官司的人。渐渐的，积案一件件得到处理，来打官司的人少了，而衙门口的那些客栈也一个个关门停业了。不仅如此，徐青甫在处理案件时还敢于碰硬，秉公执法。有一次，有一个叫花子死了，一个教民抓住了一个殷户，硬说是他的雇工把叫花子打死的。徐青甫去验尸后发现全身没有伤痕，纯属病死，因此判定此事与那殷户无关，是教民在无理取闹，遂把他押了起来。哪料想一群教民闻风赶来与徐青甫交涉，徐青甫面对险境，并不畏惧，反而耐心向教民们劝说：“教要发达，一定要教民做表率给大家看，为大家谋福利！我为了爱护教，所以要替教灭除坏人！”制止了事态的扩大。省里派来巡视的包委员看到徐青甫亲自处理诉讼很有成效，跟别人说：“这是教官衙门，我从未见过这种县衙门的！”且徐青甫为官期间非常廉洁，从不收取不义之财。通城年久失修，拟加固修筑，只向省里申请了工料费170多串，连省里都感到奇怪。徐青甫在通城县当知事时间不长，不但没有猛刮地皮，反而倒贴了2400多元钱。这与当时一些尸位素餐甚至以权谋私的知事相比，真有天壤之别，如

① 《政府公报》第883号，1914年10月20日，中国第二历史档案馆整理编辑：《政府公报》第42册，上海书店出版社1988年版，第220页。

报载湖北麻城县知事王荩臣滥用职权，鱼肉百姓，借用不动产登记的权力，大肆勒索，“有验一契正费不过一元余，而规费竟多至百数十倍者，否则任意积压，经年累月不验明发还，以致遗失投验契纸至一千余张之多”，“又借拿赌禁烟为名，冤诬良善，肆行敲诈”[①]。

1915 年，袁世凯复辟帝制、黄袍加身的意图日益明显，徐青甫眼见共和前途暗淡，遂萌生了弃政从商的念头，“见政治趋势，渐兆复古，乃复弃政从商，赴奉天任中国银行出纳之职”[②]。这一年的 3 月份，徐青甫辞去县知事一职。离别通城之日，百姓感念其恩德，纷纷前来送行，自通城县城到大沙坪码头长达 35 里的路程中，送行的人络绎不绝，并不时鸣爆竹相送。[③]

第三节　北洋军阀统治时期出任浙江省政务厅厅长

浙江自辛亥革命后，一直倡导并实行“浙人治浙”，由本省人先后担任都督（1914 年 6 月改称将军，1916 年 7 月改称督军）、民政长（1914 年 5 月改称巡按使，1916 年 7 月改称省长），因而政治情形被认为是全国最完好之区。但由于浙江内部武备派、士官派、保定派、陆师派的明争暗斗，北洋军阀乘虚而入。1917 年元旦，北洋政府国务总理、皖系军阀首领段祺瑞任命同为皖系的北洋军第四师师长、淞沪护军使杨善德为浙江督军，齐耀珊为浙江省长，从而打破了“浙人治浙”的局面，开始了由北洋军阀直接统治的黑暗时期。浙江政客士绅的地方观念较为浓厚，不愿浙江就此被划入皖系军阀的势力范围，故常伺机而动。1917 年 7 月，孙中山在广州召开“非常国会”，成立“护法军政府”，树起“护法讨段”大旗，是为中国近代史上的护法运动，所谓护法，就是要恢复民国初年选举的第一届国会和由中华民国南京临时政府颁布的《中华民国临时约法》，讨伐的目标直指把

---

① 《湖北贪暴之知事》，《申报》1915 年 10 月 3 日。

② 徐青甫：《经济革命救国论》，民国二十一年（1932）四月，自序第 5 页。

③ 祝纪和笔录，杨荫溥选辑：《徐青甫先生二三事》，《储汇服务》第 53 期，邮政储金汇业局发行，1945 年 9 月 15 日，第 17—18 页。

持北京政府的段祺瑞。蒋尊簋受孙中山指派，回浙联络驻宁波叶焕华旅起义，11 月与周凤岐、叶焕华等在宁波宣布浙江独立，接着温州通电响应，但不久被杨善德派兵镇压。1919 年 8 月 13 日，杨善德在任上病故，段祺瑞又派了另一个皖系军阀、淞沪护军使卢永祥担任浙江督军。卢永祥上任不久，北京政局发生了剧变，1920 年 7 月爆发直皖战争，皖系大败，段祺瑞被迫离开中央政府，接着 1922 年 4 月至 6 月间又爆发了第一次直奉战争，张作霖战败，直系军阀独自把持了中央政府。卢永祥成为皖系仅存的督军，为求自保，排拒直系军阀进入浙江，故多方拉拢浙籍人士，甚至冒籍浙江[①]，对浙江自治运动予以了有条件的支持。

20 世纪 20 年代初，中国兴起了一股联省自治浪潮，主张先由各省自订省宪法，自组省政府，实行自治，由本省人统治本省，中央和他省不得干涉，再由各省代表组成“联省会议”，组织联省政府，制定国家宪法，实现国家统一，其终极目标是使中国成为联邦制的国家。浙江和湖南两省是当时联省自治浪潮中最为活跃的两个省。这一思潮虽根植于西方，但此时在中国兴起，却有地方军阀为对抗北京政府“武力统一”政策而寻求自保、力图维持军阀割据局面的因素。1921 年 6 月 4 日，卢永祥发表了著名的“豪电”，提出“分权于地方”，“先以省宪定自治之基础，继以国宪保统一之旧观，改弦更张，斯固正本清源之道”，并表示“我军人决不越权干涉，如天之福，邦基由此底定，永祥退为太平之民，固所深愿”[②]。1922 年，他又以省宪将成，宣布废除督军名义，改称军务善后督办。在这样的背景下，由省议会推动，制定省宪法，先后出台了“九九宪法”和“三色宪法”。但由于“九九宪法”中关于五院制衡的政治体制、省长民选并有任期、军人当选省长须解除军职等规定，对卢永祥来说无异于束缚手脚的绳索，他出尔反尔，以部分人反对为由，宣布“九九宪法”不能代表民意，拒不付诸实施。对于“三色宪法”，卢永祥也深恐“省宪实行，己之权力将受拘束，再三延宕，不肯交付公民票决，致成流产”[③]。诚如当时评论所说：“联省其名，割

---

① 卢永祥系山东济阳人，但自认宁波人，并与宁波卢氏联络取得上谱资格。见项雄霄：《关于“齐卢之战”》，中国人民政治协商会议浙江省委员会文史资料研究委员会编：《浙江文史资料选辑》第 1 辑，1962 年 1 月，第 18 页。

② 《申报》1921 年 6 月 5 日。

③ 刘以芬：《民国政史拾遗》，上海书店出版社 1998 年版，第 41 页。

据其实，愈讲自治，而去自治愈远”，“联省自治”实际上变成了“只是督军或总司令之‘联’，而不得谓之‘联省’，只是藩镇或封建式之治，而不得谓之‘自治’”。[①]

不过卢永祥在督军任上，为了安抚、笼络浙江士绅，求得浙江地方势力的支持，在齐耀珊、沈金鉴之后，保荐了浙江人张载阳[②]担任浙江省省长，总算是部分满足了“浙人治浙”的愿望。1922 年 10 月 28 日，张载阳担任浙江省省长，仍兼浙江陆军第二师师长，他也是浙江武备学堂毕业生，与徐青甫亦师亦友，旨趣相同，故延揽徐青甫于是年 12 月 20 日出任浙江省政务厅厅长，“民国十一年(1922)冬，张暄初君任浙江省长，斯时予为行务，赴甬台等处查察情形，正不在省，不料以政厅一席相待多日，归后坚辞不获，只得复入政界。至十三年秋，暄公卸职，始获随去”[③]。徐青甫在浙江省政务厅长的具体政绩，因资料原因，大多不得而知，北洋时期浙江省政府编印的《浙江公报》上也无记载。唯有主持浙江地方实业银行分家一事，作为官股代表同商股谈判，最终达成拆股分家协议，浙江地方实业银行分家拆分为官办的浙江地方银行和纯粹商办的浙江实业银行。当时在浙江地方实业银行官商股关系彻底破裂、银行无法继续合办下去的情况下，官商股东达成分股协议，可以说是最现实的解决方案。从协议

---

① 邵力子:《论联省自治》，傅学文主编:《邵力子文集》(下)，中华书局 1985 年版，第 557—558 页。

② 张载阳(1874—1945)，字春曦，号暄初，浙江省新昌县人。浙江武备学堂毕业，历任浙江新军哨官、旗官、队官、管带、标统，秘密加入光复会。辛亥革命光复杭州时，他镇守镇海，响应起义，不久被提升为浙军第二十二协协统。蒋尊簋任浙江都督时，浙军扩编为两个师，他出任第二十五师五十旅旅长，不久又调第十一旅任旅长。护国运动爆发后，因后任浙江都督朱瑞拥护袁世凯复辟帝制，武备派夏超、周凤岐联络保定派吕公望、童葆暄于 1916 年 4 月发动起义，推翻朱瑞政权，宣布浙江独立，张被推举为浙军第二师(即原第二十五师)师长，兼嘉湖镇守使、前敌司令。皖系军阀杨善德任浙江督军时，他曾力主反对张勋复辟。继任浙江督军、皖系军阀卢永祥保举其为浙江军务会办，1922 年 10 月又保举其为浙江省省长，仍兼浙军第二师师长。1924 年 9 月，“齐卢之战”爆发，张任浙沪联军第三军总司令，卢永祥战败后，张坚持与卢同进退，辞省长和第二师师长职，退出政坛。1926 年 10 月夏超反正失败后，张曾出面维持杭州秩序。抗战时期，张坚持民族气节，多次拒任伪职。1945 年 11 月病逝于杭州。因家无恒产，一时连办丧事的费用也凑不起来，靠亲友乡绅资助才了结丧事，以致有人感叹“廉吏之可为而不可为矣”。

③ 徐青甫:《经济革命救国论》，民国二十一年(1932)四月，自序第 5 页。

（合同）的内容看，基本还算公允合理，满足了官商股各自的愿望，皆大欢喜，使这场困扰浙江地方实业银行多年的官商股之争最终取得了“双赢”的结果。

1924 年 9 月 3 日，卢永祥与直系军阀、江苏督军齐燮元为争夺淞沪地区的管辖权爆发了江浙战争，又称“齐卢之战”。掌握北京政权的直系军阀首领曹锟、吴佩孚命令驻扎在福建的另一直系军阀孙传芳从南线进攻浙江，南北夹击卢永祥，至 10 月 13 日，卢永祥战败，与部下淞沪护军使何丰林一起下野，浙江自此成为孙传芳的地盘。张载阳与卢永祥共进退，也随即辞去浙江省省长之职，由同是浙江武备学堂出身的夏超[①]接任。1925 年 1 月 7 日，徐青甫也辞去了浙江省政务厅厅长之职。后在夏超的邀请下担任浙江地方银行的理事长。但这时北京政权再起变化，1924 年 10 月直系将领冯玉祥在前线倒戈，囚禁曹锟，第二次直奉战争以直系军阀失败告终，北京政府由冯玉祥的国民军和奉系军阀张作霖共同把持，于是年 11 月 24 日推出段祺瑞担任中华民国“临时执政”，组成临时执政府，兼有总统和国务总理职权。1925 年 1 月，段祺瑞重又任命卢永祥为苏皖宣抚使兼江苏督军，并联合奉军与孙传芳再次争夺江浙地区，爆发浙奉战争，而孙传芳则联络苏、皖、赣等省军阀组成以浙军为主的浙闽皖赣苏五省联军迎战，至同年 10 月，奉军败退山东，由此奠定了北伐战争前中国军阀割据的基本格局，孙传芳和盘踞湘、鄂、豫的另一直系军阀吴佩孚成为北洋军阀统治中国中部地区的主要代表和国民革命军北伐的主要对象（国民革命军北伐的 3 个对象，除了孙、吴外，另一个是占据东北、山东、直隶、热河、察哈尔等地并控制北京政权的张作霖）。

1926 年 7 月 9 日，国民革命军在广州誓师北伐，一路势如破竹。9 月，北伐军与孙传芳的五省联军在江西正式开战，孙传芳部主力几乎倾

---

① 夏超（1882—1926），字定侯，浙江青田人。父、祖皆前清秀才，以教馆为业。因考秀才不中，1903 年投笔从戎，考入浙江武备学堂，与徐青甫有师生之谊，与同是武备学堂毕业的张载阳、周凤岐等人，皆为浙江地方派军人集团中的武备系骨干。早年曾秘密加入光复会、中国同盟会。辛亥浙江独立后，夏超成为都督汤寿潜的幕僚，深受赏识。朱瑞担任浙江都督后，被举荐出任杭州警察局局长，因后来局改为厅，夏超跃升为省会警察厅厅长，又兼任浙江全省警务处长。护国运动爆发后，因朱瑞拥护袁世凯复辟帝制，与周凤岐、吕公望、童葆暄等发动起义，推翻朱瑞政权，宣布浙江独立。齐卢之战时，因倒戈支持孙传芳，被擢升为浙江省省长。

巢出动，孙传芳本人也亲临江西督战，苏浙皖三省军队抵九江而开赴前线者约十五万人，防守上海的孙军仅留第八师十五旅旅长宋梅村部少数军队，浙江防务则委托给省长夏超，后方空虚。于是“浙江自治”的呼声再次高涨起来，浙籍地方人士纷纷呼吁南北停战，恢复“浙人治浙”的局面，而一些手中握有兵权的浙籍实力派军人也希望利用这一机会结束外省军阀对浙江的统治，恰好此时北伐军也秘密派人联络浙籍实力派军人夏超和周凤岐，任命省长夏超为国民革命军第十八军军长，浙军第三师（即原来的第二师）师长周凤岐为国民革命军第二十六军军长。夏超在省长任上，大力扩充由其指挥的保安队（保安警察），将保安队编为三个总队，分别由亲信吴殿扬、章燮、章培任总队长，每一总队下辖三个大队，附以炮二连，机关枪三连，迫击炮二连，共约 8000 人，相当于一个混成旅。[①] 北伐战争打响后，孙传芳将驻浙孙军悉数调往江西前线参战，浙江只剩下夏超的保安队负责镇守。已倾向广东国民政府的夏超见反孙独立的时机已趋成熟，在得到北伐军不攻浙的允诺后，于 10 月 16 日正式通电，宣布就任国民革命军第十八军军长兼浙江民政长官，宣告浙江独立。广东方面马上回电夏超，盛赞他“为浙民谋解放，倡义东南，同人易胜佩慰”[②]。并拟派朱家骅、戴季陶去浙江帮助夏超。孙传芳即令驻守上海的宋梅村部进攻浙江，由于上海方面失约未能及时起事响应，加之保安队从未参加过实战，战斗力远逊孙传芳的正规部队，故在嘉兴激战半日，即告溃败，夏超败退杭州后被俘，旋即被杀，浙江独立昙花一现。在夏超独立事件中，徐青甫无疑是积极支持夏超反正响应北伐的，是年 10 月 19 日，“俞丹屏、徐青甫、张暄初（即张载阳——笔者注）及军界中人会议于井亭桥暄庐，讨论和战两点，青甫最主战，谓与其不战而败，毋宁战而败，遂决”[③]，因此夏超败亡后，徐青甫也只好辞去浙江地方银行理事长职务，与阮性存、陈训正等浙江名流一起去南昌投奔北伐军，被邀担任浙江省政府

---

① 李净通：《辛亥革命后军阀统治时期的浙江政局》，中国人民政治协商会议浙江省委员会文史资料研究委员会编：《浙江文史资料选辑》第 1 辑，1962 年 1 月，第 11—12 页。

② 《申报》1926 年 10 月 22 日。

③ 宣刚：《项兰生自订年谱（二）》，《上海档案史料研究》第 10 辑，上海三联书店 2011 年版，第 320 页。

财政委员，“革命军兴，底定南昌，蒋总司令招故乡同志往商浙事，归途转述相招之意，当以军阀割据，诚不能不去之。然予本人则除望国家太平外，无所希冀。各同志以大义相责，不敢固辞，但先以二语相约：一不入党，二不做官，以军事期间为限，当不顾牺牲，尽一分子之责任。故在秘密时代，浙省财政委员之命虽受，而军事底定，浙江省政府委员之职，始终辞谢未就”[①]。

夏超独立失败后，孙传芳又任命浙籍人士、浙军第一师师长陈仪为浙江省省长，对浙省再次掀起的“自治”运动，想利用其阻止北伐军入浙，故假惺惺地表示，“但得避免兵祸，芳无不乐从，惟当以党军不入浙境为唯一之条件”[②]，“只要党军不入浙，自治可，独立可，即将联军撤出浙江亦无不可”[③]。但当“浙人治浙”变成了事实，马上又派军队进军杭州，包围省政府，收缴第一师驻杭部队枪械，陈仪本人也被押赴南京。但不管怎么样，北伐革命胜利之势已不可阻挡。1927 年 2 月 18 日，北伐军攻克杭州，至月底，克复浙江全境，结束了北洋军阀在浙江的统治。国民党中央指派张静江、蔡元培、褚辅成、陈其采、宣中华、韩宝华、周凤岐、马叙伦、经亨颐、蒋梦麟、戴任等组织浙江省临时政治会议，下设政务、财务 2 个委员会。政务委员会内又设民政、军事、建设、教育 4 科。同年 3 月，浙江省临时政务委员会成立，接收原省长公署直辖各厅，但实际上因该委员会成员当时多数不在浙江，因而并未有效地行使职权，浙江省的省政基本上处于停顿状态。浙江省临时政治会议只得一方面临时指定陈其采、马叙伦、蒋梦麟负责主持省政，另一方面急请北伐军东路军总指挥部行营主任、浙江省防军正副指挥、宁台温防守司令共同维持局面。[④]

4 月 18 日，国民政府建都南京。为了使浙江成为新建立的国民政府的稳固后方，国民党中央决定重新委派浙江省的党政官员，于是裁撤了浙江省临时政治会议及其下设政务、财务 2 个委员会，新成立中央政治会议浙江分会，由马叙伦、蒋梦麟、蒋介石、张静江、陈其采、庄崧甫、邵元冲、周

---

① 徐青甫：《经济革命救国论》，民国二十一年(1932)四月，自序第 5—6 页。

② 《浙局紧张中实行自治运动》，《申报》1926 年 12 月 14 日。

③ 《孙蒋军队迅速集中》，《晨报》1926 年 12 月 20 日。

④ 浙江省政府秘书处编：《浙江省临时政治会议及中央政治会议浙江分会会议记录汇刊》，1928 年 5 月，第 12 页。

凤岐、蔡元培、何应钦、朱家骅 11 人组成[①],下设省政务委员会。5 月 13 日,任命马叙伦、蒋梦麟、陈其采、周佩箴、程振钧、阮性存、朱家骅、蒋介石、邵元冲、徐青甫、张世杓、黄人望、孙鹤皋、蒋伯诚、周觉、陈希豪、陈训正 17 人为省政务委员会委员[②],马叙伦、蒋梦麟、陈其采、周佩箴、程振钧、阮性存、朱家骅分别兼任民政、教育、财政、土地、建设、司法、农工 7 个厅的厅长。但徐青甫坚辞未就,至 7 月 25 日,南京国民党中央执行委员会政治会议通过决议,决定将原浙江省政务委员会改组为浙江省政府委员会,7 月 27 日,任命张静江、蒋介石、马叙伦、颜大组、蒋梦麟、程振钧、阮性存、李伯勤、周凤岐、蒋伯诚、陈希豪、陈训正、邵元冲、马寅初 14 人为浙江省政府委员[③],指定张静江为浙江省政府主席,陈训正、马叙伦、蒋伯诚为常务委员,马叙伦、颜大组、蒋梦麟、程振钧、阮性存、李伯勤、周凤岐分别兼任民政、财政、教育、建设、司法、土地、军事 7 个厅的厅长。

第四节　北伐后出任上海特别市财政局局长

1927 年 3 月 21 日,中国共产党领导第三次上海工人武装起义,至 22 日下午 6 时占领了除租界以外的上海市区。北伐军不费一枪一弹进入上海。鉴于上海当时在国内外政治经济各方面特殊而重要的地位,南京国民政府决定辟上海为特别市。5 月 7 日,南京国民党中央执行委员会政治会议第 89 次会议上,通过了《上海特别市暂行条例》,规定特别市的地位与省相同,直属于国民政府,"本市为中华民国特别行政区域,定名为上海特别市","上海特别市直隶中央政府,不入省县行政范围","本市区域以上海宝山两县所属原有之淞沪地区为特别市行政范围,其区域之分别由市政府呈请中央政府核定之","本市设市长一人,由中央政府任命之,

① 浙江省政府秘书处编:《浙江省临时政治会议及中央政治会议浙江分会会议记录汇刊》,1928 年 5 月,第 13—16 页。

② 《国民政府公报》宁字第 3 号,1927 年 5 月 21 日,第 8—9 页,《中华民国国民政府公报》第 10 册,台北成文出版社 1972 年版。

③ 《国民政府公报》宁字第 10 号,1927 年 8 月 1 日,第 17 页,《中华民国国民政府公报》第 11 册,台北成文出版社 1972 年版。

任期三年”[1]。出任上海特别市第一任市长的是黄郛。黄郛是蒋介石非常信任的人，与蒋的私交可谓出自患难，远非蒋为拉拢各派势力而换兰谱的盟兄弟可比。蒋介石深知黄郛的人品才学，在内外斗争的险峻环境中，十分倚重这位盟兄。还在蒋介石驻军南昌时，黄郛前往其总司令部，与蒋介石、张群等商量克复京沪后的财政金融规划、外交部署、机关接收、人员调配、绅商联络、浙省策动等事宜，“惟此种种策划，势非有赖于先生回沪主持不可。……外交上英日利害最切己，非得中外深信其和平稳健而非过激危险如先生者，暗中居沪运筹，不易为功。于是先生遂受命东下赴沪，……濒行，蒋总司令赋先生以全权处理，并授以空白任命状一册，嘱遇机密酌填发”[2]。而且黄郛与上海有较早较深的关系，与江浙财团也有亲密的关系。辛亥革命时，黄郛参加了上海光复之役，任沪军都督陈其美的参谋长兼第二十三师师长。中华民国南京临时政府成立后，孙中山任临时大总统，筹谋北伐，又任黄郛为兵站总监，经常往来于京沪之间，所以黄郛是上海特别市市长的最好人选。在蒋介石一再坚持下，黄郛虽知任事艰难，最后还是勉强受命，接受了上海特别市市长一职。5 月 18 日，南京中央政治会议第 94 次会议通过了由李石曾、张静江、吴稚晖、蒋介石提议，任命黄郛为上海特别市市长的决议。7 月 7 日，黄郛正式就职，蒋介石以国民政府代表的身份亲自参加了黄郛的就职典礼，并发表演说，明确赋予黄郛治理上海市的全权，“关于上海特别市用人行政，以及凡在上海特别市范围内之一切军事外交、政治经济、凡百事项，政府均交由黄市长全权处理之，切望全体市民及各机关同志，了解此意，时时为黄市长之臂助，俾竟全功”[3]。

第一届上海特别市政府下设财政、公安、教育、卫生、土地、农工商、工务、公用、港务、公益 10 个局，黄郛反对市长集权制而主张分权制，以市政府所属各局有各就范围议政处事之权，使专家可充量设计执行各专门性之事业，而不因市长的更迭受其影响，借以建立恒久性的市政制度。至于

---

① 《上海特别市暂行条例》，《国民政府公报》宁字第 2 号，1927 年 5 月 11 日，第 12—14 页，《中华民国国民政府公报》第 10 册，台北成文出版社 1972 年版。

② 沈云龙：《黄膺白先生年谱长编》(上)，台湾联经出版事业公司 1976 年版，第 268 页。

③ 《上海市政府昨日成立盛况》，《申报》1927 年 7 月 8 日。

市政府各个局的局长人选，黄郛采取了“为事择人，一秉大公”的用人标准，即如他在就职演说中所说“凡事非人不举。然欲求真才，必先除私见。此次市政府组织，用人标准，纯以专门学识与办事经验为衡，而因上海环境之恶劣，同时尤不得不注意于德行。故各高级职员之选定，有多年深知者，亦有素未谋面者；但求合乎上述之标准，绝不敢稍挟成见于其间”[①]。事实上也是如此，黄郛所推举的10位局长，财政局局长徐青甫、公安局局长沈谱琴、教育局局长朱经农、卫生局局长胡鸿基、土地局局长朱炎、农工商局局长潘公展、工务局局长沈怡、公用局局长黄伯樵、港务局局长李协、公益局局长黄涵之基本上符合上述原则，大多是各自领域内的专家，且除了农工商与公安局局长外，都不是国民党党员，这也符合黄郛对蒋提出的“建国以储才为急，宜开放门户，不限一党，使人尽为国效力”[②]的思路。

黄郛邀请懂经济、在银行界有名声、具有丰富理财经验的徐青甫出任第一届上海特别市财政局局长，因为是“总角之交”的老朋友相邀，徐青甫虽刚刚坚辞浙江省政府委员，但也不好推辞，故走马上任上海特别市财政局局长。不过这一段任职时间并不长，1927年8月13日，为促成武汉国民政府与南京国民政府合并（又称“宁汉合流”），蒋介石在汪精卫、冯玉祥、何应钦三方压力下被迫下野，8月15日黄郛请辞上海特别市市长一职，徐青甫亦随之辞职，但其根据上海市的实际情况制定出的具体财政章程，却为继任财政局局长所沿用。卸任后，徐青甫息影家园，但见“我国以生产落后，国力疲敝，内酿战争，外召侵侮，风雨飘摇，病异寻常，方应特创。乃欲以普通革命手段，寻常建设方案疗此特殊之疾，无怪其不能收效”[③]，潜心研究经济学，结合中国国情，以寻求救国良策，终于1931年底在仁和旧宅著成《经济革命救国论》一书，出版后在当时社会上产生了广泛影响，甚至引起了蒋介石的关注。1932年3月，他还应邀担任东莱银行常务董事兼总经理。东莱银行创办于1918年2月，为山东掖县（今山东省莱州市）人刘子山所办，是民国时期规模较大的一家私营银行，总行原设青岛，1924年迁天津，1933年9月复迁上海，在青岛、天津、上海、大

① 《上海市政府昨日成立盛况·黄市长就职演说》，《申报》1927年7月8日。

② 沈云龙：《黄膺白先生年谱长编》（上），台湾联经出版事业公司1976年版，第267页。

③ 徐青甫：《经济革命救国论》，民国二十一年（1932）四月，自序第6页。

连、济南皆有分支机构。1933 年 3 月，徐青甫辞去总经理职务，先后改任监察人和董事。1933 年 1 月，日本侵略军攻占山海关，发动对热河的全面攻势，3 月占领热河，直抵长城沿线，5 月中国军队长城抗战失利，日军进入河北，南京国民政府被迫与日本签订《塘沽协定》，实际承认日本侵占热河，并把河北栾东地区划为非武装区，而日军只是撤至长城沿线，随时可以长驱南下东进，华北亟亟可危。在这种情况下，南京国民政府既要维持中央政府的行政统一，又要在华北努力营造对日亲善气氛，故设立了南京国民政府行政院驻北平政务整理委员会，指定黄郛为委员长，王树翰为政务处主任，王克敏为财务处主任，何其巩为秘书长。黄郛到任后，于同年 11 月改组政务整理委员会，取消了原来的政务处和财务处，也就是取消了政务整理委员会的人事权和财务权，使华北的"半独立性"大大降低，同时设立了参议厅、调查处，使政务整理委员会由过去一级独立的行政机构向咨询、研究、设计机构转变，这样就可以在不干涉华北各省市实际政务的前提下，指导华北各省市政务的改进。何其巩留任秘书长，王克敏出任参议厅总参议，徐青甫随老友黄郛北上，任调查处主任，"青甫先生早岁在东三省银行界服务，与前一辈的东北文人多相识，故亦毅然先膺白赴津"①。但任职时间不长，至 1935 年 3 月，因决意与黄郛同进退，徐青甫辞职，由副主任周雍能递补调查处主任，同年 6 月，黄郛辞职，由王克敏代理国民政府行政院驻北平政务整理委员会委员长。

第五节　南京国民政府时期的浙江省政府官员

徐青甫最早是由黄郛引荐给蒋介石的，他给蒋介石留下了善于理财的印象，其后来所著的《经济革命救国论》一书中提出的经济统制、银行国有和"虚粮本位制"货币理论，对蒋介石也非常有吸引力。时蒋介石有实施币制改革、谋求统一全国货币的打算，中国在 1935 年 11 月实行法币政策前，采用的是银本位货币制度，维持纸币与银钱之间的十足兑现不仅是各金融机构发行纸币的信用基础，也关系到整个社会经济乃至国家政权

① 沈亦云：《亦云回忆》，岳麓书社 2017 年版，第 381 页。

的稳定,蒋介石一开始在谋求统一全国货币的同时,希望可以维持纸币的可兑现性,但由于当时白银大量外流,银本位缺乏稳定,以银本位为基础的中国币制已无法承受纸币十足兑现的负担,因此以何种货币代替就成了当务之急。蒋介石对徐青甫提出的"虚粮本位制"货币理论很感兴趣,曾就币制改革问题与徐青甫进行详谈。无独有偶,时任国民党中央执行委员、太原绥靖主任的阎锡山 1934 年成立了"物产证券研究会",该研究会很快将阎的书稿《物产证券与按劳分配》刊印出版,公开建议政府用法令颁行一种"物产证券",使之代表一定价值,即"十足兑现之纸币",这种观点与徐青甫的"虚粮本位制"有相似之处。故蒋介石 1934 年底在山西考察山西经济建设情况期间曾致电徐青甫,让他去太原与阎锡山共同商议"币制与经济政策"[①]。之后不久,徐青甫即为蒋介石拟订了一份"改革币制对外宣布之理由之俚词","多发纸币,信用薄弱,即不挤兑,亦必价跌。数多值少,仍无差别,如借外债,虽可偿抵,本利盘剥,后更竭蹶。……物入凭出,物出凭入,信用确实,反无涨跌。物品证券,由是而出,如行此制,旧障可免。物值化币,物易流通,物通币充,力尽可用。……不借外资,发挥己力,力能成物,物可化币。币充物通,物通民丰,民丰力增,物蓄资充。力增资充,产量更丰,计划经济,方能有用,物质不匮,振聩发聋。……"[②]这种以"物品证券"取代"信用薄弱"的纸币的理论,代表了当时一大批学者、政客、金融家的观点。

虽然最后蒋介石还是采用了孔祥熙、宋子文等人设计的货币政策,即"不兑现"的法币政策,废除银本位,实行汇兑本位,与英镑、美元挂钩,依靠国家政权的强制力发行不兑现纸币,停止金银流通,切断纸币与金银之间的直接兑换关系,以达到限制白银持续外流、缓解财政危机、统一全国货币的目的,从而完成了从"金属单元货币"到"信用货币"的转变,也顺应了当时世界货币制度发展的潮流。但是该货币政策的设计也存在着缺

---

① 《蒋中正致徐青甫灰电》(1934 年 11 月 10 日),台北"国史馆"藏蒋介石档案,"革命文献",002-020200-00033-053,转引自贾钦涵:《"纸币兑现"之争与 1935 年法币改革决策》,《中国社会经济史研究》2016 年第 2 期,第 73—74 页。

② 台北"国史馆"藏蒋介石档案,"特交档案",002-080109-00006-001,转引自贾钦涵:《"纸币兑现"之争与 1935 年法币改革决策》,《中国社会经济史研究》2016 年第 2 期,第 74 页。

陷，如经济学家马寅初曾批评说，法币制度的设计注重在对外的稳定，而法币对内价值的稳定未得到足够的重视。[①] 因此在实施不兑现法币政策之后，蒋介石出于防止通货膨胀方面的考虑，仍希望通过统筹物产、调剂供需来维持法币对内价值的稳定，并尽可能维持法币作为主权货币的独立性，即创造出一种不仰赖外国援助、拥有充足发行准备、更为可靠的法币制度。在蒋介石看来，保障货币信用最好的办法无非是保证发行十足准备，当金属货币匮乏、无法满足发行准备要求时，当然就要用土地、粮食、货物来充当"准备金"。就在蒋介石同意法币实行"不兑现"的第二天，仍电令杨永泰："阎百川之物产证券与徐青甫之土地证券，皆有研究之价值，请兄研究并速派有经验数人切实研究其实施之办法步骤与利害"[②]。即使在已经实施了法币政策后，1936 年 8 月，蒋介石再次请徐青甫和阎锡山将他们所著有关土地证券的文章书籍"检齐邮寄来"，以供研究。[③] 1936 年 9 月 4 日，他向行政院副院长孔祥熙、秘书长翁文灏提出建议，"今年各处丰收，应乘此发展地方与国民经济，对于地方金融应尽量补助，或使之周转活动，弟意直属各省以及产米产棉之区，每省准其发行或领用辅币三百万至五百万元之数，仍由财政部与中央银行监督，本年钞定期检查，必须将其所发辅币数目，与其购贮物产及其所存现银之数相称，半年以后，令交保证现金三四成，至其余之六七成，准以物品或产业作为准备担保品。如此，则地方金融必顿现活跃，而国民经济亦从此得以长足发展，此为弟对目前经济政策唯一之理想，亦救民实施之初步，否则，地方经济必竭，而中央财政更窘，请勿河汉视之"[④]。

---

① 马寅初：《我国预算法币与工业之连锁关系》，《马寅初全集》第 9 卷，浙江人民出版社 1999 年版，第 423—424 页。

② 《蒋介石致杨永泰铣电》，台北"国史馆"藏蒋介石档案，002-010200-00146-052，转引自贾钦涵：《"纸币兑现"之争与 1935 年法币改革决策》，《中国社会经济史研究》2016 年第 2 期，第 78 页。

③ 台北"国史馆"藏蒋介石档案，革命文献，002-020200-00033-076。《蒋介石致阎锡山有申电》，002-010200-00164-062。转引自贾钦涵：《"纸币兑现"之争与 1935 年法币改革决策》，《中国社会经济史研究》2016 年第 2 期，第 78 页。

④ 《蒋委员长致孔祥熙副院长指示发展地方与国民经济对于地方金融应尽量补助电》，秦孝仪主编：《中华民国重要史料初编——对日抗战时期》绪编(三)，台北"中央文物供应社"1981 年版，第 449 页。

尽管没有采用徐青甫的货币政策，蒋介石还是对徐青甫非常看重，亲自推荐他出任浙江省财政厅厅长。自北伐战争后，浙江就是中央有效控制的省份之一，建立了亲中央的制度和人事框架。1930年冬王澂莹担任浙江省财政厅厅长后，“从此以后，浙江省财政厅厅长一职，均由蒋介石直接派任，与历任省主席无关，如周骏彦、徐青甫、程远帆，都是蒋介石所亲派”[①]。1934年10月，国民党新桂系头目黄绍竑被任命为浙江省政府主席，蒋介石对黄绍竑说：“镇海县的徐青甫懂得理财，你可问问他。”据黄绍竑后来回忆：“蒋先生对于浙江财政问题，颇为关切，嘱我同徐青甫先生详加研究改进办法。默察他的指示，似有以徐青甫担任财政厅长的意思。”[②]是年12月12日，黄绍竑抵杭履职，黄绍竑、徐青甫、曾养甫、许绍棣、蒋介卿、朱孔阳、周象贤、庄崧甫、黄华表等9人为省政府委员，黄绍竑任省政府主席兼民政厅厅长，徐青甫兼财政厅厅长。

1934年12月15日至1935年12月26日，徐青甫出任浙江省政府财政厅厅长。当时浙江省的财政情况非常困难。南京国民政府成立后，于1928年7月分别公布了划分国家收支和地方收支的暂行标准，经国民党二届五中全会决议通过，于同年11月正式公布施行。规定国家财政收入包括海关税、盐税、内地税、厘金(1931年1月1日裁撤，裁撤前实际上为地方截留，后改为统税，由中央统一征收，通称废厘改统)、烟酒税(其中烟酒牌照税自1934年7月1日起改归地方税收)、印花税、邮包税、所得税、遗产税、矿税等税收，国家财产、国有事业、国家行政等收入和国有事业利润、债务收入等；地方财政收入则有田赋、契税、牙税、当税、屠宰税、内地渔业税、船捐、房捐等税收，地方财政收入、地方营业收入、地方行政收入、其他属于地方性质之现有收入，以及拟将开征的营业税、市地税、所得税附加、使用人税、使用物税、中央补助费。按照上述国家收支和地方收支的划分标准，浙江省从前军阀时代扣留作省用的税款，多归中央政府直接管辖，如烟酒税、卷烟税、印花税、煤油税等一向为浙江省所赖以周转的税收，至此不得不悉数交还中央，1931年厘金改为统税，划归中央收入，使浙江省财政又失去了一项重

① 张履政：《国民党统治时期浙江省财政厅的见闻》，中国人民政治协商会议浙江省委员会文史资料研究委员会编：《浙江文史资料选辑》第4辑，1962年12月，第133页。

② 黄绍竑：《五十回忆》，岳麓书社1999年版，第298页。

要的收入,因此浙江省政府税收的大宗仅为田赋、契税、营业税、房捐、船捐,其营业税因新创立不久,制度尚不健全,一时无法弥补裁撤厘金的损失,此外,浙江省政府历年来为达到财政平衡及建设实业发行公债和其他各种形式的借款,从1927年至1935年,前后9年时间共计发行债券5550万元,到1935年12月底,偿还的本款只有1212万元,除此之外的各种借款,共欠本息达到了1205万余元,合计未还公债及借款总数达到5540余万元,即使扣去作为借款抵押品没有用去的公债1740余万元,实际负债额为3800余万元,再加上1935年欠发经费200余万元,以及建设厅部分负债总额1400余万元,总计省府负债总额为5400余万元,为数之巨,实足骇人。[①] 债务偿还也成为浙江省财政的一个主要包袱,据浙江省1932年的财政统计,债务偿还占是年省财政总支出的23%,排在第2位。[②] 而就在徐青甫出任省财政厅厅长的1934年,浙江省又遭受了空前旱灾,田赋收入也不理想,这更加剧了财政的困难。据黄绍竑回忆,"我记得有一次徐厅长(指徐青甫——笔者注)报告省库存款仅有廿八元,窘况一至于此,令人失笑。至于节流方面,全部支出中,债务支出,占了几百万。政费的实际开支,并不很多,实已无流可节。政府对于债信的顾全,非常重视。盖以前皆以借债度日,今后仍不免于举债,一旦债信丧失,则借款必多困难。可以说在那个时期,政府的财政权,实操在少数的金融巨头手中,政府时时要仰他们的鼻息,不敢有所得罪,苦痛情形,可以想见"[③]。

面对浙江省政府财政捉襟见肘的困难局面,徐青甫并不畏惧,而是采取措施对省财政做彻底整理,谋求收支获得平衡。首先是统一全省财政和健全现代财政管理制度。1935年5月,徐青甫首先在全省范围内推行县库制度。省财政的收入,来自各县的解款。但当时浙江省各县普通存在各机关自收自用现象,而县政府在征得税收解付省款之时,也往往留下余款支付县地方行政与司法支出,形成坐收拨付[④]的制度,另外专款也会

① 《浙江财政最近概况》,《浙江省政府公报》第2534期,1936年1月15日,第26页。

② 潘国旗:《民国浙江财政研究》,中国社会科学出版社2007年版,第107页。

③ 黄绍竑:《五十回忆》,岳麓书社1999年版,第299页。

④ 收取的款项不入账或者不按照规定入账,是为坐收。坐收通常是与坐支联系在一起的,各机关将征得税款自行支用,充作该机关经费,谓之坐支。而将其中一部分款项拨付给其他机关充作经费,谓之拨付。

从省款中减去作为专用。这种方法极有流弊，造成浙江省历年各县局向省财政征解款项，每至年度结算，辄多亏解，据统计，仅 1934 年度各县局亏解库款约共 250 万元[①]，由此产生省县间的矛盾。这是我国公库制度不健全所产生的流弊，公库变成了一个事后的转账机关，不能达到统收统支[②]、满收满支的效果。为避免各项省税及应行解现专款被县挪用，造成省款解不足数，令各县设立县金库，除经管县款外，并经营省款的收支、保管事务，以达到统收统支、满收满支的效果，并派稽查员随时查访督促，"查各县经管省县地方各款，无论正项杂项，应一律由县金库出纳保管，及各县征起税款应由征收处按日悉数直按缴送县金库，在未缴送金库分款作账以前，绝对不得动用，……现在各县金库业已次第成立，各县政府对于前项规定，大多数尚能切实奉行，惟据本厅访闻所及，尚有少数县份或未将以前征存之款移交县库，或于新征款内擅留一部分，意图自便支用，甚或有向征收处提用税款等情事，如果属实，不但违背定章，抑且妨碍财务之整顿。亟应严切告诫。须知征收官吏，责任綦重，非恪遵法令，不足以表示清白。以后征起税款，务须随时缴送金库，以前保管款项，并应克日悉数移交，原由财委员经管之县款，亦应令其即日缴库，无任稽延，更不得向征收处提用税款，一面启征收处舞弊之渐。除分令外，合行令仰该县长切实遵照，本厅当随时派员查察，倘敢故违，定予呈请从严惩处不贷"[③]。1935 年 6 月，又制定并颁布了浙江省各县县政府财务委员会章程，将原有的财政局县公款公产保管委员会、教育局管理教育款产委员会、清丈经费保管委员会、县仓管理委员会一律裁撤，上述各会经管的银款、契据、仓谷、文卷、器具等一律移交县政府财务委员会接收，以统一事权。1935 年 7 月，徐青甫又提出在浙江省实行新会计制度，令各县设立会计稽核主任，办理省款及地方款之会计稽核事宜，以完善财政制度上的监督与分权，"查各县经管省县地方各款，应统由县金库出纳保管，凡动支

---

① 转引自尹红群：《民国时期的地方财政与地方政治——以浙江为个案》，湖南人民出版社 2008 年版，第 79 页。

② 政府的收入，直接交纳国库，叫作统收；而政府的一切支出，直接由国库支付，叫作统支。

③ 《浙江省财政厅训令第 02221 号》，《浙江省政府公报》第 2447 期，1935 年 9 月 27 日，第 19 页。

省款，须由县政府开填发款单经县长及会计稽核主任会同签名盖章后，方得支付，动支县款，须开发付命令经县长及会计稽核主任及财务委员会主任委员会同签名盖章后，方得支付，业于各县暂行会计规程及县金库规程内分别明白规定并经分令饬遵在案。以后县金库支付款项，须以合法之发款单及支付命令为凭，凡未经县长及会计稽核主任会签之发款单及未经县长会计稽核主任及财务委员会主任委员会签之支付命令，县金库一概不得付款"[①]。

其次是整理田赋和营业税等大宗省赋税收入。1928 年划分国家和地方收入支出标准案公布后，省财政税收的大宗来自田赋和 1931 年开征的营业税，据黄绍竑说："开源的方法，最重要的，即是田赋的加紧催征，及清理旧欠。……其次对于税收方面，除挤查营业税之外，则为公开包商承办。但承包商人，狡诈异常，所得亦属无多。政府财政在此种情形之下，真是库空如洗，朝不保夕。"[②]田赋本为国家正供，一向属于中央，自 1928 年国、地收入划分以后，划归地方，在浙江省财政中占有极其重要的位置，每年收入几乎占浙江租税总额的 65% 及财政总收入总额的 36%[③]，但因为当时地籍尚未整理，只是由土地业主自行陈报，将其户名、田地四至、坐落、面积、量额登记，给予凭证，各县即据以编成丘领户、户领丘册籍，田赋每年有大量积欠，催征效果并不理想。徐青甫到任后，着手整理地籍。1935 年 6 月，联合民政厅颁布了《整理田赋设置地籍员编查户口改善征收制度办法大纲》，派遣地籍员到各县清丈田亩，编造丘地图册，查定户口，根查粮额[④]。拟先选择一二县试点，再渐行推广。7 月 2 日在浙江省政府第 764 次会议上又通过了徐青甫提出的《浙江省田赋征收章程施行细则》，其中第七条、第八条规定，县政府得指挥各区乡镇公所，负责协助查报土地变更、业户迁移，按户分发通知单，承催田赋。[⑤] 营业税是 1931

---

① 《浙江省财政厅训令第 2779 号》，《浙江省政府公报》第 2412 期，1935 年 8 月 15 日，第 7 页。

② 黄绍竑：《五十回忆》，岳麓书社 1999 年版，第 299 页。

③ 徐绍真：《财政概要》，浙江财务人员养成所 1932 年 6 月编印，第 14 页。

④ 《浙江财政月刊》第 8 卷第 4、5、6 合期，浙江省各县办理财务须知参考书，1935 年 6 月，第 352—357 页。

⑤ 《浙江省田赋征收章程施行细则》，《浙江省政府公报》第 2377 期，1935 年 7 月 9 日，第 10—11 页。

年1月1日厘金裁撤后才开征的，此前与营业税性质相类似者有牙税、当税、屠宰税等，开征营业税后，营业税包括了普通营业税、牙行营业税、典当营业税、屠宰营业税、箔类营业税。此外，省税的主要来源还有契税、烟酒牌照税、船捐、房捐。徐青甫到任后，先后修正出台了《浙江省征收不动产移转契税章程》《浙江省征收永佃契税暂行章程》《浙江省营业税征收章程》《浙江省牙行营业税征收章程》《浙江省典当营业税征收章程》《浙江省屠宰营业税征收章程》《浙江省烟酒营业牌照税暂行章程》等，加大了对偷税漏税行为的查处力度，“查各商号滞纳营业税款，应行加征滞纳金，前经令饬照章切实征收在案，惟各县局尚多未能认真执行，以致商人欠税之习，终难彻底革除，亟应督促办理，以利税务，嗣后各县局征收各季营业税款，应予下季第一个月末日截数(例如秋季税款，应于十月末日截数)。将欠缴各商号户名税额，造册呈送，所有各户应加滞纳金，即责成各该县局长，照章按成加征，不得放任，如有催收迟缓，成违章通融者，定即责令赔缴，不稍宽贷。除分令外，合行令仰该县局长即便遵照，并将本年春夏秋三季欠税各户，查明造册，呈送候核。一面将各户欠税及应行加征之滞纳金，一并严限催收报解，毋稍违延”①，“查各县局经征牙行营业税款，迭经令电严饬整顿，随时指示进行，近年收数，较前略有起色。惟牙户散处各地，稽查稍有疏忽，即易为所蒙混。刁玩牙商，因征收机关之耳目未周，辄多违章营业情事。或隐匿漏税，无证私开。或拼领一证，影戤移用。或捏称闭歇，私自复开。或短报营业，取巧于等级之间。或效满未换，欠税至数月之久。其中尤以临时牙行，积弊最深。而普通贩卖商店，兼营牙行业务者，亦每多漏匿未税。凡此种种弊泯，均足影响税收之增加。亟应继续整顿，以裕收入。各该县局长负有轻微责任，务各认真稽察。随时遴派干员，分赴境内各市镇严密调查，力杜匿漏，遇有无证营业之牙商，立饬照章纳税处罚。其已经领证者，应查明全年买卖实数，责令升等补税。至效满各户，均应先期饬催缴换，如有延欠，即依征收牙行营业税章程第十七条之规定，切实执行。此外临时牙行及普通商店兼营牙行者，尤应格外注意查察，分别照章办理。对于征收人员调查征税，并应严加监督，如有匿留税款，法外浮收，徇情放任，玩忽职务者立予撤惩，毋稍宽假，所有征起税

① 《浙江省财政厅训令第4105号》,《浙江省政府公报》第2503期，1935年12月5日，第8页。

款，随时连同申请书结，解呈候核，不得延搁”[①]。对招商认办的税项，也随时加以检查，杜绝其弊端，“查本省屠宰营业税，向由商人认办之各县市，每于认期届满，始行招商另投，往往前认商已期满退办而投认尚未定案，以致征收中断，负责无人，而各屠户应缴税款，复于此时相率观望，任意匿延，影响税收，实非浅鲜；嗣后各该县局对于前项屠宰营业税认期，应随时注意查明，务于限满两个月以前先行广为公告，定期招投，以免局促。至各认商之保证商家，关系綦重，其开设铺号，是否殷实，担保所认税额，是否及格，并应分别详确调查，倘成一户未能足供担保，应饬加觅商号，共同负责，藉昭慎重，除分令外，合行令仰该县局长即便遵照办理。毋稍忽误”[②]。

再次是节流支出。徐青甫为改善浙江省财政状况，提出了“量入为出”的意见，提倡政府节俭办事，对各类建设项目抱定有多少钱、办多少事的方针，“现在本省农村破产，百业萧条，欲用开源的方法，来改善财政的状况，实为目前的环境所不许，我们只得就下列四项设法推进，第一，我们需厉行紧缩，确定预算，大家本着苦干的精神，把二十四年度支出预算，尽量节减，使收支平衡，而预算编定以后，必须绝对遵守，各机关不可再有预算以外之支出，而收入方面，应由财政厅负责整顿，使所列预算收数，不致短绌。……第四，各厅处应集中省令，对于各县财政困难的情形加以注意，使县长能按照实际收入来支配支出，并须予各县长以较大的权力，何事应办，何事可缓，使得就各县事实需要衡量财力，计划进行，对于编订预算，裁减经费，不要加以拘束，以求收支平衡，免额再有亏负，挪移省款，财政厅也想厉行会计制度，严密监督款项的收支，免蹈从前覆辙”[③]。在编制1935年各县地方预算时，省政府出台了《编制二十四年度县地方预算要点》的训令，其规定内容包括：(1)县地方预算，应绝对遵守量入为出的原则编制，使实际收支得以适合；(2)各项收入，应照实在收入编制，不得

---

① 《浙江省财政厅训令第148号令各区营业税征收局各县县长令饬切实整顿牙行营业税以裕收入由》，《浙江省政府公报》第2272期，1935年1月17日，第6页。

② 《浙江省财政厅训令字第03795号》，《浙江省政府公报》第2482期，1935年11月8日，第7页。

③ 徐青甫：《浙省过去财政情形及今后改进之途径》(续)，《浙江省政府公报》第2339期，1935年5月10日，第17页。

因收不敷支稍有虚列；(3)各项收入，既已编列预算，各该县局长对于应收数目，即应负责如数征足；(4)各项支出，应采取极端节约主义，将骈枝机关冗滥人员及其他非必要或可省的岁出，分别裁撤或核减，由县长督饬所属，切实遵办不得稍有瞻徇；(5)各县局应将各项地方教育经费，截至本年六月底止确实预计，如有挪移省税或其他借垫及欠发款项，应另行筹定弥补方法，随案声叙以凭核办；(6)各种委员会，除应支必需的费用外，其余经费应一律删除；(7)总分概算，应各油印二十份，以便交县地方预算审查委员会审查；(8)编造总概算系县政府与财政局的责任，不得诿责于公款公产保管委员会办理。[①]

从徐青甫整理财政的步骤来看，浙江的财务制度渐趋完备，而赋税方面的征收也从单纯的财政体系内转向对地方政权的依赖，其效果亦颇明显，征收成数大为上升，反映了浙江省政治和财政的变革趋于良性的发展势头。徐青甫在任的一年多时间，浙江省财政状况有所好转，收支趋于平衡。兹将 1927—1936 年的浙江省财政收支情况列表如下[②]：

1927—1936 年浙江财政收支数比较一览　　单位：元

年度	收入	支出	余(＋)或亏(－)
1927	17353388	17535056	－181668
1928	14825423	22127730	－7302307
1929	17080292	26970838	－9890546
1930	29967145	30218391	－251246
1931	25195398	25195398	
1932	42870000	31728950	＋11141050
1933	31290000	31240000	＋50000
1934	48000000	44990000	＋3010000
1935	33130000	32980000	＋150000
1936	40120000	49530000	－9410000

① 《代电各县限制编造二十四年度县地方概算并附发编制要点文》，《浙江财政月刊》第 9 卷第 11、12 合期，浙江省市县预算专号，1936 年 12 月 15 日，第 953 页。

② 潘国旗：《民国浙江财政研究》，中国社会科学出版社 2007 年版，第 108 页。

尤其难能可贵的是，省财政厅厅长在外人眼中是一个肥差，油水肯定不少，但徐青甫在任期间却秉持了他一贯的廉洁奉公的作风，不收受任何贿赂，也不占公家一点便宜。据长期在国民党浙江省财政厅工作的张履政回忆，"浙江财政厅厅长，不必向外张罗，每年可稳得五万元左右的收入，后来王澂莹任厅长一年左右，交卸后，即在杭州西大街建造惜福里房屋，闻所费在五万以上，事属可信。迨徐青甫任厅长，为时恰恰一年，会计上结出来确有向归厅长所有的用款五万元以上，青甫先生将它公开，悉数归公，分文未取。后来程远帆改建财厅房屋，把原有破旧大门，建成水泥立式门面，房间里打蜡地板，各科办公一律写字台，洋式公文柜，会客室全皮沙发，完全洋派，焕然一新，就是从这笔钱开支的；他在整理省公债的时候，赴京活动，请客交际，所费甚巨，旅费的超制度报销，也是在这些款中解决的。黄祖培时，将此款作为预算外收入，不入省库，征得浙江审计处同意，专款存储，充作主席临时特别费用，凭主席条谕核拨"①。

1936 年 2 月 28 日，黄绍竑辞去浙江省民政厅厅长的兼职，徐青甫转任浙江省政府委员兼浙江省民政厅厅长，程远帆则担任浙江省财政厅厅长。② 同年 3 月 13 日，在浙江省政府第 804 次会议上被推为浙江省还债基金保管委员会委员③。徐青甫在民政厅厅长任上的政绩因资料缺乏，不得而知，《浙江省政府公报》上也鲜有记录。但考虑到他担任民政厅厅长时间很短，大体上工作应该尚未展开，故没有什么建树，据民国时期曾在浙江省民政厅厅长期工作的同僚反映"徐于做官，谨谨自守，对僚属道貌岸然，不易接近。政务惟省主席之命自从。在任不久，无所创建"④。

1936 年 6 月爆发"两广事变"，国民党内新桂系头目李宗仁、白崇禧

---

① 张履政：《国民党统治时期浙江省财政厅的见闻》，中国人民政治协商会议浙江省委员会文史资料研究委员会编：《浙江文史资料选辑》第 4 辑，1962 年 12 月，第 140、130 页。

② 《浙江省政府职官年表》，刘寿林、万仁元、王玉文、孔庆泰：《民国职官年表》，中华书局 1995 年版，第 704 页。

③ 《浙江省政府委员会第 804 次会议录》，《浙江省政府公报》第 2587 期，1936 年 3 月 18 日，第 3 页。

④ 茹管廷：《国民党统治时期浙江省民政厅见闻》，中国人民政治协商会议浙江省委员会文史资料研究委员会编：《浙江文史资料选辑》第 21 辑，浙江人民出版社 1982 年版，122 页。

联合粤系头目陈济棠举起反蒋抗日旗帜，成立军事委员会，由陈济棠任委员长兼总司令，李宗仁为副总司令，提出组织抗日救国军北上抗日，出兵湖南。蒋介石为分化新桂系，于是年 7 月宣布将李宗仁、白崇禧调出广西，任命李宗仁为国民党军事委员会委员，白崇禧为浙江省政府主席，而黄绍竑则被任命为广西军务善后督办，回广西主政。但因李宗仁、白崇禧、黄绍竑拒不任职，1936 年 8 月 15 日，国民政府命令在白崇禧未到任前由民政厅厅长徐青甫代理浙江省政府主席[①]。同年 9 月，蒋介石与新桂系达成妥协，"两广事变"得以和平结束。黄绍竑于是又回任浙江省政府主席。到这年 12 月，因湖北省政府主席杨永泰被刺丧命，黄绍竑被调任湖北省政府主席，浙江省政府主席一职由朱家骅接任。同年 12 月 18 日，徐青甫被免去浙江省政府委员兼民政厅厅长，由新任主席朱家骅兼民政厅厅长。[②] 徐青甫改任南京国民政府行政院参事。[③]

---

① 《河南省政府公报》第 1724 期，1936 年 8 月 26 日，第 3 页。

② 《浙江省政府职官年表》，刘寿林、万仁元、王玉文、孔庆泰：《民国职官年表》，中华书局 1995 年版，第 704 页。

③ 《社音》第 23 期，中国经济学社，民国二十六年(1937)六月，第 7 页。

第五章　银行生涯

第一节　任职中国银行

中国银行是辛亥革命后，在大清银行的基础上改组而成的。1912 年 1 月 1 日中华民国南京临时政府成立后，原大清银行副监督、新政府财政总长陈锦涛根据孙中山谕，将大清银行改组为中国银行，并明确为新政府的中央银行。陈锦涛在上报大总统请定中国银行条例的呈文中说："中国银行具中央银行之性质。"[①]在 1913 年 4 月 15 日公布的《中央银行则例》中，对中国银行享有的中央银行特权都有具体规定，而最主要的是受政府委托经理国库。财政部在《中央银行则例》公布后，于 1913 年 5 月 23 日咨请外交部照会各国驻京代表转知各国银行，中国银行"实系国家中央银行"[②]。1912 年 6 月 2 日，大清银行奉天分行改组为中国银行奉天分号。其组织依分行章程规定，设经理 1 人，主持全行业务；设副经理 1 人，辅佐经理工作；经理、副经理均由总裁委派，下设文书、营业、出纳、会计、国库、发行 6 个股，杨建益为经理。1914 年 4 月 10 日，中国银行将原中国银行吉林分号改设为东三省分行（1919 年奉天分号升格为分行后，改称长春分行），统辖中国银行在东北地区的营业机构。奉天分号隶属于东三省分行管辖。1915 年，陈廷綮出任奉天分号经理。1919 年 7 月，迫于奉系军

① 中国银行总行、中国第二历史档案馆合编：《中国银行行史资料汇编》上编（1912—1949）一，档案出版社 1991 年版，第 61 页。

② 中国银行总行、中国第二历史档案馆合编：《中国银行行史资料汇编》上编（1912—1949）一，档案出版社 1991 年版，第 114—115 页。

阀张作霖[①]的压力，中国银行奉天分号升格为中国银行奉天分行，省内中行各营业机构移归奉天分行管辖。

当时中国银行和交通银行[②]（交通银行在东北地区设有奉天、长春、营口3个分行）都具有民国政府中央银行的性质，理应经营国库业务。1913年财政部又下达金库条例，从中央到地方逐级建立总库、支库和分库。但奉天省从来都是由东三省官银号代理国库，不愿交给中国银行。后经财政部与奉天当局交涉，于1914年5月移交给中国银行，但个别县不服从，上缴税金和领取行政费仍通过官银号办理。东三省官银号的前身是奉天官银钱号，1894年，各省均设立官钱局或官银钱号，作为兑换银钱、调节钱价的金融机构，奉天官银钱号应运而生。1906年，盛京将军赵尔巽将其改为奉天官银号，称官商合办。1907年，东三省改制，设行省，徐世昌任东三省总督，将奉天官银号推行于吉林、黑龙江两省，改称东三省官银号，发还商股，改为官营，兼理东三省金库事宜。东三省官银号虽

---

① 张作霖(1875—1928)，字雨亭，奉天海城人，北洋军阀奉系首领，著名爱国将领张学良的父亲。绿林出身，后受清廷招安，累功官至关外练兵大臣。民国初年，任第二十七师师长。1916年，乘袁世凯复辟帝制、南方各省纷纷独立之时，打出“奉人治奉”旗帜，逼退奉天将军兼巡按使段芝贵，被袁世凯任命为盛武将军督办奉天军务，兼奉天巡按使。1916年7月任奉天督军兼省长。1917年因冯德麟参与张勋复辟，夺其第二十八师兵权，统一奉省军政。1918年9月因支持段祺瑞武力统一政策，被北洋政府任命为东三省巡阅使，利用日本的势力控制了奉天、吉林、黑龙江三省，成为北洋军阀的奉系首领，名副其实的“东北王”。1924年第二次直奉战争后势力进入北京。1927年6月成立中华民国军政府，出任陆海军大元帅，代表中华民国行使统治权，成为北洋军阀政府最后一个统治者。同时组织安国军，对抗南方的国民革命军北伐，失败后坐火车返回东北，在皇姑屯被日本人炸死。

② 交通银行成立于1908年1月，由清政府邮传部创设，系官商合办的股份制银行，以“利便交通，振兴轮、路、电、邮四政”为重任，兼有普通商业银行和特许银行的双重身份。袁世凯担任中华民国临时大总统后，梁士诒任交通银行经理，因为袁世凯复辟帝制提供了巨额经费而取得了一系列特权，和中国银行一样成为具有国家银行性质的银行，共同代理国库和发行兑换国币业务。南京国民政府成立后，因另设中央银行作为国家银行，交通银行改组为特许发展实业银行，受政府委托代理部分国库和发行兑换券。1935年3月，蒋介石指使国民政府行政院副院长、财政部部长兼中央银行总裁孔祥熙通过增资改组、加大官股、派遣代理人的方式，夺取了原先商股占优势的交通银行，使之成为官僚资本占主体的国家垄断资本主义的金融机构，与中央银行、中国银行一起成为三位一体的国家银行。1958年后除香港分行仍继续营业外，其业务并入中国人民银行和在交通银行基础上组建的中国建设银行。

系地方银行，但它却有发行纸币权。1906 年奉天官银号发行小洋票，同时禁止“私贴”流行，是为奉票(奉票为奉小洋和奉大洋的统称)的起源。1907 年 2 月，户部银行(大清银行前身)在奉天设立分行。1911 年，因东三省滥发纸币和全国币制改革需要，清度支部派叶景葵赴东三省调查，欲收回东三省纸币，时任东三省总督赵尔巽曾向清廷奏称，“东三省各官银号每年余利预算约有一百三十万元，大都出于钞票，现议由部收回钞票，此款将来即归无著，而此项实已列入预算册内，拟请办理盐斤加价以资弥补。惟收回钞票一事，关系东三省财政全局及市面金融机关，究应如何收回，拟由度支部先期预示办法以便妥商筹备”①。但同年由于辛亥革命爆发，度支部并未收回钞票，东三省官银号的小洋票仍继续发行，直到 1917 年奉天省改用大洋为本位，小洋票一元二角兑换大洋票一元，即为奉大洋，小洋票收回后不再发行。不过东三省官银号的金融管理权却随着民国后东三省都督改为奉天都督而紧缩，成为奉天省的官方银行。1916 年，袁世凯复辟帝制，护国运动爆发，南方各省纷纷独立，时驻扎奉天的二十七师师长张作霖打出“奉人治奉”旗帜，逼退奉天将军兼巡按使段芝贵，被袁世凯任命为盛武将军督办奉天军务，兼奉天巡按使。1916 年 7 月，民国大总统黎元洪任命张作霖为奉天督军兼省长，1918 年因张作霖支持段祺瑞武力统一政策，被北洋政府任命为东三省巡阅使，利用日本的势力控制了奉天、吉林、黑龙江三省，成为北洋军阀的奉系首领，名副其实的“东北王”。张作霖统治奉天、东北时期，形成事实上的军阀割据，其中奉天省的国库业务始终由东三省官银号经营。

1915 年 10 月，徐青甫经时任中国银行奉天分号经理陈廷紥的介绍，出任中国银行奉天分号出纳主任一职。陈廷絜，字莱青，浙江镇海人，近代宁波银行家，历任奉天、长春、太原等地中国银行经理，又做过东三省银行②总办，在东北金融界颇有声誉，在中国银行的资历大体与金润泉相

---

① 《宣统政纪》卷 52，《清实录》第 60 册，中华书局 1987 年版，第 930 页。

② 东三省银行成立于 1920 年，系由东三省巡阅使、奉天督军兼省长张作霖指派奉天省财政厅长王永江和总商会会长孙百斛创建的地方性官商合办银行，其目的在于与中国、交通两行及苏联争发哈大洋券，以便控制东北北部金融市场。总行设于哈尔滨，分行设有奉天、吉林、黑龙江、黑河、长春、天津、大连、北京、上海、满洲里等 10 处。1924 年 7 月 15 日，为统一东三省币制，与奉天兴业银行同时合并于东三省官银号。

当。陈廷絜任中国银行奉天银号经理时，保举徐青甫出任出纳主任。调任东三省分行（长春分行）后，又保荐徐青甫升任中国银行奉天分号经理。后来浙江地方银行成立时，适陈廷絜退休返乡，徐青甫当时是浙江省政务厅厅长，而时任财政厅厅长张寿镛与陈廷綮也是同乡，故徐青甫和张寿镛两人共同推荐其出任浙江地方银行第一任驻行理事，主持行务。北洋军阀孙传芳入浙后，浙江政局变动，徐青甫和张寿镛均去职，陈廷絜也随即辞去浙江地方银行的职务。

徐青甫在中国银行奉天银号（奉天分行）任职期间经历了日本人蓄意制造的挤兑风潮和张作霖为限制中国、交通银行发行权掀起的挤兑风波，他沉着冷静，处置得当，还代表中国银行与日本方面谈判，展现了干练的作风和熟练的银行风险处理能力。

1916 年 5 月 12 日，袁世凯政府为对抗护国军，急扩军费，一度命令中国、交通两银行停止兑现和存款停止付现，引发各地挤兑之风，驻奉天的日本总领事馆乘机怂恿日本商人、侨民、浪人，有计划地拥到中国、交通两行及东三省官银号，以纸币兑换现洋，有些中国投机钱商则与日本人勾结，以盈千累万之纸币，委托外人代为兑现，在奉天（今辽宁省沈阳市）掀起了“挤兑风潮”。日本人以这种手段，每日兑出去的现洋由数千元、数万元及至数十万元，到 1916 年 8 月，“各行号每日兑出现小银圆，不下七八十万元”[①]。用小银圆票兑换成现小银圆，再运至大连熔成银块，“每万元可得利五六百元”，转手之后即可从中获取暴利。奉省金融因受挤兑，现洋日感缺乏，奉票等纸币的价格下跌，顿成恐慌之状，而国币因其失信，又为日币的推行带来了良机。于是日本的“老头票”（日本朝鲜银行发行的票面上印有日本首相伊藤博文像的钞票，又称“老头票”）便渐充于市，出现了主客易位、反客为主的怪现象。人们以日钞平稳而争相抢购，一些巨商富人也多将资本转入日本银行存放。张作霖一面采取杀一儆百的办法，将勾结日人进行挤兑和投机倒把的奉天兴业银行副经理刘鸣岐，瑞昌恒金店执事黄献廷，瑞昌恒钱庄执事吕兴瑞，贩运现洋的蓬莱洋行执事齐瑞、管库解中道等 5 人处以枪决。一面又向日本总领事馆提出交涉，要求“延期限制兑换办法”。经过协商，达成协议，同意从 1916 年 11 月 13 日

---

① 转引自东北三省中国经济史学会、抚顺市社会科学研究所编：《东北地区资本主义发展史研究》，黑龙江人民出版社 1987 年版，第 293 页。

到 1917 年 5 月 13 日,6 个月间为延长限制兑换期,每日兑换限额 8 万元。在这个限期内中方银行承兑总额达 7300 多万元,由于延期限制兑换是依据大连钱业公所牌价,平均每百元损失 3 元以上,中方 6 银行(中国银行、交通银行、东三省官银号、黑龙江省官银号奉天支号、奉天兴业银行、北京殖边银行)约损失 79 万元。[①] 1917 年 7 月,为从根本上解决兑换问题,稳定奉省金融,在奉天当局的提议下,由中日双方各推 9 人组成中日金融调解委员会磋商此事。中方委员有兴业银行总办姜得春、交通银行奉天分行行长徐德联、中国银行行员徐青甫、东三省官银号总办刘尚清、财政厅科员刘东藩、奉天总商会理事鲁宗煦、奉天总商会会长崔兴麟、奉天交涉署署员陶尚铭、奉天钱业公所所长吴宝书,日方委员有奉天商业会议所会头藤田九一郎,满铁地方事务所主任原田铁造,奉天居留民会会长石田武亥,横滨正金银行奉天支店长伊藤小三郎,朝鲜银行奉天支店长小西春雄,三井物产会社奉天出张所主任中村准辅、西宫房次郎,正隆银行奉天支店长高木成德,奉天日本总领事馆官员富田安兵卫[②]。同月 16 日,经双方协商签订了《调剂金融协约》,规定中日官民一律改用大洋本位制;凡属银行公会之各银行,当于本协约实施时停发小洋票,用大洋票收回小洋票,每小洋 12 角换大洋 1 元,收回的小洋票全部予以销毁,但市面零用 10 角以下小洋票不在此限;大洋票兑换,照各国兑换券通例为无限制,但本协约实施之日起,一年半以内仍准限制兑换,各银行每日限兑 6 万元(其中日本人 4 万元、中国商人 2 万元,但不久以后停止了对中国商人的兑换)。后又与日方磋商,将协约所订的限制兑现改为不兑现,并从 1918 年 5 月 13 日起实行停兑,终使这场由日本人蓄意制造的挤兑风潮告一段落。

1917 年陈廷綮调任中国银行东三省分行(长春分行)后,向总行保荐徐青甫升任中国银行奉天分号经理。时金梁正担任奉天省政务厅厅长,他与徐青甫是故交,徐青甫清末的时候曾协助金梁筹办过八旗兴业银行,故也向张作霖推荐了徐青甫。由陈廷綮和金梁保荐,徐青甫顺利地接任了中国银行奉天分号经理一职。

时至 1919 年春,中国银行奉天分号又经历了一场张作霖为限制中国、交通银行发行权掀起的挤兑风波。这场风波的起因是当时中国、交通

---

①② 中国人民银行沈阳市分行、沈阳市金融学会编:《沈阳金融志(1840—1986)》,辽宁省印刷技术研究所 1992 年 7 月印刷,第 479 页。

两行在长春的分行增发钞票，虽然其发行的小洋票印有“吉黑”或“长春”两字，按规定只在吉林、黑龙江两省使用，但通货毕竟不易阻止流通，因此仍有大量中国、交通银行的小洋票流入奉省，与省立银行东三省官银号、兴业银行发生了利益冲突。时张作霖尚未完全控制吉林、黑龙江两省，因此他早在1918年4月就曾向中国、交通两行提出取缔两行银圆券办法，要求在已发行的纸币票面上盖上奉天省不通用戳记；两行自行登报声明，以后在奉省永不收受，并不汇兑；在奉省发行纸币须得省政府同意，并须限制数额。两行难以接受，经中央政府派人向奉省疏通，同意无形取消。但到了1919年3月7日，奉天当局突令警厅谕令商民一律禁用中国、交通银行钞票；12日又发布东三省巡阅使令，禁止征收局、东三省官银号、兴业银行收受加印“吉黑”“长春”的小洋票；3月27日又发严禁令，限于4月20日前一律收尽两行钞票。又扬言要派兵包围中国、交通银行奉天分号，用收缴的小洋票强行在奉天分号兑现，不兑就充公，以此迫使中国、交通银行屈服。中国银行总行得到消息后，要徐青甫马上逃离，但徐青甫却没有逃避，因为他知道这一走，奉天分号一定会关门，为了中国银行的信誉，他决心周旋到底，挽狂澜于既倒。徐青甫向奉天当局进行交涉，先是向他们借款应付挤兑，还作保帮交通银行借款，前后借了四五百万元，再让当局允许奉天分号单独印钞票收兑吉黑两省的票子，在11天时间里共收兑了1200万，交行收兑了2200万，总算是把这场风波平息下去了，维护了中国银行的信用。徐青甫个人则因设法筹款平息这场挤兑风波而声名大振，被总行所信赖，在随后的几年里，先后调青岛、杭州、上海等地中国银行任职，积累了丰富的银行管理经验。徐青甫当时之所以能得到张作霖的信任，成功地帮奉天分号度过危机，源于其一贯清正廉洁、洁身自好的品格，他曾说过“纸币的伸缩率很大，钞票是公共的特权，发行的利益，应归公有，因为它并不是人的劳绩得来的；花红和股票利息是私人的利益，过分多了，似乎是不合理的”，这在金融从业人员中是难能可贵的品质。若干年后徐青甫回忆这件事时说：“当鄙人二十几岁的时候，从学界跑到政界，服务地点，是在东三省，那时因为职务的关系，随波逐流，应酬非常之多，打牌当然免不了，后来自宣统三年(1911)，鄙人担任兴业银行筹备工作起，就决心不赌了，同时也不大去应酬，何以故呢？因为从前办文书方面的事务，输了钱是自己的，现在输了钱，阔阔，应酬，……普通一般人会怀疑到移用行款，这样一来，不是因为我的私人行动，而影响行务吗？所以鄙人自入金融界后，就决心不再打牌，闹阔，作无谓之应酬，后来发生金融风潮，凭鄙人个人信用，张作霖允借五百万，而某银行行长，天天和张作霖打牌，事到临头，张作霖非但不允借款，第一天就把他看管起来，其中的缘故，由于鄙人平日信用好，不赌博，不闹阔，是造成好信用的要素。"①

这场风波过后，奉天当局发布了限制中国、交通两行发行权办法：奉天省城的中国、交通两行为分行，管辖全省中国、交通银行各分支机构；新发大洋票须加盖按奉天市价（即与官银号汇兑券等价）兼汇上海规元字样；两行发行额各500万元；须加盖监理官戳记方准发行。这样中国银行奉天分号升格为分行已是势在必行。1919年7月，中国银行奉天分号升格为中国银行奉天分行。徐青甫因怕流言中伤其挟张作霖自重，不服东三省分行（长春分行）节制，故才有此次分号升格，因此极力推辞出任分行行长。但总行考虑到如另派人恐奉天当局挡驾，不准其辞职。最后还是由徐青甫亲自向奉天当局说明，此次辞职系由个人坚决不愿留在奉天，并非出自总行之意，终蒙允许，辞去中国银行奉天分号职务。

同年10月，应浙江兴业银行董事长叶景葵邀请，徐青甫前往哈尔滨任浙江兴业银行②哈尔滨分庄主任。但上任没几天，因水土不服，被迫辞职③。

离开东三省后，徐青甫一度去青岛，在那里的中国银行分支机构谋职。1911年7月1日，大清银行在青岛开设分行，主要办理胶海关的部分税收和公款收付事宜。辛亥革命后，于1913年5月15日在大清银行分行原址成立了中国银行青岛分号，1919年改称中国银行青岛支行。1929年10月，由支行升格为分行，统辖山东省中国银行业务，而原设济

① 徐青甫：《吾人服务地方银行应具之态度》，《浙光》第2卷第6期，浙江地方银行发行，1936年3月1日，第3页。

② 浙江兴业银行成立于1907年10月，为商办浙江全省铁路公司创办并成为最大股东，是中国最早的商业银行之一，总行设在杭州，次年在上海、汉口设立分行。1915年8月，浙江兴业银行改组为董事长负责制，是为华商银行中设立董事长、驻行董事之始，叶景葵出任董事长，总行改设上海，杭州设分行，又增设北京、天津两分行，沈阳、哈尔滨两分庄，大连、郑州、石家庄3分理处，使银行业务有了迅猛发展，1927年以前其存款总额在我国私人银行中基本上处于第一二位，与浙江实业银行、上海商业储蓄银行合称"南三行"，与"北四行"（盐业银行、金城银行、大陆银行、中南银行）相映成辉。后逐渐没落。

③ 柳和城：《叶景葵年谱长编》上册，上海交通大学出版社，2017年版，第411页。

南的分行改设支行。中国银行青岛分行除辖有济南、烟台、潍县3个支行外，在威海、周村、博山、张店、临清、济宁、德州、连云港、益都等地设有办事机构。该行除经营一般存、放、汇业务外，还享有代理国库和发行兑换券的特权，后又增设了储蓄部、外汇部和信托部，进一步扩展了业务范围。徐青甫是1920年来到青岛的，接替吴光煜担任中国银行青岛支行经理①。

近代青岛，先后沦为德国和日本的殖民地。1897年11月，德国以在山东巨野教案中有两名德国传教士被杀为借口，派遣远东舰队驶往我国山东胶州湾，占领沿岸各地，并于1898年3月6日强迫清政府签订《胶澳租界条约》，强行租借胶州湾和湾内各岛，租期99年。在有关条约中，虽然规定租借地“自主之权，仍全归中国”，但同时又规定，租借期内，中国不得治理，由租借国治理，这就在事实上把主权出卖给列强，而且不付分文租金，所以所谓租借地就是列强割据中国领土进行直接统治的殖民地。青岛由此成为德国的殖民地。德国德华银行在青岛设立分行，除发行德国货币马克外，还印制两种中国纸币，一种是银圆钞，一种是银两钞，在胶澳地区和山东境内流通。1914年8月第一次世界大战爆发，欧洲各主要资本主义国家都卷了进去，无暇东顾。日本乘机扩张其在中国的侵略势力，它借口参加协约国集团，对德宣战，派遣军队在胶州湾登陆，向德国侵占下的青岛和胶济铁路沿线进兵，夺取了德国在山东的侵略权益。日本占领青岛后，日本正金银行在青岛、济南设立分行，发行日本银圆纸币，取代了德华银行在山东的势力。1917年，日本朝鲜银行在青岛设立分行，当时日本政府已将国外的钞票发行权授予朝鲜银行，朝鲜银行发行的“老头票”开始代替正金银行的银圆纸币在青岛流通，日本的国库业务也由正金银行改为朝鲜银行代理，正金银行则专营存、放、汇兑业务。日本还在青岛设立了官办的取引所（交易所），并于1920年强制成立了中日合资的商办青岛取引所信托株式会社（株式会社即股份有限公司），受官办取引所监督，日方理事长是峰村正三，常务理事石原，徐青甫以中国银行青岛支行经理的身份担任华方理事长②，常务理事是叶春墀，理事有成兰圃、

① 王第荣：《青岛金融业史略》，山东省政协文史资料委员会编：《山东工商经济史料集萃》第2辑，山东人民出版社1989年版，第77页。

② 叶春墀：《青岛取引所的兴衰》，山东省政协文史资料委员会编：《山东工商经济史料集萃》第2辑，山东人民出版社1989年版，第25页。

隋石卿、刘子山、傅炳照、苏勯臣、宋雨亭等，额定资本为日币 800 万元，暂收 1/4，中日各半，下设证券、纱布、土产、钱钞 4 个交易市场。该株式会社虽名义上是中日股金各半的合资企业，但经营管理大权都操在日本统治者手中，中方理事徒有虚名。在日本的殖民统治下，青岛的金融几乎全部被其控制，即使是 1922 年华盛顿会议中日签订《解决山东悬案的条约》及其附约，日本交还青岛之后，仍保留了一些既得利益。据 1927 年 8 月日本人所办的山东兴信所调查，青岛各日本银行存款总额为日金 574 万元，银圆 1157 万元，放款总额为日金 374 万元，银圆 486 万元，其中正金银行的占半数以上，而当时我国各家银行的存放款总额尚不抵正金银行一家。[①]

胶海关的关税在收回青岛后虽由中国银行经收，但规定满 3 万元即须拨存正金银行，在中国银行中标承汇时，须由正金银行开支票转账，这样正金银行实际上仍享受经收、承汇关税的特权。胶济铁路的路款收入，德国占领时期送存德华银行，日本占领后由正金银行接办，收回青岛后一度由中国、交通两行分存，但日本驻青岛领事借口中国方面没有按规定交付日本赎路库券利息，强令胶济铁路局于 1926 年 7 月仍然送存正金银行。还将官办的青岛取引所合并于商办的青岛取引所信托株式会社，仍由日本驻青岛领事馆控制，不准中国政府干涉，规定中国商人必须到取引所交易，不得另行设立同样的交易所等。在日本金融势力的排挤下，中国银行青岛支行只能办理一般的存、放、汇兑业务，业务很难有发展，故任职不久，徐青甫就设法调回中国银行浙江分行(杭州分行)工作。

中国银行浙江分行的前身是大清银行浙江分行。1913 年，改组后的中国银行总行委派许引之和前大清银行浙江分行经理金润泉负责改组处于停业状态的大清银行浙江分行和温州、宁波两分号，筹设中国银行分行。同年 9 月 15 日，中国银行浙江分行开业，任命许引之为经理，因未到职，由金承诰任分行经理。1916 年 5 月 12 日，袁世凯政府下达停兑令，一度命令中国、交通两银行停止兑现和存款停止付现，上海、杭州两地分行联合抗命，继续无限制收兑印有上海、浙江字样的中国银行兑换券，不久挤兑风潮平息，中国银行在社会上树立了信用。1917 年，经理金承诰调回北京，总行派蔡元康接任浙江分行经理。1920 年，蔡元康病故，由副

---

① 王第荣:《青岛金融业史略》，山东省政协文史资料委员会编:《山东工商经济史料集萃》第 2 辑，山东人民出版社 1989 年版，第 59—60 页。

经理金润泉接任经理，一直到1945年，长期掌管着浙江的金融大权。徐青甫大概是在1921年[①]由青岛回到杭州，接替金润泉担任中国银行浙江分行副经理。1929年改称中国银行杭州分行。1933年，该行将国库业务移交中央银行，省库移交浙江地方银行，成为专营国际汇兑的专业银行。1935年，中央、中国、交通三银行发行的纸币定为法币，故业务大有进展。自1913年建立至1943年，中国银行浙江分行(杭州分行)除了1936年亏损299000元，及后两年因抗战关系无盈余外，其他各年都是盈余的，但下属机构则有盈有亏。历任该行正、副、襄理的有：经理有许引之、金承诰、蔡元康、金润泉；副经理有金润泉、徐青甫、陈其采、孙吉原、寿毅成、胡熙伯、余煜、陈开先、甄润珊、周友端(兼赣行经理)；襄理有林鸿赉、陈南琴、阮性纯、陈开先、张行久、程居源、孙成、陈燕翘、孔祥桢(兼赣行襄理)。[②]

中国的银行成立之初，一家银行在各地的分支机构分别发行印有地名的兑换券，原则上该行的不同的地名券只能在当地使用和兑现，在他处兑现时需贴水若干。此种制度始自清末，大清银行总、分行就基于当地货币使用习惯而发行纸币。民国以后，这种制度可以有效防止一地发生的金融风潮波及他处，有利于维持各地行处的正常运营，防止奸商搬运趸券套现，还可把各地军阀强迫银行借款导致的通货膨胀的危险降到最低，“故钞票而有地名以为之限制，虽不合于事理，实深合乎国情”[③]。但由于各种地名券种类繁多，收付授受时手续烦琐，商民鉴别困难，各埠洋厘行市及汇水高低不同，中国银行本行发行的各种地名券在兑现时也有贴水情事发生，商民使用不便，钞券流通亦受影响。而随着商业经济的发展，商品与货币不断地在一个更大的范围内流通，要求改变货币流通区域过于局限的状况。在这种情况下，分支机构众多的大银行，施行了在全国划分区域发行数种地名券的办法，原来一行发行的数十种小地名券为数种可在更广泛的范围内流通的地名券所取代，便利了货币的流通与商品的流通及支付。1922年，中国银行决定实行区域行制度，对国内各分支机

① 参见叶春墀：《青岛取引所的兴衰》，山东省政协文史资料委员会编：《山东工商经济史料集萃》第2辑，山东人民出版社1989年版，第27页。

② 《浙江省金融志》编纂委员会：《浙江省金融志》(浙江省志丛书)，浙江人民出版社2000年版，第97页。

③ 静如：《论分区发行制》，《银行周报》第12卷第1号，1928年1月3日，第6页。

构实行划区管理，除京行及长奉两行暂时缓议外，将全国的诸分行划分成四个大区：沪、宁、浙、皖为第一区，以上海分行为区域行；津、鲁、晋为第二区，以天津分行为区域行；汉、赣、渝、黔为第三区，以汉口分行为区域行；粤、闽为第四区，以香港分行为区域行。1928 年 12 月 29 日东北易帜后，南京国民政府完成形式上的统一，中国银行增加东北地区作为第五区，以奉天分行为区域行。每一区域行设总经理一人，暂以该区区域行行长兼充，本区域内所辖之各分行行长皆暂兼区域行副总经理。区域行并不是中国银行内的一级行政机构，而是沟通总管理处与各行处的桥梁和协调统一区内各行业务的中心。各区域行成立后，并不对外营业。1922 年 7 月 30 日，中国银行第一区区域行正式成立，以上海分行为区域行，管辖沪宁浙皖四家分行，其中沪宁浙三行归并发行，一概改用沪行“上海”字样钞票。而皖行(芜湖分行)则于 1928 年改为支行，隶属于南京分行，也改用沪券，取消发行“安徽”字样钞票。实行区域行制度后，因江浙地区毗连，第一区最收发行实效，沪券推行顺利，各行实力亦见充实。[①] 上海分行行长宋汉章为第一区区域行总经理，许体萃(宁行)、金润泉(浙行)、刘桐(皖行)为副总经理，另设有帮办及办事员若干。因开办之初，事务繁忙，由总经理宋汉章推举冯诵青、王奎成、徐青甫、史久鳌帮同办理各项事务。沪宁浙皖四分行各派一人到区域行办事处任办事员。

1922 年 10 月 28 日，张载阳任浙江省省长，诚邀徐青甫担任浙江省政府政务厅厅长。当时徐青甫正担任中国银行浙江分行副经理兼第一区区域行帮办一职，“斯时予为行务，赴甬台等处，查察情形，正不在省，不料以政厅一席，相待多日，归后坚辞不获，只得复入政界”[②]。

但徐青甫与中国银行的缘分并没有就此结束，若干年后他又作为官股董事重返中国银行。由大清银行改组而来的中国银行系官商合办的股份制银行，商股长期以来大于官股，南京国民政府成立后，虽然成立了中央银行作为国家最高金融机关，而将中国银行改组为“政府特许之国际汇兑银行”，保留了发行权，但中央银行的实力不如中国银行，与交通银行差不多，不足以控制全国的金融局面。其间，徐青甫曾上书蒋介石，内有经

---

① 《廿四年三月前组织概况》，中国银行总行、中国第二历史档案馆合编：《中国银行行史资料汇编》上编(1912—1949)三，档案出版社 1991 年版，第 2548 页。

② 徐青甫：《经济革命救国论》，民国二十一年(1932)四月，自序第 5 页。

济统制，银行国有，发钞统一，蒋介石对银行国有颇感兴趣，认为如果不能将全国银行悉数收归国有，也必须把较大的几个银行拿在手中，方可顺利办事。[①] 1935 年 3 月，蒋介石指使国民政府行政院副院长、财政部长兼中央银行总裁孔祥熙通过强行增资改组、加大官股的方式控制中国银行和交通银行。中国银行的资本由原来的 2500 万元（其中官股 500 万元）扩充至 4000 万元，官商股各半，改组后的股东会中，官股董事 9 人，商股董事 12 人，官股监察人 3 人，商股监察人 4 人，商股已不占优势，再加上改原来的总经理负责制为董事长负责制，由官僚资本的代表宋子文出任中国银行董事长，宋汉章任总经理，蒋介石达到了控制中国银行的目的。1943 年 6 月，为进一步控制中国银行，再次向中国银行增加官股 2000 万元，使官商股本比例由 1∶1 改为 2∶1，从股份结构方面完全控制了中国银行；官股董事达到 13 人，商股董事 12 人，官股监察人 5 人，商股监察人 4 人，孔祥熙担任中国银行董事长，宋汉章仍为总经理，董监事会的比例也因增加了官股董监事的名额而发生了有利于官股的变化，更不要说商股董事中如孔祥熙、宋子文等人本身就是官僚资本的代表。这样，中国银行就完全被官僚资本所夺取，成为国家垄断主义的金融机构。而徐青甫就是在这次再度增加官股后，于 1944 年 2 月 5 日在重庆召开的中国银行第 21 届股东总会上作为官股董事增补进中国银行董事会。1948 年 4 月 24 日，在上海召开的中国银行股东总会换届改选中，再次被指派为官股董事。[②]

第二节　浙江地方实业银行官商拆股和短暂经理浙江地方银行

浙江地方实业银行的前身要追溯到 1908 年 5 月成立的浙江官银号。该局在清末全国各省官银号、官银钱号、官钱局中属于设立较晚者，开办

① 陆康：《浙江帮金融家在上海》，浙江省政协文史资料委员会编：《浙江籍资本家的兴起》（《浙江文史资料选辑》第 23 辑），浙江人民出版社 1986 年版，第 227 页。

② 《中国银行历届董、监事（监察人）会名单》，《中国银行行史》（1912—1949），中国金融出版社 1995 年版，第 887—888 页。

没几个月，继任浙江巡抚增韫即向清廷上奏，请求将官钱局改设为银行，半年后获批将浙江官钱局改组为浙江银行。1910 年 1 月 8 日，浙江银行在农工商部注册，设总行于杭州，分行于上海，其组织形式为官商合办的股份有限公司，开办之初，官商投资者参照《公司律》和《银行通行则例》共同签订了《官商合办浙江银行合同》（共 8 条）和《浙江银行章程》（共 7 章 56 条），经浙江巡抚部院核准后生效施行，与旧日钱庄迥然不同，是近代浙江成立的仅次于浙江兴业银行的第二家新式银行。该银行的额定股本为库平银 200 万两，每股 100 两，官商各半，但实收股本刚过额定股本的 1/4，仅 54.2 万两，其中官股计库平银 30 万两，招募商股库平银 24.2 万两。[①] 朱葆藻任董事长兼总经理，朱佩珍（朱葆三）、胡道源为驻行董事兼协理，分驻杭、沪两行。1911 年又在广州设立分行，开办资本为库平银 10 万两，经理为周永年。辛亥革命后，浙江银行易名为中华民国浙江银行，仍为官商合办，额定资本银圆 300 万元，每股资金 150 元，官商各半，但实收资本仅 722850 元，其中官股 3150 股（472500 元），商股 1669 股（250350 元）。[②] 朱佩珍任总经理，旋改高子白继任。广州分行停歇，但又新开了温州、宁波两个分行。其时，中华民国浙江银行的业务主要是为浙江地方军政机关服务，一度还代理国库、省库及海关税收业务，与社会经济活动很少发生关系。至 1915 年，因第一次世界大战爆发带来的中国民族资本主义工商业繁荣，中华民国浙江银行及时修正了自身的经营方向，因势利导地提出了“扶助生产，发展实业”的新的营业方针，于是年 7 月 1 日再度更名为浙江地方实业银行，从此其业务向实业方向发展。

改组后的浙江地方实业银行性质仍为官商合办，资本增加到 100 万元，确定官股 6 成，商股 4 成，但当时因浙江省库匮乏，官股实际并未缴足。为了适应当时业务上发展的必要，除保留杭州总行、上海分行外，将温州、宁波两分行停办，另于省外汉口，省内海门（今浙江省台州市椒江区）、兰溪分别设立 3 个分行，业务从此逐步得到发展，特别是上海、汉口两分行发展迅速，在沪、汉两地已开始成为引人注目的大银行。到 1921 年初，浙江地方实业银行的营业总额已达 1000 万元，而资本尚不及 1/10，故决定追加资本 100 万元，虽仍规定官六商四原则，但同时决定，官股

① 张朝晖等：《近代浙江地方银行研究》，商务印书馆 2015 年版，第 26—27 页。

② 同上书，第 28—29 页。

认缴不足部分，由商股补足。而这次增加资本，浙江省财政厅一分未交，而商股却很踊跃，因此股东会以多数票通过以商股补足了官股部分。但这样一来，浙江地方实业银行的实收资本就达到了176万元，其中商股新旧资本合计多达144.97万元[①]，远远超过了官股资本，占有压倒性的优势。而之后修改的《浙江地方实业银行章程》中又删去了“本银行系官商合股”的关键内容；将银行股本定额改为银200万元，每股银100元，分为2万股，但不再提及原定的官六商四股份比例；不设官股董事、监察人，董事由9人增至11人，监察人由4人增至5人，全部由股东会选举产生；虽银行“仍受浙江财政厅厅长之监督”，但行中不再设监督一职，改设董事长，由董事中选出。[②] 在随后的股东会选举中，11名董事5名监察人中，原先的官股董事、监察人仅各有1人和2人以商股股东身份当选，而董事长和4名驻行董事全为商股大股东占据，商股一举夺得了对银行的控制权。[③] 作为官股的后台，浙江省政府当然不愿意就此放弃对银行的控制权，而浙江地方实业银行又避开浙江省政府直接向财政部、农商部呈文，就增加资本、修正章程事及选举董事监察人请求两部核准备案，从而引发了浙江地方实业银行官商股的矛盾，并升级为该银行与浙江省政府之间的矛盾。正当官商股东相持不下的时候，浙江省议会又从中干预，激化了彼此矛盾，再加上先前省政府在削减20万官股上的反复[④]，从而使对立双方紧张的关系到了彻底破裂的境地，最后演化为官商分家。

---

① 何品：《从官办到官商合办再到商办：浙江实业银行及其前身的历史变迁(1908—1937)》，上海远东出版社2014年版，第82页。

② 同上书，第173页。

③ 同上书，第174页。

④ 1915年中华民国浙江银行改组为浙江地方实业银行时，省财政厅厅长张寿镛提出该行若能放弃钞票发行权，则官厅同意削减官股20万元，作为特别公积金，用于清理银行旧账，只是本金以后须返还。浙江地方实业银行改组后，放弃发钞权，提出旧账清理方法，“削减原有股本二十万元，作为特别公积金，弥补损失。按股匀摊，官股应摊十三万一千余元，商股应摊六万八千余元。今承官厅相当酬报，即由官股资本内削去，不再削减商股”，得到省巡按使屈映光和省财政厅厅长张寿镛的批准。岂料从1916年9月起，省长吕公望、财政厅厅长莫永吉上台后，浙江省政府企图推翻原案，要求商股不仅恢复承担旧账损失，而且还是按照浙江地方实业银行官六商四的股份比例，分摊8万元，省议会竟还要求该行按原有股本退还历年利息分红，引起商股股东抗议，是为浙江地方实业银行官商股争执之肇始，并久拖不决，成了一桩悬案。

浙江省议会中的某些议员想插足银行，分享余润，遭到拒绝后，就在省议会开会时多方攻击浙江地方实业银行，并乘该行官商股矛盾之机，促使省议会通过了浙江地方实业银行收归省办提案，提出官商拆股。他们认为银行业务的开展完全是依靠官府的牌头，离开官方的支持就吃不开，故提出拆股相威胁，如威胁不成，即实行官办，他们自不难插足了。而商股方面却不是这样看法，其主要代表董事长朱萦藻、驻沪董事胡道源、操实权的董事兼上海分行经理李铭（李馥荪）认为官股比重小，对银行作用不大，拆出时对银行无甚影响，且官商股分家之后，还能减少一些来自行政方面的干涉和压力，因而也同意分家，以免意见愈闹愈深。时任浙江省省长张载阳最后委托刚刚上任的政务厅厅长徐青甫来解决这个僵局。而此时的徐青甫和 1922 年底回任浙江省财政厅厅长的张寿镛也都想有一个官办银行，作为政府财政方面的支柱，建立起政府信用。所以尽管三方动机不一，但在官商拆股分家上却达成了共识。徐青甫在日后提及支持官商分股的原因时说："当时鄙人所以很坚决的负责的作分家的主张者，最大的用意，是要打破当时人民不信仰政府的信用，而信仰私人的信用的成见。鄙人对于这种观念，非常愤慨，所以决心要把地方银行由政府单独来经营，以树立政府卓著之信用。"[①]于是商股推李铭为代表，官股则以徐青甫、张寿镛为代表，双方经过 8 个月的谈判，于 1923 年 3 月 23 日正式宣布分家，浙江地方实业银行拆分为浙江地方银行和浙江实业银行两个银行。原来在杭州、海门、兰溪的 3 个分行归属浙江地方银行，而在上海、汉口的两个分行则归属浙江实业银行。分家后，浙江地方银行成为完全官办的地方金融机构，而浙江实业银行则成为一家完全商办的商业银行。[②]

浙江地方银行成立后，即由省议会重新拟定了《浙江地方银行条例》，组织理监事会，并以财政厅厅长司监督之责。依照《浙江地方银行条例》，理监事的人选，须由省长提出加倍人数，交由省议会选举。提名权既操在省长公署，而省长亦不愿省议员插手，因此提出的名单中没有

① 徐青甫：《吾人服务地方银行应具之态度》，《浙光》第 2 卷第 6 期，浙江地方银行发行，1936 年 3 月 1 日，第 2 页。

② 洪品成：《浙江地方银行始末》，浙江省政协文史资料委员会编：《浙江文史资料选辑》第 9 辑，1964 年 12 月，第 4 页。

一个是议会中人。第一届理监事会设驻行理事陈廷纂，理事金润泉、王芗泉（王锡荣）、俞丹屏、徐光溥，监事魏颂唐、吴梦飞，共 7 人组成理监事会。原有在杭州分行内的总管理处机构人员统移转给浙江实业银行，迁往上海。新产生的理监事会下另行设立浙江地方银行总管理处，设驻行理事 1 人总其成，内设文书、稽核两股。文书股职掌文书、人事等事项，稽核股职掌复核、稽核等事项。文书股股长由徐青甫推荐其武备学堂的旧同事罗景仁担任，稽核股股长则由金润泉推荐杭州中国银行职员王星程担任。浙江地方银行一成立，由于原行优秀经理人员大部分归入浙江实业银行，实权就落入了另一批地方银钱业势力手中。官商拆股之初，浙江地方银行毫无基础，只有依靠浙江地方金融界的实力派来打开局面，因此第一届理监事会人选中，9/10 都是本地几个银行钱庄的老板，如金润泉是杭州中国银行经理、杭州总商会会长，王芗泉是典业银行经理、商业储蓄银行董事长，俞丹屏是大有利电灯公司经理，徐光溥是中国银行董事，而且都是几个大钱庄的股东老板，掌握了杭州的金融枢纽。第一届驻行理事陈廷纂为人比较稳健，对比较重要的行务与人事安排，都先提交理监事会讨论后方付诸实施。而控制该行的地方银钱业实力派对浙江地方银行则有着矛盾的心理，一方面希望发展，另一方面又有所遏制，因为这与彼等本人所经营的银行钱庄业务总是有矛盾的，特别是在以后争取代理国库、省库业务方面，再加上官商拆股分家后，资金锐减，官股只有 30 余万元，致使官办的浙江地方银行的业务一路下滑，日渐萎缩。

1924 年 10 月，齐卢之战后，浙江都督、皖系军阀卢永祥下台，直系军阀孙传芳入浙，浙江政局变动。张载阳辞去了浙江省省长之职，由夏超接任。徐青甫、张寿镛也随即去职。而此时陈廷纂也辞去了浙江地方银行驻行理事一职，另推罗景仁为驻行理事，而杭州分行经理葛叔谦不久又转投浙江实业银行，由金润泉的师兄弟成文甫继任杭州分行经理。罗景仁于银行业务是外行，成文甫又有嗜好，精神萎靡，浙江地方银行的业务更是江河日下，决算盈余也有困难，行缴开支亦难维持。眼见这种情况，浙江省政府不得不出面维持。因为夏超早年是浙江武备学堂的学生，与徐青甫有师生之谊，而徐青甫在银行界又有些名声，此时无官一身轻，故在担任省长后，邀请徐青甫来打理浙江地方银行，“民国十五年（1926），鄙人曾一度担任地方银行的董事长兼杭行经理，当时鄙人本不问政治，决心要静养的时候，省长夏定侯氏屡次到莫干山来，时鄙人在莫干山休养，告以预备把地方银行扩充资本，推行生产事业，一定要鄙人负责办理。这与鄙人一向爱护地方银行的素志相吻合，所以也就答允下来”[①]。夏超授意省议会修改银行组织章程，扩大理监事会，设理事长1人，驻行理事2人，推徐青甫为理事长，罗景仁仍为驻行理事之一，另聘张传保（张申之）为驻行理事，不过张传保常居家乡鄞县，很少来行，只是在召开理监事会时偶来参加而已。

徐青甫担任浙江地方银行理事长后，很想干出一番事业，实现其当年主持官商拆股时许下的“树立政府卓著之信用”的宏愿。他在人事及业务上试图摆脱地方银钱业实力派对该行的控制，力谋银行业务的拓展。因业务重心在杭州分行，徐青甫亲自兼任杭州分行经理，使金润泉的师兄弟成文甫退居副经理地位，并添设分行襄理1人，由该行储蓄处主任李元生担任；派总行稽核员吴勖任海门分行襄理，协助该行整理呆滞放款，大力拓展存放款业务；又与东莱银行上海分行签订通汇合约，扩充汇兑业务，开办保管业务。在徐青甫的大力整顿与推动之下，浙江地方银行的业务稍有起色。但可惜好景不长，1926年10月，夏超因反对孙传芳失败被杀，徐青甫不久受牵连去职，浙江地方银行又回复到徐青甫出任理事长以前的不景气状况，业务依旧停滞不前。

第三节　与中国农民银行之渊源

中国农民银行的前身可追溯到1932年11月在豫鄂皖三省“剿匪”总司令部下设立的农村金融救济处。据相关学者研究，蒋介石筹划设立农村金融机构，是基于当时社会经济、政治军事多方面因素考虑的结果。[②]

20世纪20年代末30年代初，由于受到连年内战及世界经济危机的影响，中国农村金融枯竭，经济凋敝，濒临崩溃的边缘，而机构汇集于大城

---

① 徐青甫：《吾人服务地方银行应具之态度》，《浙光》第2卷第6期，浙江地方银行发行，1936年3月1日，第2页。

② 贾钦涵：《蒋介石与中国农民银行的创立及其早期运作》，吴景平主编：《宋氏家族与近代中国的变迁》，东方出版中心2015年版，第238页。

市并以营利为主要目标的诸多商业银行，没有能力或意愿挽救这一破败的局面。蒋介石在河南、湖北、安徽、江西等省"剿匪"期间，"目击各处农村残破已达极点"，他逐渐意识到只有复兴农村经济，才能从根本上"解除匪患"，"认为善后工作，当以兴复农村，发展农业，为当前之急务，亦即救济经济国难唯一之要图"。[①] 1932 年 6 月 19 日，蒋介石在庐山"剿共"军事会议上决定设立"豫鄂皖三省剿匪总司令部"，确定了"三分军事、七分政治"的指导思想，并特别提出"须于各地方及可能范围内积极办理合作社与农民银行"[②]。同年 10 月，蒋介石以豫鄂皖三省"剿匪"总司令部的名义发布训令，决定创办豫鄂皖赣四省农民银行，因"农民银行尤为救农之百年大计，资本务求雄厚，设备务求健全，经营缔造至速当需数月才能正式成立"，因此，"兹特于四省农民银行尚未开办之前……应由本部设立农村金融救济处"[③]，具体负责监督农村贷放事务。同年 11 月，农村金融救济处在汉口成立，郭外峰被任命为处长。1933 年 4 月 1 日，蒋介石又在农村金融救济处的基础上成立了豫鄂皖赣四省农民银行，发行流通券，额定资本 500 万元，实收 250 万元。但到了 1934 年 10 月，随着中国工农红军战略性大转移，蒋介石觉得仅称四省农民银行不足以济事，有必要扩大其营业区域，以适应其军事上"追剿"红军的需要。1935 年 3 月 13 日，在致行政院院长汪精卫、财政部部长孔祥熙、实业部部长陈公博的密电中称："前三省剿匪总部所主办之豫鄂皖赣四省农民银行，成立两年有余，于调剂农村金融颇见成效。现四省之外，陕甘浙闽湘等省及京沪等市，均次第入股；而其他各省农村金融，亦确有统筹调剂之必要。现拟将四省农行扩大范围，改为中国农民银行。经已拟定条例及章程，由武昌行营正式备文送达院部。到时，请予核准备案施行为荷。"[④]是年 4 月 1 日，将豫鄂皖

---

① 《国民政府豫鄂皖三省"剿匪"总司令部创办农村合作事业报告》，秦孝仪主编：《抗战前国家建设史料——合作运动(二)》(《革命文献》第 85 辑)，台北"中央文物供应社"1980 年版，第 251 页。

② 秦孝仪主编：《抗战前国家建设史料——合作运动(一)》(《革命文献》第 84 辑)，台北"中央文物供应社"1980 年版，第 216 页。

③ 《豫鄂皖三省"剿匪"总司令部训令》，中华民国史资料丛稿《中国农民银行》，中国财政经济出版社 1980 年版，第 16 页。

④ 《蒋介石电告汪精卫、孔祥熙、陈公博》，中华民国史资料丛稿《中国农民银行》，中国财政经济出版社 1980 年版，第 29—30 页。

赣四省农民银行改组为中国农民银行，设总行于南京，扩充资本为1000万元，实收720万元。

但不可否认的是，中国农民银行的创办与其他国家银行不同，是蒋介石直接创办和控制的一个金融机构。蒋介石1932年1月下旬下野复出后，不再担任国民政府主席、行政院院长，虽然在“蒋汪合作”的框架内，蒋介石尚能较为顺利地贯彻自己的施政理念，但“蒋主军、汪主政”的格局毕竟严重制约着蒋介石在军事以外的领域行使权力。根据相应的体制安排，蒋介石无法以军事委员会委员长的身份，绕过行政院、财政部和中央银行等机构，直接支配财税资源、国家金融工具；与此相反，蒋介石统揽的军事领域和直接控制的军队，所需经费却不得不受制于财政预算的相关规定，即便是可以支配的经费，也不得不通过中央银行来进行拨划存取。在行政尤其是财经部门的监控之下，其效率和保密性，都难以满足军方和军事行动的需要。况且当时中国银行和交通银行尚未被政府所控制，中央银行实力尚薄弱，控制不了全国的金融局面。因此，蒋介石迫切需要在军事和军队体制之下、中央财政体系之外，建立起一个听命于他本人、由他直接掌控的金融机构，借以摆脱财政部等行政机关对他的权力束缚。就这一点而言，中国农民银行及其前身豫鄂皖赣四省农民银行确实起到了蒋介石“外库”的作用。作为金融领域的“独立王国”，中国农民银行及其前身豫鄂皖赣四省农民银行虽是纯粹的官股银行，却又长期脱离中央财政部门的管理，享有“违章办事”“先斩后奏”的特权，蒋介石个人的权威赋予农行以诸多的权力和便利，使得它在发放农贷、保障军需、发行钞票方面高效率地落实和完成蒋本人在财政、军事方面的各种指令和意愿。诚如陈果夫1947年在中国农民银行股东大会上所说：“本行在民国二十二年(1933)创立时，为豫鄂皖赣四省农民银行，至二十四年才扩大改组为中国农民银行。……其股份虽有官股商股之别，实际上根本无纯粹的商股。其性质和发展过程与其他国家银行不同。所以一向注重实际工作的推进，而不大注重一般形式问题，一切重要问题又都直接请示本行创办人蒋主席的意志办理。”①

正是出于这个原因，蒋介石不仅亲自兼任豫鄂皖赣四省农民银行理

① 《陈果夫于一九四七年在中国农民银行股东大会上的讲话》，中华民国史资料丛稿《中国农民银行》，中国财政经济出版社1980年版，第271页。

事长[①]，还亲自任命豫鄂皖赣四省农民银行及后来的中国农民银行总经理[②]和理、监事，甚至直接过问银行的营业情况。豫鄂皖赣四省农民银行的首任总经理是担任豫鄂皖三省"剿匪"总司令部农村金融救济处处长的郭外峰。1934年夏郭外峰病故，当时蒋介石有意让徐青甫继任豫鄂皖赣四省农民银行总经理一职，召其赴赣协商[③]。恰因徐青甫身体不适，坚辞不受。但又内举不避亲，认为还不如他儿子徐继庄较为适宜，于是拜托时任行政院驻北平政务整理委员会委员长的黄郛向蒋介石推荐。[④] 1934年8月，蒋介石任命时任中央银行汉口分行总经理的徐继庄为豫鄂皖赣四省农民银行总经理，"汉口，四省农民银行朱理事守梅、徐总经理子青，号电悉，N密。就任至慰。农行艰难缔造，粗具规模，深盼各竭其才力经验，推进业务，益图发展，是所愿望。中正"[⑤]。1935年豫鄂皖赣四省农民银行改组为中国农民银行后，按照该行条例，原理事会改称董事会，理事改称董事，监事改称监察人。蒋介石虽将中国农民银行董事长一职让给了孔祥熙兼任，但农民银行的重要人事大权仍操在蒋介石的手里，常务董事、董事、监察人大部分由蒋介石亲自圈定。中国农民银行第一届董事会除董事长由孔祥熙兼任外，常务董事为周佩箴、徐桴、周苍柏，董事为贾士毅、周星棠、浦拯东、毛秉礼(毛懋卿)，监察人为叶瑜(叶琢堂)、文群、李基鸿、朱孔阳，总经理徐继庄，协理陈淮钟。[⑥] 绝大多数是蒋介石所最为信

---

① 蒋介石实际担任豫鄂皖赣四省农民银行理事长的名分一直没有公开，改组为中国农民银行后，已取消了理事会，当然也就不会有理事长。但1939年国民政府筹组"四联总处"时，因有四联总处理事会主席必须是四行成员的规定，因此公开确认了蒋介石曾任豫鄂皖赣四省农民银行理事长的名分，并邀请蒋继续担任中国农民银行"理事长"，以方便他以此身份出任四联总处理事会主席。

② 中国农民银行(包括其前身豫鄂皖赣四省农民银行)前后5个总经理，其中郭外峰、徐继庄、叶琢堂、李叔明都是蒋介石亲自指派的，只有顾翊群是在孔祥熙当董事长时，由孔祥熙推举的。

③ 柳和城:《叶景葵年谱长编》下册，上海交通大学出版社2017年版，第783页。

④ 《沈士盛提供的材料》，中华民国史资料丛稿《中国农民银行》，中国财政经济出版社1980年版，第265—266页。

⑤ 《蒋介石的电报》，中华民国史资料丛稿《中国农民银行》，中国财政经济出版社1980年版，第265页。

⑥ 《中国农民银行历届董事长、常务董事、董事、监察人名单》，中华民国史资料丛稿《中国农民银行》，中国财政经济出版社1980年版，第274页。

任的亲朋旧属，从而使孔祥熙兼任董事长一职的实权大大削弱。1940、1944、1945年，中国农民银行董事会几度改组扩充，也全是由蒋介石亲自选定。1940年改组后的董事会，除原任董事孔祥熙、叶琢堂、周佩箴、徐桴、浦拯东、贾士毅、周苍柏、周星棠、毛懋卿等外，增补陈其采、陈布雷、陈果夫、徐青甫、徐柏园、刘咏尧为董事，叶琢堂、陈其采、陈布雷、周佩箴、浦拯东、徐柏园为常务董事。[①] 1944年改组后的中国农民银行董事会中，董事有孔祥熙、陈其采、吴铁城、张厉生、张群、顾翊群、狄膺、周守良、吴任沧、徐桴、刘攻芸、戴安国、李骏耀、陈布雷、陈果夫、周佩箴、徐青甫、刘咏尧、毛秉礼、竺芝珊、肖赞育、徐柏园、肖铮、赵志尧、程远帆，孔祥熙、吴铁城、陈其采、陈布雷、张厉生、顾翊群、吴任沧为常务董事，监察人有钱天鹤、沈宗濂、贾士毅、陈延祚、闻亦有、王澄莹、文群、李基鸿、徐恩曾，王澄莹为常驻监察人。[②] 1945年中国农民银行董事会再度改组，陈果夫接替孔祥熙担任董事长，常务董事有吴铁城、陈其采、陈布雷、张厉生、李叔明、吴任沧，董事有张群、狄膺、周守良、徐桴、戴安国、李骏耀、刘攻芸、周佩箴、徐柏园、顾翊群、刘咏尧、徐青甫、肖铮、肖赞育、赵志尧、程远帆、竺芝珊、毛秉礼，常驻监察人为王澄莹，监察人有钱天鹤、沈宗濂、陈延祚、贾士毅、闻亦有、文群、李基鸿、徐恩曾。总经理是叶琢堂的大女婿李叔明，协理吴任沧、朱润生。[③] 徐青甫是在1940年中国农民银行董事会改组时，进入董事会的，一直到国民党政权垮台，都是中国农民银行的董事。

---

① 《中国农民银行历届董事长、常务董事、董事、监察人名单》，中华民国史资料丛稿《中国农民银行》，中国财政经济出版社1980年版，第274页。

② 同上书，第274—275页。

③ 同上书，第275—276页。

第六章 在抗战的烽火岁月中

第一节 任职浙江省抗敌后援会

1937年卢沟桥事变爆发，拉开了全民族抗日战争的序幕。浙江省处于对敌前线，面临日益严峻的战争形势，浙江省政府与各职业团体积极商讨抗日事宜，浙江省抗敌后援会就是在这样的历史背景下宣告成立的。1937年7月28日，医师公会、杭州市教育会、新闻记者公会、邮务工会、市总工会筹备会、省农会、省商会、银行公会、市商会、律师公会等省会职业团体首先发起组织抗敌后援会，暂拟定组织名为"浙江省会职业团体抗敌后援会"。7月29日，包括浙江省政府、国民党浙江省党部在内的60多个在杭机关、团体、学校派代表在省党部大礼堂讨论组织抗敌后援会事宜，会议决定组织"浙江省会各界抗敌后援会"。30日，分别通电全国、全省民众一致动员抗战救国，通电慰问时任冀察政务委员会委员长、平津卫戍司令、第二十九军军长宋哲元及华北前线将士继续奋战，务歼丑虏，还我河山。随后宁波、嘉善等地积极响应号召，纷纷成立当地的各界抗敌后援会。8月2日，省党政联席会议决定扩大抗敌后援会组织，集全省人民的力量，进行各种抗敌后援工作，将省会各界抗敌后援会改组为浙江省抗敌后援会，各县则相应设立县抗敌后援会，直接受省抗敌后援会领导，"省会各界抗敌后援会结束，扩充为浙江省抗敌后援会，专由人民团体自动组织，由省党部派员指导，以后各县组织之抗敌后援会统受省后援会之管辖指导，以收指挥统一之效"[①]。至此，省会各界抗敌后援会结束，改组后的

① 《本省人民团体及士绅组织省抗敌后援会成立》，《东南日报》1937年8月6日。

浙江省抗敌后援会成为国民党官办的抗日团体。

8 月 5 日，浙江省抗敌后援会在省党部召开成立大会，各界领袖及士绅到会者有许绍棣、金润泉、陈蝶仙、程仰坡、李楚狂等 10 余人，省党部指导员方青儒列席指导。会议首先由大会主席吴望伋报告改组原因，“今日召开文化机关民众团体负责人暨地方绅士组织全省抗敌后援会，是全省抗敌工作之总发动，为指挥全省抗敌工作，所以先充实并统一抗敌团体之组织，增强抗敌力量，以从事持久奋战。今日到会诸君，都是各界领导人物，省党部推方委员青儒为指导员，尤庆得人，际兹战气弥漫、和平绝望之期，中央既决心应战，吾人自应加紧抗敌，所以省抗敌后援会应为全省民众作战的最高指导机关，策动全省人民长期奋斗，牺牲到底，胜利终属于我。否则如平时的散漫无组织，动作迟缓，崩溃殊为可虑，望各勉力，共挽时艰”。随后，省党部指导员方青儒致训词：“敌军侵略日嚣，现在情势，我国已非抗战不可。中央既有抗战之决心，后方不论何界何人均有后援之责任，所有一应运输、接济、救护、维持秩序等均应在中央领导策动之下，整齐步伐，统一组织，群策群力，共同进行，譬如两人斗争，必用全身精力应付，未有动手而不动足，亦未有动足而不动手者。此次战事关系整个民族，忠勇将士已在前方奋勇抗战，我后方民众自应担负应尽之责，竭诚以赴，庶几可博最后之胜利。”①大会讨论并通过《浙江省抗敌后援会组织简章》《电各县党部转饬当地文化机关、民众团体迅速成立各该县抗敌后援会，积极推行工作案》《呈请省政府选派大员担任本会监察员案》《建议省党政机关停止非必要或次要之政务，以集中全力从事抗战工作案》《通电全省各界节衣缩食以储均力期作长期抗战案》《建议党政机关组织非常时期经济委员会案》等提案，并将浙江省各县各界抗敌后援会组织大纲交执行委员会核议。大会选举陈勤士（陈其业）、徐青甫等 92 人为省抗敌后援会执行委员，其中，徐青甫、罗霞天、竺可桢、金润泉、葛敬恩、李楚狂、项定荣、盛佩葱、张韬、刘湘女、徐行恭被推选为常务委员。②时任浙江省政府委员、民政厅长阎鸿飞担任省抗敌后援会驻会监察员。

浙江省抗敌后援会分省会和各县抗敌后援会两部分。省抗敌后援会由浙江省会所在地的各文化机关、民众团体负责人及地方士绅联合组织

①② 《本省人民团体及士绅组织省抗敌后援会成立》，《东南日报》1937 年 8 月 6 日。

而成，以集中全省各界力量援助前方抗敌将士，协助军警机关维持后方秩序，发扬民族抗战自卫精神为宗旨，“设执行委员若干人，由参加组织之各机关团体分子推定之，再由执行委员互推常务委员七人至十一人，主持日常会务”①，下设总务、组织、训练、宣传四股，并有直属的工作团和委员会。省抗敌后援会下设十个工作团和三个委员会，工作团分别为侦查工作团、宣传工作团、交通工作团、运输工作团、慰劳工作团、救护工作团、看护工作团、募捐工作团、消防工作团、纠察工作团，担负日常行动的任务，委员会则分别为设计委员会、经济调查委员会和救济委员会，负调查规划的责任。其中，设计委员会为政府的参谋机关，分农、工、商、教四组，负责提供各种切要方案，供政府采择。经济调查委员会负责各种社会调查工作，主要有四项：“（一）战时日用必需品调查，（二）对日贸易调查，（三）失业工人调查，（四）各业经济状况调查。”②救济委员会则以对社会各方面的救济为主要任务，包括收容、遣送及给养来杭的各省难民，筹办伤民医院和难民收容所等。后因省府依据行政院所颁办法成立了难民救济委员会浙江省分会，故经浙江省抗敌后援会第七次常务会议决议，将省抗敌后援会所设的救济委员会归并该会办理，省抗敌后援会救济委员会遂于1937年10月3日并入了难民救济委员会浙江省分会。各县抗敌后援会经浙江省抗敌后援会订定的组织大纲颁发后，也次第成立，诸暨、绍兴、金华、遂安等县尤为积极。县抗敌后援会下设侦查、宣传、交通、运输、救护、看护、慰劳、募捐、消防、纠察等工作团，且“由当地高级党部派指导员一人参加主持日常工作，由当地高级政府机关派监察员一人驻会监督”③。

浙江省抗敌后援会自1937年8月5日宣告成立，直到1938年1月27日浙江省抗日自卫委员会成立，才结束其使命。“省抗敌后援会改组为战地服务委员会，隶属于省抗日自卫委员会”，“省难民救济分会改隶省抗日自卫委员会”，“各县抗敌后援会除原有工作并入抗日自卫委员会外，所有其他关于抗日组织，应按其性质，分别撤销，或改隶抗日自卫委员会指导”④。1938年10月，根据国民党中央的指示，浙江省、县两级抗日自

① 《本省人民团体及士绅组织省抗敌后援会成立》，《东南日报》1937年8月6日。

② 《抗敌后援会各种委员会议》，《东南日报》1937年8月22日。

③ 《浙省抗敌后援会昨开常委会议》，《东南日报》1937年8月7日。

④ 《浙党政机关联合组织抗日自卫委员会》，《东南日报》1938年1月29日。

卫委员会又改组为动员委员会。在浙江省抗敌后援会存在的这段时间内，徐青甫担任该会的执行委员和常务委员，还被推选为省抗敌后援会下设的设计委员会常务委员一职[①]。浙江省抗敌后援会前后总共召开了10次常务委员会议，徐青甫作为常务委员出席了第一次、第三至九次会议。省抗敌后援会结束后，徐青甫被二度担任浙江省政府主席的黄绍竑委派负责省抗日自卫委员会下设的经济委员会，但不到两月，便辞去了该职[②]。

浙江省抗敌后援会成立的时候，《东南日报》上曾有一篇短评对其寄予厚望，"第一，吾人希望此会为一真正整个之组织，一切抗敌团体，皆当集合于此会之下，为整齐一致之动作。其次，此会当为一真正工作之集团，所有执委、主任、干事、书记等，均应为一真正工作之分子，一切挂名签到而不工作之恶习，均当予以摈斥！第三，则希望各方皆能重视此会，自动参加，而以各种切实可行之计划、时间精力与金钱，贡献该会，务使该会为一最有力量之团体"[③]。从后来省抗敌后援会在宣传、募捐、慰劳、看护、救护、运输、救济、经济调查、对日经济封锁等方面的工作成效看，基本上起到了集中全省人民的力量来援助前方抗战的积极作用。宣传抗日救亡是省抗敌后援会最先进行的工作，具体由宣传工作团负责。宣传工作团下设编纂委员会，编印抗战常识小丛书及传单标语、通俗歌词曲本等抗战宣传品，同时分别成立讲演、绘画、戏剧、音乐和摄影工作队，积极下乡活动，宣传御侮救亡的道理，其中讲演队分布最广。绘画队在省会举行抗敌展览以后，分赴各县流动展览。戏剧队也分赴各县流动表演。音乐队的工作，主旨在共同提倡一种雄伟慷慨的歌咏，以激发踔厉奋发的民气，首先从学校方面着手，逐步向社会普及。摄影队的工作，旨在暴露日寇兽性屠杀的证据，不仅对内可以唤起国民的同仇敌忾，而且也能作为国际宣传的良好资料。[④] 宣传工作团尤其注重对募捐、救国公债劝募的宣传，在

---

① 《抗敌后援会各种委员会议》，《东南日报》1937 年 8 月 22 日。

② 浙江省抗日自卫委员会下设教育文化、战地服务、救济、经济四个委员会和政治工作团，徐青甫负责经济委员会，但至 1938 年 3 月初便辞去该职，见《浙自卫委员会举行二次会议》，《东南日报》1938 年 3 月 3 日。

③ 《所望于抗敌后援会者》，《东南日报》1937 年 8 月 7 日。

④ 《浙省抗敌后援会两月来工作概况》，《东南日报》1937 年 10 月 19 日。

《东南日报》上发表了《踊跃认购救国公债》《前方杀敌,后方何如?》《服务的人生观》《移中秋节靡费购买救国公债》《殷富应多购公债》《有钱的人为何不购救国公债》等一系列文章,对民众做了普遍的宣传说服工作。

慰劳伤兵是省抗敌后援会的主要任务之一,主要由慰劳工作团负责。随着前线抗战的日益紧张,前方受伤官兵络绎来杭救治,省抗敌后援会慰劳工作团及各界代表常赴医院慰劳伤兵,并为伤兵代写家书,分赠衣服、钱款等。不仅如此,省抗敌后援会还在《东南日报》上发动后方民众尽供养与安慰受伤战士的责任与义务,推动慰劳前线负伤战士运动,"我们相信杭州市民爱国的热情绝不落人之后,所以我们现在要举行一个慰劳负伤战士的运动,望大家一致起来热烈地捐助各种慰劳品。能普遍而切于实用者,据调查所得最需要之物品如后,望各界人士个别或集资踊跃捐助:一、食品、鸡蛋、藕粉、茶叶、手帕、肥皂、肉类、猪油。二、用品、留声机及唱片、无线电收音机、象棋、信笺信封、短衫裤、军毯等"[1]。慰劳工作团进行慰劳伤兵的工作,是在看护工作团、救护工作团和运输工作团的协助下共同完成的,"与慰劳同时进行的是看护、救护和运输,看护现在经常服务的是第六后方病院和第一辅助医院,每天均有四队人员依次轮值服务,同时并由会购备信片,代各受伤人员作写信的工作。慰劳、救护和运输,因为工作上的联系,常常配备在一块,而他们的任务,这两个月来也特别的辛苦,无问昼夜风雨,一接通知都立刻集合出动,尤其不时还要受到意外的责难,这种不辞辛瘁、任劳任怨的服务精神,是值得我们感佩的。救护工作团最近因为敌机屡次在车站轰炸,他们都在敌机离去未还的时候,迅速出动救护,不避险阻的勇敢精神已深为一般人所称道"[2]。

如何救济来杭之各省难民,也是省抗敌后援会的主要任务。对难民的收容、遣送及给养主要由救济委员会负责。虽后来由于省府依据行政院所颁办法成立了难民救济委员会浙江省分会,为避免工作上的分歧,省抗敌后援会下设的救济委员会并入了难民救济委员会浙江省分会,但该会自 8 月 14 日成立,在存在的一个多月时间内,在城站、江干、拱宸桥设立收容所,陆续收容和资遣难民总计 7000 余人,还成立了一个相当规模的伤民医院,成绩还是非常可观的。[3]

---

① 浙江省抗敌后援会:《如何慰劳为国负伤的战士》,《东南日报》1937 年 9 月 9 日。

②③ 《浙省抗敌后援会两月来工作概况》,《东南日报》1937 年 10 月 19 日。

此外，省抗敌后援会还开展了倡导节衣缩食、实行战时生活，厉行对日经济封锁、严查日货买卖等工作。1937年9月2日，省抗敌后援会在第五次常务委员会议上通过提案，呈请军政机关严禁赌博，指出赌博可使后方民众醉生梦死，既荒废自身事业，又易遭敌机轰炸，不利于当前抗战大局，“赌博之害，重则倾家荡产，轻则玩时失业，是以国家立法，悬为厉禁，自麻将一项列入家庭娱乐以后，大街小巷，通宵达旦，几于比户皆然。现大敌当前，国难严重，前线将士，方浴血抗战，为国家民族争取最后之生存。而后方民众，乃醉生梦死，以打牌为消遣，视国家如秦越，殊不免叔实无心肝之讥，且也敌机夜袭，政府实施灯火管制，雀战之家，则以赌未终局，燃烛代明，致遭轰炸，贻祸社会，不可胜言。总之持久抗战，贵在全体民众各努力其原有本身事业，集中力量，为抗敌御侮之用设以时局之多故，相率荒废本业，蛰居斗室，纵情赌博，国家之生机垂绝，最后之胜利安望”①。同时，省抗敌后援会致力于倡导一种节衣缩食的战时新生活，以为国家长期抗战积蓄力量，正如其在《东南日报》上发表的一篇题为《节衣缩食，实行战时生活》的文章中所说：“在全面长期抗战中，我们要达到最后胜利的目的，必须个个人共赴国难，实行战时生活。在平日的生活，我们也许有奢侈、浪费、不经济的情形，但在战时，我们就应该过一种节俭的简单的朴素的生活，一方面以将节约所得尽量贡献给政府，充实国家财政，一方面也可以节省不少的物力，也就是为国家增加不少的财力。所以我们此后对于衣食住行各方面应该切切实实的注意，不但绝对不许再有浪费、不经济的情形，而且要尽量的紧缩，衣服我们可以穿旧的，吃食我们可以舍山珍海味而吃粗面条和青菜淡饭，住的我们不必要高楼大厦，随处而安，至于行呢？多练习步行，尽量减少利用新式交通器具，以减省汽油的消耗。”②

省抗敌后援会下设的经济调查委员会成立以后，积极开展各种调查工作，为厉行对日经济绝交订定各种实施办法。1937年9月30日，省抗敌后援会第七次常务委员会议通过《厉行对敌经济封锁暂行办法施行细则》《违反对敌经济封锁惩处办法》《拍卖对敌输入输出赃物货款保管委员会组织规程》，11月4日，正式颁布《浙江省各级抗敌后援会厉行对敌经

① 《省抗敌后援会呈请严禁赌博》，《东南日报》1937年9月5日。

② 浙江省抗敌后援会：《节衣缩食，实行战时生活》，《东南日报》1937年9月21日。

济封锁暂行办法》及其《施行细则》，实施对日经济封锁。10 月 26 日，省抗敌后援会召集杭州市商会及各业同业公会代表约誓今后不再与敌人经济来往，“余誓以至诚，自今以后不再与敌人经济来往，不买卖敌货，如有违背誓言，愿受最严厉之制裁”，对于已进日货限十日内完成登记。[①] 对于已登记的日货，要求各商店在原店内集中一处，标价拍卖，以售完为止；各商店已登记日货出售若干，每十日需填写《敌货出售数量旬报表》，送由各该业同业公会转报省抗敌后援会备查；已登记日货如批销外埠者，须依照规定先向省抗敌后援会请领运销证明书，始得运销；各商号对于处置登记日货，如有不遵守本办法规定办理，或发现登记数目与出售者不符时，当依照违反对敌厉行经济封锁惩处办法处罚。[②] 同时，省抗敌后援会还在职业人士中征求日货密报员和义务检查员，特别冀望社会职业青年能参与其中，“谁都知道这一次是‘地无分南北，人不分老幼’的全民抗战，所以我们国民在此次民族自卫的抗战期中，人人都应贡其所有，以充实抗战力量，方能获得最后胜利。现在各界人士都在做着各样抗敌后援工作，唯独职业界青年，我们觉得还是很少直接来参加工作，也许有人以为限于职务关系，或有其他的顾虑，只好眼睁睁地坐着不动。其实这是不应有的现象。此时民族已到生死存亡的关头，谁都有他应尽的责任，谁亦不许偷懒躲避，我们很希望吾浙职业界青年，快快起来参加这抗敌运动，再不容徘徊迟疑了，尤其是在对日经济绝交这一项工作下，职业界青年是负着较重的责任的”[③]。

第二节　主持浙江省第一届临时参议会

1937 年 7 月抗战全面爆发后，民族矛盾上升为主要矛盾，为了集中全国人民的力量战胜日本侵略者，中国共产党同各个民主党派以及各界人士以民族大义为重，纷纷拥护国民党领导全民抗战，但同时也向国民政

① 《杭各商界领袖宣誓与敌绝交》，《东南日报》1937 年 10 月 27 日。

② 《省抗敌后援会订定登记敌货处置办法》，《东南日报》1937 年 11 月 11 日。

③ 浙江省抗敌后援会：《职业青年动员起来，励行对日经济绝交》，《东南日报》1937 年 10 月 31 日。

府提出了“放开政权”“实行民主”的建议，在抗战的同时建设国家，而国民党政权也倾向于在一定程度上开放党禁和民主，调动人民的抗战积极性，这才有了后来的国防参议会、国民参政会及各省、市、县的临时参议会。国民参政会，按照国民党五届四中全会颁布的《国民参政会组织条例案》规定，“乃国民政府于抗战期间为集思广益与团结全国力量而特设之机关”[①]，因此只是一个由各抗日党派及无党派人士参加的最高咨询机构，不是立法机关。徐青甫与方青儒、胡健中、罗霞天、张强、陈希豪、陈其业、周炳琳被浙江省党政联席会议推举为第一届国民参政会参政员候选人[②]。而就在1938年7月6日至15日于汉口召开的第一届国民参政会上，确定了“抗战到底，争取国家民族之最后胜利”的国策，通过了《拥护抗战建国纲领案》《改善各级行政机构案》《设立省县参议会案》等重要议案。9月26日，国民政府又公布了《省临时参议会组织条例》和《市临时参议会组织条例》。其中《省临时参议会组织条例》第1条规定：“国民政府在抗战期间，为集思广益，促进省政兴革起见，特设临时参议会。”10月28日，国民政府行政院会议决定：各省临时参议会均限于民国二十八年(1939)一月一日成立，“其不能依限成立者，应专案呈核”。[③] 12月22日，国民政府又公布了《省临时参议会议事规则》及《省临时参议会秘书处组织规则》。根据《省临时参议会组织条例》规定，浙江省临时参议会正式议员名额为40名。省临时参议员产生的程序，先是由党、政双方提名，经党、政联席会议通过，报行政院核转国民党中央党政委员会批准，再交行政院发表，并由行政院发给“选派状”。按照国民党的官制、官规，凡是官，即由政府发给“委派状”，凡是议员，即由政府发给“当选证书”。而临时参议会参议员所发给的既不是“委派状”，也不是“当选证书”，而名之曰“选派状”，说明省临时参议会非官、非民，亦官、亦民，介乎“选”“派”之间，本

① 转引自孔庆泰等：《国民党政府政治制度史》，安徽教育出版社1998年版，第579页。

② 当时各省的参政员候选人是按该省参政员名额的双倍推举的，徐青甫虽然被浙江省推为第一届国民参政会参政员候选人，但最后入选的四名浙省参政员是褚辅成、陈希豪、陈其业、周炳琳，徐青甫没有入选，见《东南日报》1938年4月28日、1938年6月22日。

③ 转引自林代昭、陈有和、王汉昌：《中国近代政治制度史》，重庆出版社1988年版，第468页。

身就是非驴非马不伦不类的东西，但国民党政府美其名曰“全省最高民意机关”。

第一届临时参议员的提名协商，当时争议尚不大，因为事属草创，认为参议员没有官俸和实权，所以当时热衷者尚少。不过国民党中的一些骨干知道这一组织成立后，将来在争夺权力地位上，是可以利用的，而政府方面也知道所谓民意机关成立后，将来对政府的行动，或多或少总要发生一些牵制的作用，因而在人选上当然也不会马虎从事。因此在协商第一届临时参议员名单时，省党部方面当然想多安插一些 C.C. 骨干，作为将来挟制政府、推荐人事的资本，而省政府方面也想尽可能多安置一些接近政府的地方绅耆，作为将来缓冲的余地。第一届浙江省临时参议会的参议员就这样在党、政双方的妥协中产生了，正式议员有徐青甫、金越光、金文訢、陆初觉、徐浩、金百顺(金润泉)、斯烈、俞丹屏、顾达一、朱献文、方青儒、黄人望、方镇华、余绍宋、叶杏南、郑惠卿、庄崧甫、陈屺怀(陈训正)、虞和德(虞洽卿)、张心柏、萧汉杰、郑宝琳、赵舒、叶焕华、邵裴子、刘湘女、王文翰、吴曼倩、朱仲华、陈文、毛彦文、张忍甫、许炳堃、杨雨农、徐思培、郑企因、张元济、金鸣盛、戴文珍、沈景英，候补议员有吴望伋、许燊、温麟、金璇、冯调丞、方祖泽、沈阶升、叶向阳、朱一青、周学湘、姜卿云、赵见微、彭惠秀、项定荣、周仰松、房宇园、朱苴英、卢奇琰、许敏中、顾佑民。[①] 但一届一次大会召开时，因王文瀚担任省公路局局长，依照规定出缺，由吴望伋递补[②]。徐青甫既为蒋介石所信任，同时在浙江省财政厅任上与时任省政府主席黄绍竑关系尚好，属于两边都可以接受的人物，遂被指定为浙江省第一届临时参议会议长，副议长为陈训正，秘书长则由国民政府行政院简派徐东藩担任[③]。浙江省临时参议会在成立的 7 年多时间里，一共组织了两届，这与《省临时参议会组织条例》中规定的一年一选相去甚远。黄绍竑在他的回忆录中写道：“临时参议会参议员本来是一年一选

① 《国民政府令(一)》，浙江省临时参议会编：《浙江省临时参议会第一届常会会刊》，民国二十八年(1939)六月，第 6 页。

② 《省政府函知王参议员文翰现任官吏以吴参议员望伋递补》，浙江省临时参议会编：《浙江省临时参议会第一届常会会刊》，民国二十八年(1939)六月，第 17 页。

③ 根据《省临时参议会组织条例》规定，省临时参议会秘书长应由国府简派，不宜以参议员兼充，见施养成：《中国省行政制度》，商务印书馆民国三十五年(1946)版，第 152 页。

的，但是成立到现在已有七年，仅仅改选过一次。这固然是因为选举的实际上有困难，而因选举会引起许多问题亦是一个重要的原因，所以第一届参议员的任期延长了二年，而第二届参议员的任期更是一再的延长，希望展延到各县能直接选举省议员、成立省参议会的那个时候。这不仅浙江如此，其他各省市也多有同样的情形。"①

浙江省临时参议会自 1939 年 3 月 13 日②成立，直到 1946 年 9 月省参议会正式产生后结束，前后存在 7 年多，一共产生了两届临时参议会。其中，浙江省第一届临时参议会一共开了 6 次大会，前 5 次都是在临时省会永康县召开的，第六次则在新的临时省会云和县③召开，徐青甫作为第一届议长全程参加了前 5 次会议。1939 年 4 月 28 日，浙江省第一届临时参议会在永康县政府大礼堂召开了第一次大会，出席参议员 28 人，省政府出席者有主席黄绍竑，民政厅厅长阮毅成，财政厅厅长黄祖培，教育厅厅长许绍棣，建设厅厅长伍廷飏，委员朱孔阳、许蟠云，省党部主任委员谷正纲以特别来宾列席，其他列席的还有高等法院院长郑文礼、首席检察官王秉彝，省会计处会计长王振汉等。徐青甫作为议长致开幕词，指出了省临时参议会的性质、议员的职责及与政府的关系，"今天是本会开会的日子，本会产生此抗战时期之中，其设立的用意，在使政府与人民打成一片，以直接间接增加抗战的力量，所以组织条例第一条内规定'国民政府在抗战期间为集思广益促进省政兴革起见，特设省临时参议会'，就这一条条文分开来说，'集思广益'是政府对于本会的期望，'促进省政兴革'是本会自身应尽的责任，本会与政府具有很密切的关系，当此开会之始，本席就把个人对于政府方面的希望，并本会同人所当自勉的，大概申述一下：自抗战以来，省府对于应做的工作，已尽很大的努力，此为吾人所深知，惟是

---

① 黄绍竑：《五十回忆》，岳麓书社 1999 年版，第 426 页。

② 据黄绍竑《五十回忆》和卢炳普《浙江省临时参议会的形形色色》均称浙江省临时参议会成立于 1939 年 1 月，而施养成《中国省行政制度》则记载成立时间为 1939 年 3 月 13 日，根据临时参议会常会会刊记录，第一届临时参议会筹备时间为 1939 年元旦至 2 月底，第一届第一次大会召开时间为 1939 年 4 月 28 日，似乎施养成的说法更为确切，故采用此说。

③ 1937 年 12 月 24 日浙江省会杭州沦陷，省政府于是月移驻永康方岩，永康县成为临时省会。1942 年 5 月，日寇发动浙赣战役，省政府被迫再度南迁，至是年 8 月，一直到 1945 年 10 月回迁杭州止，云和县成为新的临时省会。

政务殷繁，千头万绪，要说百废俱举，自然是不可能的事，至于过去已经施行，或正在进行中之一切工作，是否完全能够适应抗战时期的需要，当亦不无商榷之余地，本会同人，或来自前方，或来自后方，或来自曾经沦陷之游击区域，处境各有不同，其所见所闻，或较政府方面所知道的更为真切，是其发表的意见，也就是一般人民所要说的话，凡有建议案件，或询问事项，尚望政府虚心接受，立即见诸实施，或开诚相见，予以满意答复，从善如流，改过勿吝，这是本席所希望于政府者。本会之地位，是省地方的一个民意机关，并不是省的立法机关，本会同人，当然明了，按诸过去事实，议会与政府之间，往往容易发生意见，这是彼此不能互相尊重的缘故，在这非常时期之中，议会与政府，站在一条战线之上，以国家民族为前提，不容掺杂丝毫的成见，所以对于政府的施政方针，认为对的，应当竭诚赞助，倘认为未尽适当，应如何补充改进，或关于人民疾苦，必须向政府申诉者，均可本其职权，直言无隐，惟对于政府实际上的困难，亦当予以相当的谅解，凡所建议，尤以切合实情，适应需要，为必要的条件，然后敦促政府，努力执行，勿作好高骛远之谈，力避吹毛求疵之嫌，免袭'议而不决，决而不行'之流弊，这是本席与本会同人，应当互相交勉的"[①]。

会议历时 14 天，至 5 月 11 日闭幕，一共开了 11 次会议，除省府主席及各厅厅长报告外，余为讨论提案等。共处理议案 79 件，其中政府交议案 4 件，修正通过 1 件，补充意见通过 3 件；参议员提议案 68 件，照案通过 20 件，修正通过 27 件，补充意见通过 2 件，分立两案 1 件，两案合并 2 件，并入他案 2 件，暂行保留 1 件，自动撤回 6 件，不成立 7 件；民众团体及人民陈请案 7 件，修正通过 1 件，补充意见通过 1 件，转送参考 3 件，并入他案 1 件，不成立 1 件。[②] 鉴于永康县政府大礼堂位于县城中心，是敌机轰炸的主要目标，因此决定以后各次会议均改在城郊西津桥外的下园朱朱氏祠堂内召开。下园朱朱氏祠堂从此成为省临时参议会在永康的驻地。

一届二次大会于 1939 年 11 月 6 日召开，到会参议员 30 人，浙江省

---

① 《徐议长开会词》，浙江省临时参议会编：《浙江省临时参议会第一届常会会刊》，民国二十八年(1939)六月，第 9 页。

② 《处理案件计数表》，浙江省临时参议会编：《浙江省临时参议会第一届常会会刊》，民国二十八年(1939)六月，第 214 页。

政府主席黄绍竑和省党部主任委员谷正纲均在重庆开会，故由省府秘书长李立民、省党部监察委员郑文礼分别代表黄、谷致辞。会议期间除听取各厅厅长施政报告外，省抗日自卫总队司令部参谋长张谞文、保安处处长萧冀勉亦到会作了报告。会议至 11 月 19 日结束，共处理议案 56 件，其中政府交议案 1 件，补充意见通过 1 件；省政府提交复议案 7 件，赞同原案 4 件，修正原案 3 件；参议员提议案 44 件，照案通过 16 件，修正通过 15 件，两案合并并修正通过 6 件，暂行保留 2 件，自动撤回 2 件，不成立 1 件，交驻会委员会酌办 2 件；民众团体及人民陈请案 4 件，转送参考 2 件，函送省政府核办 2 件。[①]

一届三次大会于 1940 年 5 月 6 日召开，参议员任期一年本已届满，经省府呈请，国民政府明令延长 1 年，到会参议员 32 人。省政府出席者有黄绍竑、阮毅成、黄祖培、许绍棣、陆希澄、李立民，省党部郑文礼，来宾还有国民参政会参政员陈希豪，中央赈济会代表王希隐等。会议至 5 月 19 日结束，共处理议案 61 件，其中省政府来函提出讨论案 2 件，补充意见 1 件，赞同原案 1 件；省政府提交复议案 1 件，赞同原案 1 件；参议员提议案 51 件，照案通过 19 件，修正通过 16 件，并案修正通过 10 件，暂行保留 2 件，自动撤回 1 件，交驻会委员会办理 1 件，并入他案 2 件；民众团体及人民陈请案 7 件，并入他案 2 件，函转省政府核办 5 件。[②]

一届四次大会于 1940 年 11 月 11 日召开，出席参议员 30 人，至 11 月 24 日会议结束。共处理议案 61 件，其中参议员提议案 56 件，照案通过 11 件，修正通过 26 件，两案合并修正通过 4 件，暂行保留 2 件，自动撤回 4 件，交驻会委员会办理 1 件，并入他案 5 件，函送省政府参考 1 件，密 2 件；民众团体及人民陈请案 5 件，并入他案 1 件，函转省政府核办 2 件，函送省政府参考 2 件。[③] 还选举产生了出席第二届国民参政会的浙省参

① 《浙江省临时参议会第二次大会处理案件计数表》，浙江省临时参议会编：《浙江省临时参议会第二次大会会刊》，民国二十八年(1939)十二月，第 189 页。

② 《浙江省临时参议会历次会议经过略述》，《浙江民众》第 1 卷第 4 期，1940 年 11 月 7 日，第 38 页。

③ 《浙江省临时参议会第四次大会处理案件计数表》，浙江省临时参议会编：《浙江省临时参议会第四次大会会刊》，民国二十九年(1940)十二月，第 189 页。

政员陈希豪、褚辅成、方青儒、胡健中。

一届五次大会照章应于1941年5月举行，因是年4月，日寇攻占诸暨，大有进犯金华、兰溪的意图，浙江省政府因驻地永康方岩受到威胁而被迫南迁，省临时参议会于4月下旬暂移宣平县办公，至8月，因日寇并未内窜，才迁回永康，故一届五次大会延期至9月12日在永康召开。徐青甫未随省临时参议会去宣平县，而是去了香港与儿子团聚。临开会时，才赶回永康。徐青甫在一届五次大会的开幕词中是这样说的："今天是本会第五次大会开会的日子，照时间算起来，这次大会，原应该在本年五月间举行，政府方面起初因为改选和延期的问题，没有奉到中央命令，后来因时局关系，未能召集，所以到了今天才得开会。本会同人的任期，自从上次奉令延长一年以来，到本年四月底，本来已届任满，本席在上次休会的时候，曾经说过，希望能够如期实行改选，换一班人来讨论省政兴革，或者比我们见多识广一点，可以多表现些成绩出来，同人之中也大都同此愿望，尤其是本席个人，因为个性不适于担任议席，希望能够趁这改选机会，可以退让贤路，无如经中央修正组织条例之后，又复明令延长任期一年，既未实行改选，没有解职机会，觉得在此国家多事之秋，不便以个人的问题，向中央去一再麻烦，所以也只得仍旧随各位同人之后，继续来担任这个职务，以待第三次任期的届满。……这次开会，距上一次的休会，时间上差不多有十个月光景，在这十个月中，我国整个的抗战局面，在最高当局毅力主持之下，更进入有利阶段，而国际情势的变迁，侵略集团与反侵略集团的分野，日益显明，我国的抗战，在世界反侵略阵线中，实为至关重要的一环，国际地位增高，最后胜利，已在不远。不过在浙言浙，本年四五月间，浙东各县，被敌人的分头窜扰，人民生命财产和公家物资的丧失，很为重大，创巨痛深，元气大伤，虽经我军分路截击，敌寇未敢深入，然宁绍一带，现在还在敌军占领之中。我们推求这次事变之发生，固由敌人之乘虚而入，猝不及防，而我方事前准备的不够，也是一个原因，很有许多地方，可以不必损失的，也受到了损失，人民可以不必受到的痛苦，也出乎意外而竟受到了，这种不幸事件的遇到，究竟其过失在什么地方，我想无论军事方面、政治方面、党务方面和负有'代表民意'责任的本会同人，均值得加以深切检讨而详密省察的，我们这次既受了很大的教训，就不要忘记了这种教训，应当时时加倍警惕，以期补救于未来。宁绍数百万同胞，现正困处在水深火热之中，要待我们去援救，我们目前当务之急，除了最低限度，先行巩固现有的防线，勿使敌人再有侵扰之机会外，我们在军事上、政治上、经济上要有严密的计划，针对敌人的策略，予以重大的打击，由肃清浙东，进而收复浙西，这是我全省党政军民所当一致奋起，念念不忘的。我们要驱除敌寇，收复失地，达成抗战之目的，'足食''足兵'是两个必备的条件，本人以为还有一个重要的条件，是'争取民心'，'兵'与'食'，是属于物资上的，'民心'是属于精神上的，比较起来，精神尤重于物资，在此敌伪阴谋活动的时候，我们军事上政治上一切动作，偶一不慎，对于民众，容易发生'为渊驱鱼，为丛驱雀'的反作用，关系甚大，不可不随时随事特别注意，然则'争取民心'的办法，究竟如何？这祇要实行孔子所说：足食足兵之外，加以'民信之矣'就成功了，所谓'民信'者，就是政府的种种设施，多能够取信于人民，而为人民所信赖，人民对于政府，也具有绝对的信仰心，竭诚拥护，这才能达到'军民合作''官民合作'的要求，同心努力，以对付当前唯一的敌人。不过争取民心——树立民信，要从实际的行动上去表现出来的，不是仅仅口头宣传，所能济事，我前面所说的不必受到的损失，和不必受到的痛苦，能够尽量设法避免，也就是争取民心的一端。本会同人，来自各地，地方一般舆论，当然耳熟能详，对于这次事变中经过各种事实，所见所闻，自必不可少，希望大家叙述出来，以一种报告的方式，供军政当局的参考，其他关于省政兴革上，为一般民众所迫切需求，适合当前环境，足以争取民心，有裨抗建大业者，尤当各就实际上观察所及，提出具体意见，共同讨论，建议实行，本席认为这是此次大会中最重要的课题。"①

会议至 9 月 25 日闭幕，共处理议案 54 件，其中参议员提议案 45 件，照案通过 10 件，修正通过 24 件，两案合并修正通过 4 件，暂行保留 2 件，自动撤回 3 件，并入他案 1 件，密 1 件；民众团体及人民陈请案 9 件，修正通过 1 件，暂行保留 3 件，函转省政府核办 4 件，函送省政府参考 1 件。②在闭幕典礼上，徐青甫致休会词，这也是他在浙江省临时参议会上的最后一次发言："今天是本会第五次大会休会的日子，检讨本届大会到会同人，与提议案件，均较历届为少，看起来似乎有点像意兴阑珊的样子。实则同

---

① 《徐议长开会词》，浙江省临时参议会编：《浙江省临时参议会第五次大会会刊》，民国三十年(1941)九月，第 7 页。

② 《浙江省临时参议会第五次大会处理案件计数表》，浙江省临时参议会编：《浙江省临时参议会第五次大会会刊》，民国三十年(1941)九月，第 245 页。

人未能到会的原因,大都由于交通阻隔,而到会同人,每天皆能准时出席,始终不懈;提案内容,无不合于抗建需要,切乎实际事实。议场尽心研讨,工作上十分紧张,会议精神,较之历届会议,实有过之而无不及!但本席近患湿症,数月来常常失眠,以致疲惫异常,对于议事手续,间有疏误,实深抱歉!吾国抗战已逾四年,早已奠定了胜利的基础。际此世界反侵略阵线愈臻坚强之日,敌人之崩溃自已不成问题,本会第六次大会开幕,谅可见到最后胜利之来临。惟敌人因日暮途穷,狡焉思逞于万一,各战场之蠢动流窜,当亦难免。本会同人,会毕言旋,关于应预为绸缪的事情,尤望领导民众,多加注意!县为自治单位,举凡县政之设施与推进,均有待于县自治之完成,而县自治之完成,尤赖地方人士之群策群力。本会已延任两届,未予改组,县参议会之未能成立,实为其原因之一。一方面固希望政府,对于县参议会,加紧速度,赶办一切手续,组织完成;至本会同人,在会内工作,可谓在言的方面,行的方面,希望于县自治之进行,努力参加,促其早日实现,庶可踏上自治之正轨。明年度省财政已并入中央,无单独之省预算。新兴事业之设施,应得主管部之认可。省行政制度,根本上不无变更。本会此后之建议与提供意见,亦有一部分须向中央直接为之。但希望政府亦向中央作同样请求,如本届田赋改征实物案件建议中央之例。本会之请求,虽在减除人民痛苦,一面亦代省政府,筹划执行之便利。政府与本会,本非对立,实是相成,此后更将处于同一立场。惟本会历届会议,还没有政府交议案件。嗣后政府之设施,如能先交本会核议,然后再向中央建议或请求,则可以表示政府与议会之主张相同,或更易得到通过。这一点,希望政府能加采纳!又本届决议各案,本会同人,均已经过长时间研讨,于省政之兴革,不无贡献。更希望政府在可能范围,尽量予以切实执行!末了,本会开会期内,承党政机关协力匡助,今日又蒙各位莅临参加,敬致谢忱!"①

省临时参议会跟国民参政会一样,只是政府的一个咨询机构,不是立法机关,没有立法权,根本不能与欧美式的议会等量齐观。省临时参议会的权力是很有限的,仅限于听取政府报告权、决议权、接受人民请愿事项及在会议期间对省政府提出询问之权。条例中没有明文的弹劾检举权,

① 《徐议长休会词》,浙江省临时参议会编:《浙江省临时参议会第五次大会会刊》,民国三十年(1941)九月,第237页。

更不要说实际的预决算审核权。在第一届省临时参议会第二次大会上，徐青甫曾提出，“(省)年度预算，虽不在本会决议范围以内，但与施政方针有关，并望(省政府)一并附送，以备参考”[①]，并呈请国防最高委员会、国民政府，建议修正《省临时参议会组织条例》，“施政经费收支之预决算应否提经参议会决议，迄今无明文规定，唯省地方概算为省政府施政方针骨干，且关系省民之负担，似应征取省临时参议会之意见，以期周密而符人民参政之名实。兹经本会全体决议，拟请修正《省临时参议会组织条例》，于条文内增列省地方概算决算省政府应于呈送中央前提交省临时参议会审议之规定”[②]。但是皆石沉大海，没有得到国民政府和省政府的任何回应。1940 年国民政府修正《国民参政会组织条例》，规定一部分参政员应由各省、市临时参议会选出，于是省临时参议会又增加了一项选举国民参政员的职责。此外，浙江省临时参议会还组织过生产事业考察会、战地慰问团、政治考察团，到各地考察、慰劳。在第二届省临时参议会第一次大会上，参议员陈启忠提议，休会期间各参议员应择定数县担任考察，经第一次驻会委员会会议议决，“各参议员担任驻在县份及邻近各县民隐政情考察事宜”[③]。在上述职权中，决议权是省临时参议会的主要职权，召开大会的主要内容即是通过决议。决议的通过包括提案、讨论和表决三个阶段。提案来自四个方面，省政府交议案、参议员提案、临时动议和民众团体、人民请愿。参议员提案需要 5 人联署，临时动议则需议员总额的 1/3 联署才能成立，请愿一般在人民团体和县参议会发动，并没有具体的法律规定。由于省临时参议会的咨询机构性质，临时参议会的任何决议与询问，对政府均无约束力，只不过是备政府采择参考而已。政府可以采纳，也可以不采纳，对不采纳的议案，一般亦无须提交复议，可以一搁了之。至于政府交议的案件，亦无明文限制何种行政措施必须交议，而由政府自便。例如政府要派捐、派粮、征夫、征税，为了压制民众的不满情绪，

---

① 徐青甫:《徐议长开会词》，浙江省临时参议会编:《浙江省临时参议会第二次大会会刊》，民国二十八年(1939)十二月，第 8 页。

② 《本会呈国防最高委员会暨国民政府建议修正省临时参议会条例》，浙江省临时参议会编:《浙江省临时参议会第二次大会会刊》，民国二十八年(1939)十二月，第 15 页。

③ 《浙参议员在驻地考察民隐政情》，《东南日报》1943 年 5 月 26 日。

就以业经民意机关通过为词，加以强制执行，而临时参议会对政府这类交议的案件，极少不予通过。不仅如此，国民党还试图通过所谓“党团”活动来控制参议会。

省临时参议会成立后，即组织了一个以C.C.骨干分子为核心的半公开的秘密组织，由省党部指定参议员中的国民党党员5至7人成立一个核心小组，称为“干事会”，指定1人为书记，领导这个小组的活动。省党部书记长方青儒、徐浩都先后被指定为干事会的书记。党团小组的主要任务，是保证国民党的各种政策措施，在临时参议会中能够顺利通过，在各个部门的人事安排上，要保证国民党骨干分子的优势。有关这方面的议案，在提案、审查、发言、表决中，都必须意见一致，步调统一；同时还要分头联系拉拢其他参议员，以保证此类议案通过；对其他参议员的言论、态度及其活动，密切予以注意。按方青儒的话说：“我们虽是民意机关中的参议员，但我们都是国民党员，现在还没有实施宪政，还是党治的政府，临时参议会仍然是党用以训练人民行使四权（指孙中山在新三民主义中提出的人民在宪政时期具有的‘直接民权’：普选、罢免官员、创制、复决法律的权利——笔者注）的机关，并不是监督政府的机关。国民政府是由国民党中央执行委员会产生的，省、县政府长官，是国民政府委派的，省临时参议员也是国民党中央指定的，所以不论政府或民意机关，都是在为党做事的，都要保证党的主义和政策之贯彻。”[①]所以省临时参议会虽号称“全省最高民意机关”，但也只能是反映民意，实际能够起到的效果却并不大，起不到真正的代议机构的作用，甚至某些时候还会被国民党政权用以假借民意、装点门面。

尽管如此，省临时参议会在抗战的大背景下，还是在一定程度上起到了为民请命、缓和社会矛盾、促进地方建设、支持抗战的实际作用，不能简单地认为省临时参议会就是国民党统治下点缀民主，奴役、控制人民的工具，并以此指责参议员个人不代表民意，完全为当局政策服务。实际上有不少参议员身在其中，还是尽心尽力地充当政府与民众沟通的桥梁，敢为人民请命，据当时报道：“综观浙省临时参议会的三次大会，实予我们以良好的印象：第一，‘各参议员慷慨陈辞，知无不言，言无不尽’，而且‘每逢讨

---

① 以道：《浙江省第一届临时参议会在永康下园朱召开的五次会议的一些情况》，永康县政协编：《永康文史》第3辑，1986年7月，第12页。

论一案,均能认真进行,丝毫不苟,辩论至为热烈',可见它确是一个代表民意的机关。第二,'辩论中心,完全集中于事,而不稍涉意气,散会后,彼此谈笑如常,丝毫不存芥蒂',更显得它是辅助政府的一个益友了。第三,历届大会所通过的决议案,可谓应有尽有,周密精当,达到了'集思广益'的目的,而对于民生、教育、地方自治,以及有关国防等案件,尤能特加重视。如三次大会,没有一次不提到粮食的救济、财政或经济政策的改进,更没有一次不提到充实师资与提高教师的待遇,而第一次大会就通过了筹设县参议会与增强自治组织两案,至于役政、防空等有关国防的案件,也都能加以密切注意"①。时任浙江省政府主席黄绍竑在回忆录中则从另一个角度谈到了这个问题,"我常感到我们负责行政的人员,对于民主精神的修养是太不够了,人家多说几句话,就觉得难为情,甚至弄成意气,酿成风潮,而缺乏接受与辩论的勇气。自然对方亦不免有这样的缺点"②,这充分说明当时的议政并不都是走形式,讨论议案时还是很激烈的,甚至某些场合还会剑拔弩张。

徐青甫主持的浙江省第一届临时参议会第一至五次全会,从参议员的提议案看,尤其注重财经、足食足兵、地方教育问题。财政、经济问题是历次临时参议会会议比较重视的问题,"长期抗战,经济实可以决定战争之胜负,所以历届大会中,对于本省经济的设施、财政的状况,常花很多时间的讨论与研究,探求更有效更合理的方案,贡献政府,以谋本省战时经济的益发充实与发展"③。一届一次大会中即提出《拟改进本省战时经济政策案》,建议由省政府设立办理全省实业的总机关,凡适应抗战时期经济上需要的农工商各事业,均得由该总机关分别经营,其性质为官民合作。除由总机关直接经营者外,对于私人企业,或加入股份,以扩充其范围,或给予津贴辅助,以促进其发展,并为之设计指导,其业务即应受总机关的统制。④《拟合并本省贸易管理机关并确定贸易管理原则案》,建议

① 《浙省临时参议会的检讨》,《东南日报》1940年5月23日。

② 黄绍竑:《五十回忆》,岳麓书社1999年版,第426页。

③ 徐浩:《浙江省临时参议会三届大会之回顾(续)》,《东南日报》1940年11月14日。

④ 《拟改进本省战时经济政策案》,浙江省临时参议会编:《浙江省临时参议会第一届常会会刊》,民国二十八年(1939)六月,第177—178页。

省政府限期将各贸易管理机关予以合并,改设一个事权统一、商业组织的贸易管理机关,并制订详细的贸易管理章程。① 以及《拟组织一全省性质之交通机关借以改善本省交通运输事业案》《拟强化本省金融组织系统案》《拟组织全省性质生产事业机关借以扶助本省生产之发展案》。一届二次大会又提出《改进本省经济以利抗战而裕民生案》,提出了针对物产调整、运输改良、货物出入口统制、物价平准、工业策动、辅币与金融的具体办法。②《关于本省财政建议案》,建议由浙省代表中央收购各种特产,供给中央换取外汇,所得价款,除酌量提高生产价格及一切用费外,余数应悉充省库收入;各种省营事业,应一律商业化,与行政完全划分,并厉行成本会计制度,整顿营业收入,节省业务费用,所有余利,悉数解库,作为扩充事业的资金;政府确定战时经济政策,根据省临时参议会上次会议关于经济各案的建议,积极筹备实施,充实人民经济力量,以裕财政收入来源;凡浙省因抗战而增加的军事费用,应依国地收支标准,并照邻省办法,由省府陈请中央,改由国库支出以轻省库的负担;等等③。以及《建议省政府商请中央统一本省收购运销机关并予生产者以优惠价格杜绝资源资敌以利抗战案》《拟电请财政部经济部分别转饬贸易委员会农本局停止干茧棉花运沪销售免得转落敌手以谋自给自足案》等各案建议。一届三次大会复有《拟请省政府调整本省物产管理与贸易机构并改善其贸易方针案》的建议。一届五次大会又提出《为积极抢购游击区物资及促进土产出口,拟请于最短期间扩组本省省营贸易处为官商合办之特种贸易股份有限公司以专责成而宏实效案》。④

足食足兵是抗战时期浙江省政府工作的重中之重,自然也是省临时参议会关注的重点。省临时参议会的议员们围绕足食足兵在会上会后都做了不少工作。随着战争的延伸,粮食问题,日趋严重。民以食为天,如何解决战时粮食缺乏,已成为浙省的一个重大问题,“金华以产米之区,米

---

① 《拟合并本省贸易管理机关并确定贸易管理原则案》,浙江省临时参议会编:《浙江省临时参议会第一届常会会刊》,民国二十八年(1939)六月,第178—179页。

② 《改进本省经济以利抗战而裕民生案》,浙江省临时参议会编:《浙江省临时参议会第二次大会会刊》,民国二十八年(1939)十一月,第165—169页。

③ 《关于本省财政建议案》,浙江省临时参议会编:《浙江省临时参议会第二次大会会刊》,民国二十八年(1939)十一月,第153—154页。

④ 《电教部救济战区学生,请省府改善经济建设》,《东南日报》1941年10月4日。

价竟高至十余元一担，甚至若干区域，有钱买不到米，影响民食，至为重大。甬绍处等缺米县份，恐慌之态，更无待言。粮食供求失平衡，综其原因，不外大户囤积一也，奸商垄断二也，运输不便三也，军米吸收四也；而一二两项，尤为其要因"[①]。省临时参议会一届二次大会提出了《切实调剂民食案》，议决请省政府立即充实与健全省粮食管理委员会，使能克负其职责；筹设省营粮食公司，根绝囤积与操纵；请省政府转商浙省驻军长官，向有余米省份采办军粮；请省政府转饬各交通运输机关力谋粮食运输的迅速与方便；大量向江西、安徽购运粮食，并设法向浙西游击区抢购；缺米县份得以积谷仓的谷或款作为办米基金，向省内银行抵押辗转购贮以备急需；严禁漏海资敌、居货垄断，并奖励检举，如有发现必须严办；省内粮食，应以自由通行为原则，但运销外县的粮食应向县政府申请领得证明书方得出运，并请省政府订颁合理的办法以免各自为政；请省政府通令各县对于粮食运销，不得以任何名义征收捐税；奖励人民栽种粮食副产及提倡兼食杂粮。[②] 一届四次大会针对粮食问题议决通过了《粮食问题建议案》《增加生产改善管制以济粮荒建议案》《粮食管理方法拟请因地制宜分别规定案》，其中《粮食问题建议案》提出：各县粮管处应迅速依照中央通令改为县粮食管理委员会；各县粮价应由粮管会按照生产成本、市场情况，并于可能范围内顾全消费者利益，加以评定，切实执行，违者处罚，县内各乡镇的粮食，固须自由流通，而县与县间亦应彼此洽商调剂，相互流通，全省盈亏调剂的责任则由省粮管局统筹办理；各县采购粮食，省粮管局应尽量设法予以运输上的便利；省粮管局应设法向外购储大宗粮食，以资调剂；余粮缺粮各县应有一集体组织（如宁波粮食公司），俾得集中力量，统一购销；各县粮食借款应请转商银行尽量予以便利；省粮管局对于沿海、沿江走私资敌，应严密防止，切实制裁；各县公米及贫民食米如有必要时，得由各县粮管会斟酌实际情形另行妥订办法；各县粮食管理办法由县粮管会参酌实际情形分别订定，呈由省粮管局核准施行。[③] 1941 年 6

① 《浙参议会的两个要案》，《东南日报》1939 年 11 月 22 日。

② 《切实调剂民食案》，浙江省临时参议会编：《浙江省临时参议会第二次大会会刊》，民国二十八年（1939）十一月，第 114—115 页。

③ 《粮食问题建议案》，浙江省临时参议会编：《浙江省临时参议会第四次大会会刊》，民国二十九年（1940）十二月，第 106—108 页。

月20日，省临时参议会第四次驻会委员会第十次会议做出了电请省粮食管理局就本年收购常平仓谷，谷价规定应尽量顾全农民生产成本的决议[①]，同年9月召开的一届五次大会上又提出了《粮管管见案》《对于粮管章则之意见案》《改善本省常平仓谷办法以利民食案》，商请省粮食管理局增加常平仓谷收购价，以恤农民成本[②]。也就是在这次会议上，由徐青甫领衔提出了著名的《建议中央对于本省田赋改征实物明定各项办法案》。

徐青甫是较早主张战时实行田赋征实政策的经济学家，1939年就提出了相关的想法，1940年1月公开发表了《关于田赋改征实物之商榷》一文，其要点为废除田赋正附税各税，一律改征实物，以正产收获量什一为课税标准，且以谷物为本位。文章发表后引起了浙江各方的关注，省政府于同年夏开始筹划在浙江实施田赋征实，1941年1月颁布《浙江省田赋征收实物及米折办法》，正式开始实行田赋改征实物，成为全国继山西、福建之后第三个实行此政策的省份，比中央在全国范围内推行田赋征实早了半年。正是因为有了试点的经验，加之徐青甫对田赋征实颇有研究，有一套完整的理论，故在省临时参议会一届五次大会上提出了《建议中央对于本省田赋改征实物明定各项办法案》。其中既有对1941年7月行政院颁布的《战时各省田赋征收实物暂行通则》16条的补充建议，如建议不产粮食的土地既无实物可征应准予折征法币；浙省为缺粮省份，征起稻谷除供应军公学米外，请准悉数由本省常平仓承购，平价出粜以维持民食；稻谷笨重，业户投完搬运不易，各县经收处所应请尽量多设，并准就近缴纳，勿加限制。也有对浙省上半年实施田赋征实的订正，如浙省田赋征实采用的标准是将以前所纳的田赋与田亩捐合并计算的，与中央《战时各省田赋征收实物暂行通则》中规定以省县田赋正附税总额为征收标准不符，建议统一按中央标准执行；游击区田赋早经省令豁免，应无从改征实物，但省府却仍在浙西游击区以原有田亩捐折征稻谷，既造成不公现象，又客观上加重了农民的负担，建议维持免赋明令，仍照旧按原额征收田亩捐。同时还依据中央《战时各省田赋征收实物暂行通则》第2条，以浙省田赋科则本较他省为重，各省负担不均，且按元折谷更增偏

---

① 《临参会驻会委员举行第十次会议》，《浙江日报》1941年6月23日。

② 《粮管管见案》，浙江省临时参议会编：《浙江省临时参议会第五次大会会刊》，民国三十年(1941)九月，第181—182页。

畸为由，向中央请求酌减浙江田赋赋额，并请中央明令规定每亩征谷最高限度，以平均人民负担。[①]

征兵也是战时困扰地方的头痛事情，常常弄得民怨沸腾，但当时尚在抗战时期，兵役对于抗战前途至为密切，地方又不得不勉力去做。故省临时参议会一届二次大会有《改善役政以裕兵源而利抗战案》，旨在理顺各县征兵过程中遇到的困难，建议修改兵役法施行条例草案中关于继承独子免役规定；明文规定家庭最低生活标准；凡壮丁被征入自卫团队者视同出征论；新兵入伍必须施以相当时期的训练始可分发各部队作战，免蹈不教而战之诮；各县长应认真查察乡镇保甲长办理兵役有无徇情受贿营私情弊，如查有情弊应移送法院从严办理，不得违法袒护；各县应切实做到优待出征军人家属的各项规定；壮丁征入常备队时应竭力改善其待遇，勿使冻馁，施以军事、政治等训练，安其身心，不得任意监禁，如同囚犯，县征兵协会应轮流指派委员赴常备队视察访问，以免有苛待情事发生等。[②] 一届四次大会再次提出《切实改善役政案》，建议办理征兵调查、抽签时应切实遵照法令以杜流弊；改善新兵待遇使国民乐于从戎；出征军人当与家属时常通讯；督饬各县切实举办优待出征军人家属各项规定；斟酌各县情形明定最低生活标准；不得借取缔无业游民的名义滥捕平民；各县配额力求公允；自动入营而有证件者应以出征论并准抵额；凡在卫生、交通等军佐机关服务者只准本身免缓，不能援用同胞，半数入营，缓免其兄弟；各县乡保长应切实查缉逃兵并奖励人民检举逃兵，准其抵补兵役；各团队查缉逃兵应会同当地行政机关办理，不得径行拘捕；体格不合的壮丁如经团管区验明，应立予遣回，不得强留在队滋生弊窦；壮丁及其家属如能拘捕或击毙敌人一人者，应准其免役一人。[③] 到一届五次大会，参议员们老调重弹，又一次议决了《改善本省役政案》，指出浙江征兵中积年未除的流弊，如各级办理兵役机关均以不欠兵额为能事，重量而不重质，全然不顾新兵的体格检验；征集令多数不能下达，签号

---

① 《建议中央对于本省田赋改征实物明定各项办法案》，浙江省临时参议会编：《浙江省临时参议会第五次大会会刊》，民国三十年(1941)九月，第180—181页。

② 《改善役政以裕兵源而利抗战案》，浙江省临时参议会编：《浙江省临时参议会第二次大会会刊》，民国二十八(1939)年十一月，第171—175页。

③ 《切实改善役政案》，浙江省临时参议会编：《浙江省临时参议会第四次大会会刊》，民国二十九年(1940)十二月，第103—106页。

亦多未能循序,乡镇保甲长仍旧强拉充数;督征人员及接收部队对于壮丁时有捆绑、打骂甚至致死者,并有克扣粮食以致新兵不得一饱者;优待金原为救济出征人员家属生活而设立,查各县有非请求则不发者,也有因请求虽发给,但手续过繁,时逾数年而尚未领到分文者,各县各自为政,出征人员家属难获实惠;接收新兵伙食费每名原定五元,事实上因接收日期迁延,新兵往往不得一饱;等等,强烈要求省政府并转军管区纠正存在的问题,并参照省临时参议会前述历次会议议决案切实办理。[①] 以此使多数国民乐于从戎,保家卫国,达到扩充兵源、保证抗战最后胜利的目的。

抗战时期的地方教育也是省临时参议会会议较为关注的问题之一,"此与教育当局之见解,完全相同,一致认为如舍地方之基本教育,而侈谈建国,是无异缘木求鱼"[②]。抗战爆发后,沿海不少城市沦陷,一些高校内迁,许多中小学纷纷停办,青年们不愿做亡国奴,背井离乡逃难到大后方,却面临无学可上的窘境,流亡青年的失学现象已十分严重。1939 年 4—5 月召开的省临时参议会一届一次大会曾致电时任教育部部长的陈立夫,要求成立浙江战时大学,并希望业已西迁的浙江大学能迁回浙江:"重庆教育部陈部长勋鉴,本省设立战时大学,筹备业已就绪,登记学生,达一千八百余人,预定本年秋间开学,本会同人,以省府此举,切合本省迫切需要,一致盼促如期开学,敬希顾念本省实际情形,准予备案,并予拨款补助,战大收容学生有限,拟恳转促浙大,即日迁回,庶莘莘学子,得免向隅,谨电奉陈,贮盼惠复,浙江省临时参议会议长徐青甫副议长陈屺怀同叩允。"[③]随后便有了浙江省立英士大学[④]的正式开学,而浙江大学虽未迁回,但也在浙南龙泉设

---

① 《改善本省役政案》,浙江省临时参议会编:《浙江省临时参议会第五次大会会刊》,民国三十年(1941)九月,第 151—153 页。

② 徐浩:《浙江省临时参议会三届大会之回顾(续)》,《东南日报》1940 年 11 月 14 日。

③ 《本会为战时大学暨浙江大学事致教育部陈部长电》,浙江省临时参议会编:《浙江省临时参议会第一届常会会刊》,民国二十八(1939)年六月,第 15 页。

④ 英士大学创设于 1938 年 11 月,初名为省立浙江战时大学,1939 年 5 月为纪念浙江湖州籍的辛亥先烈陈其美(字英士),改名为浙江省立英士大学,1942 年 12 月 29 日,改名为国立英士大学。初只有工、农、医三个学院,工学院在丽水三岩寺,农学院在松阳白龙圳,医学院在丽水通惠门,后一再迁址,院系也有所调整,抗战胜利后定址金华。1949 年 8 月 25 日,被金华军管会勒令解散。

立了分校。同年11月召开的一届二次大会又以浙省现有三所临时中学偏于一隅为由，要求教育部拨款在嘉属或绍属地区再设立一所临时中学，救济浙西失学青年："重庆教育部陈部长勋鉴：浙西沦陷以后，各公立、私立中学或后迁，或停办，多数青年求学无门。现省府虽先后设有临时中学三所，而学额有限，仍多向隅。省款支绌无力增设，拟请中央照云贵等省先例在浙省嘉属安全地带或绍属设立国立临时中学，以救济浙西失学青年，免受敌伪奴化教育，务请顾念本省实际需要情形迅于核办，无任期盼。浙江省临时参议会叩允。"[①]而后才有了余姚马渚的浙西第四临时中学。[②]

1941年6月20日，省临时参议会第四次驻会委员会第十次会议又议决提请教育部、省政府继续维持省立宁波高工(其前身即宁波公立中等工业学校)、蚕桑职业及绍兴中学、浙西第四临时中学，勿遽解散，以免少数青年中途失学，并拟增设国立临时中学以收容其他失学青年。[③] 1941年9月，浙江省临时参议会第五次大会又议决《电请教育部添拨款项救济本省游击战区失学青年案》，建议在适当地点增设临时中学或职业学校收容新沦陷的宁绍地区失学青年。[④] 同时对于教育界人员的生活清苦，尤其是小学教员，以终年辛苦的收入，甚至不能养活自己，寄予了无限的关怀："唯浙省教育经费，异常竭蹶，尤以小学教师的薪给为最，于是每多一次青年的训练，各县即少一批小学的师资，此现象，绝不可长，否则国民基础教育，势必无人过问，国族前途，将不堪问！所以切实增加教育经费，借以充实各校设备与改善教师待遇，特别是提高小学教员的薪给，确为当前一个迫切的课题！"[⑤]一届一次大会提出《切实提高小学教员待遇充实师资案》，议决师范毕业生统由教育厅指派各县服务，待遇一律，其在贫瘠县份，教员薪给，不能达到规定标准者，得由省款补助之；各县小学教员待遇，以资格经验等为标准，规定等级，一律提高，并于民国二十九年(1940)

---

① 《本会致教育部请在浙设立国立临时中学》，浙江省临时参议会编：《浙江省临时参议会第二次大会会刊》，民国二十八年(1939)十二月，第15页。

② 《省政府施政报告》，浙江省临时参议会编：《浙江省临时参议会第四次大会会刊》，民国二十九年(1940)十二月，第41页。

③ 《临参会驻会委员举行第十次会议》，《浙江日报》1941年6月23日。

④ 《电请教育部添拨款项救济本省游击战区失学青年案》，浙江省临时参议会编：《浙江省临时参议会第五次大会会刊》，民国三十年(1941)九月，第204页。

⑤ 《浙参议会的两个要案》，《东南日报》1939年11月22日。

开始实行;厉行小学教员年功加薪制;确定小学教员养老基金及死后抚恤办法等。[①] 在《拟提高各县小学教员待遇补充案》中又增加了乡村小学经费特别支绌者应由县款拨补,注意乡村教员生活,小学教员的子女入学免费,制颁优良小学教员荣誉章的内容。[②] 一届二次大会上提出了“师范生膳食拟请全免以奖育师资案”,指出师范学校的学生多系贫寒子弟,虽政府除设置官费生外概免半膳,但贫寒学子仍力有未逮,致师范学校招收新生常不足额,于小学教育前途关系甚大,建议省政府自民国二十九年(1940)起全免师范生膳费,改由省款支拨以嘉惠贫寒学子并严格执行师范生服务规程,借以发展师范教育。[③] 一届三次大会复有《拟请省府拨发小学教师米贴案》《建议省政府增加教育经费对本省中等学校教职员生活费一律按照教厅所颁教职员生活费标准最高数支给案》等各案建议。一届四次大会提出了《拟请切实提高中学教师待遇案》《请省政府于三十年度起切实提高小学教师待遇案》,其中《拟请切实提高中学教师待遇案》议决调查各地生活指数以重订中学教师待遇,使其收入足以维持五口家庭最低限度的生活,每石米价超过 50 元时由教育厅酌给米贴,优待教职员子女升学,实行年功加俸制,对服务年久者予以奖励等。[④] 虽然在省临时参议会的一再建议下,教育厅酌量提高了浙省中小学教师的生活费,但无奈物价飞涨,龟步式的待遇提高不足以抵消突飞暴涨的物价,教师仍常常入不敷出。因此,1941 年 9 月召开的省临时参议会一届五次大会上,再请提高教师待遇,议决通过了《拟请继续提高中小学校教师待遇案》,要求省政府督饬各县迅速依部颁小学教师待遇规程拟订计划,务必于民国三十一年(1942)起切实施行,各县原有教育经费绝对不得缩减或移充他用,县教育经费最低限度应占县预算总额 25%,公立中小学校教师薪给的折扣应立即取消并按照各地物价情形增加生活津贴费,中小学校教师子弟

---

① 《切实提高小学教员待遇充实师资案》,浙江省临时参议会编:《浙江省临时参议会第二次大会会刊》,民国二十八年(1939)十二月,第 155 页。

② 《拟提高各县小学教员待遇补充案》,浙江省临时参议会编:《浙江省临时参议会第一届常会会刊》,民国二十八年(1939)六月,第 188—189 页。

③ 《师范生膳费拟请全免以奖育师资案》,浙江省临时参议会编:《浙江省临时参议会第二次大会会刊》,民国二十八年(1939)十二月,第 117 页。

④ 《拟请切实提高中学教师待遇案》,浙江省临时参议会编:《浙江省临时参议会第四次大会会刊》,民国二十九年(1940)十二月,第 158—159 页。

就学各级学校时酌予以免费待遇并请转咨教育部令饬各国立大中学校遵照。[①] 以此来保障教师的最低限度的生活，使他们能安心从事教育工作，增进教育效能。

1942 年 5 月，日寇沿浙赣线发动进攻，临时省会永康沦陷，浙江省政府一再南迁，省临时参议会的参议员也各奔东西，连秘书处职员也因秘书长徐东藩逃回金华家中而各自散去。时香港已沦陷，徐青甫之子徐继庄担任中国农民银行协理，不久又调任邮政储金汇业总局局长，常驻陪都重庆，故徐青甫选择辗转广西桂林，于是年 7 月 27 日来到重庆与儿子团聚，而没有参加浙江省第一届临时参议会的最后一次大会——1942 年 10 月在云和县召开的一届六次大会。1942 年 11 月 2 日，重庆国民政府行政院公布了第二届浙江省临时参议会参议员名单，因徐青甫坚持让贤，故没有再次被推为参议员，由此结束了这一段献替省政、匡济时艰的议政生涯。行政院遂指定陈训正为第二届浙江省临时参议会议长，余绍宋为副议长。

---

① 《拟请继续提高中小学校教师待遇案》，浙江省临时参议会编：《浙江省临时参议会第五次大会会刊》，民国三十年(1941)九月，第 206—208 页。

第七章　徐青甫的统制经济思想

经济自由与国家干预一直以来是市场经济的两大思潮。自由放任的经济思想，最早是由古典经济学家提出的，1776年亚当·斯密所著《国富论》认为一个国家最好的经济政策就是对私人经济活动不加任何干预的经济自由主义。这种思想曾在早期资本主义的发展中起到了重要作用，它帮助英、法、美等主要资本主义国家彻底摆脱了封建制度残余对生产力的束缚，在世界范围内确立了资本主义的政治制度和世界市场，并通过殖民侵略，使东方从属于西方，把全球经济纳入自由资本主义竞争的轨道，将自由资本主义经济力量发挥到极致。亚当·斯密最有名的论点之一是"看不见的手"原理，它的基本意思是说经济个体在追求自身的利益时，未必会考虑到其他人的利益，但如果没有外在的干预，就有一只看不见的手（市场价格机能）会调和众人的利益，使个人和集体（社会）都会得到最大的利益。这种说法在经济学界传承了200多年，也成为不同学派（尤其是主张政府干预者）攻击古典自由经济学派的箭靶：天下哪有这种好事？只要自由放任，随它自生自灭，就能使个人和社会同时达到最佳利益？故其消极影响也是非常明显的，它导致了资本主义社会基本矛盾的激化，周期性的经济危机、极端的贫困、社会阶层的严重对立以及环境的污染。在西方资本主义国家经历了几次经济危机之后，国家干预经济的思想开始抬头。1929—1933年的世界性经济大危机席卷了整个资本主义世界，国家干预经济，开始成为各国挽救危机的紧急举措，由此使得各国政治与经济呈现前所未有的紧密联系。在经济学界，"凯恩斯主义"成为国家干预经济的理论支撑，并逐渐成为西方经济学界的主导理论。首版于1936年的《就业、利息和货币通论》集中完整体现了英国经济学家约翰·梅纳德·凯恩斯的经济主张，反对自由放任的经济学说，抛弃市场经济自由调节论，主张对资本主义加以"明智管理"，实施国家对经济生活的干预。

统制经济的实质是国家干预主义。就广义而言，统制经济是指国家对经济实施干预，并以政治的力量组织、统率和指导全国经济，它与自由主义的放任经济和自由竞争原则相矛盾；从狭义上说，统制经济即意味着政府对生产、交易、分配实施有计划的管理和限制。在20世纪30年代，"统制经济"与"计划经济"常常被一些学者混称，但其实两者还是有很大差异的。所谓计划经济就是一个国家的全部经济活动（从生产到消费）均不受价格的支配，完全由国家依照一定的计划而实行，也就是说在这种体制下绝大部分企业都是国有资产，处于政府的绝对控制之下，不具备独立的自由经营的特征。统制经济与计划经济最大的不同就是前者仍然承认资本主义私有制，只是补充或纠正现存资本主义制度的计划，而不是对其加以根本改造，它只是强调经济活动中某一部分（主要是生产方面）的计划，并不对所有的经济活动统加干预。1929—1933年的世界性经济大危机爆发后，欧美各国为复苏本国经济，都不约而同地加强了政府对经济的干预，意大利、德国、美国、苏联等国家实施的各种新经济政策成为世人推崇的模式。意大利自1922年墨索里尼当政后便在政治上大力推行法西斯主义，而法西斯主义在经济上的表现就是统制经济。根据法西斯主义的经济理论，政府一方面维持资本主义的生产和分配制度，在不违反国家利益的前提下，政府允许私人经济活动的存在，但同时又组织所谓"组合国家"，将全国各种生产因素严密地组织起来，再统制于政府的组合之下，这样便可以借严密的纪律组织和政府的监督指挥，指导国民趋于统一。德国自1933年1月希特勒掌握国家权柄后，推行国家社会主义理论，反对自由主义，否认经济的自律统制，而主张由国家决定的意志或政治的指导者来确定经济行为的方针。美国在罗斯福总统领导下实施"新政"，其内容主要概括为改革、复兴、救济，他首先要求国会赋予他统制经济的独裁权力，然后再实行整个经济计划。罗斯福认为，在现代经济社会中生产和消费若没有预算和计划，到了生产过剩时就必然以降低价格、缩小生产规模来应付，从而陷入经济危机的恶性循环。随着新政的实施，罗斯福开创了国家干预经济的模式，使美国的经济很快走向复苏。

然而，令世人更感惊异的还是苏联实施的新经济政策和计划经济，当西方世界陷于经济危机之时，苏联正开始实施第一个五年计划，在这期间苏联不但没有受到全球经济危机的影响，反而提前并超额完成计划，与西方资本主义世界全面衰败形成鲜明的对比。据苏联官方公布的统计数字，第一个五年计划期间（实际上只用了4年3个月）苏联的工业总产值从1928年的158亿卢布增加到1932年的368亿卢布，增长了1.3倍；国民收入从1928年的244亿卢布增加到1932年的455亿卢布，上升了86%；其间还先后建成了1500个新型工矿企业，包括飞机、汽车、化学工业、仪表及各类重型和轻型机器制造工业。[①] 当时有学者这样写道："在苏俄工业计划没有实现以前，大家都认统制经济为社会主义家一种幻想。自由主义的资本主义的国家和人民，都觉得他违背人情，不可实现，亦不许其实现。可是自从一九二八年苏俄实行五年计划以来，成效斐然，可是当时还只认他是叨资本主义国家的余光。自一九二九年各国商业恐慌后，继以衰落平疲，工人失业的人数动逾数百万，适巧自由主义最强、资本主义最固的国家，如美、英、德等，失业情形最烈，所有大企业家、银行家目睹惨落情形，都束手无策，反而苏俄不但无失业，并且事浮于人，意大利亦比较的平稳。于是欧美各国的政府当局和人民，起初疑恨经济统制的，现在逐渐觉得资本主义国家生产的方法固然是精良，生产的方向或漫无针指；人民生活程度固然是优越，却没有永远维持这种程度的能力。换句话说，就是财富分配或不适当，统制经济亦许是于无法之中的一个救济方法。"[②]

上述国家通过国家直接干预经济所取得的明显效果，使人们认识到，通过国家统制经济，能够尽快集中全国的人、财、物，发展重点建设，而当时国民政府实行的放任自由经济政策则带来了另一种景象，金融组织杂乱无章，农村金融枯竭，生产行业各成系统、互不支援，农村经济面临破产，1934—1935年的"白银危机"又造成中国白银外流，银根吃紧，国际贸易形势逆转，销售停滞，工厂停工减产，钱庄大量倒闭，这使得20世纪30年代中国经济学界在讨论如何迅速发展中国经济，完成富国举措时，纷纷把目光投向统制经济，统制经济思想一度成为当时经济学界的主流。马寅初、穆藕初、何廉、吴鼎昌等人认为，统制经济就是苏俄社会主义国家的计划经济，日本翻译成统制经济，我国亦沿用之；而张素民、诸青来、吴德培、陈长蘅等则认为，统制经济同计划经济是有严格区别的，资本主义国家的经济干涉为统制经济，社会主义国家的经济干涉为计划经济；统制经

① 陈之骅：《苏联史纲(1917—1937)》(下)，人民出版社1991年版，第605页。

② 守愚：《统制经济与全国经济委员会》，《独立评论》第70号，1933年10月1日，第7—8页。

济限制自由竞争，计划经济则废除自由竞争；统制经济帮助私营企业，计划经济消灭私营企业。[1] 而南京国民政府对垄断全国经济早有计划，其成立后相继设立的全国建设委员会、全国经济委员会和资源委员会都是政府意欲统制全国经济的明显举措，这时更加努力促其实现。即使是国民政府中尊崇自由主义经济模式的代表人物、时任行政院副院长兼财政部部长的宋子文这时也对自由主义的经济模式产生了动摇，1933 年他在出席世界经济会议并访问欧美回国以后，极力主张中国仿行欧美实施统制经济，"厉行统制经济，近世经济趋势均有此倾向。我国现时经济疲敝，都市虽似繁荣，农村则日有破产之虞，欲图复兴，务使各个生产部门均能作有计划之生产，非统制不足收合作之效"[2]。1933 年 9 月，改组后的全国经济委员会成立，明确规定其职掌为有关国家经济建设或发展计划之设计及审定、应需经费之核定、监督与指导以及直接实施诸事项，成为统制全国经济的最高机关。全国经济委员会成立之后下设的第一个组织就是棉业统制委员会，以陈光甫为主任，开始对全国实施棉业统制，这是中国第一个以"统制"冠名的机构，成为政府开始实施经济统制的明显标志。接着，政府开始逐步统制能源、交通、重要实业等经济命脉，并通过强行增资改组、加大官股的方式控制了中国银行和交通银行，完成了对全国金融的垄断。而当时实业界，也确有部分企业家积极要求政府扶持，进行统制生产。例如 1933 年 12 月，大中华火柴公司主要投资人刘鸿生在中华全国火柴同业联合会第二届第二次执委会会议上提出并通过了《全国火柴统制大纲》和《火柴联合营业大纲》，呈请政府设立全国火柴统制委员会，委员会的统制职权有：规定各厂产销数量；审定各牌火柴价值及售价；限制设立新厂；统一会计制度；改良技术；裁决火柴同业间各项争议事项等。1934 年 4 月，刘鸿生以中华全国火柴同业联合会主席和国民政府全国经济委员会委员的身份向该委员会提交了《请实施火柴统制案》，但未获得通过。全国经济委员会的复函称，实业部认为"火柴系属普通工业，人民得自由设厂制造。限制生产，尚无法令根据。且现时国内各火柴厂生产

---

① 孙大权：《中国经济学的成长：中国经济学社研究（1923—1953）》，上海三联书店 2006 年版，第 250—253 页。

② 转引自李菊时：《统制经济之理论与实际》（新中国建设学会丛书之十四），1934 年 5 月，第 596 页。

总额,是否已超过国内消费总额,尚无确切之统计,亦未便率尔限制。又外人在各通商口岸设厂,原为条约所许,生产限制,既无正式法令以为根据,自难施行"[①]。刘鸿生转而谋划全国火柴联营社的组建,并于1935年12月向政府呈文称:"现所拟办之联营社,系由厂商组织而政府则处于监督及维护之地位,虽无统制之名,而有统制之实"[②]。

徐青甫的统制经济思想就是在这样的历史大背景下提出来的,具体可参见他的代表作《经济革命救国论》及之后的一系列经济文章。他是统制经济的坚定支持者,"现在经济范围亘及全世界,世界与人之间区分各国,所以成了各国经济竞争。要合群竞争,必须要讲究组织,组织结果,必须要自能统制,所以国家统制经济,这是各国共同必经的趋向。统制经济这句话的内容,包括统制金融、统制生产、统制交易、统制分配、统制消费而言,现在已经完全统制的国家尚不多,但是择要进行的,可为大多数"[③]。但是,徐青甫的经济统制思想既不同于社会主义的计划经济,也不同于德国的国家社会主义理论,他强调"统制二字,并不是由政府蛮切一刀,由外行人来操纵指挥任所欲为解的,是应由各业内行人,协商组织,通盘筹划,定出一个绵密计划,由政府出面推行,使大家过得去,而能齐一步调,分头迈进的。能统制,可望全存共荣;不能统制,势必相继沦亡。利害之重,无与伦比"[④],"通盘筹划广兴生产事业,除独占事业由公直接经营外,余交专门有经验之人分领经营,外形与现在各企业人,各别经营无异,以期竞争切磋,内实互相沟通,以便伸缩调剂,一切产业公有私营,不再有劳资的纠纷"[⑤],"所以不赞成共产主义者:(一)以其破坏强夺也;

---

① 《一九三四年六月二十一日国民党政府全国经济委员会复中华全国火柴同业联合会文》,上海社会科学院经济研究所编:《刘鸿生企业史料》中册,上海人民出版社1981年版,第175页。

② 《一九三五年十二月中华全国火柴联合会为筹组火柴联营社事向国民党政府财政部面递的说帖》,上海社会科学院经济研究所编:《刘鸿生企业史料》中册,上海人民出版社1981年版,第207页。

③ 徐青甫:《致张公权先生的一封信》,《银行周报》第17卷第40号,1933年10月17日,第20页。

④ 同上书,第20—21页。

⑤ 徐青甫:《政治经济改善的途径》,《新社会半月刊》第6卷第11号,1934年6月1日,第250页。

(二)以其事事由公家办理,利害与私人不密切,恐致腐败也;(三)以其不任自由竞争,恐阻文明进步也;(四)在旧日观念,恐因共产而国力不振,不能与他国竞争也;(五)在今日观念,则以俄国物产倾销有压倒他国贸易之势,因愈怀恨也;(六)误以国家对外能获得权利愈多为愈有利也。故今日共产主义在各国人中赞成之者虽尚少数,而主张社会主义,即旧日所谓改良社会主义者实大多数也。如知有不用破坏强夺手段而可收土地资本为共有,以得分配之公平,土地资本虽归公管而企业仍可自由,其利害仍属密切,自由竞争之优点不特保存而且得行公正之竞争,文明愈可向上,国力不致不振,而亦不务侵略以遭人忌,可望世界和平,与社会主义者之心理完全符合"①,"资本主义的长处在资本集中,生产力量增大,自由竞争,产业易于改良;而其短处,则在分配不均,发生劳资阶级。共产主义的长处,在分配公平普遍,产业集中经营,可以自由调度;而其短处,则在实施时,采取没收强夺的办法,以先破坏后建设为手段,致有恐怖残酷的情况。法西斯的主义,以政治力量统制产销,调节劳资,促进国富,发扬国力,是他的长处;但是因为他未能将私人私业间的障碍排除,以致生产过剩,不能不于国外寻求市场,酿成世界战争的因素,这是他的缺点。我们决定政策,应当取三者之长,而舍其短,以期推行尽利"②。这是一种融合了中西方思想和平素的思考和在实践积累基础上的中国特色的统制思想,具有一定的独创性。徐青甫的统制思想由 4 个部分组成,即土地公有、资本公管、建立通资联营组织、统御对外贸易,"而政策实施的计划,是从改革币制金融着手,以造成经济自卫的防线,促进产业的发展,调整资金的运用。因为货币金融,是现代经济的枢纽,必须先把握这枢纽,然后经济政策,方可切实推行。一面将土地改归公有,而设定农民的永耕权;一面将资本改为公管,而企业仍在私营。……换言之,就是以货币革命,促进经济机构之改善,而以平均地权,节制资本,为改善经济之双轮"③。

---

① 徐青甫:《经济革命救国论》,民国二十一年(1932)四月,第 393—394 页。

② 徐青甫:《今后中国应采的经济政策》,《中国农民银行月刊》第 1 卷第 4 期,1936 年 4 月 30 日,第 82 页。

③ 同上书,第 86 页。

第一节　土地公有

亚当·斯密认为，地租作为使用土地的代价，自然是租地人依土地实际情况支付给土地所有者的最高价格。在双方签订租约时，土地所有者都会尽可能地使租地人所得的土地生产物的数量，在除去当地农业资本的普通利润以后，仅够补偿他用以提供种子、支付工资、购置生产工具的农业资本。这个生产物数额，当然是租地人在不亏本的情况下所能接受的最低数额。如果生产物中分给租地人的那一部分多于这个数额，即生产物中分给租地人的那一部分价值如果多于这一数额的价值，土地所有者就会想方设法将超过的这部分以增加地租的方式据为己有。所以，地租只是租地人依土地实际情况所能支付的最高价格。[①] 高额地租的存在是造成社会不公、农业生产停滞的主要因素，而这又来自土地分配不公，“然地租之不当利得，足为社会不平之重要原因，则又为人人所公认，不过无法以得其平，且无法以善其后而已”[②]，“在我国尤有必须改革之理由者，以其太不经济，不便于改良也”[③]。因此徐青甫提出了土地公有这一理论，旨在解决这一难题，“所以必须将所有的土地，以公债收归公有，使以收租为目的的田主，得了公债仍可收息，毫无损失。一方面将收归公有的土地，为现在耕种的人设立永耕权，使耕者有其田，不过这个‘有’是只有永耕权，而永耕权的范围只限于土地的使用收益，而不能处分”[④]。

在支持土地私有制者看来，地租就是地主用来改良土地资本的合理利润或利息，这种说法有一定的道理，但也不完全正确。对于未经改良的土地，地主也会要求地租，而所谓改良费用的利息或利润，一般只是这原有地租的附加额。而且在很多时候，改良土地的资本，实际上都源于租地人。徐青甫对中国的封建地主土地所有制有着十分深刻的认识，由于法

---

① （英）亚当·斯密著，郭大力、王亚南译：《国富论》，上海三联书店 2011 年版，第 144 页。

② 徐青甫：《经济革命救国论》，民国二十一年（1932）四月，第 129 页。

③ 同上书，第 274 页。

④ 徐青甫：《今后中国应采的经济政策》，《中国农民银行月刊》第 1 卷第 4 期，1936 年 4 月 30 日，第 85 页。

律允许土地自由买卖，所以土地兼并是必然发生的，自耕农是土地兼并的对象，自耕农的小块土地私有权仅能保证他在最低水平上维持自身及家庭的劳动力再生产，一旦遭遇苛捐杂税或天灾恶疾，自耕农家庭极易破产，唯有出卖土地换取生计。随着越来越多的自耕农破产沦为佃雇农，租地竞争日趋激烈，租率提高，佃雇农只能在日益萎缩的基础上组织农业生产和再生产，更多的剩余产品转化为地主的收入，或投资于土地所有权，或修筑庭院，或将土地用于栽培奢侈性非生产目的，却不愿投资农业生产工具和基础设施的改良。徐青甫指出："在土地私有制度之下，拥有土地的人，多数不是农民，不是土地的耕种者，他们对于其所有的土地，并不是以耕种为目的，而是以收租为目的。所以往往把土地的改良，不甚放在心上"，"在私有制制度之下，地租是渐涨的，所以地主视为主要目的之地租，不待土地的改良，也可以有增加的希望，至少不至于减低。那么怎样使他们有感觉改良土地的必要呢？而且一般人的购置地产，是贪图他的稳定，至于投资的利息，并不见得高。地主于购地之外，倘有余资，为他自己的利益计，与其投之于原有的土地，还不如另购地皮，或投放他途，较为合算，所以在私有制度之下，地主来改良土地是不可能不必要不合算，他们怎样能使地尽其利呢？"[①]而土地的实际耕种者佃农，"因为土地并不是他的，佃权又没有保障，当然不肯去改良土地，努力耕种。而且耕种所得，大半为地主拿去，衣食尚虞缺乏，也没钱来作改良土地之用，只可得过且过，任其自然。所以土地私有，不但不能使土地改良，充分利用，反有使土地劣化，荒芜不能生产的危险"[②]。如此恶性循环，农耕生产力水平低下，根本做不到以少数农业人口养活多数非农业人口，粮食生产满足不了社会需求，必然产生粮荒，人民流离失所，社会矛盾尖锐，往往导致农民起义。

徐青甫认为土地公有可消除土地分配不公带来的问题：一是可除分配上二重得利之弊，为分配上公平之必要；二是可减免谷价、房租腾涨之弊，安定社会全体之生计；三是可免除地主、地户一切争执之纠纷；四是可便利土地之改良，免除私有制所生一切之障碍；五是便于逐渐消灭现有一切不公平之弊害，而达充分进化之途径。[③] 值得注意的是，徐青甫的土地

①② 徐青甫：《读萧铮先生〈评阎锡山氏之土地村有〉以后》，《土地村有问题：各方对土地村有问题意见汇编》，中国地政学会印行，1935 年，第 83—84 页。

③ 徐青甫：《经济革命救国论》，民国二十一年（1932）四月，第 131—132 页。

公有思想中的"耕者有其田",并不是要把土地分给自耕农和佃农,而是要消灭土地私有,"所谓耕者有田的'有',并不是像现在'私有'的'有'。倘使土地由耕者私有,可以自由移转,那么豪强兼并,土地问题不久就难免再现,得不到完全的解决。所以我的意见,以为土地公有以后,对于土地分配,在目前状况之下,古代的'均田''口分''班田'等等制度,固然是行不通,但是把土地为农民所私有,也不是一种妥当的彻底的办法。那么耕者有其田,应当是怎样的有法呢?我以为农民有田,旨在耕作,这个耕作的权利,应当属之农民,所以应当设定农民对于土地的'永耕权',使他对于土地有永久耕作的权利,在利用方面,与所有相同,不过不能自由处分"①。但与同时代苏联的集体农庄式生产又有不同,土地收归公有后仍由原租户私营,因为土地的收益权在原租户手中,原租户不用他人鞭策也能激发出生产热情,积极改良土地,提高土地的亩产量,"土地收归公有,并不是把土地归公家经营,而出佃于农民。是要使农民有田,有一种保障,有一种鼓励,使他地尽其用,把土地所有生产的利益,尽量的供给于社会"②,"国家之事,当为国人而为。地方之事,当为地方而为。利害无直接关系者,不如有直接关系者之热心,公营不如私营,此乃以利己为本位之人类所不免之事实。如果许国家、地方滥用其权,无端而撤人耕种之权,夺其居住之利,概由官吏任其管理之职,诚如前说,足生阻害改良之弊。若以法律保障人民有耕作、居住之权,国家、地方除对于自动的改业、迁移,或屡有违犯租约之行为,或因公用,或因改良关系,方许于赔偿损失后收回公用另租外,不得无端假公以营私。即因职业关系,暂时外迁,或因事故,暂时停耕者,亦可规定年限,保留其耕居之权。在此期间,可找人暂住替耕,唯不得以之买卖。则此土地仍如原有状况,各有经营之人,各可图其改良,与前时无殊也,且觉转有充分改良之可能。盖改良有一时的与长久的之区别。一时的,如排水、选种、灌溉、施肥、培土等,其费少而见效速者,当由耕种者任之,若有不足,向其交往机关借贷,其效用短时期可见者,自能于短时期归还。至于开渠、筑堤或大段耕地整理,以及应用机械、电学等,则租户可以要求改良,或由公共指导员代其设计,此种加增资

① 徐青甫:《读萧铮先生〈评阎锡山氏之土地村有〉以后》,《土地村有问题:各方对土地村有问题意见汇编》,中国地政学会印行,1935年,第84页。

② 同上书,第82—83页。

本,概由公家担任。改良之后,仍由原租户分管或合同共管,公家收租增租之率,以所费收买或加资之数,按公定利率与原有地税并合而定地租之值,不含与民争利之意于其间。如此,则自耕农不特无损,而得改良之助"[①]。至于土地收归公有的办法,徐青甫当然也不赞同中国共产党在土地革命时期实行的"打土豪、分田地"政策,"如效共产主义之无价没收,又觉其不义"[②],"无价没收,当然是不能实行,所以只有照价收买。而照价收买,在目前实际情形之下,又只有用公债来收买,比较得容易实行。因为就公家方面说,要实行收买,一时无从筹得如许巨款,只有赖公共信用,来转移土地的所有权"[③]。

徐青甫提出土地公有思想要早于同时期的阎锡山等人。1935 年阎锡山提出了一个"土地村有"的办法,具体办法是发行公债把私人土地收归村有;按土地性质及全村农户多少,将全村土地划分为若干单位面积的份地,分给农民耕种;农民在达到耕种年龄时授田,在不能耕种时还田;人多地少之乡为狭乡,地多人少之乡为宽乡,狭乡和宽乡可以移民以资调剂;政府征收直接税,用以偿还收买土地之公债。[④] 与徐青甫土地公有思想相类似,但徐青甫的主张提出的比阎锡山早,"土地公有"比"土地村有"在表述上更明确,"其实我们只要决定了土地公有的原则,对于省有县有或村有,不过是一个管理的问题。村为人类聚居的自然单位,总理的地方自治实行法,也以村为一个假定的范围。一村的土地,由村来管理,当然是比较得相宜的。所以土地公有以后,我以为应当以村为单位,分司土地管理事宜,而事之关系一国一省一县者,仍由国、省、县依据大众的利益,分别决定,由村执行"[⑤],而且在操作层面,"土地公有"比"土地村有"也更有可行性,"所谓耕者有其田,就是不耕者无田。所以土地的分配,并不是凡人皆有一口分,因此我们分配土地,只要按照分配时的耕种者而分配。

---

① 徐青甫:《经济革命救国论》,民国二十一年(1932)四月,第 129—130 页。

② 同上书,第 276 页。

③ 徐青甫:《读萧铮先生〈评阎锡山氏之土地村有〉以后》,《土地村有问题:各方对土地村有问题意见汇编》,中国地政学会印行,1935 年,第 85 页。

④ 陈太先、魏方合著:《当代地政泰斗萧铮博士传略》,中国地政研究所印行,1997 年,第 64—65 页。

⑤ 徐青甫:《读萧铮先生〈评阎锡山氏之土地村有〉以后》,《土地村有问题:各方对土地村有问题意见汇编》,中国地政学会印行,1935 年,第 88—89 页。

为求分配的简易起见，最好依照现在各个农民所耕作的土地面积，就作为他所应分配的面积，而设定永耕权。这个办法虽不能说是绝对公平，但是可以得到与耕种能力相适应的比较的平均。……所以我们即就现在他们所耕的土地，设定永耕权，比较授以定额的田地，较为合理，既没有分授的麻烦，而宽乡狭乡等种种问题，也无形解决”[①]。阎锡山后来回忆当年在山西实行“土地村有”失败，也提到操作性不强，“其实村村土地均有公有，即等于‘国有’或‘公有’，唯因人民数千年私有观念太深，干部宣传训练等技术亦不成熟，且因收公在前，分配在后，故百分之七十左右的人民均表示不快，遂即中止实行”。[②]

第二节　资本公管

资本的定义最早在西方出现，虽然到目前为止，对资本的定义还没有统一的论述，但是几百年来，西方经济学家们从没有停止过对资本定义的探索。19 世纪苏格兰经济学家麦克鲁德在《信用的理论》中是这样定义资本的：“资本是用于利殖目的的经济量，任何经济量均可用为资本。凡可以获得利润之物都是资本……”[③]这里所谓的经济量是其价值可以用货币计量并可用于买卖、交换之物。据此，我们可以通俗地说，资本是一种价值，是能够给生产带来价值的价值。徐青甫对资本的定义是：“资本者，蕴力之利用，使自然、人工、物质三者之力能相联结而起生产作用，滋生其力者是也。此蕴力所寄托之物为其资产。其力之程度，恒以货币数字表现之”。[④] 就是说，资本是蕴力的利用，而蕴力即财力，由财游离而出，其来源是货币债权，资产为蕴力寄托之物，资本使自然、人工、物质三

① 徐青甫：《读萧铮先生〈评阎锡山氏之土地村有〉以后》，《土地村有问题：各方对土地村有问题意见汇编》，中国地政学会印行，1935 年，第 89 页。

② 萧铮：《土地改革五十年》（萧铮回忆录），中国地政研究所印行，1980 年 12 月，第 323 页。

③ [英]麦克鲁德：《信用的理论》，1872 年版，第 127 页，转引自宋德缙：《中国资本市场论》，中国物价出版社 1998 年版，第 1 页。

④ 徐青甫：《徐青甫演讲稿之五：资本问题》，第 2 页，《徐青甫先生演讲集》第 2 册，浙江财物人员养成所印，1932 年 8 月。

者之力相联结而起生产作用。徐青甫把资本分为生产资本和营利资本，认为生产资本可以使社会财富增加，而营利资本不能使社会资本增加，故财力只有运用到生产活动中才能称得上是资本，“何以曰蕴力之利用，则以虽有蕴力，而不用以生产。亦未成为资本，必利用以生产，方足称为资本，故曰蕴力之利用也”[①]。他指出现有资本的运用存在5个方面的问题：(1)不知利用。物之中无不有资力在焉，无地无物，即无地不可以谋得资本。唯若任其力全囿于物，而不收其一部，使成为单纯之力，用以联结地方，则不成为资本。例如土地虽多，而无力开垦，机械虽备，而无力运用，则虽有资本，而不知利用，有生于无。(2)资力分散。事业资本，各需相当程度，不及此度不能企业。财力零星散有，虽有力而不成为资本。例如巨万财力散在众人，各不成用，则虽有财力而以不集合故，亦等于无。(3)用途偏误。营利事业与生产事业相辅而进。若偏投营利方向不事生产，使自然、物质、人工三者之力，坐废而不成财，则力日减。例如社会资本，群趋于经商投机、囤地放债之途，则生产日促，而国愈贫。有其名而无其实也。(4)支配失宜。资本用途，有自然、物质、人工三方。自然与物之中，复有固定、流动之分，且以时间关系复有伸缩。如支配不得当，可使或废其能，或废其时。例如固定所用过多，致缺流动资金，或用人冗滥，致乏购料之资，皆足使其力废弃。若滥备多资，浮存无用，则又坐耗光阴也。(5)周转滞迟。资本之效用不仅关系其数量，并随其周转次数而大小。其用次多者，等于其数量多。资本用途有三，结局汇储于产品。产品之中，其力固在，然为物囿，不复能用，必售此物，而收其力，始得继续行为。如产缓销滞，甚或事业中停，皆足减少资本之效用，使其多等于少也。[②] 故提出“资本公管”思想，“资本主要乃属虚财，虚财可以私有公管之法，收最大集中之效”[③]，认为只有实行资本公管，才能正确运用资本，发挥资本的最大效力。资本公管后，资本一是可以相当利用。世本无地无物，仅以力囿于物之故，遂致视无力，就其所缺之力，加以补充，或利用一部之物化为纯力，使与他力联结，则资本即成。例如筹集垦费以开荒，或售脱财产一

---

① 徐青甫：《徐青甫演讲稿之五：资本问题》，第3页，《徐青甫先生演讲集》第2册，浙江财物人员养成所印，1932年8月。

② 同上书，第14—15页。

③ 同上书，第29页。

部以复工,或借财产之信用,假资以运转,皆是也。二是可以集散为整。财力散在众人,虽不成资,集散为整,则企业易兴,金融事业见重于世,股份公司之流行于时,皆以此故。诱集方法得宜,其集合力愈大者,则资本之构成愈大,此金融组织、法律制度之善者,足使社会资本之构成,形成巨大也。三是可以相辅进行。生产赖于消费,无消费不能生产,此供给需要投合于需要,功在商与交通。一面生产增加,一面推销灵敏,使资本周转之次数增加,无异于资本之倍数增加。资本与准资本,相辅为用,则其效益彰也。四是可以支配适宜。支配资本使自然、人工、物质三者,各得充分发挥其能,而又伸缩得宜,使时间上无缺乏浮多之弊,是为最适,能合此度,则效用自大。[①]

关于资本问题,孙中山在新三民主义的阐述中提出了"节制资本"的思想,一方面允许私人资本主义企业的发展和扩充,但必须加以监督和限制,一方面主张发达国家资本,振兴实业,"第一是交通事业,像铁路、运河都要兴大规模的建筑;第二是矿产,中国矿产极其丰富,货藏于地,实在可惜,一定是要开辟的;第三是工业,中国的工业非要赶快振兴不可"[②],并强调"要赶快用国家的力量来振兴工业,……如果不用国家的力量来经营,任由中国私人或者外国商人来经营,将来的结果也不过是私人的资本发达,也要生出大富阶级的不平均"[③],"假若是由国家经营,所得的利益归大家共享所有,那么全国人民便得享资本的利,不致受资本的害"[④]。《中国国民党第一次全国代表大会宣言》指出:"凡本国人及外国人之企业,或有独占的性质,或规模过大为私人之力所不能办者,如银行、铁道、航路之属,或由国家经营管理之,使私有资本制度不能操纵国民之生计,此则节制资本之要旨也。"[⑤]徐青甫认为他的资本公管就是孙中山"节制资本"的具体化,"故所谓节制者,乃私有资本之运用,由国家根据整个民族之需要与利益以为管理,对于私人资本之所有权,并无若何之影

① 徐青甫:《徐青甫演讲稿之五:资本问题》,第16页,《徐青甫先生演讲集》第2册,浙江财物人员养成所印,1932年8月。

②③ 孙中山:《三民主义》,《孙中山全集》第9卷,中华书局2006年版,第391页。

④ 同上书,第393页。

⑤ 孙中山:《中国国民党第一次全国代表大会宣言》,《孙中山全集》第9卷,中华书局2006年版,第120页。

响。一切生产事业，仍得循正轨而进行。换言之，即资本公管，事业私营之谓。凡私人所有之资本，一律转入于国家管理之下，俾有指挥运用之权，一面由国家给予凭证，使仍得保持其所有权"①，而只有资本"由国家依公共福利之目标，集中管理，统筹调度，方足以发挥力量，振兴产业。而资本主义所有之矛盾与弊害，亦得因国家之从中调整，渐趋消除"②。他反对共产主义没收资本的做法，"以私有资本制分配不平，返还其值，令其退出此资本主地位可也，不宜强夺而没收之"③，"唯是资本之节制，并非将私有之资本，完全归公，而亦无碍于资本之私有，且得因节制之效果，公私资力，均可遂其正常之发展"④。而且，徐青甫主张的资本公管，也不同于企业公营或官营，"化资本为公管，使人与资本分离。企业仍任私营，以保自由竞争、利害相关之优点，不致腐败、退化，而期分配之公平"⑤。相反，他对苏联式的国营经济提出了批评，"共产主义之发生，以为此皆私有财产之故。若自然与物质，俱归公有，则但有人力，即可任便利用自然与物质以生产，别无需乎此资力之联结。忘却人力亦须有动机而始发，其动机为自利心，即得财之念也。生产得财，须待后来，而动机之发，先须赖有所得。且生产之结果，若归私有，尚可因希望而促动，如仍归公支配，难免以收益不确生怠。况现世生产，乃复杂生产，虽成产物，未必即可以享乐，不过得供再生产之用，终不能超过交换之手续。物之交换，诸多不便，必须有代表财力之用具，而始便于交换。此苏俄改革之始试行共产，虽不惜冒大不韪，没收私有土地与物质，一概归公，而生产不能发达，且转锐减，终须采用新经济政策，恢复币制，始成为今日之进步也"⑥。

至于资本公管的具体办法，徐青甫提出人与资本分离，在土地收为公有后，企业中已无地主一项，仅有企业家、资本主与劳动者三项。凡如小农、小工、小商，其资本主与企业家、劳动者合而为一人者，即另有

①②④　徐青甫：《星期论文选：如何节制资本?》，《新闻杂志》第 2 卷第 1 期，1937 年 5 月 5 日，第 14 页。

③　徐青甫：《经济革命救国论》，民国二十一年(1932)四月，第 224 页。

⑤　同上书，第 245 页。

⑥　徐青甫：《徐青甫演讲稿之五：资本问题》，第 21 页，《徐青甫先生演讲集》第 2 册，浙江财物人员养成所印，1932 年 8 月。

雇人帮同工作，而其人数只有若干，其资本亦无多，且无须借资者，则可不必纷更，仅限令其出入必须归于所在地之公信所，不得分歧，并对于雇人须有相当分润而已。如资本主不亲与其事，则应将其资本划出，一面收资本主之存账，一面为企业者之领用公资。至于大商店、大工厂，概应将人与资本分离，以除向来分配不平之弊。其办法如下[①]：(1)清理借贷。将金融机关改为公信所，以一人一业交往一公信所为原则，则私人及其营业对于金融机关之债权债务并其后之出入，已一一归于所在地之公信所矣。然私人与私人及营业与营业、私人与营业尚有债权债务之存在，应一并清理，以期彻底明了。此后使各人与各业除对于公信所外，别无权务之关系，以便查察，而绝牵连之纠纷。(2)清查资本接收各业。前项债权债务清理完竣，则除私人投于农工商业之资本外，已无他项生利之资。再将各业之资本，与人划清，转归其存账，则各人之贫富即可了然。(3)整理商工。前项接收完竣，则一切商工业其资本均为公管，可以分别整理矣。

在南京国民政府建立之初经济环境相对宽松的条件下，经济学界纷纷探讨中国工商业发展问题时，徐青甫在早期能陈述一家之言，提出对资本公管的方案，而且构划之详尽，设计之全面，为当时经济学家中所仅见，这些无疑是值得称道的。但是，从总体而言，他的上述思想和主张却明显带有空想或乌托邦的色彩，而且局限性也较为明显。由于时代的局限性，徐青甫没有正确认识到资本流动的客观规律。资本具有偏爱高利产业和遗弃低利产业的趋势，这是由资本的无限趋利动机所决定的。马克思说："资本是不断地从一个产业部门向另一个产业部门流出或流入的。价格高就引起资本的过分猛烈的流入，价格低就引起资本的过分猛烈的流出。"[②]这段话充分展现了资本爱富弃贫的习性。资本必然爱富，因为它的目的就是致富；资本必然弃贫不会平均，因为扶贫和平均资本就会失去资本的性质，资本的这一习性从借贷资本的运动上得到生动体现。哪一个行业价高利大，借贷资本在那里就特别活跃，哪一个企业获利能力强，银行就对它特别偏爱。反之，哪个行业无利可图，哪个企业亏损甚至面临破产，资本就不会问津。这就是资本的规律，也是市场经济高

---

① 徐青甫：《经济革命救国论》，民国二十一年(1932)四月，第 288—302 页。

② 马克思：《雇佣劳动与资本》，《马克思恩格斯全集》第 6 卷，人民出版社 1960 年版，第 483 页。

效配置资源的要求。在不废除私人所有制的情况下，资本本身是一个矛盾统一体。自现代形式的资本诞生之日起，即货币转化为资本开始，它就具有生产力与生产关系的两面性。作为表现资本所有关系的资本生产关系属性的一面，当它归人格化的资本家占有时，就表现出对剩余价值的占有，表现出贪婪的剥削性；作为直接表现为生产力的资本生产力属性的一面，它也神奇般地体现为生产效率的提高和经济的增长，体现为社会生产力的巨大发展。基于资本的特性，徐青甫利用公信所进行资本公管的计划虽然可以在特殊时期能使社会生产力集中，但由于否认了资本流动的客观规律，会导致市场僵硬，从长远看必然不利于经济的发展。同时徐青甫没有考虑到长远以后公信所账目记账的监督问题，资本公管后，公信所经济管理权力高度集中将使内部缺乏有效的监管，容易滋生腐败。此外，徐青甫批评共产主义的社会分配手段，"生产资料被富豪占有，以致剩余价值全归少数人所得，为分配公平计，须收资产归公经营，既无资本资产之分，因收资产遂并没收资本，此为分配计而出此抢夺手段也。如知资本资产有异，资本主要乃属虚财，虚财可以私有公营之法，收最大集中之效，则毋庸没收私有，欲收资产，但须给还其资本之虚财，则亦毋庸强夺"[①]。但他实际上只强调了资本形成对经济增长的重要作用，并没有解决社会分配公平问题，因为他没有认识到资本实际上是能带来剩余价值的价值，是生产关系的体现，以为将资本收为公管便可以消除资本的弊端，忽视了资本的所有性。资本及其增值只有为人民所有，才能不具有剥削性，而具有公有性。但如果资本是在私有制条件下，掌握在资本家手中，资本及其增值归资本家所有，剩余价值为资本家所攫取，资本就必然具有剥削性，这也是徐青甫资本公管理论的局限性之一。

第三节　通资联营

徐青甫认为，将全国资本收为公管后，接下来的便是对工商业的整理，为此专门提出了"通资联营"的理论。由于他把资本分为生产资本和

---

① 徐青甫：《徐青甫演讲稿之五：资本问题》，第 29—30 页，《徐青甫先生演讲集》第 2 册，浙江财物人员养成所印，1932 年 8 月。

营利资本，认为只有生产资本可以使社会财富增加，故财力只有运用到生产活动中才能称得上是资本，故其“通资联营”理论主要还是针对工业整理。徐青甫提出“通资联营”是在20世纪30年代。因“在近代科学发达，分工专业，大量生产时代，经济兴衰之关键，以资本集散大小为其主要内容”，而“我国经济衰落的大原因，在于小不敌人之大，散不敌人之聚，要望生产加增，必须多兴巨大场厂。……这资本从何筹得，是第一难题。生产所得物品，必定要经交易成为财力，方能雇工购料，继续行其生产，世界各国多图自卫，可以容我销售之量恐极有限，况且我落后已久，所出产物，品质与价值，骤难胜人，商场角逐，定亦失败，这是第二难题。交易所以供消费，外国方以物质过剩为忧，鲜有消费我国产品的余地，本国消费，固因生产事业增加，参与分配的人较多所得加大可望多消费，但生产品量与消费品量，如何能成一致，使其不多不少，这是第三难题”[①]，故不得不实行通资联营，“现在各业分立，各不相谋，以致供求每失调剂，其间因无谓之竞争与操纵，更使工业受其阻碍，而且我国工业资本单薄，各个分立，力量微小。倘能把各业联合起来，集中力量，调整机构，则工业自可较前发展，所以我以为中国振兴工业应当用通资联业政策，化资本为公管，而事业仍任私营”[②]。实施通资联营后，“不仅生产上资本难筹的第一关能过去，销场难觅的第二关亦可过去，因为我把一切资本打通，内外隔绝，自己产品，自己销用，可无问题，就是对外，亦有彼此交换平衡的关系，人家亦能迁就，就是我稍赔些本，亦无碍的；对于第三关，生产品量与消费品量，亦不难一致的，因为我先行统盘筹划，大略有数，继因全盘通资，容易伸缩，终因全国密切团结，彼此迁就，所以可望一致，就是或有多少，亦可就内设法调剂，不必仰外来供给的。三关能过，生产增加一层，自可达到，不仅生产增加可能，且一定多过消费，成为财富增加，生产力加大的”[③]。抗战胜利后，他又重提建立通资联营组织，“就目前全国经济状况而言，除了努力增

---

① 徐青甫:《政治经济改善的途径》,《新社会半月刊》第6卷第11号,1934年6月1日,第248页。

② 徐青甫:《今后中国应采的经济政策》,《中国农民银行月刊》第1卷第4期,1936年4月30日,第85—86页。

③ 徐青甫:《政治经济改善的途径》,《新社会半月刊》第6卷第11号,1934年6月1日,第250页。

加生产外，无第二条路出可寻的，所以这问题极简单了，只要从何以生产不能增加的缘由仔细研究，就可寻到出路。这缘由第一是缺少资本，第二是缺少人才，第三是社会许多牵连矛盾无法解开，而且无从下手，并且威胁企业家不敢发动企业心，我拟通联组织就是针对这几点而来的"[①]。

徐青甫心目中理想的通资联营组织，"可说是经济总机构，'公''私'各事业、各公司的总公司，专替全体定计划，集资力，分交各有能力者经营，而自己并不直接经营何事"[②]。其具体计划是参照政治区域分国、省、市县三级设置，视各事业之性质及其大小，规定某级机构管理，上下级或同级别，彼此承受证券，使全国资本能成一片，以便达到节制资本之目的。步骤如下：(1)将现制所有行政机关管理之经济事业，完全划开，另设总司其事之总机构，与行政机构分成两大系统，均受制于国民大会而对之负责；(2)明定全国资本，受全体公共节制，成立联营公司，凡国有资本，及私人所有之资本，不能以自己劳力使用部分，概由此公司掌管；(3)全国生产事业，概仍保持通常状况，各别经营，惟公认人之才能技术劳动，为事业主干，除劳资合一之小企业以及合作方式之企业可仍任其保持原状外，他如少数所有资本数额巨大、雇佣员工甚多者，则应令其与通资联营公司交换投资，并按照事业之性质，明定一部分劳资兼具之资金为特别股，其余所有之资金改为普通股，除特别股外，凡普通股均为联营公司所担任之资本，调换为联营公司之股票。凡各企业之员工，皆有对该企业加入特别股之权利，其个人所得之股数，视其职务与资历，略异其规定，如个人无力认购，或因其他种原因放弃之股份，概由联营公司填足，倘原放弃人购补之际，则有权可请联营公司让渡其应得之部分；(4)在联营公司下，全国生产事业分别组织各业同业公会，同业公会系全国性的，所有该业之工业企业，应分别加入之。同业公会之组织，系由下而上，其人选系由各参加工厂企业推选，联营公司不得指派。在各省、市、县之联营公司，即为各业公会之联合组织，其人选由该区同业公会选举之，全国联营公司之负责人选，由各业全国公会按各业资金及规模大小推派代表，选举董事会组织之，但各业至少有一人参加。至于总公司内部各部分负责人员，由董事会聘任之。(5)定全国资本为4项，分别为各事业之特别股即参与该企业之人依其

---

① 徐青甫：《通资联营组织与发展经济之关系》，1946年，第10页。

② 同上书，第8页。

劳务地位所准许其参加之投资部分、公有股即由国家财产转移而成为其资本者、普通股即私人不直接参与企业经营者之资本、外币本位股本或债票;(6)联营公司为全国最高经济组织,对全国负责,而不受行政当局支配,其组织机构可分为计核部、执行部、金融部3部分,分掌各项事务;(7)联营公司成立后,政治与经济机构,自然分割,一切公营之生产流通事业,与公有营利之财产,悉应划归其管理;(8)流通事业除金融事业外,尚有商运、交通、保险等事业,向来以商业上需要资本与信用最多,联营公司成立后,资本流通,公私劳力,各依勤劳以分配,俾收公平之所得分配,与获资本之最大利益也。①

值得注意的是,徐青甫把组织通资联营看作是计划经济的一种,称之为"通资联业调和产销的计划经济","我所拟办法,亦可为计划经济的一种,拟自名曰通资联业调和产销的计划经济。与世界所谈的四种计划经济,即绝对社会主义式的计划经济,一部分国家社会主义式的计划经济,自动企业式的计划经济,社会进步式的计划经济,都是不同的。他们是从实的产业入手的,我是从虚的财力凭据入手的。譬如他们是注重于血的,我是注意于气的。我觉得要望血旺,第一要舒气,我国是气滞血淤致成劳瘠,我以通气入手,使血行流畅,血行如能畅达,自能逐渐增加,恢复健康,这是我筹出的方案"②。但实际上由于徐青甫不赞成废除生产资料私有制,因为其通资联营政策"化资本为公管,而事业仍任私营"③,所以这是在不改变生产资料所有制基础上所做的资本主义改良,其本质上仍然属于统制思想,而非计划经济。

第四节　统御对外贸易

对外贸易是国民经济的一个重要组成部分。自鸦片战争以来,《南京条约》规定了协定关税权,中国开始丧失关税自主权;《虎门条约》规定了

① 徐青甫:《通资联营组织与发展经济之关系》,1946年,第8—10页。

② 徐青甫:《政治经济改善的途径》,《新社会半月刊》第6卷第11号,1934年6月1日,第250页。

③ 徐青甫:《今后中国应采的经济政策》,《中国农民银行月刊》第1卷第4期,1936年4月30日,第86页。

“值百抽五”的原则；《天津条约》和《烟台条约》规定了外国商品运销中国内地，只需要加收2.5%的子口税即可畅行无阻；而《通商章程善后条约》更规定了中国海关由外国人帮办，丧失了对海关的管理权。自此以后，西方人控制了中国各级海关，规定5%的低关税率，将中国的对外贸易完全纳入了西方资本主义经济发展的轨道，适应西方国家的需要，有人描写当时中国的经济情形：“一切商业经济大权，都操诸外人手里，反主为宾，任人宰割，协定关税和治外法权，是列强经济侵略的两翼。而内河航运权，沿海贸易权，口岸设厂权，铁路建筑权，矿产开采权，以及银行纸币的发行权，更助长经济侵略的影响，每年巨额的入超，使国民经济，陷于瘫痪！”[①]南京国民政府成立后，发起修改新约运动，其主要内容在关税自主和废除领事裁判权两个方面。关于关税自主，是时与中国订有协定关税条约的国家共有12个[②]，经过交涉，美国率先于1928年7月与中国签署《整理中美两国关税条约》，率先承认中国关税自主，其他相关国家即以此为模式，先后与中国签署“友好通商条约”或新的“关税条约”，承认了中国的关税自主。关于废除领事裁判权，是时在中国享有领事裁判权的国家共有15个[③]，经过谈判，比利时、意大利、葡萄牙、西班牙、丹麦等国表示有条件或有保留地承认撤销领事裁判权，而英、法、美、日等几个主要国家一直未表示同意。后因“九一八”事变发生，为避免因领事裁判权交涉影响与上述国家关系，中国政府“暂缓实行”废除领事裁判权的措施，有关领事裁判权谈判中断。南京国民政府在实现关税自主后，随即逐年提高关税税率，1930年提高到10%，1933年提高到20%，1934年达到25%，关税收入随之大幅提高，从1928年的1.34亿元上升到1931年的3.88亿元。但国民政府提高关税的主旨是提高财政收入，对国内产业的保护鲜有具体措施，致

---

① 吴一心：《中国之抗战》，中华书局1948年版，第67页。

② 到南京国民政府成立时，与中国订有协定关税条约的12个国家分别是：美国、英国、法国、日本、意大利、荷兰、比利时、葡萄牙、瑞典、挪威、丹麦、西班牙。

③ 自1843年起到1917年，在中国享有领事裁判权的18个国家分别是：美国、英国、法国、荷兰、挪威、瑞士、比利时、意大利、丹麦、葡萄牙、西班牙、秘鲁、巴西、德国、奥地利、俄国、日本、墨西哥。第一次世界大战期间的1917年，中国参加协约国对同盟国宣战，德国、奥地利在中国享有的领事裁判权被取消。1924年《中苏协定》签订，俄国在中国享有的领事裁判权被取消。到南京国民政府成立时，尚有15个国家在中国享有领事裁判权。

使中国幼稚的民族工商业仍举步维艰，“中国自有海关报告以来，七十余年的对外贸易，除了极少数例外（一八六四这一年），无年不处于入超的地位，而且这入超的数额，又是与年俱增的扩大”[①]。至抗战前夕更是如此，“我国对外贸易逆调，自昔即然，而情形之恶劣，要以近六年来为尤甚”[②]。当时中国的经济学界普遍有共识，“我国对外贸易向无组织，一切进出口贸易均由外商所操纵，鲜有自己独立经营者，此为我国对外贸易上之最大缺点”[③]。事实也是如此，经济国际化增加了民族国家经济的脆弱性，使它们面临着不可预料的和不可控制的潜在的外部压力，这主要来自巨大的和日益频繁的资本转移所带来的一些不稳定的后果，因此必要的贸易统制也是国民经济建设所必需的。南京国民政府在前期对外贸易上的自由政策放任给中国经济带来了严重的危害，使得中国进出口贸易长期失衡，入超持续且数额不断增大。以抗日战争前十年中国物价与对外贸易变动为例，列表如下[④]：

抗日战争前十年中国物价与对外贸易变动表(1927—1937年)

指数：以1913年为100

币值：1936年币值

年份	批发物价总指数	工业品批发物价指数	农产品批发物价指数	对外贸易总指数	出口贸易净值	进口贸易净值
1927	157.0	148.4	167.5	198.4	918.6	1012.9
1928	156.0	155.4	168.9	224.6	991.4	1196.0
1929	162.0	160.9	174.5	234.4	1015.7	1265.8
1930	178.0	186.0	174.6	226.5	894.8	1309.8

① 褚葆彝：《中国国际收支的均衡问题》，《东方杂志》第32卷第8号，商务印书馆，1935年4月16日，第47—48页。

② 夏炎德：《我国实施对外贸易统制之检讨》，《东方杂志》第32卷第9号，商务印书馆，1935年5月1日，第23页。

③ 徐润身：《中俄贸易与华茶销俄之今昔观》，《东方杂志》第33卷16号，商务印书馆，1936年8月16日，第53页。

④ 王玉茹：《中国近代的经济增长和中长周期波动》，中村哲主编：《近代东亚经济的历史结构》，台北“中央研究院”人文社会科学研究中心亚太区域研究专题中心编印，2007年12月，第133页。

续　表

年份	批发物价总指数	工业品批发物价指数	农产品批发物价指数	对外贸易总指数	出口贸易净值	进口贸易净值
1931	190.0	194.0	156.5	240.7	909.5	1433.5
1932	170.0	184.6	147.6	158.4	492.6	1049.2
1933	152.0	168.3	119.4	129.1	392.7	863.7
1934	145.0	154.0	105.0	103.2	343.5	660.9
1935	150.0	155.2	133.9	98.6	368.6	590.0
1936	175.0	174.7	166.6	108.6	453.0	604.3
1937	206.0	196.5	182.7			

从上表可知，中国对外贸易受世界性经济危机与1934年美国调整白银政策的严重影响，自1932年之后便急转直下，1934年起更是跌入谷底。尤其是经济危机期间，主要资本主义国家都采取了对外贸易统制，以此来平衡国际收支，转移经济危机，而中国则无专门的对外贸易统制机构，致国外贸易，如一盘散沙，长此以往，势必会带来更深重的灾难。

徐青甫认为，"各国欲使其国际贸易出入之增减，常利用关税之高下以为诱抑工具。我国不能仅采此办法者，则以关税束缚尚未能完全解除，且即还我自由，而以我国生产过于落后，国人经济思想之太缺乏，仅恃关税增减之一道防线尚难望其能平，故非有统御贸易之机关以强迫抑制之法强抑之不可。唯以全国之大，港埠之多，出入货品之繁多，内外商号之众，如何能任统御受强迫？此则极费研究之事。然对外贸易之平衡为我国兴亡之最大关系，又不能以繁难而不筹对策，此深望热心国事之人共同熟筹者也"①。他在《经济革命救国论》中提出设立国际贸易局来控制对外贸易，按照国内外生产情形输出进口货物，以达到国际贸易收支的均衡，"至于对外贸易，我以为应设立国际贸易局统一管理，按照国内生产情形，输出货物，推广销路；一面按照本国需要情形，输入洋货。此项输入货物，以能助本国生产发展者为原则，其奢侈消费货品，绝对不向外国购买，

① 徐青甫：《经济革命救国论》，民国二十一年(1932)四月，第303页。

以减少入超，提倡俭德”[①]，“对于国际则不能不另设金融机关，以处理债权债务及交易授受之方法。其最须注意者，则国际间之所得均衡也。如果收不抵支，则游离财发生汇兑上之损害，而流通亦受其障碍矣”[②]，“但此种改革在收多支少之国行之甚易，而支多收少之国则不能不经过一忍耐奋进之时期，暂行束缚强迫之手段，使国内消费不致加增而努力于生产，以达均衡之度，将我无用而人有用之物尽量输出，以易生产之工具，将废置之人力与物质一一利用之而发达生产。一面仍限制其因享乐而消费外国之物，迨到达均衡限度即行解放。俾国际间均得增进其生产，均得增加其消费，以充足人类之欲望，达到共享升平之福境”[③]。

徐青甫深知中国已经被卷入世界资本主义市场，盲目排外，完全不用外国商品是不可能的，但对于生产落后国家而言，可以通过贸易统制，避免进口本国已有的商品，保护民族经济，达到国际贸易收支平衡，“为抑遏奢侈计，为收化游惰计，为免除恐慌计，为顾全信用计，不能不出此改革政策，且欲促进生产增加，以备将来与各国多所交换，期彼此通商之发达，不得不有一时限禁之举。非狭隘排外政策，乃永久和平方案”[④]。其具体做法是设立对外贸易总分各局，总局设于上海，分支局设于各海口商埠。凡有外货直接到达之处均设立局所，海关进出货物按年或按季将其品种数量造册，通知总分局所。此局于金融机关改革之时即须成立，成立之后即次第着手进行：(1)办理营业登记，督组各业公会。凡办理进口、出口之货者概为对外贸易商，分别出入品种，各将其商号名称，股东经理人姓名，商店所在处所，已成立年数、资本数、经营何种物业，系批发抑兼零售，销路方向，每年大概经营额一一详载报告，领取营业证，各就品类组织同业公会。外商如能受调查登记者分别登记，否则由各同业公会代为从旁调查，其国籍、字号、营业情形等可知者一一列载报告记录备查。(2)审查物品用途决定轻重取舍。一面调查海关贸易册进口货物之种类、品质、数量，编列表册，分发各业公会，详审其用途，如有品种不明者并征收样品备查。

---

① 徐青甫：《今后中国应采的经济政策》，《中国农民银行月刊》第1卷第4期，1936年4月30日，第86页。

② 徐青甫：《经济革命救国论》，民国二十一年(1932)四月，第99—100页。

③ 同上书，第101页。

④ 同上书，第387页。

然后组织各专门讨论会，由经济家、科学家、各业之有经验者研究现在我国情形，何者为必不可少，不得不进，何者可少进，何者可止进。大凡奢侈之品，本国有可替代者，均应暂时止进。即为必需品，本国产量现虽不多，可以赶造增添者，亦可逐渐少进。建设上虽属必要，而因经济状况尚可缓图者，亦暂缓进。除去止进、少进、缓进三种，而将必需品之数汇列统计，以得进口货之约数。复将出口之货，分别品种、数量、价值一一列表发交各公会，详审其销路与用途，组织各专会，讨论如何增加输出。如因价值关系，私业经济上不合算，以致不能输出者，则应计划如何津贴，方能增多输出。凡可以增加之数，以及津贴之数，汇列统计，双方对照，求其平衡办法。(3)全国各省、市、县政府共同办理。在国际贸易局对于通商大埠办理上两项事务之际，在有局地点之省、市、县政府固应协理其事。即内地各省、市、县亦应赞助，将输出、输入商依照上两项办法办理。凡售卖外货之商店均须有明显之标识，否则以违法论。(4)统御对外贸易。输入商各业公会将各家进货预算或合进分销之预算议定后，造册呈报贸易局备案，以后订货、进货须随时报告公会与贸易局(分两联，一联存公会，一联每晚由公会送局)。如可先取公会证明书而后提货者，以先令领得证明然后提货为原则，各不得超越预算之数。如有应减应增，经同业协商互相抵算，与总额无出入者，可呈明改正其支配额。有匿报超越情事，以违法论。此项办法，内地亦照行。贸易局与各业公会均有统计簿，将各品预算进数逐日或按旬实进数列记明白，以知其残额(局以各业总数计，会以各户计)，并可对照海关进口数以查其有无漏匿。凡在外人商店零进之货以批进论，须一一报告，应于其进额中扣除，而在本国同业间零进之货则以代销论，不扣除其进额。总之由外国直接办来或就近由外商之手来者皆为输入货之进数，而本国商人间之转手买卖则不应重复计算也。如一一改革完成，则因币制金融关系有可稽核，并可筹吾人便利之法，整理外货商场，使吾国人与外商不直接买卖矣。(5)整理对外贸易。若资本改为公管后，国际贸易可进一步直接经营矣。然所谓直接经营者非将各企业推翻，不过改监督为总理，各同业公会为其各分部，各企业为其小组而已。第一，整理商场。零售商内地可以设置外货商场，或分段或建场，以与国货区别界限；租界则仅区别性质，标明国货店、外货店，分业经营。批发商在内地可分段者亦分段，不能分段者标明其性质，以示区别；在租界仅标明其性质可也。第二，改制商制。内地零卖、批发外货之商均属于各地经委会，照国货商同样办理。兼采合作社之办法，商埠批发商由贸易局总其成，零售商、经委会主其事，仍以各业公会为贸易局之分部，各企业为其小组，分头经营。小组依分部之旨意，分部依局之意旨而进行。对外订立期交契约须经局与分部之许可，现货交易须随时请得同意，报告成交，并各兼采合作办法，俾零售商得分余润。至于零卖商店，则由经委会主任，各企业为其小组，有确定交易之本国人主顾可分余利，其余应分给主顾之余利皆归于公。第三，买卖限制。本国人欲买外货以至本国商店、商场购买为限，因有币制金融关系不容其扰乱也。内地外货商及租界零卖商欲进外货，须向贸易局所属之分部或小组洽办，不得径向外商订购。同类之业不宜过多，可合并者合并其数，因合并而生损耗及人事问题概由公家任其责，代筹弥偿改业之法。第四，对外输出。其输出之货，内地以运销商埠，由输出商转与外商交易为原则。商埠之输出商亦概由贸易局总其成，各业公会为分部，各企业为小组。故内地商愿与何小组交易，亦许其便。如径与分部交易者可酌指何小组与其洽办。唯洋商有自愿径至内地办货，内地输出商亦可径自售给，随时报告经委会，唯不得向其买回，以免我货商权转操外商之手。如洋商愿转嫁何小组之手而协同至内地办货者，则何小组亦可承办，倘收货有余愿仍在本地售脱者，该小组亦可代办，唯不得代其贩销于我内地，夺我商权。各小组办理之事须随时报告分部与局，如与外商订立契约，须先得分会与局之许可，不得擅自办理。总之，各企业应知己乃局之支体，万事须不背其意旨与范围也，如此则我对外贸易有完全统一之机关，可以计算出入而求其维持平衡之法矣。[①]

徐青甫实行对外贸易统制，把全部对外贸易活动置于国家集中领导和统一管理之下的目的，是为了捍卫国家经济独立自主地、有计划地发展，保护国家和人民的利益，促进国家经济建设稳定地发展，使我国能够保证经济上和政治上的独立自主，“唯依予策，改革金融组织，废除金银货币，使内外经济线网，完全成为两系。国内以转账货币之便利，企业可以勃兴，外货有可替代，自可拒其倾销，辅以对外贸易之国营，对外金融之制限，则虽门户洞开，外人掺杂，有此金融密网，笼罩其间，不难操纵在我”[②]。

---

① 徐青甫:《经济革命救国论》，民国二十一年(1932)四月，第303—309页。

② 徐青甫:《徐青甫演讲稿之六:生产问题》，第25页，《徐青甫先生演讲集》第2册，浙江财物人员养成所印，1932年8月。

当前世界几乎所有的国家都实行贸易统制。现代国家对外贸易管制手段主要有进出口许可制度、进出口企业管理制度、外汇管理制度、保护关税制度、货运监管与查禁走私制度、进出口商品检验制度。参照当年徐青甫提出的贸易统制举措，可以看到他的贸易统制思想有可取之处，尤其是他的具体计划、实施细则之全面详细，在当时的经济学家中是罕有的。

第八章　徐青甫的货币金融思想

金融是现代经济的核心，通常指与货币流通和银行信用相关的各种经济活动，而货币与银行从历史和逻辑上看都是金融的源头和基础。狭义的金融就是指资金融通；而广义的金融则除了资金融通外，还包括金融机构体系和金融市场的构成。金融是商品货币关系发展的必然产物。人类社会由以实物交换为特征的自然经济发展到以货币交换为特征的商品经济，再由简单的商品经济发展到以大工业和银行为基础的货币经济，经历了几千年的时间。现在，人类社会又处于传统的货币经济向金融经济转化的过程之中。其间每一步转化都是由经济的发展、经济活动方式的变化而引起的：从物物交换中发展出货币形式，用于解决物物交换的供求不一致、交换双方在时间上要求不一致以及交换双方在空间上要求不一致的矛盾，促进了商品交换；又从货币兑换业务中派生出货币保管业务，然后，从货币保管业务的发展中又产生银行，以解决商品经济活动中对资金供求不一致的矛盾；随着资金融通规模的不断扩大，资金融通方式的日益多样化，金融机构的种类与数量不断增加，金融市场不断完善，金融经济的轮廓不断清晰和完整。

中国的货币金融活动，源远流长。殷商时代用贝壳作为货币。周朝已经出现了金属货币，至春秋战国时代金属铸币已在全国范围内代替了贝币及各种实物货币，进入了货币经济时代，是世界上货币文化最早形成的国家。秦始皇统一中国以后，也统一了币制，把货币定为黄金和铜钱两种，至唐宋白银开始流通，北宋出现纸币——“交子”。但是由于中国商品经济发展缓慢，货币信用没有大的变革，借贷活动长期处于原始状态，甚至每当战乱之际，货币金融发展反而呈现出停滞乃至倒退的现象。在货币方面，长期的金、银、铜并行，以铜为主，至明代白银才成为主要流通货币。铜币计数行使，金银计量行使，并没有主币、辅币之分，各以其自身之价值流通，没有明确的本位币，也没有什么本位制度，这种情况虽然在其他国家也曾存在过，但都不像中国延续得如此长久。从信用业务的性质和机构看，高利贷长期占据主要地位，又由于个人窖藏财宝的习惯，造成货币流通的呆滞。明朝中叶尽管出现了钱庄的组织，但是对于工商业的贷款极少，就其性质和经营的范围来看，也仅仅是金融业的雏形，远远落后于当时西欧国家已经发展起来的金融业。清代的货币流通主要有银两和制钱（铜钱），但鸦片战争后，西方列强敲开了中国的大门，外国金融势力随之侵入，外国银行无视中国纸币发行特权，乘中国信用机构不发达之机大量发行纸币，仅外币一项，除外国发行传入中国流通的外币外，还有以外国货币为本位但专供中国市场流通的纸币，扰乱、操纵中国金融市场，使封建统治的中国染上了殖民地的色彩，造成中国货币金融错综、紊乱的现象，外国银圆也在这个时候输入中国，清末中国也开始铸造银圆，形成银圆银两并用。清宣统二年（1910）四月，清政府颁布了《币制则例》，宣布实行银本位制，实际上是银圆和银两并行。民国三年（1914）二月，北洋政府颁布了《国币条例》及《国币条例施行细则》，始实行银本位制，以银币为国币，分一元、半元、二角、一角等，均以十进位计算，以一元为主币，其余为辅币，以库平纯银六钱四分八厘为价格之单位，定名为元，国币铸发权属政府。因币面镌刻袁世凯头像，民间俗称“袁大头”。“袁大头”在国内金融市场上逐步成为流通领域的主币，但当时由于各种阻力，银两制度并没有被废除，中国币制实际上仍处于银圆、银两并行流通状态。日常生活中的交易、完粮纳税虽然使用银圆、银毫子，商业大额贸易和国际上的收支结算还是普遍以银两计算，这对商业和财政两个方面是不利的。另外，全国各地的货币制度不统一，这个省收银圆，那个省收银两，各省的银两成色和平砝也不相同，使国内各地人民的赋税负担很不一致，极不公平。早在1917—1920年间，各工商团体及经济学界就多次呼吁“废两改元”，但由于军阀混战与金融业中保守势力的阻挠以及外国银行团的反对，这项改革迟迟不能实施。1927年4月18日，南京国民政府成立，次年12月29日，张学良在东北“易帜”，结束了十几年来军阀割据、连年混战的分裂局面。南京国民政府于1929年曾聘请美国普林斯顿大学凯末尔教授率领一批财政专家来华，帮助制定了《金本位制条例草案》，因条件不具备而未实行。至

1933年3月1日，国民政府才正式颁布《废两改元令》和《银本位币铸造条例》，规定从1933年4月6日起，所有公私款项收付、订立契约票据及一切交易，一律改用银圆，不得再用银两。银圆与银两按1元等于0.715规元两兑换。持有银两的人可以请求政府代铸银圆，或者向中央、中国、交通三家银行兑换银圆使用。同时决定铸造统一标准的新银圆，银币正面为孙中山半身头像，以代替旧银圆。至此，存在了千余年的银两制度在全国范围内终被废除，银圆占领市场，使白银货币由计重转为计数，容易发挥价值尺度和流通手段的作用，便于商品经济的发展，合乎货币制度的发展规律。

但中国在“废两改元”之后，实行的仍然是银本位制，而当时世界上一些主要资本主义国家早已改银本位为金本位，至1929—1933年世界经济大危机时又逐渐放弃金本位制，而以不兑换黄金的纸币和银行券为本位币的货币制度替代。白银在中国是货币，是特殊商品，但在国际市场上却是一般商品，国际上银价的变动会影响到中国货币制度的稳定。1929年世界资本主义经济危机发生以后，美国为了银矿资本家的利益，操纵白银市场，刺激银本位制国家的购买力，向这些国家倾销过剩商品，以转嫁经济危机，于1933—1934年间颁布了《银购入法》和《白银法案》，用高价在国外购买白银，同时宣布白银国有令。美国的白银政策引起了世界银价的上涨，使中国白银大量外流，酿成“白银风潮”，造成中国国内银根奇紧，信用紧缩，工商企业资金周转困难，银行、钱庄倒闭，各地物价跌落，工商业停滞，农村金融枯竭，影响生产，中国的财政金融和国民经济遭到沉重打击。为了挽救摇摇欲坠的中国货币制度，恢复国民经济，同时也是为了统一全国纸币发行，因为当时几乎所有中外金融机构都可以在国内发行纸币，国民政府在1935年11月被动放弃银本位，实行“不兑现”的法币政策，规定自1935年11月4日起，以中央、中国、交通三银行（后又加中国农民银行）所发之钞票为法币，所有完粮、纳税及一切公私款项收付，一概以法币为限。在银本位货币制度下，纸币是可兑换纸币，尚未成为整个国家的无限法偿货币即国家法定计价结算的基本通货，维持纸币与银钱之间的十足兑现不仅是各金融机构发行纸币的信用基础，也关系到整个社会经济乃至国家政权的稳定。[①] 而这次的法币则是依靠国家政权的强制力发行的不兑换纸币，这意味着中国正式废除了银本位制，实行汇兑本位，与英镑、美元挂钩，停止金银流通，切断了纸币与金银之间的直接兑换关系。法币政策的实施达到了限制白银持续外流的目的，对缓和金融危机、稳定经济起了一定的作用，同时统一了全国货币，有利于商品经济的发展和促进国内统一市场的形成，而且用信用货币（纸币）代替金银货币，也顺应了当时世界货币制度发展的潮流，稳定了中国外汇市场，到 1937 年，中国通货储备达到了 3.79 亿美元。

我们知道，徐青甫的经济思想是从改革货币金融入手，构建其独具特色的经济理论体系。他对金融的解释为"金融是经济社会的血液，而金融机关是流通血液的脉络"[②]。徐青甫刚开始研究经济学理论时，将研究方向放在努力提高生产方面，因为徐青甫觉得从生产入手很简单，只需要企业的资金和劳动力准备充足就足够了，后来发现没有资本空提生产是不切实际的，"物与货币相表里。物穷则币必穷，币穷而成资本告匮，则物愈穷，物愈穷货币亦随之而愈穷，层递而下，不知何所底止"[③]，于是改变方向从改革货币金融制度入手，"我对于研究经济政策的途径，起初亦与诸先生相同，想从发达生产入手的，后来才变方向，改由改革金融制度入手的"[④]。因为其时中国"现有金融机关之情形，细散杂乱，不成统系，或形拥挤，或觉偏枯，妨碍货币之循环，减少'集''联'两效用，加之各私其私，于存放利息之外，时时于货币本身中获取利益，故其所有之财，除能供商

---

① 例如：1916 年 5 月 12 日，北洋政府受财政透支影响，宣布中国银行、交通银行两行发行的纸币停止兑现。该停兑令发布之后，引发了全国性的挤兑风潮和社会混乱。1924 年 8 月 15 日，孙中山在广州创立中央银行并发行纸币，由于杨希闵、刘震寰叛变，央行纸币也曾于 1925 年 6 月被迫停兑，货币信用大受影响，以致在此之后，宋子文在筹措北伐军费时如履薄冰，不敢轻易增发纸币，见姚菘龄：《中国银行二十四年发展史》（民国史料丛刊第二十九种），传记文学出版社 1976 年版，第 30、82 页。

② 徐青甫：《今后中国应采的经济政策》，《中国农民银行月刊》第 1 卷第 4 期，1936 年 4 月 30 日，第 83 页。

③ 徐青甫：《徐青甫演讲稿之三，重申救国方策非由改革金融币制入手不可之意见》，第 8 页，《徐青甫先生演讲集》第 2 册，浙江财物人员养成所印，1932 年 8 月。

④ 徐青甫：《对于研究经济问题者之陈述》，《复兴月刊》第 1 卷第 4 期，1932 年 12 月 1 日，第 1—2 页。

贩短期之利用外，生产事业鲜得其助，而长期低利一语，无异梦呓”[①]，所以要调整金融，促进产业的发达，必须先将金融机构完全改组，使全国金融机构之组织渐成“联合统一”[②]，“变其私利之目的而为公利，以便集合虚财，供生产资本之用，并借以改革其他经济社会之组织，使其利害密切相关，成为一线以御外。俾资本构成便利，企业思想旺盛，则人与资双方增多，生产自能发达”[③]，出发点仍在于集合资金发展生产。徐青甫独具特色的货币金融思想是在融合近代资本主义和社会主义货币理论的基础上形成的，其核心是货币本位和金融体系建设问题，在不同的历史时期，根据当时社会主要矛盾的变化相应提出了虚粮本位论、物品证券论、物本币末论等理论。

第一节　虚粮本位论

徐青甫“虚粮本位制”理论的提出，正值美国1933年后收购白银的政策引发了中国一系列经济恶果，迫使中国放弃了银本位，而代之以不可兑换的法币，“正是美国的收购白银政策使得中国的币制改革成为可能的和必要的”[④]。这一结论与1935年国民政府对币制改革原因的说明是一致的，“我国以银为币，白银价格剧烈变动以来，遂致大受影响，国内通货紧缩之现象，至为显著，因之工商凋敝，百业不振，而又资金源源外流，国际收兑大蒙不利，国民经济日就萎败，种种不良状况纷然并起。计自上年(1934年——笔者注)7月至10月中旬(美国《白银法案》6月出台——笔者注)，3个半月之间，白银流出凡达2万万元之上。设当时不采取有效措施，则国内现银存底必有外流罄尽之虞，此为国人所昭见者。……近来国内通货益加紧缩，人心恐慌，市面更形萧条。长此以往，经济崩溃必有不堪设想者。政府为努力自救复兴经济，必须保存国家命脉所系之通货

①② 徐青甫:《对于研究经济问题者之陈述》,《复兴月刊》第1卷第4期，1932年12月1日，第4页。

③ 同上书，第4—5页。

④ [美]阿瑟·恩·杨格著，陈泽宪、陈霞飞译:《一九二七至一九三七年中国财政经济情况》，中国社会科学出版社1981年版，第314页。

准备金，以谋货币金融之永久安定”[①]。虽然国民政府最终采用了孔祥熙、宋子文等人设计的货币政策，即“不兑现”的法币政策，废除银本位，实行汇兑本位，与英镑、美元挂钩，依靠国家政权强制力发行不兑现纸币，但出于防止通货膨胀方面的考虑，蒋介石仍希望通过统筹物产、调剂供需来维持法币对内价值的稳定，并尽可能维持法币作为主权货币的独立性，而保障货币信用最好的办法无疑是保证发行十足准备，当金属货币已无法满足发行准备要求时，自然就会用土地、粮食、货物来充当“准备金”，这也就是为什么徐青甫一提出“虚粮本位制”货币理论，就引起了蒋介石的注意和高度兴趣[②]。

徐青甫“虚粮本位”思想的形成，深受日本学者千贺鹤太郎[③]的米价本位主张和孙中山的货物本位思想的影响，而同时期朱执信、阎锡山等人主张将纸币的基础放在实物之上，认为施行不汇兑的本位制度和金本位制度在中国行不通，对徐青甫也有影响。千贺鹤太郎虽然不是经济学家，但是却是日本首位提出废除金本位的学者。1919 年底，千贺鹤太郎针对当时日本面临的物价暴涨问题，批评了日本政府采取的各种救济方法，如纸币减额、代米食料奖用、奖励输入外米、取缔奸商、法定日用品价格等，都不会带来积极的效果，要彻底解决物价暴涨的问题，必须采用以米为货币本位。

在中国经济学界，朱执信是最早引入并且评价千贺鹤太郎“米本位”理论的人，他在《千贺博士之金本位废止论》一文中宣传了千贺鹤太郎的

---

① 《伪财政部施行“法币”布告》，吴冈编：《旧中国通货膨胀史料》，上海人民出版社 1958 年版，第 66 页。

② 1932 年 7 月 20 日，蒋介石曾与徐青甫谈经济问题，称许徐青甫“此人老练，应早用也”，见刘维开、陈红民、吴翎君、吴淑凤等：《国民政府执政与对美关系》(《中华民国专题史》第 5 卷)，南京大学出版社 2015 年版，第 164 页。

③ 千贺鹤太郎(1857—1927)，日本国际法学者。1885 年起留学德国，获得柏林大学公法和私法博士学位，学位论文是《当前日本的领事裁判的实况和批判》。1898 年返回日本后任京都帝国大学教授(1899—1923)、立命馆大学教授(1923—1927)。代表作是《国际公法要义》(1909)，与以往日本学者把国际法分为平时国际法和战时国际法两大部分有所不同，他把国际法分为实体国际法和程序国际法。1919 年底，千贺鹤太郎在日本《太阳杂志》十二月号上提出废金本位议案，主张以米为本位，朱执信随后在 1920 年 3 月《建设》第 2 卷第 2 号上发表了《千贺博士之金本位废止论》一文，宣传了其思想，遂使该主张广为人知。

主张,“世界各国所以拿金银做通用货币,不能不说因他的价格比较的高低少一点。然而今天各种物价工钱,已经暴腾到这个地步,金货的价值,比较的就很下落了。而且他的下落,还要一路继续下去,没有底止。社会民生所受的害,又和上面讲的一样。将来要弄到什么地步,真是料不到。照这样推下去,恐怕两三年间,弄到一升米卖一圆(日本的一升差不多有漕斛的二升),卖一圆半,卖两圆也不晓得。对于这一件的根本大策,就是在这时候,断然废止金货本位,把金货当作和银货、铜货一样,算做补助货。纸币上面,不要写金几圆,只要写粗米几升、几斗、几斛,那纸币可以和现在一样通用。而兑换的准备,本来不是金货,是粗米,政府就不用藏金块了。只要处处设粗米货仓,兑换纸币,就用粗米,这样一行,物价腾贵就没有了。至少总是除了比米还要腾贵的东西,都不腾贵了”[①]。但同时,朱执信认为仅仅只用米作为货币本位具有非常大的弊端,应包括米在内,多找几种物品作为本位,才能分散因物价变动而带来的通货风险,“如果在米本位底下来兑换,一定要把所有的米都归了国管。现在假定每石五十元算,全国(日本本国)米共有六千七百万石(政府发表的数目),应该有三十三万五千万元的价值。日本现在本国通行纸币额,只有一十二万二千七百多万元。所以如果把全国的米都收到国家的管理底下,按着一元两升的比例来发行纸币,那纸币总额就要一个个月不同。在收获之后(日本叫作米年度的开始在每年约十一月),政府手里头,有六千多万石米,就发出三十三万万元的纸币,在市面流通,那未免太多。到了米年度末的时候,照他平常的情形,只存三四百万石旧米,就只可发行二万万元以下的纸币了,那用米流通,未免太少。如果碰得不巧,还许有一石都不存留的时候,岂不是把货币制度弄到大乱么。如果实行起来,那当米年度的开始,一定争着拿纸币来兑米,等到年度末,就要米吃,也很难得到一张纸币去换米。这就是经济上的一个大不便了。所以在这个制度底下,消费者长要受这一种经济上的胁迫,而没有办法可以避得去的。因为纸币数量定期的增减的结果,物价也变了定期的腾跌,这个毛病,尤其可怕。……这几层都是因为生产消费的时间不同生出来的,无论怎么样都避不开。要免这个毛病,只有另外找多几种物件,做兑换的东西。这几种东西,收成

---

① 朱执信:《千贺博士之金本位废止论》,《朱执信集》(增订本),中华书局 2013 年版,第 711 页。

的时间，是不在同一期的，消费也不在同一期的，大概总是每个月，或者每个季节，都有相当额的生产，也有相当额的消费。于是量着社会上的纸币流通需要总额，来贮准备的物件，一面按月收进，一面按月兑出，不一定要把全部的纸币同时发出流通。就没有流通货币总额忽多忽少的毛病。如果办到这个地步，就上头所讲的几种弊害，都不会发生了”①。朱执信列举了米、棉布、丝、茶、盐、油、煤、糖 8 种东方人生活必需品，来做兑换品，国家仓库里按着季节来收进这些货物，作为本位货。因纸币是由这几种货物合起来做准备的，所以不管其中 1 至 2 种货物价值发生了变化，纸币的价值不会发生多大的变化，“这样转移，就能够使货币价值不至受时代的影响。就是物价除了因他自己的生产消费的条件以外，不会有变动。现在所谓金融上的变调，大抵可以免去了”②。

而近代民主革命的先行者孙中山也是货物本位思想的鼻祖，他常常把货币说成是一种筹码，认为“钱可以说是一种筹码，用来记货物价值之数的。譬如赌钱人，不必用钱去赌，用瓜子作筹码，可以代表钱；用火柴作筹码，也可以代表钱。简单地说，钱不过是货物的代表，所以钱不是万能的。货物的能力是更大的，如果货物不能流通，钱的价值便要低”③。日本学者千贺鹤太郎的米价本位主张和孙中山的货物本位思想成为徐青甫“虚粮本位”论形成的思想基础。不过，徐青甫的“虚粮本位”思想和千贺鹤太郎、孙中山、朱执信的货物本位论虽有相似之处，但却是在前者基础上的进一步发展，理论基础不似前者漏洞一目了然。徐青甫认为“世界经济学者，论货币之书多矣，除共产主义者偶有以劳动券代金银之设计外，其余均不过就金银中讨论得失，未尝言完全可废金银”④，但随着世界各主要资本主义国家相继放弃金本位制度，以金银为货币本位显然已不符合历史发展的潮流，中国作为世界上为数不多的银本位国家，自不能独身于外，理应放弃银本位，“予觉今日早为货币信用时代，信用观念已普及人

---

①② 朱执信：《米本位说之批评》，《朱执信集》（增订本），中华书局 2013 年版，第 769—771 页。

③ 孙中山：《在桂林学界欢迎会的演说》，《孙中山全集》第 6 卷，中华书局 2006 年版，第 76 页。

④ 徐青甫：《徐青甫演讲稿之四：货币问题》，第 1 页，《徐青甫先生演讲集》第 2 册，浙江财物人员养成所印，1932 年 8 月。

心，尚维持此陈腐币制（指银本位制——笔者注）不特背于进化原理，且因不适宜之故，而使世界、国家、社会受无谓之恐慌也”[①]。但发行不兑换的纸币在中国亦是行不通的，他解释说“然而我国货币，以银为主，银的出产，在我国稀少得很，无法充裕。因此有许多人，以为只有仿照人家虚本位的办法，多发行实际不兑现的纸币，来救济这货币缺乏的病。不过要晓得货币与物价是成反比例的。货币愈多，物价腾贵，物价腾贵的结果，分配所得虽多，而实际易得的需要物量反有减少，仍旧没有实益的”[②]，而采用朱执信的多种物品作为本位则实施过程又嫌烦琐，故在《经济革命救国论》中提出了“虚粮本位”一说，“应改选人生最要之物为货币本位，而将现有本位货币与补助货币统改为补助货币，由金融机关陆续吸收销毁，使其仅留周转上必需之量而止。在从前吾人智识狭陋，泥于物质之观，人生最要之物因授受不便，且有变性之虞，不适充货币之用者。今可赖信用观念发达之故，以支票、本票转账方式成为货币，定名为虚粮本位，由法律定其标准并其伸缩限度、代替方法，而由国家负调剂平准之责（可参考我国仓储制度而放大之，平时仍任人民自由供求，一及限度，则出而调剂之）”[③]。

徐青甫说：“货币发生于交换经济时代。因物之交换感觉不便，于是选一种物质为交换上之媒介品，或以贝壳、兽皮、马、牛、牛肉、羊皮、谷物、烟、茶、油、盐、干鱼、宝石、珠玉、布帛、奴隶等，以充货币，所谓物品货币是也。复以其尚不便，改以金属品代之，以铅、锡、铁、铜、青铜、白铜、银、金所成之物为货币，所谓金属货币是也。后复以文明日进，交易日繁，货币之检数、授受、运搬，不胜其烦，进而以信用代之，以纸币、支票、期票等相交易，所谓代用货币是也。”[④]指出货币有四种职能：一是一般交换之媒介物；二是一般价值之尺度；三是一般支付之要具；四是价值储蓄之手段。他认为“货币者，不指名而有价值之物权也”[⑤]，而当今世界对货币的本性认识不全，“论其性质，不过持此者可以得同值之任何物，实则一种共信之有价值物权耳。其可贵者，在其额面代表之无形权，非在其成

① 徐青甫：《经济革命救国论》，民国二十一年（1932）四月，第 86 页。

② 徐青甫：《改善经济之途径》，1934 年，第 5 页。

③ 徐青甫：《经济革命救国论》，民国二十一年（1932）四月，第 89 页。

④ 同上书，第 84 页。

⑤ 同上书，第 86—87 页。

此之质也”[①]，故货币的材料不一定非要用金银，甚至也不一定要用实物，“彼泥于成见，以为货币必需实物者，无异刻点画于竹木之上即以为公尺也。惟竹木之是尚，而不计其伸缩性之有无，乌得为准？”[②]徐青甫认为世界现行的金银本位制有8个缺点：一是失其本性，人们斤斤计较于金银的质地，而忘记货币只是有价值的物权；二是扰乱物价，物价以金银为标准，受金银多少的影响而发生波动，使债权债务人的资产在无形中减少；三是迷眩财观，自有金银货币后，人人知金银为有价值，而不知金银之价值非其本身所实有，乃人所授与，而忽略财最宝贵的地方在于为人们提供衣食住行；四是供不应求，现有世界金银数量不能满足市场货币流通的需要；五是减少流通效用，金银因为本身是物质，因物质的减少会妨碍商品流通，减少效用；六是助长罪恶，因金银货币量少而价高，携带便利，助长人们为占有货币而进行犯罪；七是束缚生产，人们贮藏财富，贮金银而不贮物品，使生产受到限制；八是增多经济恐慌。[③] 而考虑到中国的现状，则更加不能用金银为货币。徐青甫认为“金银货币之不适用于今世，……在我犹有必须改革之理由。因我非产银之国也，生银输入无异于其他外货之输入，其输入愈多，我国际出入愈形亏短，汇兑愈不均衡。银在世界已全不充本位之用，以其废物陆续输来换我有用之物而去，我再不改，无异丧心病狂”[④]，而如果我国由现在的银本位制改用金本位制，则更加不可，“或有见用银汇兑上之损失而思仿效他国改金本位者，此其丧心病狂尤有甚也。试思我国产金额几何？金之现存量几何？若欲足敷货币充分周转之用，当输入生金几何？一金之输入，当有一金之产物相抵，我产抵外人产物已大不敷，而尚欲加此大宗之输入，非自促其破产而何？此极易明了之事，而谓身居事业中心之人尚有如此主张者，未免人云亦云矣”[⑤]，所以他主张废除金银本位，代之以“虚粮本位”，“予觉我国如欲自给自卫，非革

---

① 徐青甫：《经济革命救国论》，民国二十一年（1932）四月，第87页。

② 徐青甫：《徐青甫演讲稿之四：货币问题》，第5—6页，《徐青甫先生演讲集》第2册，浙江财物人员养成所印，1932年8月。

③ 徐青甫：《经济革命救国论》，民国二十一年（1932）四月，第86—88页；徐青甫：《徐青甫演讲稿之四，货币问题》，第10—13页，《徐青甫先生演讲集》第2册，浙江财物人员养成所印，1932年8月。

④ 同上书，第246页。

⑤ 同上书，第246—247页。

此不良之币制不可"[1]。

徐青甫的"虚粮本位论"是说粮食本身不作为货币，但货币却以粮食的价值为价值。粮食是有价之物，但如果货币只用其价，而不用其实物，即为"虚粮"。其具体主张是"以各本国多数地点人民通常食用平年中等产地之粗粮若干，定为货币一单位。其少数地点人民所食用之他粮，以科学分析成分效用之法，定其比代分量，而为各该地之货币单位。单位无妨仍沿旧名"[2]；粮食买卖仍归私营，唯其价值不得超越法定限度之上下；在各地设立公仓，其容积至少须能容纳可供当地人民半年食用的粮食，当粮价下跌至最低限度时，人民可将余粮售给公仓。公仓有尽数收买之义务，不得拒绝，而当粮价上涨到最高限度时，人民可各按其本户所需之数，持货币依限价向公仓购粮，公仓有依数售给之义务，以稳定粮价；货币以公信所转账记数为本位，行使授受，以支票本票为通式，其零星使用则以各该地公信所所发行之流通券及铜镍辅币行之，唯流通券有期限，且与辅币均有限度，不得越量授受。[3]

徐青甫还认为过去不兑现纸币滥发为害，关键在于财政制度与金融机关组织的不良，非纸币制度本身之故，故实行"虚粮本位"，由公信所的支票、本票代替实物货币，关键在现行金融机关的改革，"故此币制能改与否全视金融机关能改与否为断，非先改金融机关，万不可即改币制，此予须郑重声明者也"[4]。具体办法是设立公信所为管理货币金融的机关。全国设公信总所，在若干地区设公信统所，省或旧道区设分所，县市设支所，城乡设区所，以下再设派出所。总所与统所、分所均不过记账转知，统计查核，尽承转、监督、调拨之责，除对于公方及各公信所有转账往来外，概不直接收付，对于私人绝不开户，其直接收付者唯支所、区所而止。货币由公信所转账记数，本县市使用支票、本票，外地用汇票。零星使用可由各县市支所发行代用货币(纸币)，规定最高行使限额。代用货币定期(如一年)收换，过期作废。外出旅行时，大数额的旅行用款可向各地公信机关支用，零星用途则使用交通用币。全国货币统一汇兑，只收手续费和

---

① 徐青甫:《经济革命救国论》，民国二十一年(1932)四月，第247页。

②③ 徐青甫:《徐青甫演讲稿之四:货币问题》，第13—15页，《徐青甫先生演讲集》第2册，浙江财物人员养成所印，1932年8月。

④ 徐青甫:《经济革命救国论》，民国二十一年(1932)四月，第247页。

电费，不得有汇水、贴水等名目。[①] 对外则设立国际贸易局，统制对外贸易。由于“虚粮本位”货币不能行诸国外，对于购买外货，须设立专门对外金融机关，以处理此项对外经济事务。该机关之名称可叫“中国银行”或“中国对外公信所”，纯粹国营，不得招收商股，设总行于上海，国内各商埠凡与外人有交易之处均设分支机关，惟国内仅在通商要埠设立，内地概不设立，如有事务委托公信所代理。对外要另有货币本位，可择各国币制较安定之制为其本位，但仍随中国国际收支关系应付之种类而分贮各币以为标准，其准备之外币可各分贮于国外，毋庸集中总处。各国货币以备支付。国内流通与国外交易的货币相区分，对内对外施行两种不同的记账方式。[②]

徐青甫认为货币仅是“物权凭证。故不重凭证之形体，而注重其精神”[③]，“物之价值，随本身需供关系而上下，物权凭证之价值，随其所代表之物价而上下”[④]，“货币者，物值之尺度也。尺度必附丽于一物，而后可以之比较他物。此尺度不特现在交易时需之，而为储蓄等债权债务上所必需，即现在与后来远年计算上亦所必需者也”[⑤]，主张货币仅用代表之物之价格，而不用其实物，这在当时具有一定的超前性，彻底摆脱了金属货币流通制度下所形成的观念束缚，“使货币而仍以金银为主，则人只知金银为有价值，不知金银之价值非其本身所实有，乃吾人所授与，犹如契据上所书之值非纸与墨之值，乃吾人授与之值也。如不改革币制，则转移其观念甚难。应乘此信用观念已具雏形之机将币制改正，使其观念离开物质，俾物与物权认识之界限愈清，以免再受眩惑”[⑥]。但是他在对货币本质的认识上也有言过其实之处，如他否认货币本身是具有价值的一般等价物的特殊商品，有特殊的使用价值，而认为货币仅仅是商品价值的符号，是观念的计算单位，其价值是间接产生的，“盖货币非本身有可衣可食可住可行可用之能，而有得可食可衣可住可行可用之物之能，人欲得之，

① 徐青甫：《经济革命救国论》，民国二十一年(1932)四月，第248—253页。

② 同上书，第309—311页。

③ 徐青甫：《徐青甫演讲稿之四：货币问题》，第1页，《徐青甫先生演讲集》第2册，浙江财物人员养成所印，1932年8月。

④ 同上书，第3页。

⑤⑥ 徐青甫：《经济革命救国论》，民国二十一年(1932)四月，第87页。

非以其物质即能充己之态，而以其可得充己欲之物故也，两者均出于间接，故知其价值，实为间接的。金银之价值，非即以其质之坚色之丽而生，实以可充造币之用，而姑有此高价，观夫用银国改用金时，银价大落，即其明证。货币之价值既由他物间接而来，金银之价值转随货币而生”[①]。因此他完全否认货币和币材价值之间的联系。在他看来，货币价值完全是主观的，“我觉得货币由各物而递遭用至金银，已早失去物物交换的初意。经济学上有一名言，即亚里士多德所发明者，凡物有二效用，(一)使用效用，(二)交换效用这句话。现在之所谓货币，实只剩一种交换效用，同其他的物兼备二种效用的是不同了，但是经济学上把货币同其他物品，同列在经济财一项之中，毫不加以区别，这是经济学上一大缺点，因此令世界上人财字观念混淆，成了经济界扰乱的起点，经济恐慌发生的重大原因”[②]，“货币是否与他物不同的，是否只有交换效用的，诸公或者以谓货币是金银，金银亦有使用价值上的效用，不仅只有交换上的效用，如照这样想，未免过火了，因为讨论的是货币，货币的效用，只要就交货币与受货币的双方目光中，所认定他的效用，就是定评。我可说双方目光中只有公认价值的信用，晓得将来拿他可以确实换得任何同值的物件而已，换言之即交换效用一项”[③]。而我们知道，用银、金银并用或用金、用纸来作为币材，分别构成了银本位制、金银复本位制、金本位制、纸币本位制。但是，币材的确定却并不是由各国政府任意选择的，恰恰相反，是由客观经济发展的进程所决定的。自由资本主义发展时期，首先广泛流通的是白银，同时黄金也开始大量进入流通领域，并有排挤白银的趋势。这时，资本主义国家就把金银同时规定为货币金属。随着生产的发展和商品流通的扩大，黄金产量无法满足流通需要，各国均以纸币和银行券取代了金属货币。当今，世界各国都实行信用货币制度，各国的法律中也没有以何种商品充当币材的规定，货币制度中的最重要的一个构成要素——币材的规定消失了。徐青甫对货币本质的看法虽基本正确，但显然有偏颇的地方。

徐青甫的“虚粮本位论”主张货币由公信所转账记数，记账本位币是

① 徐青甫：《徐青甫演讲稿之四：货币问题》，第4页，《徐青甫先生演讲集》第2册，浙江财物人员养成所印，1932年8月。

②③ 徐青甫：《国难期间经济之设计》，1932年，第64—65页。

指用于日常登记账簿和编制财务会计报告时用以表示计量的货币，徐青甫计划将全部流通和贮藏的货币全部改为记账货币，出发点虽好，但如实行耗时久而且成本大，实际可操作性较低。因为将私财全部公布在账面上，毫无保留地公之于众，在相当长的历史时期内都不会被人们所接受；取消全国性的流通货币对社会经济和人们的生活也会造成很多不便；人们从事经济活动的结果仅有一笔账面数字，也将大大影响其从事经济活动的积极性，严重阻碍社会的进步。

退一步说，即使在全国范围内实行了“虚粮本位”，徐青甫主张废金银本位时要解决的增加资本、避免通货膨胀等问题也没有得到根本解决：一来货币价值始终存在着不稳定的问题，要解决这一问题，除非根本不用具体的物作为价值标准（如不兑现纸币流通制度），决不能既用其价值而又不用其实物。粮食价格在一定范围内也会引起波动，则货币的价值和金银一样仍是不稳定的，这一点早在朱执信引进千贺鹤太郎的米价本位思想时就已指出这一缺点，并非如徐青甫所说的实行“虚粮本位”就能保持物价的稳定；二来如果要实现粮价的基本稳定，则货币的总量仍要受到束缚，即使是改为记账货币，但如果支票、本票、汇票在一地动用过多的话，国家贮存的粮食很容易被抢购一空，而粮价仍然会扶摇直上，造成通货膨胀。因此徐青甫说实行“虚粮本位”后可以解除财政的束缚，“如依予策，金融币制改革完成，则公款有无限之量”[①]，避免通货膨胀完全是毫无根据的幻想；三是国家调节粮价的能力是有限的，在粮食大歉收或大丰收时，国家通过公仓买卖粮食将粮价维持在法定的幅度内的能力是有限的，生产在资源配置中的作用，在中国经过多年的实践经验可知不能代替市场发挥资源配置的作用。“虚粮本位”下币值也会大起大落，其幅度甚至可能会超过金本位或银本位制度下的物价波动。

近代中国在西学东渐的过程中逐渐认识到中国不仅物质文明落后，而且制度上也有缺陷，这与美国经济学家沃森提出的“对后发者的诅咒”理论相合。落后国家由于发展比较迟，所以有很多东西可以模仿发达国家。模仿有两种形式，一种是模仿制度，另一种是模仿技术和工业化的模式，模仿技术比较容易，模仿制度则比较困难，因为改革制度会触犯一些

① 徐青甫：《经济革命论的要旨》，1932 年，第 28 页。

既得利益，所以落后国家一般会倾向于技术模仿。说“诅咒”，其实就是说落后国家由于模仿的空间很大，所以可以在没有好的制度的条件下，通过对发达国家技术和管理模式的模仿，取得发达国家必须在一定制度下才能取得的成就。但是，落后国家虽然可以在短期内取得快速发展，也会给长期的发展留下许多隐患，甚至导致最后的失败。1935 年 11 月南京国民政府实施不兑现的法币政策就是类似这种情况。孔祥熙、宋子文及其币制设计团队倾向于采取当时欧美主要国家流行的发行不兑现法币政策，虽然这一政策有效地缓解了当时国民政府的财政危机，稳定了国内经济，且符合世界货币制度发展的潮流，但是中国经济基础的差异决定了实施成果的不同。因为中国的“法币”本质上是一种汇兑本位，与英镑、美元挂钩，法币没有含金量，它的价值以外汇汇率来表示，法币能否保持稳定，在于它的汇价能否保持稳定，这种依靠英镑与美元维持币值的货币制度容易受英、美货币变动的影响，有利于外国对中国金融的控制，并由此操纵中国经济命脉，对中国资本输出、商品输出和原料掠夺，因此是具有半殖民地性质的货币。同时由于法币是不兑现的纸币，发行量没有限制，其信用全靠政府权威和外汇市场的稳定，信用基础不牢固，这也为以后的通货膨胀留下了隐患。

从世界经济史发展的宏观背景来看，20 世纪 30 年代正是各国货币制度、金融管理体系大调整、大变革的时代，各种货币理论层出不穷，究竟何种制度模式最有利于政府管理一国货币，尚未有举世公认的定论。而中国因“白银危机”在 1934 年 10 月征收白银出口税未见显著成效后，采取积极的货币改革政策日益得到经济学界的赞同。对于币制改革前的中国而言，银本位缺乏稳定，金本位也难以维持，西方货币理论和诸多乌托邦货币理论同时在中国得到传播。特别是在凯末尔的金本位制计划遭到否定之后，姚庆三等人的“外币汇兑本位”、赵兰坪的“纸本位”、刘振东的“有限银本位”、徐青甫的“虚粮本位论”、刘冕执的“能力本位论”、寿勉成的“科学银圆本位论”等货币理论都纷纷加入到货币本位的大讨论之中，引起了经济学界的关注。马寅初和章乃器等曾对徐青甫的“虚粮本位”理论提出了批评。马寅初指出充当生产品交换媒介的货币本身必须也是劳动的产物，具有客观存在的价值，国家纸币之所以能代替金银货币的一部分职能，也是在资本主义发展到统一了国内市场，政府信用得到了社会的担保后才能办到，而“物产证券本身无价值而以物产之价值为价值，无值之物，如何可为物价之标准。计量物值，必须以某种价值为标准，是犹以尺计长，以磅计重之意。尺必自有长度，方可量他物之长，磅必自有重量，方可衡他物之重”[①]，以金银为货币，是因为它是具有价值和使用价值的一般等价物的特殊商品，其价值相对他物较为稳定，“金之为币，即以其本身含有价值，以金为货币本位者，即以金之价值，衡一切物品价值之谓也”[②]，“盖主观价值，人人不同，无法使其一致，唯有利用含有客观价值的第三者为价值之尺度，使与其他物品相比，而后始能确定物品之价值”[③]。这里马寅初强调了货币价值的客观性，切中了形形色色的物品、能力本位论（“虚粮本位论”是说粮食本身不作为货币，但货币却以粮食的价值为价值，其性质上与物品本位论相同，只是在徐青甫看来仅需要稳定粮食价格即可，而不必储藏大量粮食作为准备金）的要害，作为本位货币的金银不仅本身具有客观存在的较为稳定的价值，还具有其他生产品所没有的特点，即可以固定地充当一般等价物，一旦经过长期的历史发展，货币脱离参加交换的生产品独立出来，就没有人能够任意地取消它的地位了。但是马寅初也没有正确地剖析资本主义的本质，在国民政府开征白银出口税仍无力挽回白银持续大量外流的情况下，马寅初仍对美国等西方资本抱有期望，以期能够通过与美国协商减少白银进口来稳定中国的银本位制度，并称中国目前只有银本位制度才是最好的选择。而章乃器则认为中国货币问题的解决不能仅从货币入手，他认为徐青甫的经济思想过分夸大了货币的作用，是头痛医头、脚痛医脚的“流俗经济学家”[④]，“中国目下种种式式的币制改革论，都逃不出是通货膨胀论。粮食本位，能力本位和物品本位三者，着眼于农村金融，他们的共同目标，是使人民在产品或者劳力尚未卖出之前，就能取得货币，使金融不至枯竭。其他各种币制改革主张，主要的是着眼于都市物价之跌落以及政府财政之困难；他们的共同目标，是抑低币价，抬高物价，刺激人民的购买，同时使政府能以改革币制的余利，渡过日下的财政难关，将来更可利用低廉的资金市场，减轻债务上利息的负担，而且以便于

---

①②③　马寅初：《中国之新金融政策》，《马寅初全集》第10卷，浙江人民出版社1999年版，第304—305页。

④　章乃器、钱俊瑞、骆耕漠、狄超白合著：《中国货币制度往那里去》，新知书店1935年版，第93页。

发行新债”[1]，“许多上层分子读了徐青甫、阎锡山、刘冕执……诸位的文章，便摇头不迭，认为过激。而我们呢，虽然不是那样的固执，也终觉得他们是‘救国有心，实行无术’！结果恐怕也不过是把乌托邦思想，重述一番而已”[2]。但不管怎么说，徐青甫“虚粮本位”理论中提出的一些问题，如纸币保证与信用问题、金属货币地位问题、货物本位及按物价指数稳定货币价值等，都是长期以来存在分歧的一些货币理论问题，有其合理的火花，在今天也仍有理论上的探讨必要，不能因为“虚粮本位”理论的空想性而一概排斥，应给予足够的肯定。

第二节　物品证券论

徐青甫在《经济革命救国论》发表后的两年里，进一步深化对经济学原理的研究，在与马寅初、姚庆三和李权时等人的思想交流中，意识到粮食产量变动对自然环境依赖较强，加之外米的输入，粮价也并非一直会保持平稳状态，“虚粮”还会导致资源分配不效率，把有限的人力、物力投入到劣质的土地上去。因此徐青甫在“虚粮本位论”的基础上，于1934年又提出了“物品证券论”，“在三年前我著《经济革命救国论》，主张改革金融制度与币制，为着手改善经济的初步，今天来这里鼓吹物品证券制，都是本这一个见解而起的”[3]，“因此我主张把我国的币分为对内对外两种，对内用物品证券，对外仍用金银。……而对内尚不足以保护生产，发展经济，似乎应该改行物品证券，这证券，不以金银为准备，而以货物十足准备，使币值与物值相连锁，物价可以稳定，货物可以流畅，生产可以尽量地发展，避免外国经济的操纵与影响”[4]。

徐青甫认为我国劳动力充裕，物资亦充沛，中国经济落后是因为缺乏资本，而这又是金融流通不畅引起的，因此如何使生产消费交易分配，不

---

①② 章乃器：《各种币制改革论之介绍及批评》，章立凡选编：《章乃器文集》(上卷)，华夏出版社1997年版，第229—231页。

③ 徐青甫：《改善经济之途径》，1934年，第4页。

④ 徐青甫：《今后中国应采的经济政策》，《中国农民银行月刊》第1卷第4期，1936年4月30日，第84页。

致自相牵制，如何可以免去货币的缺乏，就成为改善中国经济的必要途径，提出物品证券论，就是为了解决这两大问题，“物品证券的原则，是发行一种证券来代替物质，按现在市上的物值，尽量以券换收各业的产物，使生产者直接将他的产物变成货币。一方面将收入的产物照收价稍加手续费出换，□□□□出的证券。无论农产物或工艺品，一概都是如此。所以凡有产物的，都不患售不脱，可□□□□产。一方因产物容易换到货币，可以购买自己需要的物品。那么各业的产物自然通销。因为货币的数量与物品的价值是连锁的，物的值，不因货币数量增加而腾涨，受分配的人，效用确实，能获得实际消费增加的利益”[①]。他指出，由于物品证券可以兑换物产，与不兑现纸币相比，是一种十足之兑现纸币，因此可以稳定物价，“至于物品证券制，还有一个优点。就是现在各货的市场价格，是受两重的影响，一种是供需的关系，某种货物，因为大众的需要，或成本的昂贵出品的稀少，而提高他的价格。反之因为大量的出产，成本的减低，或需要的钱少，以致价格下落。这种供需的影响，完全是自然的。除此以外，还有一种金融的影响，譬如在金融紧的时候，物价就跌；在金融宽的时候，物价便涨。这种因金融缓急而影响到物值的涨落，对于生产消费，每每发生障碍。实行了物品证券制以后，就可以使物价脱离金融的羁绊。譬如现在银一元，可以购布八尺，或米一斗，柴三百斤，铁二百斤。换言之，就是银一元等于布一尺的八倍，米一升的十倍，柴百斤的三倍，铁百斤的两倍。照此合算，铁百斤就等于米五升，布四尺，或柴一百五十斤。而柴百斤也可以同样算得是等于布二又三分之一尺，米三又三分之一升，铁六十六又三分之二斤。在用银币的时候，这许多货物价值，一部或全部跟着金融的宽紧而涨落不定。如果实行物品证券制以后，即使其中某一种货物，因供需的关系变更，而价值变动，决不致影响到别的货物。因为物品证券是以各种物品中间的交通点为基础，绝没有像金融的会发生缓急。因此物值只受供需的一重影响，我很容易发现，很容易调节，可以免掉现在经济社会盲目生产的弊病。这是物品证券制最大的优点”[②]。他还认为实行物品证券可以有效地抵制外国商品的倾销，“还有许多人，以为这个币，只能易我自己的产物。不能买外国货。现在我国生产落后，日常所

① 徐青甫：《改善经济之途径》，1934年，第5—6页。

② 同上书，第8—9页。

用的物品仰赖外国出产的很多，因为外国人的拒绝收受，必致生产者也不要。但是要晓得这个制度，正是为了外货充斥市场而想出来的。我们所需的外国货，除掉地里蕴藏有限的，以及天时地理关系特产的物品之外，大都可以仿造。而我国所以不去产造的缘故，因为敌不过外人的竞争，造出来的货物不能畅销。如果行了物品证券制，他就可以安心产造。现在没有的产物，自己亦能产出，可以无须仰赖外人。即使有几种不得不要用的外货，可以拿我的产物售给外国易得金银外币，来买他的物品。况且我国现在尚有若干金银硬币，数年内入超的弥补，可以拿硬币来完结。因为有了物品证券，不患无交易的媒介，金银寒不可衣，饥不可食，即尽数流出，亦无足惜。而事实上恐怕这物品证券，我不要外国人收受，外国人却乐意收受。因为如不收受，他的货物难销，必须收受了之后，方可收买我国产品输出，圆满他的交易。这个币无论外国人收去多少，我无竭蹶之患，因为他只能要我的货物，不能迫我的金银输出。这样货品输出愈多，生产可愈加增进，国际贸易可望达到平衡。用不着关税壁垒，以及其他保护政策，靠币制的作用，自然能至平衡，这是我熟筹无误的。这个制度，不但于我有利，亦且于外国无碍，要晓得贸易不平衡，终究要致贸易停滞的。现在银本位之下，因为内地的银货，受货物入多于出的影响，逐渐外流，交换力减少，外货的输入，一定要日渐减少。年来洋货业的萧条，布店的倒闭，就是为了这个缘故，如果实行物品证券制以后，仍旧入多出少，固然也不免竭蹶，但这不是证券不证券的问题，而是生产力的问题。就是用金银货币也是一样要竭蹶的。不过在物品证券制之下，我们的生产，□□因货币的缺少而停顿，转因外货的难来而易销。换句话说，我们的生产力量，在物品证券制□□的时候，因向来生产落后的缘故，未能骤然使国际贸易平衡，但是我们并不因外力的压迫而致生产停滞，反因物品证券制的保障，而促进我们的生产，使渐渐地贸易平衡，达到中外并利的地步。所以这个制度初行之时，或免不掉有小小的阻碍，结果是无论如何可以推行无阻的。至于我们输出的物品，如果较收价跌落，而有影响到证券价值的可能的时候，我们可以用输入货物价格的抬高来弥补他，当然可以不致发生问题”[①]。而且徐青甫提出的物品证券论是建立在统制经济的基础上的，

① 徐青甫:《改善经济之途径》,1934 年,第 6—8 页。

即国家已经完全对经济生产的各部门进行了统制，由政府来引导整个国民经济生活，推行国家资本主义，“或者以为我们施行了物品证券制，对于各业的产物，无限制的收买。那么生产者因为不愁没有销路，可以尽力的生产，所以生产物的数量就大大地增加，到了产量超过了整个社会所需要的数额，他的价值，就不免要低落。我们的物品证券，是以物品为基础，在这个时候，岂不是要发生准备空虚，而影响到物品证券的交换力吗？这一种疑问，似乎是很有理由的。讵不知我们施行了物品证券制，我们一定是把各生产部门统制起来，倘使发生了这样的现象的预兆，我们可以指导他变更他生产的式样或种类，把这个过剩的生产力，引用到别的生产部门，或以我们社会整个的幸福的标准，提高对于这种物品的消费，或向别的社会，换得我们所需要的东西。所以在实行物品证券制，一切的生产都在统盘筹划的经济社会之下，不但没有生产过剩的弊病，反而因生产的增加，而充实我们物质的生活”①，因此徐青甫认为不会发生马寅初指出的会引发通货膨胀的情况。

徐青甫的“物品证券论”有其合理的成分，但与“虚粮本位论”一样，同样存在着理论上的漏洞。首先，物品证券本质上是十足兑现的纸币，本身没有价值，其价值以物品的价值为价值，但作为交换之媒介，其本身应有价值，且此价值未必与物品的价值相等，必有独立生存的资格，“物产证券，根本理论，不能成立，欲为物品价值之尺度者，其本身反无独立生存之价值，必以物品之价值为价值，直不啻以物品自己之价值测自己之价值也，岂不陷于循环推论？故物产证券，不能取今日之汇兑本位或纸本位而代之也”②。在信用上也没有保证，只能使社会倒退，“要想以物产证券以至纸币来全部代替金银货币的人们，是忽略了在商品社会里，等价物必须具有价值和使用价值的这一道理。国家纸币之所以能代替金银货币的一部分职能，只是在资本主义发展到了统一了国内市场，政府信用所得了社会的担保才能办到。而且纸币也只用于国内，跑出国界就完全失掉其作用。那么，在市场的地方性还非常浓厚的山西，物产证券能取得社会的担保吗？在没有现金准备的状况之下，物产证券果然会比那种还有一些现

---

① 徐青甫：《改善经济之途径》，1934 年，第 6 页。

② 马寅初：《中国之新金融政策》，《马寅初全集》第 10 卷，浙江人民出版社 1999 年版，第 312 页。

金准备的晋钞更加稳固吗？结果，金银窖藏起来了，小县村镇将退到物物交换的阶段，晋省对外贸易也将限于物物交易，只有像太原、大同等几个流通较繁的大城市里，可强制通行着这新时代的产物'物产证券'。这样，山西市场的封建性，就会被拉回去几百年！倘使全中国采用这种制度，那么，全中国就会复返于中世纪！"[①]

章乃器更是指出："币制为国家之大政，凡所设施，须求其公允于全民。倘地主因地产呆滞而主张发行地产流通券，制造者因存货堆积而主张发行货物证券，则知识分子亦可援例以所学不售而主张发行智力券，劳动者更可以工作不售而主张发行劳力券。商品劳力，举可不必经买卖交换之手续，而直接品成货币，则货币自身之价值何在？深思之士，于此当能洞见其方式之未臻尽善，而其所主张之原则，亦甚非此时此地之所宜也（以地产为保证发行债券之议，自当别论。因债券为信用筹码，而流通券则为支付筹码也）。"[②]其次，使用物品证券并不能解决生产过剩问题，促进生产、消费、交易、分配的合理运行，因为资本主义社会的生产过剩不是因为劳苦大众不愿意多买消费品，而是由生产关系的资本主义私有制与生产力之间的矛盾决定的，因此不是解决了货币的供给需要，就可以避免资本主义的生产过剩问题，"人民之不肯多买，其故不在'金代值'，实在'资私有'。因在资本主义制度之下，生产结果，归私人所有，如其劳资分配，各得其平，犹属无妨，无如劳动者所得远不及资本家之多，资本家以其多余之所得，重投于生产，于是生产愈多，但生产成品，须由劳动者购买，而劳动者则以所得微薄，购买力小，不能消受许多生产成品，故有生产过剩之现象，此明为'资私有'之结果，非'金代值'之病也"[③]，"在货币问题上，钻牛角尖的人们，往往也逃不出流俗经济学家的领域。他们不但是只见树木，不见森林，只见涓滴，不见江河，而且还要认树木大于森林，涓滴大于江河。本来，我们也不能抹杀货币在现社会中的重要性，然而决不能

① 章乃器、钱俊瑞、骆耕漠、狄超白合著：《中国货币制度往那里去》，新知书店1935年版，第17—18页。

② 章乃器：《中国货币金融问题》，章立凡选编：《章乃器文集》（上卷），华夏出版社1997年版，第463页。

③ 马寅初：《中国之新金融政策》，《马寅初全集》第10卷，浙江人民出版社1999年版，第308页。

认为货币问题的解决,就是整个社会问题的解决。目下经济危机的焦点,是生产力和生产关系的矛盾——是生产关系的基础私有财产制,不可能再容纳目下的伟大生产力。为什么在先进资本主义国家中,一面有饥寒交迫的失业群众,而另一面有牛乳倾河,咖啡投海,棉麦充薪,工场锁闭的现象呢?这是利润做了供给和需要中间的鸿沟,也就是私有财产制作了消费大众和少数拥有生产手段者中间的壁垒。假如生产手段是公有的财产,生产的结果——商品——就可以分配给大众享用而决不虞其过剩,有计划的生产也决不让某种商品有过剩之忧;工厂决不至于锁闭,而应该让它尽量生产以为公共消费及公共资本积蓄之用。恐慌又何从而生?但是,这个问题的解决,单靠货币制度的改善能发生有力量的作用吗?"①最后,实行物品证券仍然会引起通货膨胀。我们知道,物品的生产量和上市量是两个不同的概念,而物品证券是以物品的多寡为发行标准,没有考虑货币流通速度的大小,如果以物品全量作为物品证券的发行标准,则货币数量远远超过交易数量,物价必因此大涨,即使是以上市的物品数量为发行标准,也因为货币要经过多次周转,不按流通需要发行物品证券,结果仍然会导致通货膨胀,物价上涨。正如马寅初所说:"物券之发行,足以酿成通货之膨胀,盖其发行以物品之多寡为标准,而实际流通所需要者,无须此数,结果物品涨价,物品涨价,则农人可以多押,于是纸币愈多,物价愈高,物价愈高,纸币愈可多发,因果相循,靡有底止,寻至酿成不可收拾之局,其为害或较德国之纸马克为尤烈矣。"②

第三节 物本币末论

全面抗战爆发后,徐青甫虽辗转浙江、香港、广西、重庆等地,忙于国事,但仍潜心研究经济问题,因不谙西文,仅阅读国内经济学家著作和翻译过来的西洋经济学名著,以及报纸杂志上摘述的世界名论,同时受数量

---

① 章乃器:《各派币制改革论之介绍及批评》,章立凡选编:《章乃器文集》(上卷),华夏出版社 1997 年版,第 229 页。

② 马寅初:《中国之新金融政策》,《马寅初全集》第 10 卷,浙江人民出版社 1999 年版,第 304 页。

理论的影响，将数量模型带入经济学理论的论证中。1942年写成《粮食问题之研究》一书。1944年又完成《物价问题之研究》一书。正如他自己所说："回首此十余年中，阅读所得增加之知识，多属枝叶之类，统计收获，可谓极寡；而发觉一般经济学说上理论错误之处，则印象较前转深，而感经济需要革命之情绪益甚。尤以经济学说之亟须纠正，殊属迫切，盖理论乃事实之前导，经济政策之更革，犹其次焉者。"[①]其时，国统区的通货膨胀已相当严重，徐青甫的《物价问题之研究》一书明确反对通货膨胀，因此具有现实的针对性。在该书中他首次提出了"物本币末论"，相比在《经济革命救国论》中夸大了货币作用，这次他又过分贬低了货币的作用，"货币本质乃物价而非物体"[②]，"物为价值本体，不注重物量之加多，以求物价之稳定，而仅注重财政上货币出入之平衡，未免务其末而忘顾其本。物者，本也，币者，末也，劳者，主也，物者，从也，劳物比率，是价格基地之奠石，奠石不固，在其上之一切比格将咸起动摇。物价不断上涨，收支数字是必愈差愈大，传统政策失败，实乃其中内容有未认清之故"[③]。

徐青甫的物价理论围绕价值的概念展开。他认为价值是"劳务之支出"与"效用之程度"的结合体，"服劳所费力量之多寡，与受劳获得效用之程度，合称'价值'"[④]。他把商品的价值分为"满欲能"和"组织能"，前者"即其所成质量，能生之效用"[⑤]，后者"即其劳务所费之力量"[⑥]。在商品交易过程中，买方获得满欲能，卖方收回组织能。实际上，满欲能就是商品的使用价值，组织能则是商品的价值。但是徐青甫没有劳动二重性的概念，混淆了商品的价值和使用价值，将使用价值归入价值的范畴，作为形成商品价值高低的一个因素。徐青甫还认为价值要受环境的影响，"环境犹如变压器，可使价值被估计之程度高下，犹如电之可以大小其量"[⑦]，环境包括时间、空间、双方人、金融、前途预测、关系物价（原料、配件及可代替物价格）六个方面。他又认为价值可分为"原生价值"和"附生价值"。

---

① 徐青甫：《物价问题之研究》，邮政储金汇业局刊行，1944年，自序第1页。

② 同上书，自序第2页。

③ 同上书，第155—156页。

④ 徐青甫：《物价问题之研究》，邮政储金汇业局刊行，1944年，第1页。

⑤⑥ 同上书，第12页。

⑦ 同上书，第10页。

原生价值是商品产生时的价值，附生价值则指将商品运到适当环境中所增加的价值。原生价值和附生价值之和为“产生价值”，产生价值是商品达到消费者之手时的价值，故又称“消费价值”。在他看来，所有在商品流通中附加的劳务支出都能增加商品的价值，而不管它是否是增加商品价值所必需的。[①]

商品的价值是内在的，而价格是价值的货币表现，两者之间有着质的区别，价格可能反映价值，也可能背离价值。由于对价值的不正确认识，徐青甫在论述价格问题时，基本上把它看作与价值是同一种东西，错误地认为商品成交时，交易双方不仅评定商品的价格，也评定商品的价值，“自有货币以后，货币充价值之尺度，以权价值，币数之概念始附丽于价值之上，唯不经交易，不可称为‘价值’，须俟成交时，价值经双方评定，以币数计算者，则谓‘价格’”[②]。在他看来，价格和价值总是一致的，两者的区别仅仅在于是否用货币来表示：不用货币表示的是价值，用货币表示的是价格。价值有原生价值、附生价值、产生价值（消费价值）之分，同样，价格也有原生价格、附生价格、产生价格（消费价格）之分。

除价值、价格之外，徐青甫还提出了一个“价值本体”的概念。他认为“有价值本体，始有价值，有价值方有价格”，这是劳价、物价的三个层次。徐青甫从人、物两方面对价值本体作了解释：“就人发生之价值言（即劳价），其人之智识技能等乃其价值本体。其临时行为表现之成绩，与接受其劳务者估计效用之程度，乃其价值。给予之薪工，酬劳之币数，则为其价格。就物发生之价值以论（即物价），物之质量，乃其价值本体，随环境而异其使用或估计之效用，乃其价值。交易时买卖上确定物量与币数之比率，则为其价格。故无论劳价物价均有此‘价值本体’‘价值’‘价格’三层次可分，其中尤以‘价值本体’为首要，全社会获得价值之多寡，随其劳价物价之价值本体高下多少而定。”[③]实际上，就人来说，价值本体有些像价值源泉，还有一定道理；至于物，质量是使用价值的组成部分，是形成价值的前提，说它是价值本体就完全错了。这也是混淆价值和使用价值而导致的结果。

---

① 徐青甫：《物价问题之研究》，邮政储金汇业局刊行，1944 年，第 13 页。

② 同上书，第 1—2 页。

③ 同上书，第 3 页。

徐青甫认为，劳价、物价和货币三者之间的相互关系是研究物价问题的"枢纽"，"经济内容，不外人与物之交互关系，分言之即人的生活受物的影响，物的效用受人的影响二者是易辞以言，人之影响于物者在其劳务，物之影响于人者在其反劳务之服役于人也，而劳与物间价值对比之表现，则有赖于币居其间以利流转。经济内容之核心问题同在明晰此三者间之关系，而物价问题研究之枢纽，亦莫不在于斯"①。物价包括料本和劳价，劳价贵贱是物价贵贱的主因。劳价包括薪工、租金、利息、利润等，不限于工人的劳动报酬。他所说的劳价贵贱，除所付货币数量的多少外，还要同成物的数量和质量进行比较，"费少物多质精者，是劳价低；费多物寡质粗者，是劳价高"②。因此他认为中国的劳价是高的，通常认为落后国家劳价低，是一种误解。③货币仅为支付劳价、物价而流通，"货币无自主权，一面随劳价而发付，一面随物价而化记，毫不容其从中伸缩。然而常人往往忽略发付原因，倒果为因，以为劳价物价之变动，乃货币从中作祟，忘却货币不过价值之代表，仅在充劳物交换之工具，劳价物价之变动，大都乃劳与物当事者之关系，并非中间者货币之关系"④。

徐青甫设计了劳、物、币三者价值关系的公式共16个。前14个都未涉及货币的供给量，讨论没有货币因素影响下的各种价值关系。第15个公式引入货币因素，再结合前述公式，推出了第16个公式——货币价值的公式⑤：

$$\pi=1/M=1/(C_N+C_K)\cdot T_E$$

该公式中，π 为在货币正常流通量下每一货币单位所代表的价值，M为本期货币的正常流通数量，C_N 为前期日用品的消费总值，C_K 为前期其他产品的消费总值，T_E 为同前期相比的本期成物指数。C_N+C_K 实际上就是前期的消费总值，也就是产生总值（产生总值不可能等于消费总值，因有些产品可能未卖出，它们的产生总值不能计入消费总值，但徐青甫没有考虑到这一点）。消费品的消费决定人们的享用水平，所以徐青甫将它分开来计算。前期的消费总值乘本期的成物指数是预计的本期消费总值，货币的正常流通量就是相当于消费总值货币需要的数量。徐青甫曾

① 徐青甫：《物价问题之研究》，邮政储金汇业局刊行，1944年，第38页。

②③ 同上书，第52页。

④ 同上书，第26—27页。

⑤ 同上书，第134页。

说过："是以一社会欲保持正常之货币流通量，须置重于使币数依随于其产供物量而变动，物主币从，知所重轻，谋国是者，实不可不辨。"①

对于这个公式，可以作如下分析：

第一，$\pi=1/M$ 是根据货币价值是商品价值的倒数而来。因为 M 代表本期需要货币的商品价值总额，所以 M 的倒数就代表每一单位货币的价值。但是这种理论是不能成立的。首先，M 不可能等于成交商品的价格总额；其次，即使相等，也不能用平均数的办法求得单位货币所代表的价值。在进行交换前，商品已经有自己的价值，单位货币也已经代表一定的价值量，商品可能以高于或低于本身价值的价格出售（徐青甫认为价格总是价值的反映）；一定时期内的不同时间，单位货币所代表的价值还可能发生变化，在通货膨胀时期尤其如此。无数次的买卖形成了商品的总价格。显然，从总价格中平均出来的单位货币的价值量绝不是单位货币代表的真正的价值量。

第二，货币有各种各样的用途，不限于购买商品。各种用途都构成对货币的需要，而同一单位货币则可以多次使用。因此计算货币流通需要量，既要考虑购买商品的需要，也要考虑货币的流通速度。该公式将货币的正常流通量只限于购买商品，没有计入货币流通速度对货币流通需要量的抵消作用，是一个十分明显的失误。

第三，事实上货币的正常流通量是无法计算的，只能从原有的实际流通量中做出近似的估计。该公式也有这个意思。公式中货币需要量的公式实为 $M=(C_N+C_K)\cdot T_E$。T_E 就是用来作推算的参考数字。其意思是说，以前期的消费总值为基础，也就是以前期的货币流通量为基础，再参考本期的成物指数。成物指数增加多少，货币流通量也应该增加多少。这当然不会很精确，但作为一个参考系数，大体上还可以。我们可以拿美国现代货币主义先驱米尔顿·弗里德曼（M. Friedman）②的货币政策主

① 徐青甫：《物价问题之研究》，邮政储金汇业局刊行，1944 年，第 134 页。

② 米尔顿·弗里德曼（1912—2006），美国著名经济学家，芝加哥大学教授，芝加哥经济学派代表人物之一。著有《资本主义与自由》一书，提倡将政府的角色最小化以让自由市场运作，以此维持政治和社会自由，强调自由市场经济的优点，反对政府干预，20 世纪 80 年代以来，对美国总统罗纳德·里根以及许多国家的经济及货币政策有极大影响。1976 年因在消费分析、货币供应理论及历史、稳定政策复杂性等范畴的贡献获得诺贝尔经济学奖，被誉为 20 世纪最重要的经济学家之一。

张来进行比较。货币主义是现代经济学在货币数量理论的重要观点之一，这种理论的根源可以追溯到16世纪西班牙的萨拉曼卡学派，米尔顿·弗里德曼的贡献则是现代化了这种理论，并将其推广为现代经济学的主流货币学说。米尔顿·弗里德曼最知名的理论，是他提出的货币供给作为决定生产价值基准的因素，通货膨胀在根本上源于货币供给量的主张。米尔顿·弗里德曼认为引起物价和经济变化的根本原因在于货币供应量的变动，而货币供应量是由中央银行控制的，他主张实行"单一规则"的货币政策，将货币供应量作为货币政策唯一能够直接控制的政策指标，把货币供应量增长率与国内生产总值增长率保持在一个固定的比率上，"弗里德曼具体建议，货币供应量应按照每年4%—5%的固定增长率有计划地增长(根据过去一百年间美国年产量平均增长3%，劳动力增长率按年平均1%—2%计算而得)，而不应随意调整，这样就可以保持物价稳定"[①]。徐青甫采用的也是类似于这样的货币供应量的计算办法。货币的正常流通量在实践中是无法确切计算的，只能从原有的实际流通量中做出近似的估计，这一做法徐青甫早在20世纪40年代就已经有所关注，从这一点上看可算是米尔顿·弗里德曼的先驱。

徐青甫把货币分为本票式和支票式两类。所谓"本票式货币"，是指"离体之价"的货币，即完全作为商品的化价而发行的；"支票式货币"则是指政府按其预算收入先行发出的货币，此类货币如超过政府的实际财政收入就成为透支(赤字)。徐青甫认为前一种货币可能发行不足，因为有些商品可能在流通中折价抵押，从而使货币数减少。其折减部分的价值仍在，最终仍然需要货币。这部分的未发行货币可由政府的透支来弥补。他假定D_M为折减货币数，U_M为政府透支货币数，M为正常货币量，M'为实际货币量，则$M'=M-D_M+U_M$。当$D_M=U_M$时，货币的实际流通量等于正常流通量，徐青甫认为这样就可以保持物价稳定，所以"U_M之权操诸政府如何使之与D_M相当，实为管制通货之枢纽"[②]。当$D_M<U_M$时，货币流通量过多，物价上涨；反之则货币流通量不足，利率高涨，平时可促使物价下跌，在非常时期更促使物价上涨。

---

① 刘涤源、陈端洁：《弗里德曼及现代货币主义》，经济科学出版社1987年版，第98页。

② 徐青甫：《物价问题之研究》，邮政储金汇业局刊行，1944年，第135页。

徐青甫认为货币是被动因素，这是他的货币理论的根本出发点。他批评了认为“增减货币，即能增减实在价值”，“只需紧缩发行，即能平抑物价”的错误思想，指出“货币流通之数量，实由物价乘物量之数以形成，今若就其原因，而作适当之措施，如减少薪工、租金、利息、利润、运费、捐税等所得币数，或增加产供物量，与夫减少凡由减小劳物比率而来之流通币数，则对于物价之稳定，当可奏效。倘不由流通原因上着手（即劳物比率上收缩），而仅由发行管理上紧缩，则不仅无稗实际，将反助物价之涨势”[①]。他强调单从货币数量上求物价稳定，会产生一系列有害的结果，如财政上力求平衡，结果差额反而加大；金融上力求紧缩发行，市场上通货反而日多；管制上力求平抑物价，结果物价反而上涨等。根本的办法是从增加物量上下手。他说：“‘币’仅‘物价’之表象，决非‘物’之本体，物资缺乏之际，欲补其不足，决非徒增‘货币’所能为力。倘不就需要之物品上切实着想，亟求添产加造，或设法输入产造工具、必需物资，以建立生产之基础，而仅谋专从货币上之增加数，由国民献纳法币数百万万，或商得友邦同意，提用我国私人在外之款项，以充法币准备而谋增发钞券以应用，其结果恐仅将招致物价之涨率。”[②]

徐青甫的物本币末论确实抓住了商品货币关系的最根本之点，但把货币完全看成被动性因素也有片面性，过分贬低了货币的作用。货币的根源虽在商品，但货币对商品来说并不完全是消极被动的，而是具有积极的反作用，因此从经济管理上考虑，既要重视商品生产和流通问题，也要重视货币对社会经济的影响，注意运用适当的货币信用政策以达到促进经济发展的目的，须知在管理物价问题时充分利用货币的这种作用，已成为现代经济中不可缺少的手段之一。这一点是徐青甫所没有认识到的。自从克努特·维克塞尔（Knut Wicksell）[③]提出了他的利率理论（“自然利

---

① 徐青甫：《物价问题之研究》，邮政储金汇业局刊行，1944 年，第 146 页。

② 徐青甫：《整军声中述感：币非物辨》，《西北经理通讯》第 25 期，军政部西北经理业务研究会刊行，1944 年 12 月 1 日，第 56—57 页。

③ 克努特·维克塞尔（1851—1926），瑞典经济学家，瑞典学派的创始人，并且对奥地利学派、剑桥学派有着深刻的影响。代表作为《利息与价格》一书。他在 20 世纪初期提出的货币经济理论，即累积过程理论，首先突破了此前经济学家普遍持有的“货币面纱”论，试图将货币与实际经济结合起来，对现代货币利息理论做了最具独特性的贡献，对包括凯恩斯主义在内的西方经济学理论发展产生了巨大的影响。

率学说"),即资本供给与需求相等(储蓄与投资相等)时的利率是自然利率。自然利率相当于资本的预期收益率。现实市场的利率是货币利率。货币利率与自然利率相等是实现经济均衡的重要条件,如果不等,货币利率低于自然利率,形成经济积累性扩张(竞相投资),反之,则形成经济积累性收缩,许多西方经济学家都重视利率的作用。徐青甫虽然也肯定利率对物价具有主动之力,但他并没有提出利用利率来进行经济管理,而只要求通过货币管理,使货币数量适应商品流通的需要以降低利率。低利率是增加商品产量的重要因素。利率由"货币供求定律而来"①,货币供求相当,利率就不会提高。

此外,徐青甫的物本币末论是反对通货膨胀的,主张不能单纯以增发货币为管理经济的手段,"如直接欲由货币上改善国民生活,宽裕财政,则增加薪工租金,提高利息利润,徒足提高物之价格,减低所得之实质,结果名义所得虽增,实质所得反减,无裨于国民生活之改善也"②,如果货币发行过多,就"如水之渗入酒中"③,货币的总价值未增加,而单位货币的价值就会贬低。不过他并没有正面揭露国民党当局利用通货膨胀掠夺人民财富的实际,而是将物价上涨的原因主要归之于人们(包括统治者和被统治者)对于货币和商品的关系认识有错误。他分析了许多错误心理,最后归纳说:"当可明悉物价变动之所以成为严重问题者,可谓来自一般对于货币之认识错误,与夫过分重视之所引起,继以币物之间,既缺联系,亦乏弹性,更促成心理上误会之加深,遂招致群起盲目推动价格基础,自掘坟墓之可笑举动,形成无可收拾之局面,此实其问题症结之所在也"。④ 这种错误人人有份式的分析,客观上对当时通货膨胀的实质起了掩盖的作用。

第四节 货币银行思想

银行是在商品交换和市场经济的发展中孕育和发展起来的,是为适

---

① 徐青甫:《物价问题之研究》,邮政储金汇业局刊行,1944 年,第 158 页。

② 同上书,第 67—68 页。

③ 同上书,第 25 页。

④ 同上书,第 178 页。

应商品生产扩大和市场经济发展需要而形成的一种金融组织。经过几百年的演变,现代银行已经成为各国经济活动中最主要的资金集散机构和金融服务机构,成为各国金融体系中最重要的组成部分。银行制度建设论也是徐青甫货币金融思想体系中的一个重要组成部分,主要涉及了三个重要问题:一是银行体系;二是中央银行制度;三是地方银行制度。徐青甫对于金融机关的理解是"所谓金融机关者,非仅指银行、钱庄而言,凡经济学上所谓信用机关者均包括在内,不称信用,而称金融者,为从习惯,而便于明了起见。……凡此等以信用为营业者概称之曰金融机关。现在金融机关大略如下:质当、放债者、钱店、钱庄、银行。银行又可分为普通银行(中央银行与普通商业银行)、特殊银行(即不动产银行、动产银行、储蓄银行等)。此外,如信托公司、信用合作社、邮政储金局等,皆金融机关也"①。他将货币比作人体的血液,而把金融机构比作人体的脉络,"金融是经济社会的血液,而金融机关是流通血液的脉络"②,脉络不通,血液就不能流到人体全身各处,人的健康就会出问题,同样道理,金融机构出了问题,也会导致货币循环不畅,影响金融运转,进而影响生产和国民经济的健康发展。徐青甫的经济革命救国思想首先从币制改革入手,主张"虚粮本位",由公信所的支票、本票代替实物货币,但这是建立在改革现行的金融机构的基础上的,"此币制能改与否全视金融机关能改与否为断,非先改金融机关,万不可即改币制,此予须郑重声明者也"③,故首先提出"改组金融机构,使全国成为联合统一制,别设对外金融机关以资对外,改组之际不令私人资本与存款丝毫受损,亦不令业此之人或有失业,一切财力私有公管,不再令有不当的利得"④。

在市场经济条件下,金融体系大多数是以中央银行为核心来进行组织管理的,因而形成了以中央银行为核心、银行为主体、各类银行和非银行金融机构并存的金融机构体系。徐青甫在银行体系问题上的一个基本

---

① 徐青甫:《经济革命救国论》,民国二十一年(1932)四月,第91—92页。

② 徐青甫:《今后中国应采的经济政策》,《中国农民银行月刊》第1卷第4期,1936年4月30日,第83页。

③ 徐青甫:《经济革命救国论》,民国二十一年(1932)四月,第247页。

④ 徐青甫:《政治经济改善的途径》,《新社会半月刊》第6卷第11号,1934年6月1日,第249页。

思想是建立一个强大的国家银行系统，这一思想的形成，既来于他统制经济思想的延伸，认为政府只有首先实行金融统制，控制住全国金融的命脉，才能依靠强大的国家银行系统来推动经济的统制和产业的发达，“（日本——笔者注）所以有此成绩的大原因，就是他早知道国家经济竞争上，应首先努力的要项，早将金融统制了。因金融的统制，时时行其策动调节的方法，使产业勃兴。一面注意教育，使与事业相应，事业教育牵连并进，故人才亦能辈出。我欲望抵制有效，除了促发自己产业，力行统制以外，并无他法。欲行全部经济的统制，当先谋金融的统制。如果金融能统制，则产业不难发达，各项统制亦易于进行了”①。也来于对中国现行金融机构的失望，“现在我国的金融机关，毫无系统，对于金融流通的调节，不但不能发挥力量，反有使金融壅滞荣枯失偏的现象”②，尤其是私有银行不能使资金进行合理的流通，多放资金于短期贷款，不利于长期生产事业的发展特别是农业生产，“于存放利息之外，时时于货币本身中获取利益，故其所有之财，除能供商贩短期之利用外，生产事业鲜得其助，而长期低利一语，无异梦呓。生产事业，尤其是农生产业，所需资本之财，以长期低利为要件，今握此财之金融机关情形如此，此予所以对于资本一点，又成绝望也”③。他把现有金融机构的缺点详列如下④：

1. 不应以营利为目的者司此机关也。金融机关即信用机关，可分信用供给与信用媒介二种。在信用供给，因其力量薄，取息厚，已成天然淘汰，日就减少，且国家、社会多知其害而加以干涉之，至今尚未绝迹者，不过因信用媒介机关未能普及，不得已而任其存在者也，可不再论。信用媒介机关亦即信用保证机关，既居于媒介保证之地位，不能从中渔利，并以他人汗血之资供己利用之具，以媒介而犯奸占之嫌疑，以保证而有侵渔之事实。此其缺点一也。

2. 不应叠床架屋，自筑藩篱也。金融机关者，专司游离财流通之机关

---

① 徐青甫：《致张公权先生的一封信》，《银行周报》第 17 卷第 40 号，1933 年 10 月 17 日，第 21 页。

② 徐青甫：《今后中国应采的经济政策》，《中国农民银行月刊》第 1 卷第 4 期，1936 年 4 月 30 日，第 83 页。

③ 徐青甫：《对于研究经济问题者之陈述》，《复兴月刊》第 1 卷第 4 期，1932 年 12 月 1 日，第 4 页。

④ 徐青甫：《经济革命救国论》，民国二十一年(1932)四月，第 92—94 页。

也，所以助长生产，便利交易，分配消费者也。财之力以愈集中为愈大，财之效以愈流通为愈显，财之害以愈复演为愈甚。今乃各个分立，互筑藩篱，使财之力千分万裂，使财之效处处束缚，复使财复杂演化，互相牵连，一有障碍，群受其害。此其缺点二也。

3.不应疏密过甚，致生过不足之害也。金融机关者所以接受储蓄，供给不足者也，其所受授均以游离财为限。凡人无不有经济行为，莫不与游离财有交接，即莫不有金融机关往来之需要。市民需之，乡民亦未始不需；富人需之，贫人亦未始不需；商工需之，农与他业亦未始不需。今以私人营业事业之故，唯向其有利方向趋集，以一区之地有数十百家争相逐鹿者，有千百里广场无人过问者，将全国游离之财诱集于少数地点内，以致或感拥塞，或感缺乏，以拥塞故急急为利息计，放出之款不暇精密考虑，其结果或增浪子之挥霍，或济奸恶之气焰，流毒社会，实非浅鲜。至于乡鄙勤工力作之人，以资本不足之故，绌其生产者，无人理会也。庸常无善无恶之人，以失业之故，日用不足，迫而为匪为恶者，亦无人过问。此其缺点三也。

4.不应以司流通者而妨碍流通也。游离财自何而起？起于便利流通。以实物不便流通故，代以不指名之物权证，使生产者早得其结果，以迅速从事其第二次生产，使消费者可随时选取其需要之物，不必逐件呆囤。故游离财之效用全在于流通，当以流通圆转为尽其能事，不在于其多寡也。夫财者（即物）乃养人之物质，而游离财者乃助其运化之力也，犹如人身血轮乃其周身营养之物，而气（此照我国中医普通而言，在西学医理上则可称其为能力）则助此血轮周流全身者也。金融机关者，专管此游离财之流通机关，犹司气之流通机关也。乃以营私故、重复故、不普及故，致气拥塞停滞，或过多而形鼓胀，或不及而成贫血。故予觉今日世界之病乃气症也。富国者，涨病也，贫国者，因气阻而形贫血之症也。此其缺点四也。

针对上述金融机构的缺点，徐青甫计划将其做全面的改组，其核心思想是银行国有化（即徐青甫所谓的“公信所”），“实行的办法可以分为两步，第一步先充实国家金融机关，以为一切金融机关的纲领，对内对外金融周转的总枢纽。此项国家金融机关应分布于国内各地，就地的其他金融机关均受其统御，联合而为一体系，如身之使臂，臂之使指，可以为灵活之运用。而此种国家金融机关又受其上级金融机关之统御。这样全国金融脉络贯通，周转灵活，调节便利。至于对外金融机关，完全由设于通商巨埠的国家金融机关充之，俾得参酌内外情形，金融上为适当的调度。第二步把一切私金融机关的资本与国家金融机关的资本相合并，成为整个的金融资本，使金融事业的步调完全统一；金融机关的设置不致重复浪费。产业界有这样的一个整齐统一的金融组织，自然容易发达，经济情形也能日趋善良了"[①]。其中改革国内金融机关的具体意见如下[②]：

1. 应作为会计保证事业，绝对不许营利也。金融机关既司媒介保证大众之信用，应完全立于公证地位，不含有营利目的于其间。致因本身之关系而起信用基础之动摇，其经理收付应如会计师之代理行为，不许利用人资，不许侵渔人款，仅为公众代司其会计出纳而已。凡存者收其账，用时任其支，应计息者予以计息而并收其账。凡贷放或透支则全凭国家经济委员与地方经济委员所预定，或临时规定各户限度条件范围之内而实行授受，应计息者亦予以计息而并入其付账，需汇划者汇划，托保管者保管，一切行为均代公众而为。至于其机关之开支，以及利息与损失之负担分配，均由国家与地方经济委员规定担任之，司其事者仅依规定实行而已。唯其职司公证，所有人员应有法律切实之保障(如各国保障法官之式)，并定期转调，其行为、成绩应有切实查核，以防流弊之发生。

2. 应遍设各地，各有区域，脉络分明，绝对不许错杂也。金融机关既司流通金融之职，应如脉络周及全身者周及于全国。一地无二机关之必要，且若有二机关，转足以妨害其流通，亦不可疏漏缺略，致有流通不到之处。脉归于络，络合于筋，筋通于总脉，方能尽气之流通，故其机关之组织亦应区统于县市，县市统于省道，省道统于国，使尽血脉周流之能事也。

3. 应笼罩全民，不使有遗憾或歧出也。人为国家之分子，莫不有经济之行为，即莫不有金融机关交往之需要。故除依附于户主，其经济行为可包括于户主之内者外，凡有独立经济行为之人，均应与其所在地之金融机关开立往来(如需贷款或透支者由经济委员规定其限度，预告金融机关)。若一人而有数住所者(如职业住所与原籍住所)，则以常住所在地之机关为主，而以彼此通知方式处理之。遇旅行无常之时，则以旅行用款状式处

---

① 徐青甫:《今后中国应采的经济政策》,《中国农民银行月刊》第 1 卷第 4 期，1936 年 4 月 30 日，第 83—84 页。

② 徐青甫:《经济革命救国论》，民国二十一年(1932)四月，第 94—96 页。

理之。至恐户数多，收付繁，感觉账目不易清理，可应用现行交易简便方式月结账、旬结账，以及补助货币、代用货币（各地临时所发纸币）等法处理之。要之以人人与金融机关有往来，使其无遗憾歧出之弊可也。

4. 导财归壑，使其成为有利无害也。游离财有便于交易之利，有使生产者早得其结果而迅速从事其第二次生产之利，有可为资本而联结天然、物质、劳力三项以起生产行为之利，有便于分配之计算之利，有便于储蓄之利，有使消费者得随时选购物品之利。然其害又如上述。如果依予之币制与金融组织同时改革，则可导财归壑，使其不致为害，而利转大。

其实施的步骤如下[①]：

1. 预备改组。各省、市、县政府确定清查户口办法，派设户籍专员，开始确实清查时每省银钱业召开代表大会（有银钱业之县、市视其繁简推出一人至四人）讨论筹备之法。银钱业代表大会为公信所成立前的权力机关，全权负责筹办前的各项事务，商议制定公信所的账目、票据、存折等样式，并划分公信所的管理区域。

2. 实行改组。户口调查完竣，房屋器具用品筹备齐全，原定先往之人员，即分头前去开办。原定留办清理人员，将存欠各户账目结清。清理终了后，将一切账据封存公库，开具详细结束报告，与所在地新机关核对账目无误，并将器具、现金一切点交清楚即为卸职，各赴原定地点、职务，从事于新业。

3. 此项公信机关应仍分级。如人之脉络相连，大约以一县、市为一支所，统御其下城乡各区所。区所以下设派出所，或由商店代办兑换辅币之事。唯兑换均按定例，不许丝毫折扣，其手续费均由公支给。以省或旧道区，于交通比较中心之处设一分所，统辖其各支所，凡支所开出汇票，概付欠分所之账，代付汇票概收存分所之账，以资统一。复合若干分所区域而立一统所，复由统所之上置一总所，以统辖全国之金融。总所与统所、分所均不过记账转知，统计查核，尽承转监督调拨之责。除对于公方及各公信所有转账往来外，概不直接收付。对于私人绝不开户，其直接收付者惟支所、区所而止。故其置备之代用货币亦不直接发行，专备支、区所之领用、监督、保管而止。

---

① 徐青甫：《经济革命救国论》，民国二十一年（1932）四月，第 251—256 页。

4.此项公信机关绝对不营业图利，不过依公定之规则经理收付、核对、保管、发行而已。对于存款之支用者可以按章办理，对于贷款透支，概依各地方经济委员会所规定限度日期办理。公信所人员不直接自主，当改组之际，接收旧机关转账，存欠冲抵之余，所残未归之数亦概开单提交经济委员会审查，由其指示办法办理。至于损益，概由经济委员会负担。

5.全国出入利率由政府以法令定之，仍分活期、定期，对其长短而有差别。公信所人员之薪给暨一切开支由统、分所拟议，汇由总所复核，呈经政府核定照行。支、区所付各县、市公账，统、分所付国家与省之公账，总所付中央公账。

6.公信所与各户往来办法。公信所与人民及各业开始往来，以在该所有确实居址者为限，故可分开户、分户、转户、改户四项言之。

7.公信所对于旅客之往来。凡人欲出外旅行，其费用少者可向公信所领取交通用币沿途零用。如旅居日多、用款大者，可领取旅行汇票，沿途在各处公信所支用，唯其所支仍为各地之代用货币。倘使用有余，又将转地，可持代用货币，向原公信所换成交通用币，以资他处使用。若旅行汇票，款将用尽，亦可以函电托就近公信所，向已交往之公信所收汇，并由该处公信所于收到汇款时代其交往之公信所另发旅行汇票，持以继续旅行。

8.公信人员个人与公信所往来与恒人无异，不得有丝毫之假借，犯者以违法论。公信所人员除违法犯罪外，其职业身份受法律保障，并有奖惩、升降、加级、进俸、请假、给假、扶伤、济病、养老、恤亡诸规则，以资安心任职。如因任期迁调，所生损耗亦概由公家负之。调任当分班次，不可同时概易新人。

9.公信所人员由上级机关查察勤惰，并须受考绩机关之查察，唯奖惩仍由各上级机关行之，以明统系。

10.公信所人员应以指导人民便利其往来为己之义务。公所人员虽有法律保障，其职业身份不可自认为官吏，对于往来各户须以和平诚恳态度出之，逐渐向民众推行支票、本票，以符本旨。

徐青甫的银行国有化思想是当时特殊历史环境下的要求，从1929—1933年的世界性经济大危机开始，政府逐步进入经济学的研究视野，政府干预成为应对经济危机政策的首选，政府职能随即扩大到经济的宏观调控方面。当时世界各主要资本主义国家大多实行了统制经济，而统制经济首先就是银行的国有化，徐青甫是统制经济的拥护者，认为市场不足时应由政府进行干预，所以他在这个时候提出银行国有化也是顺应了当时的历史大背景。更何况当时中国的银行以私营为主，中央银行尚未控制全国的金融，资本薄弱，组织涣散，各自为谋，彼此竞争，使得近代中国的金融体系与英、美等西方发达国家相比处于不健全、不完善的落后状态，亟须建立一个资本雄厚、组织集中、联系密切、相互协作的强大的国家银行系统，促进产业的发达和国民经济的健康发展，从这个意义上说徐青甫银行国有化思想的提出又顺应了中国国内金融市场发展的趋势。不过平心而论，徐青甫的银行国有化思想也有其不足之处，他的设想是政府将全国银行都收为国有经营，由政府来出面收购、控制、经营、管理金融机构，核心是“管”，但是在当时国民政府基础服务职能有限的前提下实行银行国有化只能是饮鸩止渴，既没有考虑政府是否有能力承担接管大型商业银行后的巨额损失，如他提出的“公信所”的所有坏账与烂账完全由国家承担，也不能克服私人商业银行具有的信用膨胀的问题，而且银行过度国有化还有可能导致市场扭曲：一是政府不像商业银行那样对市场高度敏锐，银行信用业务有政治化趋势；二是银行在政府手中停留的时间越长，就越有可能习惯于政府的庇护，创新意识淡化，竞争意识下降，所以适当地放宽市场管制有利于金融创新。

中央银行是社会经济发展到一定阶段的必然产物，其实质是只向政府和金融机构提供服务的具有银行特征的政府机关。在现代金融机构体系中，中央银行处于领导核心地位，一方面向政府和商业性金融机构提供金融服务，另一方面代表政府制定和执行货币政策。有些国家的中央银行还负责对商业银行等金融机构实施监管。中央银行最初是由私人商业银行演化而来的，1844 年英国通过的《英格兰银行条例》，使英格兰银行垄断了英国银行券的发行权，标志着首家中央银行的诞生。

首先，随着资本主义的发展，商品流通规模不断扩大，原来由众多商业银行自行发行银行券的状况给扩大的市场交易带来了困难，主要表现为两点：一是周期性爆发的经济危机，常使一些小银行经不起冲击而倒闭，导致其发行的银行券不能兑现，引起连锁反应，影响经济的稳定；二是众多小银行发行的银行券限于其自身的信用能力，一般只能在有限的范围内流通，不能适应日益扩大的生产和流通的需要。因此，客观上要求有一种能在全国范围内流通的银行券，且这种银行券必须由一家资力雄厚、信用卓著的大银行来发行。其次，银行产生以后，随着其业务范围的不断扩大，经济生活中的债权关系日趋复杂，如果票据交换及清算得不到及时处置，就会阻碍经济活动的顺畅进行，于是，客观上也需要建立一个全国统一的权威机构，集中办理全国的票据清算。最后，经济在周期性的发展过程中，商业银行时常会发生资金周转困难，甚至因支付能力不足而可能陷入破产的境地，银行缺乏稳定性，不利于经济的发展，也不利于社会的稳定，因此客观上需要有一家金融机构作为其他众多银行的靠山，在某家银行发生支付困难时，提供必要的资金支持。

徐青甫指出中国银行业的现状是"金融机关未尝统一，通货到处停滞，金融不能圆转，以致形成财力匮乏，财力匮乏，则社会事业不振，国家财政困难，一切衰落，形成今日贫弱之状况。最大症结在此金融机关之无纲绪，形成全盘组织不成为有机体也"①，因此建立一个真正意义上的中央银行势在必行。他以日本为例，论证"日之金融机关，有总枢纽之日本银行，全国通货，乃其所发之纸币，重要市埠，各金融机关支票交换，乃由其转账，无论公私何方之收付，直接间接，在其大盘中旋转而已，国家经济政策，欲策动何方，或节约何方，均可直接间接，以行其意旨，所谓有机体之组织，可依神经而动作，虽尚未臻完善，大致已具，故能逐渐发达，形成今日之强"②，"日本生产能力，形似出于其机械，实则原动全在金融，金融圆转，财力形充，财力充，则造机械易，得机械亦易，所以能具今日日本之生产力者，不可谓非金融机关粗备之功也"③，故改革金融，首先是要做到集中统一，"不筹改善经济则已，欲筹改善，首宜于此要点，加以改革。改革方针，在集中金融，使其能成循环"④。虽然徐青甫也说过不必像日本那样一步到位，建立类似日本银行那样的真正意义上的金融总枢——中央银行，"盖吾国人对于政府之信仰不深，不能骤行仿效，不妨行数种方式，先谋各地集中，而后联合之，完成统一"⑤，但综观其最终的目标，还是要在中国建立单一制的一元式中央银行制度，即全国只有一个中央银行，将钞票发行资格收归中央银行。单一制的中央银行制度是指国家单独建

---

①②③ 徐青甫:《国防经济问题之答案》,《复兴月刊》第1卷第9期,1933年5月1日,第17页。

④ 同上书,第17—18页。

⑤ 同上书,第18页。

立中央银行机构，使之全面、纯粹地行使中央银行职能的制度。

世界范围内的单一制中央银行有两种组织情形，一种是一元式，一种是二元式。一元式中央银行制度是指一国只设立一家统一的中央银行行使中央银行的权力和履行中央银行的全部职责，中央银行机构自身上下是同一的，机构设置一般采取总分行制，逐级垂直隶属。21 世纪以来世界上绝大部分国家的中央银行实行这种体制，我国现行的也是这种制度。二元式中央银行制度是指一国建立中央与地方两级相对独立的中央银行机构，分别行使金融调控和管理职能，不同等级的中央银行共同组成一个复合式统一的中央银行体系。一般来说，地方级中央银行是按照当地经济特点、特定的法规和历史条件而设立，他们要受到中央级中央银行的监督与指导，但他们与中央级中央银行并非一般意义上的总分行关系，地方级中央银行在其辖区内有一定的独立性，中央级中央银行和地方级中央银行是按照法律规定分别行使其职能。二元式中央银行制度一般是实行联邦制的一些国家所采用，如美国、德国等。徐青甫设计的中央银行制度是单一制一元式中央银行制度，即全国只有一个中央银行，在各省设一"母行"(即总行)，下辖各分行，"由政府制定全国金融机关制度，分为母子两级，辅以对外机关，以及地方机关，明定母子两级之权务，俾各遵行，并定发行条例，以母行所发纸币，定为全国法币，无论何人，不得拒收，发行公开，准备确实，随时任社会依法派人检查，然亦禁止无必要之兑现"①。若能如此实行，便可改进现有经济运行秩序，两全其美，"集中金融方案，略述如前，苟金融能达集中，则虚财流转循环，财政政策可以开展，社会资本亦易获得，可进而筹物产增加，百事进步，以达经济改善，国防增坚之目的"②。

徐青甫建立中央银行的思想与当时的国民政府也是不谋而合，20 世纪 30 年代国民政府也有意倾向于实行统制经济，谋求对经济生活的干预，客观上要求有一个代表政府意志对金融业进行管理、监督和协调的机构，正是在这样的历史背景下，中国的中央银行应运而生。1928 年 11 月成立中央银行；1935 年 3 月和 1943 年 6 月，国民政府通过两次增资改组

① 徐青甫：《国防经济问题之答案》，《复兴月刊》第 1 卷第 9 期，1933 年 5 月 1 日，第 18 页。

② 同上书，第 26 页。

控制了中国当时实力最雄厚，具有全国影响的两家私营银行——中国银行和交通银行，使之与中央银行一样成为国家垄断主义的金融机构；1942年7月1日起又规定法币发行统由中央银行集中办理，外汇也由中央银行统筹收付，中国银行、交通银行不再发行纸币。在政府看来，对中国银行、交通银行的增资改组就是其完成对全国金融统制的标志，蒋介石就称"三行(包括中央银行)之增加官股，即统制金融之实施"[1]。中央银行通过信用创造的制约机制，可以有效地控制全国的货币供应量，进而影响整个社会经济的活动水平。在经济过热、发展速度过快、通货膨胀加剧的情况下，中央银行及时提高存款准备金率，就能减少商业银行的贷款供给，缩减存款派生能力，进而达到缓和经济发展抑制通货膨胀的目的；相反，如果经济萎缩、增长滞缓，则通过降低存款准备金率的政策措施，提高商业银行的信用创造能力，增加货币供给，刺激经济增长，实现经济发展的目的。

地方银行也是近代中国银行体系中的有机组成部分，包括省银行和县及县以下银行。省银行是省级政府设立的银行，产生于清末，北洋政府统治时期获得了较大的发展，很快由清末的5家增加到28家。[2] 南京国民政府成立后，省银行得到了进一步的发展，到1935年时，全国(东北地区除外)共有省(市)银行25家，分支机构多达331处，资产总额为44750万元，[3]标志着近代中国的地方银行建设取得了较好的成绩。但与此同时，近代中国的地方银行建设也存在着一大缺陷，那就是银行网点基本上未在县及县以下设立，正如徐青甫指出："今以私人营业事业之故，唯向其有利方向趋集，以一区之地有数十百家争相逐鹿者，有千百里广场无人过问者，将全国游离之财诱集于少数地点内，以致或感拥塞，或感缺乏。"[4]据统计，截至1940年1月20日《县银行法》颁布之前，我国县银行主要分布在江浙等中东部较发达地区，成立较多的是浙江14家，江苏10家，其

---

① 石毓符:《中国货币金融史略》，天津人民出版社1984年版，第289页。

② 叶世昌、潘连贵:《中国古近代金融史》，复旦大学出版社2001年版，第208、231页。

③ 《中国近代金融史》编写组:《中国近代金融史》，中国金融出版社1985年版，第230页。

④ 徐青甫:《经济革命救国论》，民国二十一年(1932)四月，第93页。

他省份都不超过3家，全国总共才37家，覆盖9个省份，不到当时全国28个省份的三分之一。37家县银行平均资本为15.03万元，其中10万元及以下的有22家，占60%，11万至20万的有11家，占30%。[①]

徐青甫计划将全国银行收为国有后便可以整顿资本，将银行网点普及到全国各重要城镇。第一步是把全国银行收为国有，明确其发展的方向，“地方银行是公家的银行，办理地方银行的着眼点，不但注意如何发展生产，并且要设法节制消费，其方法：就是我们对于发展生产的放款，尽量承做，对放款而助长消费者，简直可以不放，这是我们金融界对发展生产、节制消费最好的办法。地方银行是省银行，所以它应该协助省政之进行，其中如建设、教育等要政，尤须予以协助，俾便推进”[②]，第二步是将地方银行定位为“此机关为简僻县市，国家银行不能遍设而设置”[③]，应将网点扩展至各县市甚至乡镇。至于地方金融机关的权务，徐青甫指出：“俾是等地方，虽无母行，而仍金融集中，领用母行纸币，并受母行委托，行其权务；一面兼营子行业务，……仍一区域限制唯一，且有母行所在之地，不复设置。”[④]地方银行制度是一国银行制度的有机组成部分，对于一国银行制度的完善和发展具有能动的促进作用与补充意义，所以无论是从金融学角度，还是运用制度经济学的观点来分析徐青甫的建立地方银行思想，都应持肯定的态度，其提出的将银行网点建立在偏僻的农村的计划也具有极大的合理性，对于完善近代中国的地方银行制度和整个银行制度，促进国民经济尤其是农村经济的发展都是有益的。遗憾的是，这一合理性计划还没有来得及付诸实施，就因为抗日战争的爆发而停顿下来。所以，近代中国地方银行制度建设中长期存在的没有县及县级以下银行的缺陷，迟至1940年1月20日国民政府公布《县银行法》之后才得以解决。《县银行法》的颁布，与当时国民党当局实行“新县制”密切相关。

全面抗战爆发后，为便于政府推行各项战时财政经济政策、迅速动员

---

① 童蒙正：《我国县银行之过去与将来》，《各国银行制度及我国银行之过去与将来》，交通银行总管理处编印，1943年4月，第494—497页。

② 徐青甫：《吾人服务地方银行应具之态度》，《浙光》第2卷第6期，1936年3月1日，第2—3页。

③④ 徐青甫：《国防经济问题之答案》，《复兴月刊》第1卷第9期，1933年5月1日，第21页。

基层的力量以发展县域经济、筹粮筹款以适应抗战之需要，同时强化中央对地方的控制，国民政府自1939年9月起颁布《县各级组织纲要》和《县各级组织纲要实施原则》，规定“以三年为期，三年之内，全省各县一律完成”[①]。新县制是一种以“县”为基本单位的地方自治制度，为了推行新县制，国民政府改变了1928年以来中央、地方财政划分体制，省一级财政并入中央财政之内，把原来的中央、省、县三级财政改为国家财政系统和自治（地方县）财政系统两级，县财政在原有的财政体制内仅处于省财政附属地位，没有独立的重要税源，现在财政独立后，随之而来的是设立县公库，而县公库必须有一机构为之代理，因此各县迫切需要设立县银行来肩负新县制实施过程中各项自治设施的金融使命，“国家银行所不能及之地方，省地方及县乡银行均可设置，脉络贯通，推进中央金融政策，亦可收指臂之效”[②]。《县银行法》就是在这样的历史背景下诞生的。国民政府颁布的《县银行法》是县银行发展历程中的一个重要转折，它以立法的形式明确了县银行的宗旨、资金来源、组织形式、营业范围、放款范围等。规定：县银行以调剂地方金融、扶助经济建设、发展合作事业为宗旨；县银行由县政府以县乡镇公款与人民合资设立；县银行为股份有限公司组织，以各该县乡镇为营业区，在营业区内设分支行或办事处；等等。[③]《县银行法》颁布之后，县银行总体上得到较快发展，据统计，到1947年12月，全国县市银行总数达到544家，分支机构205家[④]，对弥补国家银行及省银行服务的不足、均衡区域金融、发展县域经济、支持抗战做出了一定的贡献。

---

① 陈之迈：《中国政府》，上海人民出版社2012年版，第541页。

② 《财政部拟办理战时金融管制概况稿》，中国第二历史档案馆编：《中华民国史档案资料汇编》第5辑第2编，财政经济（四），江苏古籍出版社1997年版，第516页。

③ 《县银行法》，中国第二历史档案馆、中国人民银行江苏省分行、江苏省金融志编委会合编：《中华民国金融法规档案资料选编》，档案出版社1989年版，第638—641页。

④ 狄超白主编：《中国经济年鉴1948》，香港地区太平洋经济研究社1948年版，第136页。

第九章　徐青甫的财政思想

财政是一个古老的经济范畴，我国古代就有“理财”“国用”“度支”一类的用词及有关理财思想的记载。但“财政”一词在我国最早出现还是在清光绪二十四年(1898)百日维新中光绪皇帝颁布的“明定国是”诏书中的“改革财政，编制国家预算”的条文。在中国两千多年的封建社会中，财政税收集权于中央，全国财政收支都在中央政府一个大系统内统一管理，地方财政仅是国家财政在地方的分配活动，而不是与中央财政相对应的地方财政。民国以后，财政制度上的一个重大变化就是西方国家分税制财政体制的引入和尝试，1913 年 1 月明确划分了国家收支和地方收支的标准，实行中央、地方两级财政，地方始有一定财政自主权。财政是国家机构的经济基础，财政状况的好坏对政权巩固起着决定性作用，同时也是一个国家或地区经济状况的直接反映。近代社会的经济问题十分复杂，而财政作为政府发挥其职能的经济基础自然备受瞩目，成为讨论经济问题的各方专家关心和议论的重点。

近代中国是一个以农业生产占主导地位的半殖民地半封建国家，地主与农民之间的矛盾直接影响着国家财政收入，两者之间的矛盾主要表现在地租和征收赋税上。但因为赋税直接关系到地主和农民的自身利益，反对繁重的赋税负担成为不少地主和农民的共同诉求，批判厚敛的人数之多是批评地租剥削的人数所无法比拟的[①]。中国近代以来，经济结构的一系列变化直接反映在财政结构上，传统的财政收支结构被打破，以田赋、盐税为主的收入结构，逐渐转变为以田赋、关税、盐税、厘金为主要支柱的收入结构，其中工商税收所占的比重急剧上升，逐渐成为财政收入

---

① 叶世昌:《中国传统经济思想的特点》，上海市经济学会中国经济思想史研究会编:《中国经济思想史论文集》，上海社会科学院出版社 1986 年版，第 48 页。

的主体;量入为出的财政原则,也逐渐转变为量出为入的原则。近代中国财政因为外敌入侵、军阀混战,赔款、军费支出庞大,财源枯涸,政府财政收入时常捉襟见肘,中央和地方政府职能履行无力,造成人民生活极端痛苦,民生问题十分突出,诚如徐青甫所说:“我国财政之窘,尽人皆知。税源枯涸,搜刮为难,支出浩繁,急若燃眉。中央与各省,无日不在窘乡,司财政者,除借债度日外,无他办法。在平时尚有借无可借之情形,一遇重要问题发生,更是束手无策。”[①]由于财政问题直接关系社会经济发展,面临这一严峻的形势,近代经济学家围绕财政问题不断寻求解决的良方。马寅初、卫挺生、徐青甫、李权时、寿景伟、姚庆三、何廉等经济学界学者都对财政问题进行过深入研究,希望能找出一剂治理财政的良方。徐青甫对财政的含义、地位和职能有独特的阐释和理解,认为“从行政方面着想,就各项政务一一寻求途径,觉得是彼此牵连,如圆环之无端的。要想改良内政,必须同时改良财政、军政、外交、教育、交通、实业等。要想改良财政,亦非同时改良其他各项不可。比较的财政改良应该稍提前些,因为其他各项都要待有财而后能行的”[②],“非先解决财政问题难望真成统一,非先解决资本问题难望真兴实业,故中山先生虽苦心研究建国方略者四十年,而以此财政、资本两问题为其限制,使遗教徒成具文”[③]。

徐青甫既是位从事财政工作的政府官员,也是位拥有丰厚学识的经济学家。从实际情况上看,徐青甫的改革币制、改组金融机关、改革税收等主张,并非都是完全地按他预期的效果实现,这是由民国时期整体的政治、社会、经济情况而定,非其个人能力所及。徐青甫对财政问题的选题一般都是针对某一具体问题,围绕当时现实弊端展开的,如税制改革、外资利用、地方财政、农村经济、银行、会计问题等等。他的论述基本上也是对策性的,善于从社会与历史发展的角度来审视和分析问题原因所在,并以苏联和日本的例证与中国财政情况作比较,从中提出适当的解决方法和途径,因此可以说他的财政思想既吸收了西方经济学、财政学的理论,又立足于中国国情,着眼于解决实际问题,具有以民为本、实践性强的特

① 徐青甫:《经济革命救国论》,民国二十一年(1932)四月,第2页。

② 徐青甫:《政治经济改善的途径》,《新社会半月刊》第6卷第11号,1934年6月1日,第246页。

③ 徐青甫:《经济革命救国论》,民国二十一年(1932)四月,自序第7页。

点，是中国近代财政思想现代化的重要组成部分。同时由于徐青甫的文章十分便于理解阅读，迎合了一般民众对于财政问题的关注需求和阅读习惯，这也是徐青甫能从众多经济学者中脱颖而出的一个原因。

第一节　财政思想的来源

“我国历代士大夫对于农、矿、工、商以及理财施治各端，所为兴利除弊之理论，开源节流之办法，后之论者，凡属中国人，自莫不因历史地理关系，默默中受其影响者也。”[①]徐青甫幼时就读于杭州的私塾和义塾，一直到长大成人接受的是传统的儒家教育，后因家计困难，为在外游幕需要而改学申不害和韩非子的法家学说，中国传统思想各家学派对徐青甫财政思想的形成有深厚影响。如韩非子的“凡功者，其入多，其出少，乃可谓功”[②]思想，荀子在继承孔子的“百姓足君孰与不足”思想的基础上发展而来的“开源节流”思想也是“本世纪（指 20 世纪——笔者注）中叶以前一直被广泛接受的一个财政格言”[③]，尤其是中国传统理财思想中的“民本”思想，经孙中山发展完善为“民生主义”，“民生主义，乃吾国固有文化上重要结晶之一点，国父扶拾此中精义，融合近代世界学说，以重建此主义，而有各种经济上措施之主张”[④]，这些传统的思想，与现代的经济精神并不相悖，成为徐青甫财政思想形成的源泉之一。徐青甫随后根据传统“民本”思想和孙中山的“三民主义”精神创立了“民生主义经济”。1943 年 7 月，他发表了《草创民生主义经济学以符建国方针论》一文，提出了“民生主义经济学”的概念，认为政府财政应遵循“取之于民，用之于民”的原则，“经济内容，不外人与物之交换关系，分言之，人的生活受物的影响，物的效用受人的影响二者是。究竟人的生活是本体呢，还是物的效用是本体呢？这是应该首先辨明的。吾先哲是认定以‘人的生活’为本体的，以为物的

① 赵丰田：《晚清五十年经济思想史》，燕京学社 1939 年版，第 314 页。

② 胡寄窗、谈敏：《中国财政思想史》，中国财政经济出版社 1989 年版，第 83 页。

③ 同上书，第 59—61 页。

④ 徐青甫：《草创民生主义经济学以符建国方针论》，《金融知识》第 2 卷第 4 期，邮政储金汇业局发行，1943 年 7 月，第 99 页。

效用，是从人的生活观点上来决定，不是它本身可以决定的。国父民生主义之‘民生’两字，就是指大众人的生活言，与古代先哲是暗合的。这是对本的辨认，就是理论的起点”[①]，这里面就有古代“民本”思想和孙中山“民生主义”思想的影子。

西方现代财政思想也是徐青甫财政思想形成的源泉。19世纪末期薛福成、马建忠等已经具备了通俗的西方财经知识，但缺乏专业的理论建构，进入20世纪后，随着清末新政，新的财政制度的建立，大量西方现代财政学著作迅速传入中国，研究财经问题的国内学者开始直接从国外财经原著中吸收知识，并将研究范围深入到财政学理论的层面。据统计，这一时期财政学著作的出版出现了为其他经济分支学科所未有的盛况，五四前40年里大约出版了40部经济学专著，其中财政类书籍就达10余部，而五四之后出版的财政学著作更是多达175部，居于经济学各分支学科刊行数量之首[②]，且“无论在财政思想的逻辑体系、表达方式乃至名词术语，还是在各项财政政策或措施的内容与形式上，与本世纪（指20世纪——笔者注）以前相比，均完全换了一个面貌”[③]。徐青甫的青年时期也正是西方财政学说传入我国并逐步占据主导地位的时代。他早年在浙江武备学堂任教的时候，曾在杭州开设书店和图书公司，亲自翻译日本各种理论书籍，其中也有不少财经类著作，而日本的财经类著作很多是贩卖西方的学说，因此那个时候就比较系统地学习了一些西方的财政学说，后来在东北期间为筹办八旗兴业银行，曾赴日本考察拓殖、金融2个月，这段经历使他更为直接地接触到了西方财政思想在日本实践的效果，开阔了眼界。在以后的岁月中，徐青甫也不断地吸收了各种经济财政思想的养分，如自由资本主义、共产主义、改良社会主义、国家社会主义、基督教改良社会主义等理论，“予觉今日世界之扼逆不宁，国际之疑忌暗争，社会之恐慌叠出，多由于经济上之关系。各家经济学说各有短长，尚未有悉中

① 徐青甫：《草创民生主义经济学以符建国方针论》，《金融知识》第2卷第4期，邮政储金汇业局发行，1943年7月，第100页。

② 胡寄窗：《中国近代经济思想史大纲》，中国社会科学出版社1984年版，第390—391页。

③ 胡寄窗、谈敏：《中国财政思想史》，中国财政经济出版社1989年版，第752页。

时弊，适合机宜，能吸收各说之优点，而去其弊害，统一兼顾，可以殊途同归，不偏重于国权或个人，不仅恃法律与精神，而有实在公平，不背进化原理，又不用破坏非义，恃强夺取之手段，违背多数心理，又系彻底解决，非仅苟且弥缝，足以餍足人心之方策，以致反向演进，成此愈不相容之局面也”[①]，这些学说和思想都对徐青甫日后财政思想的形成产生了巨大的影响。

徐青甫的财政思想除了受到中西两方面思想的影响外，他在政务厅厅长、财政厅厅长任上的履历及长期银行从业的经验，也为他形成自己的财政思想提供了实践上的保障。徐青甫身处中西文化学说碰撞交融的变革时代，不仅具备深厚的中国传统文化底蕴，同时也受到了西方思想的洗礼和浸染，他的财政思想即来源于此。除此之外，徐青甫大量的财政实践也极大地丰富了其思想，让他在考虑中国应采取何种经济体制、何种财政制度、哪种路线较适当时，在解决具体的财政问题时，始终将中国国情放在首位考虑，并极力地尝试运用现代化的财政手段进行改革，力求让中国赶上世界最新潮流与学说。可以说徐青甫的财政思想就是从中国传统而来，从西方新学而来，从财政实践而来。徐青甫在经济学诸学术领域中，虽然不是以研究财政而出名，但是在财政学研究领域因实务经验丰富可操作性强而自成一派。

第二节　理财思想

“所谓财政者，国用与地方之用也，一家公用只应论其当否，不必限以数目，此人尽知之。……其传统观念，视财政应由执政者包办，吾人以能少出捐税为最上策，执政者亦存此念。税收不敷，施以诛求，乐募不成，施以敲诈，割据垄断，贪污废弛，皆由此包办制度而来也”[②]，这是徐青甫对于传统财政观的概述。但是徐青甫认为新型财政不再是只维持国家机器运转的特种经济行为，而是一种公众的经济行为，政府能够充分地行使其社会职能，这一点在当时是具有前瞻性的。众所周知，财政在历史上的主

① 徐青甫：《经济革命救国论》，民国二十一年(1932)四月，第48页。

② 同上书，第259页。

要任务是保卫国家安全、维持社会秩序、救灾和政府机构管理费用，但进入福利社会后，公共财政的实质是剩余价值社会化和公共事业社会化，增加了对社会保险补贴和公共事业投资建设两项职能。徐青甫指出理财的前提是必须明白“财”的含义是什么。徐青甫将财分为内界财和外界财，外界财中又有无形财和有形财之分。无形财包括：(1)人之劳力，又名劳力财；(2)对人或物之关系，即物权、债券、专卖权、牌号、商标等，又名权利财。有形财包括：(1)自由财；(2)经济财；其中经济财又分为享乐财和生产财，享乐财即消费财和使用财，生产财则包括动的财和不动的财。[①] 同时他又指出现阶段学界对“财”的理解不全面，没有看到人们用财不当造成的危害，“只论及其效用与价值，言其利，不及其害，此实经济学上重要缺点，造成今日世界不安之大原因。如不纠正其观念，世界终无法安定”[②]。而财的危害主要表现在 8 个方面：一是限制生产，使物资恐慌程度加大；二是偏集一方，使各方多有不足之感；三是扰乱物价，使生产、消费不能安宁；四是资本势力日大，贫富日相悬隔，致社会阶级冲突渐烈；五是财量日增，转生财不足之恐慌；六是促进物价日高，致定额收入者生计不安；七是投机之风日甚，浪费之举日易，使人心日形堕落；八是灭却科学效用，转使其形成害人之具，枉受诟病。[③]

徐青甫认为改革财政是发展经济的主要手段，而要解决财政困难，“在寻常经济学说中，虽似无成例可以援用，而于原理中求之，则未始无法可创”[④]，所以他在《经济革命救国论》一书中提出政府要充分利用财进行社会服务，必先使政府使用财的能力不受束缚，他建议在全国各地建立公信所(一种谋公利的金融机关)来管理游离财，以公信所发行的券为记账符号，并以房地产作为抵押。客观地说，这一想法本意是好的，但却具有一定的理想意味，政府虽然有能力加大社会公共服务建设，刺激经济发展，但是也可能走向另一种极端即恶性通货膨胀。因为这相当于政府主宰了银行，变相掌握了另一种可以看得见的货币，政府具有开动印刷机来支付赤字的特权，就可以命令银行支付任何政府想开支的费用，从而导致无限制印钞票的恶性通货膨胀。宏观经济学认为，通货膨胀率在 100%

---

① 徐青甫：《经济革命救国论》，民国二十一年(1932)四月，第 56—58 页。

②③ 同上书，第 64—67 页。

④ 同上书，自序第 7 页。

以上时，被称为恶性通货膨胀。所谓恶性通货膨胀，也称为脱缰的通货膨胀、急速的通货膨胀或者超速的通货膨胀。这种通货膨胀一旦发生（一般达到三位数以上），唯一的结果就是导致物价飞速上涨，货币大幅贬值，人们对货币彻底失去信心。这时，整个社会金融体系就处于一片混乱之中．正常的社会经济关系遭到破坏，引发全面经济危机、经济崩溃、政府垮台等。急剧的恶性通货膨胀发生时，总体价格会以 20％、100％、200％，甚至是 1000％、10000％的速度增长。发生这种通货膨胀的地区，在价格被竭力稳定后，会出现严重的经济扭曲现象，并且对本国货币会失去信心，会运用一些价格指数或外币作为衡量物品价值的标准。恶性通货膨胀，通常被称为经济的癌症，这种致命的通货膨胀以百分之一百万，甚至是百分之万亿的速度上涨，在短时间内可摧毁市场经济。虽然徐青甫说过“唯所谓解除束缚者，并非无预算，而任意可得支出，不过不如前之束缚而已。政府仍须一一依照预算，方得支用。其预算，并须经过经济委员会议决通过，发交公信所备查，不在预算之内者，公信所概不支付”①，但由于公信所由政府直接掌管，因此理论上有产生恶性通货膨胀的风险，所以一般而言，政府的财政支出必须受经济发展水平的限制，而不是政府无限制地随意发挥。

不过，徐青甫提出的政府财政应用于农村基础设施建设等公共事业服务支出和扶助当地生产，却很符合建设现代服务型政府的要求，具有一定的借鉴意义。农村基础设施是指为生产和生活提供基本条件的各种工程及其服务的总称。它不仅包括供水、交通、能源等经济基础设施，而且包括文教、医疗等社会基础设施。通常纳入农村基础设施范畴的主要内容可细分为三类：一是生产服务设施，如农村水利和农户用水设施、农业科研和技术推广服务机构等；二是生活服务设施，如医疗卫生与体育设施等；三是生产生活服务设施，如教育、道路和通信设施等。农村基础设施在农村生产和农民生活中发挥着重要的作用。首先，农村基础设施状况直接制约着农村社会生产力的综合水平。生产力是由劳动者、劳动对象、劳动手段和劳动条件等要素共同形成的有机统一体，其中劳动条件的核心内容就是基础设施。如果基础设施不足、建设水平落后，生产力的支撑

---

① 徐青甫：《经济革命救国论》，民国二十一年（1932）四月，第 260 页。

系统就不完善，再先进的劳动手段和再能干的劳动者也难以充分发挥作用。其次，农村基础设施状况直接制约着农村生产的发展程度。没有交通运输设施，农民生产出来的产品运不出去，产品变不成商品，其价值就无法实现；没有水利排灌设施，农业只能靠天吃饭，无法摆脱大自然的束缚；没有通信信息设施，农民无法与外界联系，无法获得市场信息，农业和农村经济的商品化和市场化程度就不会提高。交通、水利、电力、通信等基础设施落后的地方，农业和农村经济发展程度一般也相应很低。徐青甫提出政府利用公债将农村私有土地购买归为公有后，应对土地进行重新整理，协助农村基础设施建设，发挥最大地力。其一是整理水利道路，"水利为农事最要条件，故首应视察地形，将河道、沟洫、池沼一一疏通，筹具放蓄调节之法，并将交通往来之蹊径，使其平直便利"①；其二是整理坵段，"前因私有，多成小坵，今可撤除无谓之陇埂化为大坵，视其地形以若干亩分至若干亩分为一大坵，将逐段划为数大坵，仍各予以水利、交通之便利"②；其三是移并农舍；其四是酌建村镇，建立各村镇之必备机关如商场、公所、会场、学校、社仓、工场、商店等；其五，整理市街宅地，"市街土地与房屋均为公有，则一切改良整理，但需筹有相当之交换，即可着手"③，包括道路、桥梁、上水道、下水道及一切卫生消防、商工住宅各区、公所学校、住宅等，逐步打开新经济建设之局面。

徐青甫认为"财是也，实际能造财或增财者为生产，非是即不得称之为生产"④，"一国之财源，全在于生产，以其生产总量与其人口总数之比例而生各人所得之平均额，则应重视生产，无待再言"⑤，因此财政应扶持当地生产，"可调剂生产之过不足，使物资不起恐慌也。生产有过剩或不足之弊，不足有由于天者，有由于人者。……至由于人者，不外资本的关系，以及经济的关系，今以游离财利用之力极大，则资本不足之问题，完全解除。而其个人不经济的部分，亦可以公家之力津贴补助，使其尽技术的限度，为经济的限度，则由于人者之不足，亦可免去。对于过剩一层，以公

① 徐青甫：《经济革命救国论》，民国二十一年(1932)四月，第300页。

② 同上书，第301页。

③ 同上书，第303页。

④ 同上书，第71页。

⑤ 同上书，第115页。

家有充分中间购储之力，亦可调剂一时。如其过剩将成为长期性质，则酌量令其改事他项之生产。所有改变期间之损耗，概由公家担任，亦毫不为难也"[①]。同时，徐青甫意识到资本主义已经把越来越多的国家和地区卷入了世界市场，世界经济已是一个大的体系，国内生产的产品不再仅仅是供国内消费，还要参与世界市场的竞争，因此他提出国内生产也要遵循世界市场上"经济的"原则，"现在已为世界经济时代，经济关系，不能强行割裂，仅为己国谋，终非完善之策，则自应于国家之外，兼顾世界。故此经济的、不经济的问题之正鹄，当以国家上视为经济的而又不使世界陷于不经济的范围之内，以定一人一业之经济的与不经济的也。一人一业视为不经济的、国家视为经济的部分，当由国家津贴，或收储，或扶助其创业，或代辟其销途，以补救之。国内生产以供国人消费为本旨，国际贸易以交换不足为依归，不务过度生产以妨人之生产，不以有用有限之财，易成游离无益之资，不背世界经济的原则，方可称为真正之经济的也"[②]。

第三节　公债思想

在财政支出无法削减的条件下，政府采用发行公债来替代税收的直接后果就是减轻了当代人的税收负担，并在一定程度上增加了居民的收益作为一种重要的政府信用形式，公债是债的一种，是以政府及政府所属机构为债务主体、利用政府信用而形成的一种特殊的债权债务关系，是政府部门筹集资金、取得收入的一种有偿形式。在现代社会，公债的作用已经不仅仅局限于弥补财政赤字，其在调节国家宏观经济运行中的积极作用也不容忽视。公债是随着工商业的不断发展和新兴资产阶级的出现而产生和发展的，它对于封建社会向资本主义社会过渡起着重要的作用。正如马克思指出："公债成了原始积累的最强有力的手段之一。它像挥动魔杖一样，使不生产的货币具有了生殖力，这样就使它转化为资本，而又用不着承担投资于工业，甚至投资于高利贷时所不可

① 徐青甫：《经济革命救国论》，民国二十一年(1932)四月，第 97 页。

② 同上书，第 74 页。

避免的劳苦和风险。”[①]在封建社会末期，国家财政困难，新兴资产阶级则有经济实力，他们一方面在经济上借钱给封建国家以解决财政困难；另一方面在政治上对封建国家进行斗争，以争取各种政治权力，他们要求封建国家向他们把持的议会提供收支报告，并经议会审查同意后方能执行。于是国家预算这个财政概念出现了。近代以降，由于清政府财政困窘，政府收不抵支，长期处于财政赤字状况，于是开始引进西方的公债制度，产生了国家公债和国家预算等新的财政范畴，这在中国财政的发展史中是一个重要阶段，量入为出的财政原则开始被量出为入的财政原则所取代。

徐青甫认为公债的本质是一种公共信用。通常，信用是指通过商品赊销或货币借贷形式体现的一种经济关系，公共信用只是一种特殊的信用形式，如果将公共债务狭义地理解为政府债务，那么，政府债务的本质就是政府信用，换言之，是政府承担的“债”：(1)公债是以公共信用为担保而产生、发展的，是公共信用的必然产物，没有公共信用(其核心或主要形式是政府信用)为担保，就不可能产生公债；(2)公共信用的本质是公共部门与其他主体之间形成的借贷关系或债权债务关系，这意味着公债具有到期还本付息的特性；(3)公共信用的偿还性决定了由此所形成的财政性收入必然是非经常性的、补充性的；(4)基于税收是政府财政收入的唯一可靠来源，因此公共信用的偿还性也内在地决定了其未来税收化的可能；(5)公共信用在借、用、还等环节必然会产生收入再分配功能；(6)公债的公共信用本质决定了公债负担、公债风险以及公债危机产生的可能性。基于上述理由，将公债本质定位于公共信用或政府信用，能更广泛、更深入地解释诸多公债问题和公债现象。因此，徐青甫对公债的这种根本属性定位是妥当和合理的。但是他同时又指出由于中国现行金融机构混乱，存在“信用恐慌”[②]，信用恐慌不仅仅只有私人信用，政府信用也一样备受质疑，因此必须先“改革金融机关之组织，确立公共信用之基础”[③]。

徐青甫在1933年发表的《致张公权先生的一封信》中，以日本为例，指出中国学界认为日本滥发公债将会导致日本经济垮台的看法是荒谬的，事实上日本从明治维新发展以来，在金融制度上已完全统制，日本工

① 马克思：《资本论》，《马克思恩格斯全集》第23卷，人民出版社1960年版，第823页。

②③ 徐青甫：《经济革命救国论》，民国二十一年(1932)四月，第226页。

厂发达，资本与人才相当完备，所出货品多较欧美价廉而且品质亦无多逊，现在生产销售概行官民合作的统制，对外输出各由输出组合经营，实际由政府指挥，如水银泻地，无孔不入，其出入贸易即可抵公债发行，加上日本民间储蓄力逐渐增进，故大量发行公债不会引起日本经济垮台，“日本银行虽大宗引受政府的公债，然毋庸增发钞票，不过多收各银行之存账，所以亦无通货膨胀的弊。这全因日本金融制度已成统制，能自循环，方能如此。我国银行鲜能援助政府者，即以金融制度未能统制，不成循环，银行本身无此能力的缘故，或以为发行公债多少要使通货膨胀的”[①]。徐青甫认为公债发行与一国金融、经济制度的状况密不可分，他比较了中日两国的金融状况，分析日本的中央银行制度发展完善，货币发行权集中在中央银行手中，且发行准备制度是不限硬币成数的，各金融机关之收付转账，归结由其收付划拨，间接实总全国之出入，而中国“无金融总枢，无转账中心。我国货币纷杂，发行散碎，而人民又重视硬币。我国各银行发行准备制度是限定硬币比例的。我国各银行、钱庄固各自分贮，私人商店亦复有多量之存贮，货币是不集中的。我国收付犹如散沙，无纲领可握”[②]，公债本质上就是国家信用，是公共信用形成的债券债务关系，所以中国要大量发行公债，且不引起通货膨胀，就必须先仿效日本实行金融统制，“它所以有此成绩的大原因，就是它早知道国家经济竞争上，应首先努力的要项，早将金融统制了。因金融的统制，时时行其策动调节的方法，使产业勃兴”[③]。

徐青甫认为中国原先发行的公债未能被民间承认是因为“即以金融制度，未能统制，不成循环”[④]，因此主张中国效仿欧美与日本建立起完善的公债发行机制，实行金融统制，这符合当时世界经济的发展潮流。但他对公债的认识也存在着误区，通观他在公债方面的言论，似乎没有意识到政府公债的发行也是有一个限度的，不能超额无限制地发行。徐青甫仅仅认为中国与日本发行公债的不同在于没有实现金融统制，而没有看到中日经济发展的水平不同是其关键，发行公债必须与本国的经济水平相适应。民间资本的充实和盈余程度与国家作为公债中介人管理公债的数

---

①④　徐青甫：《致张公权先生的一封信》，《银行周报》第17卷第40号，1933年10月17日，第17页。

②　同上书，第16页。

③　同上书，第21页。

量有直接关系，在近代市场经济发展的初级阶段，民间资本获利空间和范围本身就十分狭小，如果政府过多地发行公债，就会挤出民间资本，进而影响经济发展效率。所以除了支付战争或大的自然灾害经费以外，一般不宜发行公债。国家发行公债的数额一般应视本国经济实情而定，以与本国经济发展水平相适应为原则，不能过多地无限制地发行。

第四节　税收改革思想

在税收方面，为调节分配和贫富间过于悬殊的差距，徐青甫提出开征当时在西方国家已比较流行的直接税——所得税、遗产税，以实现社会分配上的公平，调剂贫富，调和日益尖锐的社会矛盾和阶级矛盾，“国家一面应认财产私有许其自由竞争，同时定立工场法及劳动保险法承认劳动团体或劝其成立合作社，或于遗产税、所得税适用累进累计之举，以宽和弱肉强食之世态，或可望得分配之公平也”[①]。

所得税的课税对象是企业和个人的所得，主要包括企业所得税、个人所得税和土地增值税，18 世纪末首先由英国开设，是专门为筹措战争经费而临时开征的一个税种，19 世纪以后，大多数西方国家相继开征所得税，并由临时税种发展为经常税种，由次要税种发展为主要税种，成为现代国家的主要税种之一。由于所得税是以所得为负税能力的标准，比较符合“公平”“普遍”的原则，有利于资本主义商品经济的发展，并具有经济调节功能，所以被大多数资产阶级经济学家视为“良税”。所得税在清末新政时就已提议开征，此类议案已交资政院审议，但由于清政府的垮台未及实施。民国初年，国库空虚，主张推行所得税之议又起，但遭到商民反对，加之军阀混战迭起，政府毫无威信，试办所得税以失败告终。孙中山民生主义思想的主要内容是平均地权和节制资本，其中，节制资本除了对具有独占性质或规模过大的企业由国家经营管理、使私人资本不致操纵国计民生外，还有一个重要的手段就是运用直接税的调节作用来节制私人资本，指出直接税“就是累进税率，多征资本家的所得税和遗产税。行

① 徐青甫：《经济革命救国论》，民国二十一年(1932)四月，第 115 页。

这种税法，就可以令国家的财源多是直接由资本家而来。资本家的入息极多，国家直接征税，所谓多取之而不为虐。从前的旧税法只是钱粮和关税两种，行那种税法，就是国家的财源完全取之于一般贫民，资本家对于国家只享权利、毫不尽义务，那是很不公平的"①。南京国民政府成立后遂筹议举办所得税，随着日本侵华危机日趋严重，为筹措抗战经费，扩大财政收入，解决战时财政的危机，国民政府于 1936 年 7 月 21 日公布《所得税暂行条例》，9 月 2 日颁发《所得税暂行条例施行细则》，定于同年 10 月 1 日起开征所得税，包括营利事业所得、薪给报酬所得和证券存款利息所得，至此中国酝酿议办了 20 余年的所得税才正式进入实施阶段。此后国民政府分别于 1943 年、1946 年制定和修正了《所得税法》，其主要内容是：扩大了所得税的课征范围，新增了综合所得税（即征收全体所得的一般所得税），实行分类所得税与综合所得税并行的制度；规定公营事业也应依法缴纳所得税，体现了公私平等纳税的原则；对股份有限公司等企业降低了起征点，提高了大额所得者的税率；以累进制或比例制税率征收。但由于当时中国政治腐败，经济落后，豪门权贵大量逃税，而穷人又无力纳税，所得税的征收并未达到预期目标，财政效果有限。

遗产税则是以被继承人去世后所遗留的财产为征税对象，向遗产的继承人和受遗赠人征收的税。始于 1598 年的荷兰，其后英国、法国、德国、日本、美国等国相继开征了遗产税，一开始也是为了筹措战争经费，是一种战时临时税，直到 20 世纪才逐步成为一种固定税，其主要目的也转变为调节社会成员之间的贫富差距，而取得财政收入的作用却大大削弱了，也被大多数资产阶级经济学家视为"良税"。遗产税与所得税一样自清末就传入我国，但历经清政府和北洋政府，皆议而不决，南京国民政府成立后虽有意举办，但也一拖再拖，直至全面抗战一触即发，才从战时财政角度出发，不得不推动开征遗产税，1938 年 10 月 6 日由南京国民政府公布《遗产税暂行条例》，1939 年底正式完成遗产税立法手续，颁布《遗产税暂行条例施行条例》，1940 年 7 月 1 日正式开征，至此直到国民党政权败退台湾，有将近 10 年的实际征收历史，但由于政局动荡，社会上阻力重重，富贵者千方百计规避交税，遗产税开征与所得税一样鲜见成效。

① 孙中山：《三民主义》，《孙中山全集》第 9 卷，中华书局 2006 年版，第 367 页。

徐青甫显然不赞成共产主义没收资本的方法，认为其太过激进，未免不义，且会“减绌其实行后生产之力也”[①]，而且以共有财产为基础的强制分配平等会造成“贤愚强弱所得略同，勤不多得，惰不至饿，于是人心萎缩，元气消沉，英雄不出，伟人不生，难望国家隆盛，社会发达”[②]。他主张应当保护个人所有正当资产，即使“所有权之来源有非出于正当者”，但“过去已久，莫可究诘。现今存在之理由大都以其为合于经济上原则，故多拥护之，而得维持此制度也”，但另一方面，“因所有权之结果而成私有财产、私有资本，发生许多弊害，亦所公认，故有逐渐限制加严之趋向”[③]，徐青甫提出征收所得税和遗产税，就是要对富人的财富积累加以限制，以促进社会公平。如他提出“取缔企业家之暴举，对于此种余利课以累进税，使化私利而为公益也”[④]。对遗产税，他在《经济革命救国论》一书中着墨更多。如他认为“继承权根于所有权而来，有所有而后可以继承。此继承权问题在人类观念上实有必需，在竞争进化上转生障碍”[⑤]，这是因为继承人从被继承人处所继承取得的遗产，是一种非劳动所得，不劳而获，容易使人坐享其成，铺张浪费，腐化社会风气，并造成社会上的不平等竞争，“何谓竞争进化上有障碍？则以人之竞争犹如运动比赛，其站立地点应有在一线上之必要。富家子弟非必贤，今常在贫者子弟之先者，以其起点异也。欲求进化而行公道之竞争，则应概无遗产，使人之起点相同。同时人之各行竞争，方能合竞争原理而可行公平之裁决也”[⑥]，“不仅不合理而已，其结果富家子弟饱食暖衣，自然消磨其勇气、企业心、劳动心，而增长其游惰、安逸、奢侈、浪费之恶习，徒费其财，不作资本，徒耗其富，不助国家之生产”[⑦]，但是私有财产应该予以保护，故“只有限制之一途”[⑧]。徐青甫主张土地收买归公有，“则土地所有权既无，自无继承问题矣”[⑨]，至于资本和私有享乐财产的继承，自然也应加以限制，“资本即其存储之款，应有最多之限度，且其限度不以总额为限，视其直系亲属之人数、年龄

① 徐青甫：《经济革命救国论》，民国二十一年(1932)四月，第53页。

② 同上书，第115页。

③ 同上书，第190页。

④ 同上书，第171页。

⑤ 同上书，第192页。

⑥⑧⑨ 同上书，第193页。

⑦ 同上书，第189页。

而异，要之其配偶与年老以及不具者，不令受特殊之苦况，其年幼者有相当之抚养教育，以达成年。唯成年之人则数最少，各有最高限度，以免因遗产多而减少其竞争之心。至由旁系继承者，以一人为限，其数较前应少。如此限制，虽遗产尚有有无多少之异，然与人生竞争上，已无妨害"[①]，"私有享乐财产在社会主义国家亦许私有，自应许其继承。且对于私有享乐财产，平时已有最高限度之限制，则其继承权，不越此范围可也"[②]。如何来实现？当然是通过征收遗产税的办法。

徐青甫认为，通过开征遗产税可以减少继承遗产所得数额，控制因继承遗产而可能出现的暴富现象，限制社会财富的逐代积累，进一步调节贫富差距，防止两极分化，促进实现社会公平。具体到实施办法，徐青甫也有 3 种设想：(1)继承人限制说。除有遗嘱者外，如无遗嘱，则推定继承人与法定继承人当以近亲为限(通常以同祖兄弟为止)，不及远亲。(2)继承额限制说。不论有无遗嘱以及近亲远亲，虽一切认其可以继承，但其金额则有一定限制。其限制之数则随其近远而区别其大小，直系亲属与旁系亲属，近亲与远亲，分别大小之区别。凡无遗嘱而无继承人，或限制以上之遗产，则没收入官而为国有也。(3)累进遗产税说。继承时课税，其税率随其遗产额而累进也。继承人虽无限制，继承额亦无限制，惟以其继承额之比例多者，课税加重是也。[③] 但他同时又指出，以征收累进遗产税的办法最为适宜，"方今此说最为有力。如再补充其说，对于少额遗产全然免税，不单以继承额为标准而累进其税率，并以继承人对于被继承人之关系远近而累进其税则，可更完全矣"[④]。考虑到当时中国的国情，这种已在西方流行的税种在中国从未实行过，一般民众心理上会不适应，有抵触情绪，徐青甫甚至还建议开征累进遗产税可逐步推进，不可一蹴而就，"唯我国积习已深，一时矫正，或感痛苦。改革之初，不妨限制稍宽，以五年为一期，逐渐加严。十五年二十年后，方依前限办理，或可便于改进"[⑤]，从后来国民政府推进遗产税征收的过程看，徐青甫的建议或多或少地也对南京国民政府的决策产生了一定影响。

---

①② 徐青甫：《经济革命救国论》，民国二十一年(1932)四月，第 194 页。

③ 同上书，第 189—190 页。

④ 同上书，第 190 页。

⑤ 同上书，第 337 页。

第五节 利用外资思想

在近代中国,外国资本的活动主要有借用外资(外债)、中外合资企业和外商独资企业3种主要形式,其中借用外资(外债)是中国利用外资的最主要形式。清咸丰三年(1853)二月,上海道台吴健彰为剿灭太平军,募雇英美船3艘,议价银洋13000元,因为这个借款是经清政府批准认可的,因此可视为中国近代外债的起源。1895年4月中日《马关条约》签订,允许外国人在通商口岸设立工厂,随后掀起了列强企图控制和瓜分中国的狂潮,外国资本遂开始大量涌入中国。至南京国民政府成立前,已累计遗留外债折合国币744447593.98元[①]。孙中山早有"利用外资发展实业"的思想,"照美国发达资本的门径,第一是铁路,第二是工业,第三是矿产。要发达这三种大实业,照我们中国现在的资本、学问和经验都是做不来的,便不能不靠外国已成的资本。我们要拿外国已成的资本,来造成中国将来的共产世界,能够这样做去,才是事半功倍。如果要等待我们自己有了资本以后才去发展实业,那便是很迂缓了"[②]。故南京国民政府成立后,也推行利用外资的政策,在整理清偿旧外债的基础上开展了引进外资的活动,1929年底国民党第四届中央执行委员会通过了关于"充分利用外国之资本技术"的决议,并于次年1月由行政院正式发布政令,指出"中国为逐渐实现总理实业计划","充分利用外国之资本技术,以发展国内天然之富源,发展国民经济,增进国际福利"。[③] 1935年4月国民党改原国防设计委员会为资源委员会,改隶于军事委员会,成为代表政府实行统制经济的一个机构,而从它成立之初就提出"国营事业对于外资,宜遵照国父遗教,特为欢迎合作"的主张,并将"利用外国之资本技术"作为资源委

① 许毅主编:《民国历届政府整理外债资料汇编》,财政科学研究所、中国第二历史档案馆编写,1990年内部印行本,第1卷第245页。转引自金普森、潘国琪:《南京国民政府时期的外债研究综述》,《浙江社会科学》2001年第6期,第55页。

② 孙中山:《三民主义》,《孙中山全集》第9卷,中华书局2006年版,第393页。

③ 参见宓汝成:《中国近代铁路史略》,载孙健编:《中国经济史论文集》,中国人民大学出版社1987年版,第490—491页。

员会的一大“正当方针”。[①] 而当时中国经济学界也有关于利用外资是“为我所用”还是“被外资所利用”的激烈讨论，但总的趋势是赞成引进外资，提出了利用外资的种种方案和方式，如马寅初提出“依孙总理遗教利用外资开发富源”[②]，章乃器主张“为要突飞猛进的建设国家资本，我们自然应该大量吸收外国资本。……必须明白，为要使工业化过程真能迎头赶上，为要使工业化能尽建设民生主义和完成民族主义的两重任务，吸收外资的门是开得愈大愈好”[③]，这些利用外资的观点也或多或少地推动了南京国民政府利用外资的政策的制定和活动的开展。

但在这一片赞成声中，徐青甫却出人意料地唱起了反调，对当时流行的借用外资之说提出了疑问，虽然“我国经济衰落的大原因，在于小不敌人之大，散不敌人之聚，要望生产加增，必须多兴巨大场厂。……这资本从何筹得，是第一难题”[④]，但是，“时贤主张借外资兴生产，我是不敢赞同的”[⑤]，“要发生产发达，只有借外国资本来兴事业的一法。只要借款条件不丧失国权，那是有利无害的，例如借资五千万，兴办一钢铁事业，二三年设备完成以后，每年可产出钢铁三千万，就可以减少三千万的输入，不要两年，已可抵偿这笔借款的损失，由此类推，或可转机，这是可说智识阶级大都有的意见，我对于此细加研究，觉得不敢赞同”[⑥]。徐青甫指出借用外债需要计算利息，而且投资后不能马上还本付息，需要逐年还款，在高利盘剥之下，易造成债务高筑，政府破产。徐青甫看到了在半封建半殖民地的社会条件下，近代中国利用“半主权”引进外资常常处于受盘剥、受欺辱的不平等地位。由于早年在奉天和青岛中国银行受日本银行挤兑和排挤经历的影响，徐青甫一直对利用外资抱有不信任感，想寻找出一条能独立自主、自力更生、避借外债的自救自强之路，这一思想一直贯穿在徐青

① 翁文灏：《战后工业政策的建议》，中国国民党革命委员会中央宣传部编：《翁文灏论经济建设》，团结出版社 1989 年版，第 124 页。

② 马寅初：《中国之国际贸易》，《马寅初全集》第 11 卷，浙江人民出版社 1999 年版，第 158 页。

③ 章乃器：《我国战后经济建设的两大问题》，章立凡选编：《章乃器文集》(上卷)，华夏出版社 1997 年版，第 541—543 页。

④⑥ 徐青甫：《政治经济改善的途径》，《新社会半月刊》第 6 卷第 11 号，1934 年 6 月 1 日，第 248 页。

⑤ 同上书，第 249 页。

甫的经济思想之中。但这里，我们不得不说，徐青甫的这一看法是非常片面的，甚至是不符合世界潮流的。从西方国家打开中国大门，其经济势力不断渗透，中国已成为国际社会的一员，中国的经济建设再也不能离开这个世界大舞台了，而且当时世界上也没有哪一个国家能够拥有发展本国经济所需要的全部资金、技术和资源，任何国家为了加速本国经济的发展，都必须与他国互通有无，利用国外资金和技术，诚如当时中国经济学界所指出的“今日之世界，已缩成一个单位，无论何国经济不能离国际而孤立，欲共存必须谋共荣”①。引进外资和先进技术是后进国家加快实现现代化的必由之路，这已为近代世界史上各国利用外资发展经济的实践所证明，南京国民政府引进外资和先进技术的设想和主张既合乎落后的中国发展工业化的需要，有利于促进我国实业的发展，在一定程度上能够刺激相关产业链的发展，又因其具有实施的可能而使中国近代经济产生较大飞跃的希望。

---

① 马寅初：《中国之新金融政策》，《马寅初全集》第10卷，浙江人民出版社1999年版，第386—387页。

第十章　徐青甫的战时经济思想

1937年7月7日，卢沟桥事变爆发，日本发动了全面侵华战争。1937年8月13日，上海八一三事变爆发，淞沪会战开始，中国进入了全面抗战阶段。1937年8月14日，国民政府发表《自卫抗战声明书》，表示“中国为日本无止境之侵略所逼迫，兹已不得不实行自卫，抵抗暴力”①，标志着中国政府正式进入全面抗战，由此开始了中华民族长达8年的全面抗日战争。

初期，虽然国民党军队和中国共产党领导的新四军、八路军对日军的侵略进行了较为积极的抵抗，但由于敌强我弱，淞沪会战、太原会战、南京保卫战、徐州会战、武汉会战先后失利，1937年12月13日首都南京沦陷，1938年10月武汉沦陷，国民政府被迫西迁重庆，日本侵略军占领了大半个中国，包括华北、华东、华中和华南的大部分地区以及早就沦陷的东三省。这不仅仅是国统区被缩小了的问题，更重要的在于日军所侵占的都是中国最富庶的地区，战前中国工业90%集中在华北、华中、华南的一些大中城市，日军占领了这些重要地区和工业城市，对国民政府的经济造成了十分严重的打击。而国民政府虽还拥有半壁江山，但全都集中在中国经济最落后的两个地区：西南和西北地区，首先遇到的问题就是财政收入大大减少，国民政府财政收入的主要来源关税、盐税、统税三税的收入，在战前占财政收入的84%，而1937年、1938年比1936年减少达60%之多。另外，日军占领了中国的沿海和大部分边界地区，几乎切断了国民政府获取外援的一切途径。日本政府试图以此扼住国民政府的财政经济命脉，逼迫国民政府停止抗战。战争不仅是两国军事力量的较量，也是两国综合国力特别是经济实力的较量。面对危局，国民政府除了动员沿海

① 《国民政府自卫抗战声明书》，王桧林主编：《中国现代史参考资料》，高等教育出版社1988年版，第173页。

工矿企业内迁外，迅速将战前就已经在酝酿的统制经济政策付诸实施，将平时经济转入战时经济状态，集中全国的人力、物力、财力，支持抗战的进行。七七事变后，国民政府宣布以“抗战建国并进”为基本国策，即一面抗战，一面将经济重心逐渐由沿海向内地转移，准备长期抗战。1938 年 3 月国民党召开临时全国代表大会，通过了《抗战建国纲领》和《非常时期经济方案》，提出“抗战建国并进”的基本国策，“抗战建国同时并进，故经济建设，于争取抗战胜利之进程中，即应奠定将来立国之基础”①，标志着国民政府实施战时统制经济政策的经济方针已经基本确立。1939 年 3 月，国民党五届五中全会明确宣布“必当依于战时人民生活之需要，分别轻重，斟酌缓急，实行统制经济，调节物质之生产消费”②，正式明确使用“统制经济政策”这一概念。此后一直到 1941 年，在长达 3 年的时间里，国民政府陆续颁布了数十个有关经济统制的具体法令，其范围涉及国民经济的生产、流通、消费各个环节，对包括工矿、农商、粮食、金融、外汇、物价、物资等国民经济各个重要部门进行了全面统制。1941 年 3 月，国民党五届八中全会又通过了《积极动员人力物力财力确立战时经济体系案》，规定国民政府“以军事第一与经济国防化之基本信念确立战时经济体系努力之方针”，“务须建立健全之经济有机体，以为实行全面经济统制之据点”③，确立了战时经济体制。太平洋战争爆发后，1942 年 3 月和 6 月颁布《国家总动员法》和《国家总动员实施纲要》，声称“现代战争乃国家总力之决斗，必须集结全国任何一人一物，悉加以严密组织与合理运用，使成为一坚强之战斗体系，以保持战力之雄厚，贯彻战争之胜利”④，国民政府最终全面完成了向统制经济的转变。国民政府的各个部门，就是在这种全面经济统制的基础上去实施各项经济政策的。

---

① 中国第二历史档案馆：《国民党政府经济部关于战时经济建设的工作报告(上)》，《民国档案》1989 年第 3 期，第 8 页。

② 《第五届中央执行委员会第五次全体会议宣言》，荣孟源：《中国国民党历次代表大会及中央全会资料》(下册)，光明日报出版社 1985 年版，第 548 页。

③ 《中国国民党五届八中全会主席团提：“积极动员人力物力财力确立战时经济体系案”》，秦孝仪主编：《中华民国重要史料初编——对日抗战时期》第四编战时建设(三)，台北“中央文物供应社”1988 年版，第 249—250 页。

④ 《加强国家总动员实施纲领案》，荣孟源：《中国国民党历次代表大会及中央全会资料》(下册)，光明日报出版社 1985 年版，第 745 页。

前文讲过，徐青甫在战前就力主在全国实施统制经济。全面抗战开始后，徐青甫指出中日战争不仅是双方军事实力的较量，更是经济实力的大比拼，国力的较量，“战事表面上似是武力战，实际上却是经济战，他是以武力战为辅，经济战为主，因为战争之目的，无非是征服人家，如以武力征服以后，必须仍以武力控制，始能维持永恒，武力松懈，即遭瓦解，而经济战则是封锁交通，争夺资源，当此战事进入第六年头，敌人物资极度艰难之际，经济战之全面展开，是目前敌人必然的趋势。因为现代战争是国力的比赛，一国作战之能否胜利，全视其能否争夺敌人资源与控制敌人经济以为断，盖经济是国家的枢纽，人民的命脉，如能控制，即能制胜”①。徐青甫认为抗战必旷日持久，但中国一定能取得最后的胜利，“此次中日战争，非短期内可能结束，而我全民族之抗战亦正需旷日持久，方可取得最后胜利”②，因为“照现代世界国家的现状，只要交换中心点和通商大埠被敌占去，经济资源被敌控制，即无办法。独我国纵不乏大都市被敌占去，但抗战赓续进行，即使乡镇全被占据，我国人民还可照常生活，这是因为中国抗战之重心寄予广大之农村。我农民有一特长，向采自给自足手段，不行远道交易，自然维持生活，基此原则所以敌人之武力战必不能占尽我之乡村，而经济战亦未能尽夺我之资源”③，“敌军虽占领平津，毁击上海，而内地所受影响甚微，社会生活仍可继续进行，不致如机器之结构，一轮损失，而全部停止运动；如蚯蚓然，虽被斩至数段，各段仍能继续生存”④。故他旧事重提，呼吁政府实行统制经济，“吾人须知今日何日，当前之抗战为我赌全国国运以与暴日作生死搏斗之长期抗战，其范围包括南北各省，其时间势将继续至二三年乃至五六年不定，此空前大战争本身即为整个社会经济机构之一大掀动，前此无统制无计划之经济形态，苟仍循旧惯，不加以彻底调整，使之适应战时需要，则不仅无以作人力物力最大最有效之动员，即社会经济自身亦将难以支持而不免陷于全部崩溃”⑤，在抗战以后国民政府转向统制经济后，他又具体提出了粮食统制、田赋征实、节制消费等条陈，上书政府参考。

---

①③　《徐董事青甫在本行纪念演讲》，《本行通讯》第 40 期，中国农民银行经济研究所编印，1942 年 8 月 31 日，第 3 页。

②④⑤　徐青甫：《长期抗战中杭市建设之新途径》，《市政评论》第 5 卷第 8、9 合期，1937 年 9 月 16 日，第 38、39、40 页。

第一节　粮食统制

粮食统制、田赋征实等政策的提出缘于抗日战争进入相持阶段以后粮食危机的凸现。我国是农业大国，全面抗战爆发以前，粮食基本能够满足军民需求。1931年到1935年，平均年产稻谷1026011000市担、小麦446339000市担、杂粮1089462000市担，总计2561812000市担，而同时期我国平均人口为416161050人，稻谷消费量约为959872000市担、小麦462435000市担、杂粮887912000市担，总量为2310219000市担①，粮食生产总量高于消费总量。虽然民国以来一段时期内中国粮食连年入超，但并非由于国内粮食生产不足所生之绝对需要，而是由于价格差异引起外洋米麦输入，含有浓厚商品倾销性质，以及历届政府民食政策失当所致。自1933年起，国内米禁开放，准在国内自由流通，米捐转口税相继豁免，对洋米则开征进口税，进口之米大量减少，粮食自给率逐年提高，战前进口稻谷仅为国内稻谷产量的2.54%，进口小麦亦仅为国内小麦产量的3.03%②，不足之数甚为有限。即使在抗战开始后的头两年，因粮食丰收，粮价低廉，粮食尚不成问题，甚至某些地区还出现谷贱伤农情形，军队、公教人员、一般市民的粮食供应与战前无异，主要从市场上购买。但随着四大会战结束，广州、武汉等地相继失守，主要产粮区沦陷，种粮人员进入战斗编制，大量军队及其他人员（包括民众、内迁公务人员以及内迁工厂的工人）涌入后方，加之日本对国统区进行封锁，国民政府重要交通线被阻断，外来洋米几乎被切断，造成粮食问题渐行突出，粮食产量逐步减少，粮价飞涨，对军需民食及抗战进程产生了重大影响。由于粮食问题先前并不突出，所以在1940年之前，国民政府并没有设置专门性的粮政机构，相应的农业机构也不健全。1937年8月，行政院在颁布的抗战时期第一个管理粮食的公开文件《战时粮食管理条例》中，曾打算成立战时

---

① 《抗战以前我国粮食供需的情况》，秦孝仪主编：《抗战建国史料——粮政方面（一）》（《革命文献》第110辑），台北"中央文物供应社"1987年版，第87—92页。

② 吴秉权：《我国粮食产销状况之回顾与前瞻》，《粮政季刊》1948年第8期，粮食部督导处出版，1948年3月，第69页。

粮食管理局，必要时在各省市重要地点设置分局，负责粮食的生产、消费、储藏、价格、运输、贸易、统制及分配等事宜，但因当时粮食问题并不突出，全国设置统一性的粮政机构一直拖而未行，一直到1940年。此时虽一度设置实业部、经济部，主管一切农业和与农业相关的事项，但所司不专，下属机构过多，如经济部附属机构多达30多个，对于粮政无多大建树。后来担任国民政府粮食部部长的徐堪在总结这一时期教训时说："从二十九年（1940）春天起，粮荒问题，便开始发生，而且日趋严重，究其由来，实因事先未曾加以管理。管理粮食，原是战时国家所必采的手段，而我们和敌人打了两年多时间的仗，还没有注意到管理粮食上面去，不能不说是很大的失着。"[①]蒋介石在国民党五届七中全会上也说："经济当中最要紧的，是粮食管理问题。这本是我们革命组织首要的事项。总理迭次讲演自治机关组织，首先注重粮食管理。但是我们后来把他忽略了，因为社会上都不注意这个问题，所以大家亦不以为异。……现在各省对粮食管理，虽也有注意到的，但是中央方而，尚未筹有具体办法。"[②]直到1940年粮食问题严重时，国民政府才开始亡羊补牢，设立专门性的粮政机构，在全国实行粮食统制。

1940年7月，农林司从经济部下独立而出，成立农林部，主管农业及林业事宜，并在农林部下设立粮食增产委员会，专司粮食增产事项。同年8月，成立全国粮食管理局，开始了全国统一的"粮政"时期，即用政治与行政干预的手段解决作为经济问题之一的粮食问题，但并未达到预期的结果。1941年7月，国民政府撤销全国粮食管理局，代之以粮食部。1942年3月又将原属行政院的农产促进委员会划归农林部，与粮食增产委员会合并为农业推广委员会，使机构重叠问题得到了解决，此后农林部专司粮食的生产（主要是增产）事宜，粮食部则负责粮食的征收、储藏、运输与配拨，粮食部还在后方人口密集区和工矿区设立粮食调节处，分拨一批粮食专在青黄不接时出售，以调节粮食市场。粮食部时期，与全国粮食管理局时期相较，粮政机构日趋完备，主要是各级粮政机构与省

---

① 徐堪：《粮食问题》，秦孝仪主编：《抗战建国史料——粮政方面（四）》（《革命文献》第113辑），台北"中央文物供应社"1988年版，第83页。

② 蒋介石：《半年来工作之检讨与中枢机构之调整》，秦孝仪主编：《先总统蒋公思想言论总集》（卷17演讲），台北"中央文物供应社"1984年版，第390—391页。

县政府联系不够密切、法令执行不力的弊病得到克服，加之实行田赋征实，解决了粮源问题，故真正承担起粮政的重任，是为中国真正之粮政机构的开始，“经过调整以后，在省则撤销省粮食管理局改设粮政局，隶属省政府，受省主席之指挥监督，地位与厅相等；在县则于县政府组织以内，加设粮政科，受县长之指挥监督，地位与各科相等；而以前之粮食管理委员会，则予以撤销，如此可以加重省主席及县长的责任，利用省政府及县政府的职权，以执行一切粮政法令，效力因之可以提高”①。粮食统制政策是在抗战这一特殊环境下不得已而采取的一项措施，它维系了后方广大抗战军民生存的基本需要，稳定了军心民心，使各级政府得以照常运转，保证了抗战的顺利进行，为国民党坚持抗战提供了可靠的物质保证，其效果是不言而喻的。

徐青甫早在战前就正确地预见了一旦战争爆发，沿海被封锁，就会带来粮食危机问题，“因被封时之一切景状，与未被封时大不相同故也。今日之可仰赖于外来者，一旦被封，概绝来源，今日之可输出于外者，一旦被封，悉成过剩，习用之物忽缺，则消费者为难，输出之物骤停，则生产者觉困，物资缺乏，易起攘夺，失业众多，必多扰乱，如国民素受教育训练，或秉性坚强，尚可相当耐受，若本愚昧散漫，坐食安享，则苟遭此，将大惊变”②，故力主经济统制政策，粮食自不能独外。不仅如此，徐青甫认为粮食危机的原因并不仅仅是战争所致，还有更深层次的原因，包括长期以来的洋米倾销、忽视仓储、重币轻粮等，“粮价之所以昔贱而今贵，粮货之所以昔有而今无，则百年来经济状况之变更，实种其远因，而战后交通与币值二者之变迁，要为其近因”③，因此粮食管制不应该只是一项临时措施，“粮食管制将为国家长久之设施乎？抑仅作暂时救急之计乎？此则决定方策时，首先遭遇之问题也。粮食问题由战事而生，似战事一旦终了，交通币制一切恢复常态，则粮食供求亦必自然调和，无烦作人为之管制。是

---

① 徐堪：《粮食问题》，秦孝仪主编：《抗战建国史料——粮政方面(四)》(《革命文献》第113辑)，台北“中央文物供应社”1988年版，第88页。

② 徐青甫：《国防经济问题之答案(续第九期)》，《复兴月刊》第1卷第11期，1933年7月1日，第15页。

③ 徐青甫：《粮食问题之研究》，1942年，第19页。

管制办法，似仅作临时之拟议可也。唯吾人如作较远观察，则适得其反”[①]。他在《粮食问题之研究》一书中详细列举了3点理由：第一是国际情势之发展。世界战争不会马上结束，即便结束，谁又能保证今后战争之必无？各国主义，各不相谋，利害冲突，势难避免，中国为世界大国之一，世界战事一旦掀起，决不能幸免，粮食为战斗中经济条件之一，自不可不预为之备。第二是国内环境之需要。中国自海通以后国内经济变迁甚多，而粮食之供不应求，尤为各地显著之事实，粮食之入超与年剧增，若不再予彻底整饬，非唯战时情形将溃败，即平时亦恐有分崩之势，况战事一停，百端待举，倘粮食问题仍自由散漫，则身负各项建设责任之多数工作人员，必将移其一部分心力，从事于粮食之争取，于公于私，均多损失。第三是建国方针之贯彻。粮食应加管理，国父遗教，早有明确规定，战后三民主义之建设，必将置重于经济的统制，凡百行业，均将置于整个经济计划之下，分头猛进，方符民生主义之本旨，粮食一项，自不能任商人自由营运，居奇操纵，贻害社会也，故就建国方针而言，粮管政策亦当为持久之计划。[②] 他还指出政府对粮食不必全盘统制，“粮食生产与他种货品不同。零星分散，甚难集中。欲加全盘统制，大非易易。他物如食盐，其场产全在海疆，或矿区；又如火柴，其制造全在若干厂家，故政府就地收运，统制极易。以此例彼，足证粮物之全盘统制，必甚少可能”[③]，但军（队）公（务员）学（校）的米则必须由政府直接管制，此外，政府对于粮食应加以直接管制的还包括特殊灾变之救恤，老弱病贫之存养，巨量余缺之调剂，民间仓储之督责。[④]

至于粮食管制的办法，当时经济学界提出的计有粮食增产、田赋征实、提倡节约、计口授粮、地区性调剂、市场管制等选项，徐青甫指出“粮食问题，为经济问题，亦为社会问题。研究社会问题者，往往有偏旧偏新之弊，守旧者遇一问题，必引古人之成法，资为解决之具。以为今日之问题，古人即已有之；古人所行之良法，自亦适用于今日。维新者遇一问题，辄效欧美各国之法例，借作准绳。以为社会问题，各国皆所具有，各国优良之法例，尤宜资为借镜。前者之误，在忽视时间之差异；后者之误，在忽视

① 徐青甫：《粮食问题之研究》，1942年，第51页。

② 同上书，第52页。

③④ 同上书，第58页。

空间之不同，两俱失之”[①]，譬如粮赋改征钱币虽是先进之举，但是在特殊情形下反不如田赋仍征实物及效仿古代的常平仓制度。徐青甫认为粮食问题的中心不外乎有无和贵贱两个问题，所以在具体的管制措施上也要有针对性。对于粮食有无问题的对策，一是划分自给区域，“粮政之内容，固在谋全国整个之自给自足，以期不受洋米之牵累，尤当使各地局部的小单位，亦能自给自足，方能应付非常，而无局部闹荒之患。此所谓自给自足之小单位，宜视各地方之经济环境而定，初不以固有之省县疆界为范围。至于人口过多之地，如当地粮产虽经尽量增加，消费亦经尽量减缩，而仍不足以资供应时，自唯有从事移民，以期平衡。或谓移粟就民易，而移民就粟难，今舍易而取难，似非常理所宜取。不知临时济急，固可移粟就民，如为长久之计，则仍非使各地各谋自给不可”[②]；二是厉行增产节约，“弥补之法，要不外努力于增加生产，与节约消费之二途。关于增加粮食生产之方法，不外多耕与精耕二法。多耕之法又分二途：一为增辟耕地面积，二为限制非食用作物。精耕之道甚多，例如改良种子肥料，捕捉虫病，讲求水利，改进农具，以及区田甽田古法之利用等是。……关于节约粮食消费之方法，分直接与间接二途：直接之节约，例如改免过量饱食，提倡搀食杂粮，节省闲食糕点等；间接之节约，例如限制粮喂畜，禁止酿酒制糖等是”[③]；三是推广屯田，“凡工商业最发达，或政治中心所在之处，往往需粮户口密集，缺粮特甚。为求供需易于调剂起见，宜力求屯田法意之推广。凡规模较大之企业与学府，应散置乡间，并择其荒地荒山较多之处，实施业余屯垦，借资弥补，兼以调节身心，锻炼体魄，可谓一举二得”[④]。而对于粮食贵贱问题的对策，“第一应先厉行田赋征实，庶几军公学米均有着落，同时即以充实仓储，借为调剂余缺时周转之用。第二应督促各地方，遍设交易机构，成立粮业公会，推行预约交易，协同调查统计，俾普通民食供求，调剂，各有经手负责之人。政府只须监督粮业公会与自治机关，使各项规制，均能切实执行。第三公营粮业机构，只需经营大宗粮食之运输，注意各地仓储之充实与调拨，执行币制上收付兑换之义务。法币

① 徐青甫：《粮食问题之研究》，1942年，第1页。

② 同上书，第53页。

③④ 同上书，第70页。

信用无缺，粮价亦即稳定。两政合一，事半而功倍”[①]，“常平仓为我国固有良法，其法于秋收后粜入存储，以备青黄不接时调剂之用。近时粮政当局，亦复引用其法，洵属要举”[②]，“向使各地仓储充实，民间亦多储藏，则粮食纵有短缺，当易设法调剂，亦不至发生重大恐慌”[③]。

中国租佃制度的普遍存在，也是近代粮食问题产生的深层次原因。粮食处于土地，土地问题为粮食问题的根本，要解决粮食问题还应标本兼治，从土地本身来解决其产生的问题。徐青甫对此有深刻的认识，“须知现代国家经济设施，都已脱离‘养’的阶段而‘卫’为首要，最近报载美国军需制造大量增加，无非以‘卫’为目的，而我国至今还不能解决民食问题，每年倒费去百分之八十以上的人力，这就是因为我国对于土地尚未实施全面管制的缘故”[④]。所以他在《经济革命救国论》中提出土地公有，出佃于农民，并保留农民的永耕权，这样做的好处是国家可以对土地进行整理，集中管理，不使其分散占有。徐青甫指出要想增加粮食产量，从而一劳永逸地解决粮食问题，“耕地整理实为建国上要图”[⑤]，“故今日最所急要者，实莫过于地权之整理。其法，首当使土地所有权中之收益权与使用权互相分离。土地之收益，由公家统收，仍照原额配给原收益人；土地之使用，按使用人原有使用亩分，划给整块，即就原来丘亩，互相交换而成。是项办法，既可使耕作方法大为改良，复与原有诸种地权不相妨碍，故得各适其宜。耕地单位扩大，同时农业技术与工具又经改良，是一人之工，即可兼数人之力，一户之产，不难给数家之需。从而粮食问题固可根本解决，而大量人口之腾移，亦不成问题矣”[⑥]。

第二节　田赋征实

田赋即土地税，所谓田赋征实，就是政府对土地征收实物如粮食、棉

---

① 徐青甫：《粮食问题之研究》，1942 年，第 84 页。

② 同上书，第 50 页。

③ 同上书，第 19 页。

④⑤ 《徐董事青甫在本行纪念演讲》，《本行通讯》第 40 期，中国农民银行经济研究所编印，1942 年 8 月 31 日，第 4 页。

⑥ 徐青甫：《粮食问题之研究》，1942 年，第 96 页。

花或布帛等的制度，一般是以土地出产物为标的，即土地出产什么征什么，也就是说，此种税收以实物而非货币的形式表现出来。它并非国民政府的创造发明，古代一直是征收实物(即本色)，只是到了明清时期，伴随着经济的发展，我国大部分地区逐渐征收货币(即折色)，一直到抗战全面爆发，政府征收田赋都是折合货币。但随着抗战进入相持阶段，政府财政和粮食危机日趋加重，国民政府开始实行粮食统制，而其中关键的一点就是田赋征实，因为政府的粮食统制政策要收到效果，必须掌握充足的粮源，“政府倘能设法把握大宗粮食，平价出售，则粮价不待限制而自抑，亦即无所谓贵贱问题。唯此又牵涉有无问题耳”[①]。最早提出田赋改征实物的是江苏人袁白，1937 年 10 月初，袁白以“肃清积弊、调剂民食、储备军粮、顺乎民情”为由，分呈军事委员会和江苏省政府，请求更改现行田赋制度，实施货币与实物并征制度，以应非常之变，而利军国之需。但当时粮价不仅未涨，反而低落，甚至某些地区还出现谷贱伤农现象，军需民食尚未遇到问题，故田赋征实未被列入财政部的考虑范围，加之袁白未拟具详细办法，故财政部的答复是“应毋庸议”。[②] 其后主张田赋征实的就是徐青甫，他 1939 年拟具《田赋改征实物办法》，主张恢复古代什一税制，提出田赋改征实物纲要 31 项，倡议田赋征收实物，其要点为废除田赋正附税各税，一律改征实物，以正产收获量什一为课税标准，且以谷物为本位。[③] 但因 1939 年粮食问题尚不突出，该纲要亦被搁置，“我对于田赋改革的政策早于民国二十八年(1939)在浙江行政会议提出田赋征实的意见了”[④]。

徐青甫的田赋征实思想具体表现在《关于田赋改征实物之商榷》一文，他认为自民国后，赋税征收实物虽已成为历史陈迹，但在特殊情形下仍可使用，“此种专制时代之旧法，持政治进化论者，当然认为绝无再行研究之价值。顾凡百政治之设施，首在适应时势之需要，酌古斟今，求其至

---

① 徐青甫:《粮食问题之研究》，1942 年，第 23 页。

② 宋同福:《田赋征实概论》，中央银行经济研究处编印，1942 年 10 月 1 日，第 127 页。

③ 同上书，第 125—126 页。

④ 《徐董事青甫在本行纪念演讲》，《本行通讯》第 40 期，中国农民银行经济研究所编印，1942 年 8 月 31 日，第 4 页。

当，过去之成法，或可用之以补救现时之偏弊，未可以其事近复古，遽目为开驶倒车也”[①]，田赋由货币改征实物，可增加政府财政收入，又可解决粮食危机问题，使人民得到实惠，“当前有几个问题，一时尚得不到妥善解决方法者，如田赋之积弊甚深，人民感受负担之不公平。粮价之任意高涨，无法加以控制。一般小学教员与低级公务人员之待遇菲薄，生活上发生恐慌。实施地方自治，经费无从取给。出征军人家属，得不到优惠之实惠，影响于役政之进行。闲尝独居深念，借箸代筹，以为如果实行田赋改征实物，上列诸问题，或可直接间接，获得相当之解决乎”[②]。其草拟的田赋征实具体办法如下[③]：

一、向来就土地征收之田赋正附各税，悉数废除，分别另定新科则，一律改征实物，以其正产收获量十分之一，为课税标准。

二、征收实物，规定以谷为本位。（例如普通收获量每亩收谷三石者，则每年应纳之田赋为谷三斗。）

三、各县田赋，以乡镇公所为征收机关，各乡镇均应设置仓库，以储实物。

四、土地已清丈之县分，即将清丈图册，分发各乡镇，作为改征之工具，其未经办理清丈者，暂照原有承粮亩额改征，如发现有粮产不符者，由乡镇公所丈量改正之。

五、各乡镇公所、应设办理地籍人员，主管土地之查丈，并随时查勘土地之实在状况，编制田赋清册。

六、各乡镇公所，每年应根据区内各种土地使用之实际情形，依照科则，编定各户应完赋项，造册送田，县政府印制版串，发还乡镇随时制发。

七、林地宅地之田赋，应估计其收益，按照十分之一，或依地价百分之一之标准，分别核定科则，缴纳现金。墓地之课税，应以提倡公墓为原则，分别公墓私墓，另定特别科则征收之。池荡专供灌溉之用者，应作为乡镇公有，不收田赋，对于原来使用者，另定办法，征用使用费。

八、不种米谷之耕地，或私有荒地，均比照邻近之地，核定应完田赋之科则。

九、田赋均归土地所有权者负担，应由使用土地者，负直接完纳之义

①② 徐青甫：《关于田赋改征实物之商榷》，《胜利》第60期，1940年1月6日，第7页。

③ 同上书，第7—8页。

务，其使用人为佃户或租户者，可即以粮串抵缴租额之一部分。

十、佃户对于业主，向来不以实物缴租，仅订定年缴租金若干者，田赋改征实物以后，如因事实上发生困难，应准其在不违反二五减租原则之下，另定新租约。

十一、各乡镇公所征收田赋，应于开征之前，按户分发通知单，排定日期，由负担者，自行投完，逾期不完者，得对于土地使用人执行滞纳处分。

十二、耕地上所产之物，为米谷以外之其他实物，亦得以之抵缴田赋，但以可以久藏但易于变价者为限，其折合本位(谷)之标准，由乡镇公所按照市情，随时订定公告之。(例如豆八斗，照市价等于谷一石，则应完谷一石五斗者，可以豆一石二斗抵缴之。)所收此项实物，应照市价，公开出售，列收现金。

十三、田赋负担者，如无相当之实物可缴时，并得按照当地现市谷价，折算现金缴完。乡镇公所，应将折价逐日牌示于征收处。

十四、乡镇公所对于缴纳田赋之谷，及其他可以抵缴之实物，应公开评定标准成色，事先宣示周知，如有以劣品混充者，得拒绝收受，责令更换，或照折价改缴现金。

十五、各县田赋解省之成数，应视改征以后，各县财政实际状况，由省分别核定。

十六、各县征起之谷，除留县发放外，由省统筹调拨，并于必要地点设置省仓。

十七、各县田赋项下征起之实物或现金，应以百分之十至百分之十五归乡镇公所，除开支征收费外，余充乡镇事业经费。

十八、由省规定谷之标准价格，凡公家收入之谷，与发出之谷，均照规定标准，折合国币，以便计算，惟所定之价，应低于平时之普通市价。

十九、省县各机关员工之俸薪工食，并军警之薪饷，应分别规定，每月发放现金若干，谷若干，其发谷之量数，以所得之多寡为比例，每人每月不得多于二石，少于五斗。

二十、小学教员之修金，应特别规定，每月发谷，不得少于一石，余数找发现金。

二十一、出征军人家属之优待费，应规定每一出征军人每年给领之谷，不得少于三石，其余找发现金。

二十二、凡应发之谷，省由财政厅，县由县政府，逐一填发凭证，向指定之仓库领取。

二十三、凡有不愿领谷者，得先行声明，仍准照发现金。

二十四、各仓库应兼营碾米业务，并将以谷易米之计算，规定公平标准，悬牌标示。领谷者如欲改领白米，准其依照标准换给，以资便利。

二十五、凡非省县库领支经费之机关学校，所有员役人等，经由该机关之证明，亦得比照本省搭放米谷之标准，依标准价格，按月向就近仓库籴谷。

二十六、省县各仓存储之谷，除发放外，如有余额，得按照标准价格办理平籴，或以积谷款项，移购积谷。

二十七、遇有年岁歉荒时，对于应征谷数，分别按照实际情形，减折征收。

二十八、实施改征以后，县地方之收入较增，原来省库支出之经费，可酌量划归县库负担。

二十九、田赋改征实物以后，各县不得再以任何名义按照田亩，派征别种捐款。

三十、乡镇公所征收田赋，需用人员，应另行训练，不得以旧有征收人员，继续承允，以清积弊。

三十一、乡镇公所经征田赋，关于实物及现金之收支，应详定会计稽核办法，以杜流弊。

对田赋由货币改征实物，大部分经济学界人士一开始是持批评和反对意见的，其中尤以经济学家邢世同、黄卓最具代表性。邢世同认为田赋改征实物困难颇多，不易推动，不但征收标准难以确定、征收手续与保管方法亦难妥善，而且不合社会经济发展之要求。田赋征收实物，乃封建时代之产物，当此货币经济发达时期，各国租税，早已废弃实物之征收。盖货币早成为价值之尺度，流通之工具，交换之媒介物矣。其便利远非物物交易所能及于万一，有此而社会经济得以加快发展速度，此为现代经济之一特征也。今政府拟将田赋改征实物，在经济观点上，似不合于现代经济之要求，且其不便利，多麻烦，滋纠纷，实亦无有出其右者。[①] 黄卓也提出

① 邢世同：《川省田赋改征实物之商讨》，《新新新闻每旬增刊》1941年第3卷第19期，转引自胡忆红：《抗战时期政界与学界对粮食统制问题的讨论与研究》，《历史教学》2015年第4期，第48页。

四点反对意见：第一，田赋虽在整理，一时尚难彻底革新，现在又来改征实物，税务行政上的困难定将较前倍增；第二，改征实物，政府须随地设置大量的仓库，增添大批的保管人员，运输也是极不方便的。证诸最低费用的租税理论，征收实物实在是最不经济的税制；第三，田赋改征实物，就是依据原定货币税率改征实物。前此每亩收税十元的，现在改收大米若干斗。但是战时粮价各处不同，四川的米价每市石现已涨至一百八十元，湖南、江西等省则仅二十元。假使田赋税率每亩征收价值五元的实物，那么，四川的粮户每亩仅须纳粮三升弱，若湖南、江西的粮户则须纳粮二斗半。这样的负担是很不公平的；第四，改征实物，无论范围如何狭小，人民必将丧失其对于法币的信任。① 国民政府也正是因为害怕实施田赋征实后，人民对法币失去信任，让刚刚建立的法币制度毁于一旦，故才一再否决田赋征实的提案。

但到了 1940 年下半年，粮食问题更为严重，如果说 1937—1938 年粮价基本平稳，1939 年渐行上涨的话，1940 年则发生了一个质的飞跃，出现了暴涨的态势，严重影响了军需民食。同时随着粮价上涨，通货膨胀加剧，按照战前赋税原额继续征收货币，等于间接大幅度减少地方政府财政收入。面对这一严峻的形势，国民政府不得不开始考虑实行田赋改征实物。1940 年 10 月 22 日，财政学家朱偰在《中央周刊》上发表《田赋改征本色以筹集军粮刍议》一文，认为田赋改征本色（即实物）有 5 大好处：(1)不加重人民负担；(2)不致因米价上涨而受田赋上之损失；(3)可筹集大量军粮；(4)可避免筹款搜购粮食之困难；(5)系中国旧制，简而易行。② 而几乎同时，山西省在阎锡山的统治下已开始实施田赋征实，据阎锡山说“征粮实行以后，人民因负担平均，军队有取粮处，行政人员供给军队有了标准，三方面都感到便利，可以说田赋改征食粮制度已成功了”③，而其实际效果，由于当时山西省 105 个县由国民政府军队占领的县，能行使政权者不过 50 个县，其中完整者尚不足 10 个县，征收范围甚为狭隘，故田赋征实实际征起数与原估计数相差甚巨，每年能征到的粮食

① 金天锡：《田赋改征实物的商榷》，秦孝仪主编：《抗战建国史料——田赋征实(四)》(《革命文献》第 117 辑)，台北“中央文物供应社”1989 年版，第 88 页。

② 朱偰：《中国战时税制》，财政评论社编印，1943 年 4 月，第 69 页。

③ 宋同福：《田赋征实概论》，中央银行经济研究处编印，1942 年 10 月 1 日，第 132 页。

尚不敷晋西驻军半数军粮之用[①]，但毕竟已经收到相当效果，这对于国民政府在全国实施田赋征实制度起到了极其重要的促进作用。但国民政府内部反对声浪仍然不小，在蒋介石官邸举行的一次会议上，当财政部部长孔祥熙拿出田赋改征实物的议案进行讨论时，与会人士哗然，咸认田赋征粮为“落伍”的制度，于是如翁文灏等人群起反对，赞成者只有孔祥熙和财政部部次长徐堪。[②] 但在时任中国国民党总裁、国民党军事委员会委员长、国防最高委员会委员长蒋介石的强力支持下，1940 年 11 月 29 日，国民政府行政院还是颁布了《田赋酌征实物》一案，1941 年 3 月 29 日又公布了《田赋改征实物办法暂行通则》，对改征标准和改征办法作了细化，但当时未作强制性规定。至 1941 年 4 月召开的国民党五届八中全会，通过了《改订国地财政收支系统案》，将财政由原来的中央、省、县三级财政改为国家财政与地方自治(县)财政两大系统，并将省级财政划入国家财政系统内，田赋在 1927 年国民政府划分国家收入和地方收入时划归省财政，至此又收归中央接管。同时通过了由蒋介石交议的《为适应战时需要，拟将各省田赋暂归中央接管以便统筹而资整理案》，规定田赋之一部或全部征收实物[③]。

1941 年 6 月 16 日至 24 日，国民政府在重庆召开第三次全国财政会议，专门研究战时财政问题，田赋征收实物问题成为会议的第一中心议题。蒋介石在开幕演讲中说：“如果一般拥有粮食的人，只图一己的私利，而昧于爱国的大义，不遵奉政府粮食的法令，那无论他们用什么方法，囤积居奇，或隐蔽掩藏，政府必然能执行法令，严切制裁，决不怕任何恶劣势力的阻挠，亦决不患因为粮食的问题而使我们抗战失败，我们对于这个粮食问题，早有最后的办法，所以决没有一点顾虑”[④]。会议一致通过了《遵

① 宋同福：《田赋征实概论》，中央银行经济研究处编印，1942 年 10 月 1 日，第 132 页。

② 黄季陆：《孔祥熙先生与抗战时期的财政金融》，《近代中国》第 13 期，1979 年 10 月 31 日，第 51 页。

③ 《总裁交议：各省田赋暂归中央接管以便统筹而资整理案》，秦孝仪主编：《抗战建国史料——田赋征实(一)》(《革命文献》第 114 辑)，台北“中央文物供应社”1988 年版，第 199 页。

④ 蒋介石：《建立国家财政经济的基础及推行粮食与土地政策的决心》，秦孝仪主编：《抗战建国史料——粮政方面(一)》(《革命文献》第 110 辑)，台北“中央文物供应社”1987 年版，第 143 页。

照行政院田赋酌征实物之决议制定实施草案》，规定“自民国三十年(1941)下半年起，各省田赋战时一律征收实物”，“田赋征收实物以三十年度田赋正附税总额每元折征稻谷二市斗(产麦区得征等价小麦，产杂粮区得征等价杂粮)为标准。其赋额较重之省份，得请由财政部酌量减轻”[①]。财政部根据会议制定的原则，拟订了《战时各省田赋征收实物暂行通则》16 条，1941 年 7 月 23 日由行政院公布实施。该通则对田赋征实目的、征实标准、征实种类、征实单位、实物分配、征收制度、征实期限、匿粮处分、减免规定、追缴旧欠、积谷与摊派等均作了详细规定，至此，国民政府彻底变更了唐杨炎“两税法”以来钱米同征的惯例，此后，田赋征实作为中央的一项制度正式确定下来，一直延续到国民党政权退出大陆。为使这种变革有领导有步骤有秩序地进行，国民政府主管田赋征实的财政部田赋管理委员会和粮食部相继成立，各省各县的田赋管理处(1943 年 4 月以后与粮政局或粮政科合并为田赋粮食管理处)、粮政局(粮政科)也纷纷成立，着手田赋征实工作。与田赋征实相辅而行的还有随赋征购和征借办法，这是为解决田赋征实所得粮食不足而采取的措施。征购是采取定价随赋征购余粮的办法，按田赋数额的多少，依比例征购，具体办法是以所购额的 3 成按平价付给现金、7 成付给粮食库券，粮食库券从征购后的第 3 年起，每年以面额 1/5 抵缴田赋应征之实物，5 年全数抵清。由于粮价不断上涨，政府用现款支付征购粮食颇感困难，遂于 1943 年将征购改为征借，所有征借粮食一律发给粮食库券。通过田赋征实、征购和征借办法(简称田赋“三征”)的推行，国民政府比较好地实行了粮食统制，政府征得了大量粮食，据统计，抗战时期国民政府通过田赋征实征购征借获得的粮食在 2.6 亿至 2.7 亿市石[②]，折合法币约为 17000000 万元[③]。

虽然田赋征实在执行过程中出现了不少弊病，国民政府一再标榜的田赋征实中公平、除弊、便民、省费的四项原则在实际执行过程中也未能真正做到，出现了损害农民利益的现象，而激起农民对政府的反感。但是

① 宋同福:《田赋征实概论》，中央银行经济研究处编印，1942 年 10 月 1 日，第 144 页。

② 郝银侠:《社会变动中的制度变迁:抗战时期国民政府粮政研究》，中国社会科学出版社 2013 年版，第 211 页。

③ 杨荫溥:《民国财政史》，中国财政经济出版社 1985 年版，第 120 页。

通过征实、征购、征借，政府获得了巨额粮源，粮食问题自然不难解决，基本保证了国统区五六百万军队、成千上万公教人员和大批文化教育科技人员的用粮，使他们的生活给养尚能勉强维持，还能缓解一部分民食供应的压力，对抑制粮价飞涨起了积极的作用。同时田赋收归中央并改征实物的施行，大大增加了中央政府的财政收入（见下表），使政府节省了向市场采购军粮的大量法币支出，减轻了国民政府的财政困难，对缓解抗战后期国统区的通货膨胀、减少赤字起了较大作用。

1941 年 7 月至 1945 年 6 月各年度税项收入与田赋“三征”所得实物折合法币约数的比较[①]

单位：万元

年度	调整的税项收入	田赋“三征”折合法币约数[②]	“三征”折合成税收的百分数(%)
1941—1942	116000	511400	441
1942—1943	592800	1416900	239
1943—1944	1839600	4962800	269
1944—1945	3589400	10097600	281

所以田赋征实，从经济学和社会学的角度来看，它是由货币地租向实物地租、由市场机制向计划机制的倒退政策和行为，是开历史的倒车。但是它是在抗日战争这一特殊环境下不得已而采取的一项措施，历史事实证明，田赋征实以及相关的征购征借制度，成为支持中国中后期抗战的重要支柱之一，保证了抗战的顺利进行，实为中国抗战胜利之基础。民国时期，徐青甫在战时田赋征实思想上可谓是先驱，而且他与其他人不同的是他构建了一套完整的田赋征实细则，自成一说，其思想后来也影响到了蒋介石，为国民政府最终实施田赋征实提供了参考，功在国家，“田赋改征实物一举，作者在粮荒发生以前，首先创议。今幸列为国策，行有成效”[③]。

① 杨荫溥：《民国财政史》，中国财政经济出版社 1985 年版，第 120 页。

② 田赋原应列作税项，但自田赋征实以后，国民政府财政部并未把它折合成法币列入财政收支之内。

③ 徐青甫：《粮食问题之研究》，1942 年，第 95 页。

第三节　节制消费

徐青甫早期的思想深受古典经济学派和孙中山经济思想的影响，古典学派的消费理论是以节制消费为核心，研究如何在新的生产方式下使财富增长，其目的在于适应资本主义生产方式确立时期资本积累的需要，所以徐青甫的经济思想也是把资本积累放在首位，主张节制不必要的消费，以保证财富和资本的积累。徐青甫是近代中国较早的把经济理论的研究从流通过程转到生产过程的经济学家，他的消费经济思想具有生产决定消费及消费影响生产观点的萌芽，其消费主张一是强调了勤劳和节俭是国民财富增长的必要条件[①]。二是指出消费是经济的目的和终点，区分了生产的消费和不生产的消费，"消费乃经济目的而为经济之终点"[②]，"要之消费之利害当就生产的、不生产的比较上论断，不必就公私而区别之"[③]，"生产非吾人之目的，乃其手段，生产之消费亦非吾人之目的，亦不过手段耳。吾人最后之目的，非在生产，而在消费，不在生产的消费，而在不生产之消费"[④]。三是提出平均分配，主张通过税收调节消费。他说："欲望国家兴盛，必须一面增加生产的消费，一面分配平均，使不生产的消费亦渐扩充，以增进生产之劳力，保持生产与消费平准，方达圆满之境"[⑤]。四是通过政治手段支配消费。他说："所以我说节制消费的意思，并不是减少消费，乃是支配消费"[⑥]，"在使现在有财力，环流国内，发挥本国人、物、自然三者的力量，来促进生产。生产加大，随生产物俱生的财力亦加大，再使这财力迅能确现用以消费产物，使生产、交易、消费的循环迅速。并于生产计划中，多配生产用品的产量，其次则必需的享乐品，

---

① 徐青甫:《国民经济建设运动》,《浙江自治》第 13 期,1939 年 7 月 15 日,第 3—4 页。

② 徐青甫:《经济革命救国论》,民国二十一年(1932)四月,第 130 页。

③ 同上书,第 204 页。

④ 同上书,第 201 页。

⑤ 同上书,第 131 页。

⑥ 徐青甫:《政治经济改善的途径》,《新社会半月刊》第 6 卷第 11 号,1934 年 6 月 1 日,第 253 页。

再其次则比较耐久的较奢享乐品，凡顷刻化为乌有，及不耐久的奢侈享乐品，则暂禁生产，或少产。如此形为全数产品尽行消费，实则生产力日大，财富日增（因消费物多成财富非化乌有之故），其中作用，能自然逼成生产力加大，财富增加的"[①]。我们认为，徐青甫的消费观念也具有一定的局限性，如他认为消费是经济活动的目的和终点，忽视了消费与生产有着不可分割的联系，二者具有直接同一性，即生产直接也是消费，消费直接也是生产，消费与生产实际上互为媒介，互相依存，互相转化，各自创造着对方。

全面抗战爆发后，徐青甫针对社会物质短缺问题更是呼吁国民节约，共同为抗战建国做贡献，"国民经济建设运动，积极的作用，在增加生产，消极的作用，在节省消费，在此抗战期间，是大家卧薪尝胆的时候，不是优游享乐的时候，人民对于一切物质上的享受，应当力求俭，日常生活，除了衣食住行必需的用费以外，其余可省则省，日用之品，务以国货为原则，对于无谓的消耗，尤当绝对戒除，须知个人的经济力量，同是国家的经济力量，多一分浪费，即损耗一分的资力，所以节约运动，也就是一种消极的国民经济建设运动"[②]，"消费者对于一切食用物品，应摒弃外货，采购国货，以利土货之销路，并戒绝购买奢侈性的食用品，厉行节约运动，以储蓄国民经济的实力，这一点，在一般女同胞们，尤其要特别注意"[③]。为此徐青甫在《国难期间经济之设计》中对消费行为作了详细规划，建议由各县市党政机关指导督饬实行，具体设计如下[④]：

（一）对于外物，应由生产委员会会同商会，召集各业领袖，将素销外国物品之种类、名目、数量、约价与其用途一一详开，各业可先会议，然后列席，公共评论随国际对我之情感，而定进货之取舍，何物可以国产代替，何物无法替代。其不能替代之物，分别必需与可缓、可减三项。必需者，照旧进货；可缓可减者，议定缓急程度，知会各商店缓进减进，说明其理

---

① 徐青甫：《政治经济改善的途径》，《新社会半月刊》第 6 卷第 11 号，1934 年 6 月 1 日，第 253 页。

② 徐青甫：《国民经济建设运动》，《浙江自治》第 13 期，1939 年 7 月 15 日，第 3—4 页。

③ 徐青甫：《国民经济建设》，《战旗》第 74 期，1939 年 10 月 18 日，第 4 页。

④ 徐青甫：《国难期间经济之设计》，1932 年，第 32—35 页。

由，嘱其共济国难。如有为难之处，坦白告陈，共同筹措调剂之法，例如代招他项国货，归其经理，以资调剂，或酌量津贴之，以资维持。但如约定之后，如有私自违约情弊，应公告大众感知，甚或断绝其金融之往来，以示摒弃。如金融业徇情不行，并与此家绝交。如因增加生产起见，须添进机器原料，则照添进，但如有国产之物可进者，仍应进国产。

（二）对于本国他省出品，原应与本省出者视同一律，但为金融关系（因流通券不能行及外省，须以现洋或银行钞票支付），故列为第二，如有本省出品，先售销本省之品。

（三）本省与本地出品，亦不宜靡费，以免不济。我乃生产落后之国，非群众节省物力，将不能自给。

（四）妇女协会，文明诸公，速起提改美尚，应以着用国货为美，少用洋货为高。对于衣饰，如何为美，不妨自出意匠，告知国货制造工厂制造。对于服装，如何为文明，亦可自由拟制，但应采用本国原料，以节漏卮。

（五）切实宣传。欲达节省消费的目的，全在切实宣传。但不可因宣传而又增加消费。如今目之满街张贴宣传品，同处同样，张贴多张，或大队手持旗帜，所用着外国之纸或布，此等不经济、不切实的宣传，应加改革。欲望宣传切实，须详切以口头面语其法，各机关学校、各团体则由首领召集其属面语之，对于要点，反复告语。县市长召集区长面语，反复说明要点外，各给一载明要点之简词，以便转述，区长召集村闾长亦如此，直至最下级之自治员，则召集各户主或其代表亦如此，使各户主各返其家，告语家人，或店伙工友，切实逐层传告，应可达及全民。

（六）互相言教，俾成习尚。不但家属朋友见有糜耗物力、滥用外物之事，应互相告知，即路人亦应劝告，不特父兄之对子弟，师对于徒，上对于下，即子弟对于父兄，徒对于师，下对于上，亦可婉告。所费者虽系他人之银钱，所害者全体国民之经济，不可误谓个人买卖自由，须知涉及全体。如能相习成风，国兴可望。

徐青甫还提出战时经济生产应按照战时生产原则来进行，这也是其支配消费思想的体现，“在承平的时候，对于增加生产，尽可任令人民自行发展，政府加以因势利导，已算尽其能事，在现在抗战的时期，情形不同，非由政府切实负责，努力推进不可。所以政府方面，应当想出各种方法来，启发人民生产的动机，指示人民生产的方向，增进人民生产的技能，辅助人民生产的设计，鼓励人民生产的进步，保障人民生产的安全，一面先行创办典范式的官营事业，以资倡导”[1]，“所有生产均应关于日常生活所必需及有关发时经济之生产，其他一切非必要之纯消费品及奢侈品应减至最低限度”[2]。

南京国民政府时期，由蒋介石主导推行的“四大运动”包括1930年开始的节约运动、1934年开始的新生活运动、1935年开始的国民经济建设运动、1939年开始的国民精神总动员运动。其中1930年开始的节约运动，其内涵与传统意义上的节约不同，由传统思想中劝诫个人浪费的俭德原义变成国民政府主导下以积蓄资本、发展生产为目的，以“节约救国”和“节约建国”为宗旨的一项影响广泛的实践性政治运动，当时开展有其深刻的历史背景。在国外，节约运动也一直被视为现代国家构建的重要途径。以苏俄为例，苏俄在欧战以后为应对危机，谋求国家建设的成功，提出了一个五年计划，并以860万卢布的巨额经费去实施这项计划，其经费来源正是节约运动所得，并在短短的10年时间里，一变而成为世界著名的强国。[3] 同样，德国在1933年后之所以建国成功，也主要得力于人民储蓄的力量，国民储蓄额从1933年到1938年增加了五倍。其他如日本、英国、法国、奥地利等国家，也均在不同时期开展节约运动以解决国家危机，推动建国事业。

节约运动在中国开展的过程几乎与国民党在大陆的统治相始终，一共经历了发起、初期推行、深入开展和尾声四个阶段，从1930年的《节约运动案》到1937年的《节约运动计划大纲》，再到1947年的《厉行节约消费办法纲要》，依据不同时期的任务制定相应的方针，显示出政府在节约政策上的导向和设计。从1934年蒋介石发起新生活运动到1937年抗战全面爆发前夕，是节约运动开展的第二阶段，这一时期节约运动借助新生活运动和国民经济建设运动，逐步奠定了自身在国家构建中的地位。在新生活运动中，节约运动被列为秋季工作的中心，其实施内容分惜时运

---

① 徐青甫:《谈谈平定物价问题》,《星期文摘》第1卷第3期,1940年1月24日,第61页。

② 徐青甫:《长期抗战中杭市建设之新途径》,《市政评论》第5卷第8、9合期,1937年9月16日,第39页。

③ 孟锦华:《节约与抗战建国》(抗战建国丛书第七种),浙江省抗日自卫委员会战时教育文化事业委员会编印,1938年9月,第59—60页。

动、节用运动、爱物运动和乐业运动四项,被称为节约运动的“四条大道”。1935年国民经济建设运动开启后,节约运动与发展农工副业并重成为经济建设的两大进行目标,其实施内容主要包括提倡国货、利用废物和提倡储蓄及保险三项。1937年到1945年全面抗战时期是节约运动的第三阶段,也是高潮期,节约运动肩负着“抗战建国”的双重使命开始超越新生活运动和国民经济建设运动的影响,成为战时“最盛行之运动”[①],显示出节约运动在战时的声势浩大。战时节约运动主要依托“节约建国储蓄运动”在全国上下开展,形成一个从中央到地方、从都市到乡村、从国内到国外的节约储蓄网,最大限度地集中起社会闲散资金,对支援前方抗战、缓和通货膨胀以及建设后方的经济起到了重要的保障作用。公务人员在节约运动中是政府规训的重点。早在1930年制定的《节约运动案》中,政府明确规定节约运动实施分为甲、乙两项,其中甲项内容即针对政府自身作出相关规定,具体包括裁并骈枝机关、裁汰冗员、缩减办公经费移作建设经费或生产事业,以及要求官员在其位要谋其职,对玩忽职守者给予“相当之处分”等多项规定。1938年,在《节约运动计划大纲》颁布后不久,蒋介石即发布了“党政人员厉行节约”的通电,要求党政人员务必以身作则,为民众树立楷模形象,“以先忧后乐为己任,以茹苦含辛为当然,一切衣食住行之生活,务循简单朴素之原则,上下纠检,互相规责,勿拘于阶级,勿拘于情面,倘仍有言不顾行,或阳奉阴违者,一经察觉,除按情议处外,并当公布事实,以与国人共弃之,而为玩忽危难毫无血气者戒”。[②]

这里,我们应注意到,国民政府推行的节约运动,提倡的是现代的节约观,而不是传统的节约观,传统节约观是保守的、被动的、消极的,而现代的节约观却是创造的、主动的、积极的。前者只注重于保存和维持原有的财富,或要求低支出以减少现有财富的消耗,后者却由于认识到生产和消费之间的辩证关系,注重将节约储蓄的资金投入到生产当中。如节约运动的发起者何应钦曾反复指出,新时期的节约不是传统意义上的充实窖藏,于国民经济建设有着莫大的影响,“我所主张的节约运动,并不是道

① 董时进:《节约运动的真谛》,《国闻周报》第14卷第3期,1937年1月11日,第9页。

② 《蒋委员长告诫党政人员厉行节约》,孟锦华:《节约与抗战建国》(抗战建国丛书第七种),浙江省抗日自卫委员会战时教育文化事业委员会编印,1938年9月。

德的运动，而是一种经济的运动，也可以说是一种救死的运动，不是消极的意义，而是有积极的作用。所谓节约，并不是节省某项消费，移而增加他项消费，更不是徒然节约，充实窖藏，而是在节约享乐的消费，增加生产的消费”[①]，“我们若能一方面实行节约，一方面多设储蓄银行，组织产业合作社，将分散的资本，集中起用以经营生产事业，一定能使中国的经济有长足的进展”[②]。徐青甫的节制消费思想与当时国民政府倡导的节约运动的主旨可谓不谋而合。

---

① 何应钦：《讨逆军事经过与厉行节约运动——十九年二月三日在中央党部总理纪念周讲演》，《中央周报》第88期，中国国民党中央执行委员会宣传部印行，1930年2月10日，第23页。

② 同上书，第24页。

第十一章　人间晚晴

1949年5月21日，中国人民解放军第二、第三野战军在西起湖口、东至靖江的千里战线上强渡长江，迅速突破国民党军的江防，蒋介石集团妄图凭借长江天险，偏安东南的迷梦破灭。不等南京解放，杭州的国民党大多数官吏、军警早已闻风而逃，杭州的市民人心惶惶，不可终日，人们通常把从4月20日到5月3日杭州正式解放这段时间称作杭州历史上的“真空”时期。这段时间临时维持杭州治安的是杭州市义勇警察总队。杭州市义勇警察总队成立于1947年秋，由市商会和警察局合办，成立杭州市义勇警察委员会，由杭州市警察局局长沈溥任委员会主任，徐青甫、金润泉、张忍甫（中央银行杭州分行行长）、程心锦（市商会会长、绸业公会理事长、市参议员）、周仰松（市商会常务理事、保险业公会理事长、市参议员）、丁鉴廷（市商会理事、新药业公会常务理事、杭州中法药房经理）任委员，下设义勇警察总队，各区设大队，大队下设中队，中队下设分队，从总队长到分队长的正职都归警察局委派，商界都任副职，虽为商界的自卫组织，但领导权却归警察局。但在解放军尚未进驻杭州、国民党作鸟兽散的“真空”时期，起到了保卫地方治安的作用，使商店和民居免遭国民党溃兵和歹徒的抢劫，做了一些有益于人民的工作。1949年5月3日，杭州解放。5月7日成立中国人民解放军华东军区杭州市军事管制委员会，谭震林任主任，谭启龙、汪道涵任副主任。徐青甫不愿意跟随国民党去台湾，选择留在了杭州，为新中国服务，在募集人民胜利折实公债，参加中国人民救济总会杭州分会、新政协和民革活动中做出了一定的贡献。

第一节　主持募集人民胜利折实公债

公债是债的一种，是以政府及政府所属机构为债务主体、利用政府信用而形成的一种特殊的债权债务关系，是政府部门筹集资金、取得收入的一种有偿形式。在现代社会，公债的作用已不仅仅局限于筹措建设资金、平衡财政收支、弥补财政赤字，还是政府对国民经济进行宏观调控的一个重要经济杠杆。1949 年 10 月中华人民共和国的成立，开启了中国历史的新纪元，从新中国成立到第一个五年计划完成，在短短 7 年多的时间里，中国人民在中国共产党的领导下初步建立了自己的工业体系，打下了走向国民经济现代化的坚实基础，取得了举世瞩目的成就。这一时期中央人民政府分别于 1950 年发行了"人民胜利折实公债"，1954—1958 年连续发行了经济建设公债，为国民经济的恢复和经济建设的展开，发挥了极其重要的作用。中华人民共和国的成立，标志着新民主主义革命的基本胜利和半殖民地半封建社会历史的终结，也标志着新民主主义国家政权的建立和向社会主义社会过渡的开始。

新中国是在旧政权千疮百孔的烂摊子上建立起来的，在新中国成立初期面临着严重的财政困难，解放战争在继续，大批城市失业人员、农村灾民需要救济，旧政府人员的收容，国家管理机构的增加，国民经济的恢复，都需要庞大的资金，而与庞大的财政支出相比，当时财政收入的增长缓慢，1949 年国家全年财政收入只相当于 303 亿斤小米，与当时的支出（567 亿斤小米）相抵，赤字 264 亿斤小米，占支出总额的 46.5%。[①] 为争取财政经济状况尽快好转，同时稳定物价，抑制通货膨胀，中央人民政府决定发行公债。时任政务院副总理、中央财政经济委员会主任陈云指出了发行公债的必要性，解决中央财政困难"无非是两条：一是继续发票子，一是发行公债"，"假如只走前一条路，继续多发票子，通货膨胀，什么人都要吃亏。实际上有钱的人，并不保存很多的现钞，吃亏最大的首先是城市里靠薪资为生的人，其次是军队，以及党政机关的人员。少发票子就得发

① 《当代中国的计划工作》办公室编：《中华人民共和国国民经济和社会发展计划大事辑要（1949—1985）》，红旗出版社 1987 年版，第 3 页。

公债”，[①]“这种公债的作用，在于弥补一部分财政赤字。人民购买公债，在全国经济困难的情况下，也是一种负担。但是这种负担，比起因增发钞票、币值下跌所受的损失来说，是比较小的。因为币值下跌的结果，其下跌部分是全部损失了的，而购买公债，在一时算来是负担，但是终究可以得到本息，不是损失。如果发行公债缩小赤字的结果，使明年的币值与物价情况比今年改善，则不但对全国靠工资生活的劳动人民和军政公教人员有好处，而且对于工商业的正常经营也是有益的。所以从全体人民的利益说来，发行公债比之多发钞票要好些”。[②] 1949 年 12 月 2 日，中央人民政府委员会第四次会议通过《关于发行人民胜利折实公债的决定》，计划于 1950 年内发行两期折实公债，采取公债折实、以牌价为准、有借有还、期限要短原则。同年 12 月 16 日，政务院第十一次会议讨论通过并公布了《一九五〇年第一期人民胜利折实公债条例》，其单位定名为“分”，总额为 2 万万分，其中第一期总债额为 1 万万分，于 1950 年 1 月 5 日发行。鉴于当时物价波动、币值不稳，为保证认购者不受损失，采取按实物计算方式募集公债及还本付息，每分所含实物为大米（天津为小米）3 公斤、面粉 0.75 公斤、白细布 4 市尺、煤炭 8 公斤，并以上海、天津、汉口、西安、广州、重庆 6 大城市的批发价，用加权平均法计算实物价格，其权重定为：上海百分之四十五，天津百分之二十，汉口百分之十，西安百分之五，广州百分之十，重庆百分之十。规定公债分 5 年做 5 次偿还，自 1951 年起，每年 3 月 31 日抽签还本一次，第一次抽还总额为 10%，以后每年递增 5%。公债利率定为年息 5 厘，也是按实物计算，自 1951 年起，每年 3 月 31 日付息一次。[③]

12 月 30 日，中央人民政府政务院第三十一次会议通过并发布《关于发行一九五〇年第一期人民胜利折实公债的指示》，对推销任务的分配、发行目的、公债特点、推销对象和机构设立等进行补充说明。按照各大行

① 陈云：《克服财政经济的严重困难》，《陈云文选》第 2 卷，人民出版社 1995 年版，第 6 页。

② 陈云：《发行公债弥补财政赤字》，《陈云文选》第 2 卷，人民出版社 1995 年版，第 36 页。

③ 《一九五〇年第一期人民胜利折实公债条例》，中国人民银行国库司编：《国家债券制度汇编（1949—1988 年）》，中国财政经济出版社 1989 年版，第 2—3 页。

政区城市的多寡、大小、人口的多少、经济情况的好坏以及人民政权工作进展的程度等，分配各区推销任务如下：华东区 4500 万分，中南区 3000 万分，华北区 1500 万分，西南区 700 万分，西北区 300 万分。公债推销对象，主要应放在大中小城市的工商业者、城乡殷实富户和富有的退职文武官吏。各级人民政府在推销公债过程中，必须审慎地区，分工商业的大、中、小，殷实富户的大、中、小及工业、商业等具体情况，合理地分配推销数字，但农民、人民解放军、职员、学生、公教人员和自由职业者，亦欢迎其购买，不分配固定额数。各级人民政府应在推销公债过程中利用各种机会各种场合，如各界人民代表会议、各种座谈会、同业公会等进行宣传动员。县市以上各级人民政府，应组织人民胜利折实公债推销委员会，指定专人负责，吸收财政、银行、贸易等部门负责人和各民主党派、各人民团体及各界公正人士参加，负责办理推销与宣传事宜。推销人民胜利折实公债，必须贯彻民主精神，做到公平合理，反对强迫摊派。① 其中华东区各省、各地区公债的分配数分别为：上海市 3000 万分，苏南区 400 万分，苏北区 125 万分，皖北区 120 万分，皖南区 40 万分，山东省 400 万分，浙江省 400 万分，南京市 50 万分，福建省 100 万分，共计 4635 万分。② 而在浙江省内，又以杭州市为最多，要完成公债 150 万分，其他宁波专区（包括宁波市）70 万分，嘉兴专区 60 万分，温州专区（包括温州市）40 万分，绍兴专区 40 万分，金华专区 28 万分，衢州专区 12 万分，台州专区 10 万分，建德专区 1 万分，临安专区 1 万分，杭县 1 万分，丽水专区 5 千分。③

浙江省、杭州市为公债发行在全省、全市范围内开展了持续扩大宣传，宣传人民胜利折实公债的意义，打消购买者的顾虑。《浙江日报》发表了题为《坚决为完成超过购买四百万分人民胜利折实公债而斗争》的社论。新中国第一任浙江大学校长，时任中央财经委员会副主任、华东军政

---

① 《关于发行一九五〇年第一期人民胜利折实公债的指示》，中国人民银行国库司编：《国家债券制度汇编（1949—1988 年）》，中国财政经济出版社 1989 年版，第 4—7 页。

② 《首期胜利折实公债本省配额四百万分》，《浙江日报》1950 年 1 月 6 日。

③ 《本省推销人民胜利折实公债各专区配销额确定》，《浙江日报》1950 年 1 月 12 日。

委员会副主席、著名经济学家马寅初分别于1949年12月23日、25日在杭州大光明、太平洋戏院向工商界人士、职工作关于购买人民胜利折实公债问题的演讲，12月26日又在杭州人民广播电台播讲《发行折实公债之理由》，详细讲解了发行人民胜利折实公债的办法、计算方式以及折实公债是否可作抵押保证品，特别指出这次公债与以往政府的公债本质上是不同的："国民党反动政府是保护帝国主义、封建主义、官僚资本主义利益的政府，是压迫人民的政府，他所发行的公债，根本上就是反动的，与人民利益冲突的。我们的公债，本质决定一切，是以人民利益作出发点，是建设性的，与人民利益是一致的！国民党的公债是怎样发行的呢？他们是以关余作担保，……外国市场金平银贵时，我们可以够还而有盈余，这就叫做关余，反之则是关亏。公债既然是用关余作保，有关余才可以抽签还本，关亏，公债就一齐跌价。这种毫无把握的担保品不但助长了投机，而且也给官僚资本剥削人民，发了大财。比方关亏了，伪财政部便先造个谣言，说是关余，等大家看涨时，他便把公债抛出，赚了大钱。我们的胜利折实公债不是以什么关余作保，是以实物作保的，借你米还你米，借你煤还你煤，态度是负责而老实的。有什么凭据吗？我们举办的折实存款就是很好的凭据，但几个月来事实证明，政府始终没有拆过烂污！"他向杭州的工商界人士呼吁：折实公债的发行对工商界是有利的，"因为公债发行的目的，在于稳定物价，投资建设事业，物价稳定，建设事业发达，工商界才有生意做，否则，物价高，商品难于出手，社会购买力低，生意是难做的。……今天是一个新社会，我们不能再保持原来在反动政府统治下培养出来的眼光立场来看新问题。在资本主义社会，个人有办法国家才有办法，新社会中是国家有办法个人才有办法的。在新社会中，人的地位高低不是用财产多少作标准，而是以他对人民服务对社会贡献多寡作评定标准的，假如有钱而一毛不拔，这是国家的害虫！因此，发行公债对资本家也有利的，希望杭州的工商家眼光放远大一点！"马寅初同时还指出：承销折实公债是对全国人民的一个政治教育，一个政治考验，"中华人民共和国成立了，大家也表示拥护，今天中华人民共和国为了建设需要发行公债，要求大家承购，实际就是考验每一个人是否真正拥护中华人民共和国的最具体的行动！这次公债不是公债，而是公责，国家兴亡，匹夫有责，这就是责。把国家的利益和你个人的利益联结在一起。看看你怎样表示！国家正将进入建设高潮，需要每一个人尽他的力量来支持这一个运动！”[1]

徐青甫在第一期人民胜利折实公债认购在杭州渐次开展之后，也曾被浙江日报社邀请，与杭州市工商联负责人汤元炳、唐巽泽、曹湘渠，各业代表胡海秋（棉织工业）、郁锦正（汽车业）、徐元洪（百货业）、黄楚材（染织布工业）、薛载安（粮食行业）、冯祖佩、周萌，以及胡成放、顾春林、邱强、马文车、丁少侯、尹锡和等，到报社举行折实公债问题座谈会，宣传人民胜利折实公债的意义。据报载，在该次座谈会上，徐青甫、胡海秋、郁锦正、薛载安、黄楚材、徐元洪、冯祖佩、汤元炳、唐巽泽、曹湘渠、马文车等 11 人相继发言，指出杭州市工商业者在政府决定发行 1950 年人民胜利折实公债之初，有些在认识上是糊涂的，有顾虑的，当时的推动工作也曾遭遇到困难。但是因为人民政府的号召，工人阶级发扬高度爱国热情争先购买的感动，工商界积极分子带头认购的影响，分会及各支会负责人深入动员与扩大宣传教育的启发后，工商业者有了明确的认识，屏除了顾虑，了解今日的公债与国民党公债基本上完全不同，今日的工商界是为了长久的利益热烈认购公债，认购公债是为了解除国家的困难，也是解除自己的困难。工商业者初步建立了新的认识以后，于是开展了热烈的认购，掀起了高潮，到现在不仅基本上完成了认购的任务，还正在自动地进行超额认购，将达成超出分配额数的光荣任务。至于在今后购销工作的执行上，将紧紧地根据中央人民政府政务院指示，依照大、中、小分级，区别工、商，贯彻民主评议、合理负担的精神，不使发生偏差，由分会贯彻到支会，再由支会贯彻到各店各户来完成任务。[2]

根据中央人民政府政务院下达的指示精神，1950 年 1 月 3 日，杭州市人民胜利折实公债推销委员会成立，负责杭州市的公债推销与宣传事宜，设主委 1 人，副主委 5 人，常委 15 人，秘书长 1 人，副秘书长 3 人，下设秘书、推销、宣传 3 处，3 处下分设若干科，时任杭州市市长江华被推定为主任委员，副市长吴宪，以及何燮侯、李代耕、金润泉、吕公望为副主任委员，常务委员有江华、吴宪、何燮侯、胡成放、姜震中、蔡一鸣、李代耕、金润泉、汤元炳、方晓、鹤章、吕公望、李文灏、洪隆、刘潇然，胡成放任秘书

① 《中央财经委员会副主任马寅初讲释人民胜利折实公债诸问题》，《浙江日报》1949 年 12 月 27 日。

② 《本报邀工商界人士座谈折实公债问题》，《浙江日报》1950 年 1 月 25 日。

长，唐巽泽、蔡一鸣、姜震中任副秘书长。杭州市公债推销委员会下设5个分会，第一分会为职工界，第二分会为工商界，第三分会为青年、学生界，第四分会为妇女界，第五分会包括了城市中的殷实富户、地主、退职文武官吏、大房东、宗教慈善团体、同乡会、自由职业者，分会下又设了137个支会。市公债推销委员会的主要任务在于掌握政策，推动工作，具体推销事宜则由各分会执行。具体分配数目，第二分会为120万分，占了杭州市推销总数的80%，第五分会为20万分，占推销总数的13%，其余7%则由其他各分会负责推销。[①] 杭州市市长、市公债推销委员会主任委员江华在成立大会上讲话："这次发行折实公债，中央人民政府是照顾了各方面的利益。它采取了折实办法，而且定期偿还本息，是保证而且照顾了人民利益的。由于公债的发行，政府可以收回一部分通货，弥补赤字，稳定物价，使收支得以平衡，资本得以积蓄，才能恢复和发展生产。中国虽然地大物博，但生产设备是很落后的，要想国家富强，首先便要从事建设工作，这次发行公债的目的，就是为了建设新中国！因此，希望在推销工作中，要反复进行宣传，使各界人民能深切了解发行公债的意义，思想搞通，成为一个自发的运动才好。我们不要强迫摊派，我们一定要把具体情况详细了解，本着民主自愿、公平合理、自动自觉的原则，进行推销！"希望杭州市工商界人士"能从长远利益着想，在推销公债时，要负起主要的责任"。[②] 徐青甫积极参加了杭州市公债推销第五分会的工作。

1月8日，杭州市人民胜利折实公债推销委员会第五分会成立，办公地点设在长生路63号人民福利社内，吕公望为主任委员，副主任委员有洪隆、马文车、杜伟、高维巍、张忍甫、吴振华，常务委员有吕公望、洪隆、马文车、杜伟、高维巍、张忍甫、吴振华、陈禹、斯烈、桑文澜、张西林、朱坚白、宋子亢、邵天纯、江天一，总干事为马文车，副总干事为张西林、朱坚白、张乃恭、邹青。[③] 1月11日，第五分会所属上城、中城、下城、西湖、江干、拱墅、笕桥、艮山8个支会同时成立，徐青甫被推定为下城支会主任委员，主

---

① 《杭市公债推销委员会胡成放秘书长在各界人民代表会议上的工作报告》，《浙江日报》1950年1月15日。

② 《杭市公债推销委员会昨举行成立大会》，《浙江日报》1950年1月4日。

③ 《杭市公债推销第五分会昨举行成立会》，《浙江日报》1950年1月9日。

要负责杭州市下城区公债的推销和宣传工作。①

当时杭州市公债推销各分会、支会广泛开展了公债超购竞赛运动，如工商界94个行业中有73个参加了超购竞赛运动，第五分会自然也不落人后。据报载，1950年1月22日，第五分会举行分、支会委员扩大会议，由各分支会汇报工作情况，会上当场开展了认购竞赛。第一支会（上城区）主任委员贡沛诚报告全区认购总数在5万分以上，保证超过分会原分配额。第二支会（上城区）主任委员陈天伦说：我们不但要保证超过分会方面的原分配额，而且一定提前完成任务，并乐于与其他支会竞赛。第三支会（下城区）主任委员徐青甫带头和该支会的姚永安、高维巍当场各认购了1000分，并保证一定完成任务。这时会场上开始热烈起来，上城区的程祖英代表其父程君瑞当场认购了2000分，中城区的吴老太太接着也认购了2000分，上城区的湖南同乡会代表曹家驹又急起宣布该同乡会已决定认购1万分，徐青甫则再度表示，看到上、中城两区的踊跃，下城区也一定不落人后。接着，上城区支会委员汪绍功宣布：该区有某先生不愿在此宣布姓名，已决定认购1万分以上；贡沛诚主任委员对此作了补充说明后又提出保证：上城区对刚才报告的数字已自觉不够，经过大家商量，决定达到6万分，亦即超过原分配额的三分之一弱。中城区支会不甘示弱，急起直追，坚决保证完成6万分，这样，其超过原分配额已较上城为多，并以此向上城区挑战，上城区则奋战到底，将认购总数又增至66000分，而中城区支会随即又宣布该支会的徐立民已认购8000分，且只是初步数字，以后还将大大增加。整个竞购场面情绪热烈，掌声不绝。最后由第五分会副主任委员兼总干事马文车宣布当场认购的数字为上城区22000分，中城区12000分，下城区3000分。② 截至1月底，杭州市的公债认购工作告一段落，总计全市各界认购总额达到了1744026分，超过了杭州市原分配任务（150万分）达24万分以上，其中职工界193000分，工商界1315045分，青年学生12000分，妇女1581分，殷实富户及富有退职文武官吏222400分，各分会均超过了原定分配任务。③ 至2月份，推销公债

① 《杭市公债推销第五分会八个支会同时成立》，《浙江日报》1950年1月13日。

② 《昨五分会扩大会议上展开竞购运动》，《浙江日报》1950年1月23日。

③ 市公债推销委员会：《杭州市推销人民胜利折实公债工作报告》，《浙江日报》1950年5月22日。

活动由认购转入缴款购买阶段。3月7日，杭州市公债推销第五分会召开全体委员会议，上城、中城、下城、西湖、笕桥等支会负责人贡沛诚、陈天伦、徐青甫等作了工作汇报，一致同意总会所提要求，决心加紧工作，如期完成任务，并纷纷表明自己态度，决心以身作则，遵照总会指示，如期缴款，并拉动别人，光荣完成任务。[①] 4月10日杭州市公债推销第五分会再度召集各支会开会，动员部署在最短期内扫清全部尾欠，由于在缴款方面与其他分会相比，拖了后腿，因此指出扫清尾欠的关键在于对拖延不缴的主要富户应有适当处理办法，各支会一致坚决拥护中央财政部扫清尾欠的指示，同时建议根据不同情况，分别给予这些已认未缴故意拖延的殷实大户以应有处分。[②] 第一期人民胜利折实公债实缴任务到5月初基本完成。

华东区分配浙江省任务是4000000分，浙江省分配各专区任务总额是4135000分，截至1950年5月3日，据不完全统计，实际销售额共计4155182分，超过华东区配额155182分，超过浙江省配额20182分，其中成绩特别好的是杭县及建德、临安二专区，这三地均超过分配额的2倍至4.5倍，并均超过认购额。其余杭州市、金华、衢州、绍兴、丽水等四专区也都超过分配额，但与认购额则尚有相当距离，温州、嘉兴、宁波三个专区则没有达到分配额。[③] 其中，杭州市公债分配额为150万分，到5月20日止，实销1581953分，超过配额81953分。在交款方面，职工界、青年学生、妇女，在3月底就都已全部交齐。截止5月20日，职工界实购209557分，超过认购额16557分；青年学生实购14960分，超过认购额2960分；妇女实购2266分，超过认购额685分；工商界实购1171426分，与1月底的认购额相比，尚有尾欠143619分；殷实富户及富有退职文武官吏实购179322分，与1月底的认购额相比，尚有尾欠43078分；此外尚有零星购买者计4422分。[④]

徐青甫在其中任劳任怨，不仅以身作则，带头认购了1000分公债，而

---

① 《杭公债推委会要求五分会坚决贯彻推销任务》，《浙江日报》1950年3月9日。

② 《动员殷富扫清公债尾欠》，《浙江日报》1950年4月11日。

③ 《本省推销胜利公债实销数超过配额》，《浙江日报》1950年5月5日。

④ 市公债推销委员会：《杭州市推销人民胜利折实公债工作报告》，《浙江日报》1950年5月22日。

且组织第五分会第三支会(下城支会)的公债推销和宣传工作,付出了很大的心血,虽然由于各种原因,第五分会的实购公债额 179322 分与 1 月底的认购额 222400 分相比,少了 43078 分,甚至也没有达到原分配额 20 万分的既定目标,但成绩也是有目共睹的。诚如杭州市公债推销委员会副主任委员、杭州市副市长吴宪所说:“第一期公债的发行工作,在本月底就要结束了。过去我们杭市认购公债,在全国范围内起了带头作用,这和各分会支会的工作人员的努力是分不开的。杭市能在公债认购工作中取得荣誉的主要原因:第一是正确地执行了周总理关于发行第一期公债的指示精神,虽然曾经有过些偏差,但很快地纠正过来,大家的思想获得统一认识。第二是从委员会起暨各分支会止,都作了广泛动员,大规模而又比较有系统地进行了宣传教育工作,使工作人员本身和全市人民都认识了购买公债的意义。第三是组织本身的广泛性,参加这次公债工作的人,有二千多人,不但各方面的人才都罗致在内,而且工作人员本身,大部分更能以身作则,起了带头推动作用。这回公债工作,对每个单位和个人讲,也是一个政治考验,通过从认购到购买这个工作契机,它具体地考验了每一个单位和个人的政治觉悟是何情况,对祖国的热爱和拥护如何。有些人由于这次工作中爱国家对人民尽了力量,转变了过去社会对他的不满;也有些人过去为人所不了解的,经过公债工作,使政府与人民对他有了了解。”[①]这个评价同样也适用于徐青甫。

由于第一期发行超额完成任务,达到原定两期发行总额的 70.4%,加上此后财政状况好转,第二期公债停止发行。据学者统计,第一期人民胜利折实公债实际发行 1.48 亿分,约相当于 43 亿斤细粮,按当时各地加权平均粮食价格计算,总值 2.58 亿元[②],而浙江省则达 1148 万元[③]。而据财政部国家债务管理司的统计,则是第一期完成 9818 万分,为原计划数 1 亿分的 98.2%,按每分平均折收现款 2.65 元计算,折合人民币约 2.6 亿元。[④]

---

① 《杭各分支推销会负责人集会推动各界迅速购债》,《浙江日报》1950 年 3 月 4 日。

② 龚仰树:《国债学》,中国财政经济出版社 2000 年版,第 82—83 页。

③ 浙江省金融志编纂委员会:《浙江省金融志》(浙江省志丛书),浙江人民出版社 2000 年版,第 598 页。

④ 财政部国家债务管理司:《国债工作手册》,中国财政经济出版社 1992 年版,第 349 页。

两者总金额相近，表明1950年第一期人民胜利折实公债的发行是成功的，其作用也是非常明显的：一是减少了现钞的发行，并能回笼货币，从而对稳定物价起了很大作用。如1950年1—3月的物价上升较快，但3月以后开始急剧下降，并由下跌转为稳定，3月以后，各月升价幅度的环比（除4月较3月下落24.8%以外），一般都在3%—4%，最高（7月）也不过8%。[①] 二是弥补了部分财政赤字，一定程度上缓解了1950年度的财政困难。据统计，1949年7—11月的财政总收入只占总支出的34.6%，赤字竟达65.4%。[②] 1950年3月财政赤字比1月减少80.2%，比2月减少71.8%，4月即出现收支接近平衡的新局面。到5月底，各种税收中的工商税、货物税和地方税合计，已完成全年预定任务的35.45%，关税完成33.45%，盐税完成25%，秋征公粮完成97%，再加上第一期公债推销了9000万分，这就使国家财政情况发生了很大的变化。[③] 三是人民胜利折实公债是生产性的公债，这与从袁世凯到国民党所发行的公债无一例外成为敛财的工具有着本质的区别，有力地促进了当时的生产建设。四是人民胜利折实公债在新中国成立初期物价尚未稳定的时候，采取折实办法发行公债，是人民政府对公债购买人负责的表现，中央还制定了甚为周详的还债方案，除了本身制定的五次还本付息方案外，财政部和中国人民银行还多次出台政策，要求继续收兑人民胜利折实公债，事实上，一些持票人由于种种原因延误了兑换，这就确保了这些人的利益不受损失，树立了人民政府公债的信誉，也为日后在全国范围内发行经济建设公债积累了经验和信誉。

第二节　参与中国人民救济总会杭州分会工作

中国人民救济总会的前身是抗战胜利前夕成立的中国解放区救济总会。抗战胜利前夕，美国发起成立的联合国善后救济总署，在中国设立了

① 郭瑞楚：《恢复时期的中国经济》，生活·读书·新知三联书店1953年版，第56页。

② 万立明：《中国共产党公债政策历史考察及经验研究》，上海人民出版社2015年版，第282页。

③ 郭瑞楚：《恢复时期的中国经济》，生活·读书·新知三联书店1953年版，第51页。

中国分署，向战后中国输送大量救济物资，用以帮助民众恢复生产与生活。为了给解放区人民争取国际援助，1945 年 7 月中国共产党在延安成立了以董必武为主任的中国解放区救济总会，陆续在解放区和北平、上海、天津等大城市设立分会或成立办事处，形成一个广泛的救济工作体系。新中国成立后，1950 年 4 月 24 日至 29 日在北京召开中国人民救济代表会议，出席会议的有中央人民政府有关部门、有关人民团体、海外华侨、各大行政区、中国解放区救济总会、中国福利基金会及被救济者的代表等 146 人，时任政务院副总理、中国解放区救济总会主任董必武作了《新中国的救济福利事业》的报告，指出："帝国主义、封建主义和官僚资本主义的统治，是中国人民贫穷和灾难的总根源，这三个敌人不推翻，中国人民就摆脱不了贫穷和灾难，因此也就无从进行真正的福利和救济事业"，"因为中国人民在毛主席领导下，推翻了帝国主义、封建主义和官僚资本主义的统治，并成立了自己的政府，把中国的命运掌握在自己的手中，救济福利事业才不再是统治阶级欺骗与麻痹人民的装饰品，也不再是少数热心人士的孤军苦斗，而是政府和人民同心协力医治战争创伤并进行和平建设一系列工作中的一个组成部分"，"我们新民主主义国家的救济福利事业，应该是在人民政府领导之下，以人民自救自助为基础而进行的人民大众的救济福利事业"，"新民主主义国家的救济福利事业，自然也并不拒绝而且欢迎国际友人的真正善意的援助。……与以上情况完全相反的，那就是在帝国主义国家中，有些个人和团体得到他们政府的批准或默许，企图以有条件的所谓'援助'，加上借此闯进中国的所谓'代表'或'代表团'，来进行艾奇逊、拉铁摩尔之流的勾当，即他们所谓要在中苏之间或中国人民政府与中国人民之间或中国各部分人民之间打入一个楔子。试想，这种经美帝国主义特许的'援助'，与其援助蒋匪的飞机军舰同来，中国人民能容许接受这种侮辱和玩弄吗？不能的，我们应该说一声：中国人民是绝不受诱惑的。"[①]会议通过了《反对艾奇逊假借救灾实行反中国人民阴谋》和《拥护世界和平大会常设委员会的号召》的宣言。

大会执行主席宋庆龄在闭幕词中对救济工作者和今后工作提出四点要求："第一，希望各位代表把这次会议的精神和决议传达出去，传达给一

① 董必武：《新中国的救济福利事业》，《浙江日报》1950 年 5 月 5 日。

切救济福利工作者，传达给全体人民，使他们了解新中国的救济事业是以自救自助为基础的，而且在人民政府领导下一定能战胜灾难。第二，希望全国救济福利工作者，经过这次会议，并在将来救济总会的领导下，更加紧密地团结起来，批判旧的，学习新的。过去有不少热心救济福利事业的人士，曾对中国人民做了相当的贡献，今后在团结一致的行动中，将更加与人民大众联结在一起，为新中国的救济福利事业而奋斗。第三，希望全国人民在人民政府的号召与全国救济总会的推动之下，更加积极地行动起来，组织起自己的力量，通过生产节约，劳动互助，坚决的以自力更生的精神来克服目前暂时的灾难。……第四，希望这次会议可以给一切帝国主义者假救灾之名而进行的阴谋诡计一个有力的答复。”[①]会议闭幕当天，以原来中国解放区救济总会为核心，改组成立了新的群众性全国救济组织——中国人民救济总会，通过了《中国人民救济总会章程》，推选宋庆龄、董必武等 49 人及陈其瑗、熊瑾玎、司徒美堂等 9 人，分别担任中国人民救济总会执行委员会委员和监察委员会委员，宋庆龄为执行委员会主席，董必武、谢觉哉、李德全、吴耀宗为副主席，陈其瑗为监察委员会主任，熊瑾玎、杨素兰为副主任，伍云甫为总会秘书长，林仲、倪斐君、顾锦心为副秘书长。

中国人民救济总会是新中国成立初期由政府组织成立的、具有过渡性质的群众性救济组织，其宗旨是团结并领导全国从事救济福利事业之团体及个人，协助政府组织群众进行生产节约、劳动互助，以推进人民大众的救济福利事业，同时担负国际工作，确定开展救济福利工作以“动员和组织人民实行自救助人”为基本方针，其救济福利款物由政府补助及在人民中募集，并使两者结合起来，同时亦可以接受国际友人的友好援助。新中国成立初期，中国人民救济总会在国内和国际救济领域都发挥了独特的作用。在国内，领导开展了协助政府救灾赈灾、收容社会弱势群体、团结并改造历史遗留的慈善救济团体、协助政府开展生产自救等工作，为迅速安定新中国的社会秩序做出了突出的贡献。在国际上，作为一个群众性质的救济组织，组织或参与了多种中外民间组织交流活动，向朝鲜、越南、印度、日本等遭受自然灾害、战争灾难的人民积极提供了物质和精

① 《中国人民救济代表会议上宋庆龄闭幕词》，《浙江日报》1950 年 5 月 5 日。

神援助，为新生的人民政权赢得了国际民众的认同，为中国开拓国际外交关系做出了一定贡献。由于救济总会的工作职权与内务部以及市级民政部门职权时有重叠，也使救济工作有时出现“令出多门”或者重复工作的情况，随着国家行政部门建设的逐渐完备，为了使城市救济工作更好地在统一领导、统一计划之下进行，并且进一步提高工作效率，合理使用人力，以贯彻精简节约精神，1955 年 11 月，中央政府决定对救济总会的组织和工作关系进行调整，中国人民救济总会与中国红十字总会①合署办公，其有关的业务由内务部、中国红十字总会及教育部分别予以接管和办理，即由中央内务部直接管理其国内救济事业的相关工作，并对盲人福利会和聋哑人福利会直接进行领导；由中国红十字总会统一负责其有关对外援助、国际救济的全部事业活动；由教育部负责其有关盲人和聋哑人的教育工作。同时要求各地救济分会与当地民政部门合署办公，并在民政部门的领导下办理国内救济工作等。1956 年 7 月起，中国人民救济总会同中国红十字总会合署办公，与中国红十字总会实行一套人员、两块牌子的管理模式，至此逐渐淡出历史视野，直至消亡。

根据《中国人民救济总会章程》的规定，中国人民救济总会可根据实际情况需要设立各种专门委员会，并可在全国各大行政区、人口或救济福利社团较多的城市设立分会。中国人民救济总会成立之后，陆续在全国的各主要城市如北京、上海、广州、成都、昆明、西安、沈阳等 23 个城市设立了救济分会，同时还在广东、广西、贵州、苏北、江西等设立省分会，在华东、中南、东北、西北设立办事处。杭州市早在 1949 年 10 月初就成立了全市协助性的救济委员会，开展对旧社会遗留下来的救济福利机构的整

---

①　中国红十字会的前身是 1904 年 3 月 10 日在上海成立的由中、英、美、法、德合办的“上海万国红十字会”，1910 年 2 月清政府颁布《中国红十字会试办章程》，委任盛宣怀为中国红十字会首任会长。1912 年加入日内瓦国际红十字会，得到瑞士红十字国际委员会正式承认。1919 年加入各国红十字会协会。1935 年南京国民政府修正颁布了《中华民国红十字会管理条例》，规定行政院为主管官署，但实际上先后受社会部、卫生署、善后救济总署监督指挥。新中国成立后，原会长蒋梦麟率部分人去了台湾，留守人员在原秘书长胡兰生带领下于 1950 年 7 月迁往北京，并进行改组，成为中央政府领导下的人民卫生救护团体，行政上归卫生部管理，各地分会与当地卫生部门合署办公，时任卫生部长李德全担任新中国改组后的中国红十字会首任会长。1956 年 7 月起，与中国人民救济总会合署办公，一直持续到 1966 年。

理改造工作和学习运动，中国人民救济总会成立后，杭州市随即筹备人民救济代表会议，成立中国人民救济总会杭州分会。1950年10月10日至12日，杭州市首届人民救济代表会议召开，全体代表共193人，徐青甫作为32名邀请代表之一[①]出席了会议。筹委会主任何燮侯致开幕词，指出了这一次人民救济代表会议，是在中国人民救济总会成立以来，对新中国的救济福利事业已经有了明确的方针之下召开的。杭州市所有从事救济福利工作的团体或工作者，将通过这次会议，成立中国人民救济总会杭州市分会，在总会统一领导下改造整理原有机构，加紧团结，共同做好人民的救济福利事业。江华市长作了“自力更生，合作一致，开展新的人民救济福利事业”的讲话，指出代表会议的方向在“自力更生，合作一致，开展新的人民救济福利事业”。首先从目前形势说明人民的救济事业是从中国人民艰苦奋斗过程中发展起来的，其次指出新中国的人民救济福利事业：第一要坚定立场，应认识救济事业已不为少数人所把持私有而为人民大众所有，应依靠人民自己来解决问题。同时必须反对美帝以救济为名掩护侵略事实的“糖衣炮弹”；第二要稳步前进，而不是脱离目前主客观条件，从事空谈；第三，人民的救济事业必须是在人民政府统一领导下遵照中国人民救济总会指出的方针任务，合作一致，脚踏实地地向符合于人民利益的原则下胜利前进。杭州市民政局局长冯萌东作了《杭州市的救济福利工作》的工作报告。杭州市各界人民代表会议协商委员会代表胡海秋以个人的亲自体会，说明今天人民的贫困苦难，是由于蒋介石匪帮反动统治的结果，同时着重说明我们不但要救济本省本区，并且要救助邻省、邻区，我们生活在比较安定环境中的人民，应对皖北灾难民尽力援助，并应视此为自身应尽的责任。[②] 大会宣布成立了中国人民救济总会杭州分会，推选江华等45人为执行委员，何燮侯等7人为监察委员，江华为执行委员会主席，冯萌东、吕公望、马文车为副主席，冯萌东兼秘书长，何燮侯为监察委员会主席。[③] 通过了响应政府及中国人民救济总会号召，为皖北、苏北灾民劝募寒衣的决议。

中国人民救济总会杭州分会的成立，是杭州市救济福利工作中具有

---

① 《杭市人民救济代表会首届会议代表名单》，《浙江日报》1950年10月11日。

② 《救济代表会议开幕》，《浙江日报》1950年10月11日。

③ 《救济总会杭分会成立》，《浙江日报》1950年10月14日。

里程碑意义的大事，在新中国成立初期的灾荒和城市失业救济，以及旧有救济福利机构和慈善团体的整顿和改造中，发挥了历史性的重要作用，奠定了新中国社会救济福利事业的基础，开创了杭州市救济史上一段光辉的历程。诚如《以自己力量做好人民救济工作》的社论所说："杭市首届人民救济代表会议之胜利闭幕与中国人民救济总会杭州分会之成立，使杭市的人民救济福利工作，在原有基础上创设了提高一步的条件"，"首先是通过这一会议，是全体出席代表初步认识到新中国的人民救济福利事业的方针与反动统治时代已有本质上的不同，认识到救济福利问题是一个社会问题，救济福利工作是一种群众性的工作，必须在人民政府领导下，以人民自救助人为基础，发动群众，依靠人民自己的力量来解决人民自己的问题。除了人民以外任何的假仁假义地借救济之名行帝国主义侵略之实的危害中国人民的行径，代表们已一致表示了断然反对。其次，为了求得在人民救济福利工作中能更广泛地团结力量，合作一致，使过去各自为战的工作方法得到改进，代表们都认识到唯有加强组织，统一领导。……因此，就在会议中成立了中国人民救济总会杭州分会。显然，初步明确了以上认识，并在这一思想基础上成立了领导杭市救济福利工作的组织机构，正是此次会议的巨大收获，此后如何把以上的认识正确地贯彻到行动中去，在救济杭州分会的正确领导下，明确方向，稳步前进，目前有待于全体代表、各救济福利团体及全体人民救济福利事业工作者的努力。"①

1950年，我国局部地区发生严重的水灾，全国灾情最严重的是淮河流域的皖北、河南、苏北和永定河、大清河流域的河北省地区，虽然内务部组织成立的中央救灾委员会已经给予了紧急赈济，但是入冬以后，灾民迫切需要大量御寒衣物，因此中央救灾委员会决定由中国人民救济总会及中国红十字总会负责召集各党派团体，发起全国性的灾民寒衣劝募运动。9月18日，中国人民救济总会联合中华全国总工会等7个团体，特邀集各人民团体、各有关机关、各民主党派及热心救济事业人士等50余人，在北京成立了"皖北、苏北、河北、河南灾民寒衣劝募总会"。9月19日，全国寒衣劝募总会分别通电北京市、天津市人民政府及各大行政区的军政委员会等机构并向全国发出号召，要求各地迅速建立寒衣劝募分会，并期

① 《以自己力量做好人民救济工作》，《浙江日报》1950年10月10日。

于2个月内完成劝募任务。同年10月11日，浙江省政府发出《关于皖北、苏北灾民寒衣劝募工作的指示》，决定在全省劝募50万套棉衣，帮助皖北、苏北600万重灾民解决寒衣困难，指示要求全省各级政府、机关、团体所有干部，必须认真重视这个工作，在完成秋征土改中心任务中结合进行，通过各界代表会及干部会议上广泛深入动员，当作一个突击任务，限期于11月底前结束，并将寒衣代金、粮食和实物等送到皖北、苏北灾民手中。劝募对象为城镇应以工商界和其他工厂、商店、企业职工、学校教职员、市民及机关等，农村应以地主、富农和其他广大群众为对象。劝募范围以寒衣代金为主（人民币、金银饰物等），粮食和实物为副。在交通不便地区（如丽水、台州、温州区），一般以代金粮食为主，兼收实物。寒衣代金规定每套4万元，实物无论新、旧、单、夹、棉、皮毛衣服乃至零布旧棉花等均欢迎，及清理仓库之衣物或旧棉花等都可。10月13日，成立了浙江省支援皖北、苏北灾民寒衣劝募委员会，刘建中、林平加、林枫、刘丹、刘鸿若、程鹏、何燮侯、姜震中、唐巽泽、蔡一鸣、胡海秋、吴仲廉、龙躍、任一力、殷及夫、赵克明、宋治民、冯萌东等18人为委员，刘建中为主任委员，蔡一鸣、唐巽泽为副主任委员，程鹏为秘书长，应炳萱为副秘书长。[①] 10月25日，杭州市支援皖北、苏北灾民劝募寒衣委员会成立，推定了51名委员，徐青甫名列其中[②]，吴宪为主任委员，胡天民、唐巽泽、吕公望、周正、金润庠、冯萌东为副主任委员，马文车为秘书长，拟设10个分会，分别联系职工、工商界、学联、妇联、文艺界、宗教慈善福利团体、城区居民殷实富户、郊区地主及农民、市府机关、公安警卫部队，市委员会的正副主任委员、秘书长、各分会主任组成常务委员会。

10月30日，杭州市支援皖北、苏北灾民劝募寒衣委员会第七分会（城区殷实富户）召开成立大会，决定设立上城、中城、下城3个支会，分会下设总务、宣传、劝募3股，推定贾山为主任委员，杜伟、张忍甫、张帼英为副主任委员，徐青甫与丁鑑庭、朱馥生、金士侠、金松甫、金奎生、章镜蓉、俞廷夫、俞纫千、张清勔、陆锦清、张台良、梁自修、裘汶、刘镇东被推选为

① 《寒衣劝募委员会召开首次会议，通过组织人选及三项决议》，《浙江日报》1950年10月17日。

② 《劝募寒衣委员会委员名单》，《浙江日报》1950年10月26日。

委员。[①] 徐青甫既是杭州市首届人民救济代表会议的代表，又名列杭州市支援皖北、苏北灾民劝募寒衣委员会51名委员之一，还是第七分会的委员，自然责无旁贷地投入到支援皖北、苏北灾民寒衣劝募的运动。至1950年12月24日，据省劝募委员会统计，浙江省已收到寒衣代金、实物等折合寒衣535527套(各地已收未报及已报的大批鞋、被褥、帽、毛巾等小件御寒物品尚未计算在内)，已超额完成全省劝募寒衣50万套的目标。[②] 其中杭州市、杭县、临安三地已全部完成劝募任务，兰溪、东阳、淳安等地亦基本上完成，现正转入清理尾欠及转运工作阶段。[③] 而根据杭州市的统计，截至11月21日，市支援皖北、苏北灾民劝募寒衣委员会各分会，除二分会(工商界)外，其余已大部分超额完成任务，一分会(职工)已募集1.2万余套，三分会(学联)已募集3000余套，五分会(文艺界)已募集1000余套，六分会(宗教福救)已募集2600余套，七分会(居民)已募集2万余套，八分会(郊区)已募集3600余套，九分会(市府)已募集3500余套，人民银行统计已收寒衣代金27亿元，仓库已收衣服折合约4万余套。根据已收代金衣物统计，杭州市劝募寒衣已超过10万套的预定目标。[④]

第三节 参加浙江省政协和省、市民革组织的活动

新中国实行的是中国共产党领导的多党合作和政治协商制度，它既不同于国外的一党制，也不同于国外的多党制，而是中国共产党根据中国的特殊历史条件，创造性地把马列主义普遍原理与中国具体实际相结合的结果，具有鲜明的中国特色，共产党是唯一的执政党，是国家和社会的领导核心，各民主党派承认和接受中国共产党的领导，作为参政党与中国共产党一道共同管理国家。中国人民政治协商会议(新政协)就是中国共产党领导的多党合作和政治协商制度的重要组织形式。

在中国实现社会主义，是中国共产党自创建时起就确定的奋斗目标，

---

① 《杭市劝募寒衣委员会第七分会决设三个支会》，《浙江日报》1950年10月31日。

② 《全省劝募五十万套寒衣已超额完成任务》，《浙江日报》1950年12月24日。

③ 《部分市县完成任务很多地区尚须努力》，《浙江日报》1950年12月3日。

④ 《杭市各界踊跃支援灾民，寒衣劝募超过目标》，《浙江日报》1950年11月25日。

也是亿万中国人民在长期奋斗中所做出的必由选择。但是，中国原来是一个经济十分落后的半殖民地半封建的社会，这个基本国情又决定了在中国实现社会主义必须分两步走，必须经过新民主主义革命才能转入社会主义革命。按照毛泽东在1940年发表的《新民主主义论》和1945年发表的《论联合政府》中的设计，新中国成立后不能马上进入社会主义，要有一个过渡时期，过渡时期的国家是一个新民主主义共和国，政治上实行工人阶级领导的、以工农联盟为基础的、几个革命阶级的联合专政——人民民主专政；经济上实行社会主义国营经济领导下多种经济成分并存，分工合作，各得其所，促进社会经济发展；文化教育上实行民族的科学的大众的文化教育。随着解放战争的顺利进行，建立新中国的任务提上日程。1948年4月30日，中国共产党发布纪念"五一"国际劳动节口号，号召各民主党派、各人民团体、各社会贤达迅速召开政治协商会议，讨论并实现召集人民代表大会，成立民主联合政府，得到了各民主党派、各阶层代表人士的热烈响应，他们放弃中立立场，公开表示接受中国共产党的领导，加入反对国民党统治的人民民主统一战线。1949年6月30日，毛泽东发表了《论人民民主专政》一文，全面阐述了新中国的国体、政体、国家的前途等根本性的问题，"资产阶级的共和国，外国有过的，中国不能有，因为中国是受帝国主义压迫的国家。唯一的路是经过工人阶级领导的人民共和国"，"经过人民共和国到达社会主义和共产主义，到达阶级的消灭和世界的大同"，"总结我们的经验，集中到一点，就是工人阶级(经过共产党)领导的以工农联盟为基础的人民民主专政。这个专政必须和国际革命力量团结一致。这就是我们的公式，这就是我们的主要经验，这就是我们的主要纲领"，"对人民内部的民主方面和对反动派的专政方面，互相结合起来，就是人民民主专政"，"人民民主专政的基础是工人阶级、农民阶级和城市小资产阶级的联盟，而主要是工人和农民的联盟，因为这两个阶级占了中国人口的百分之八十到九十。推翻帝国主义和国民党反动派，主要是这两个阶级的力量。由新民主主义到社会主义，主要依靠这两个阶级的联盟"，"民族资产阶级在现阶段上，有其很大的重要性。……但是民族资产阶级不能充当革命的领导者，也不应当在国家政权中占主要的地位"，①

① 毛泽东：《论人民民主专政》，《毛泽东选集》第4卷，人民出版社1991年版，第1471—1480页。

为随后召开的新政协制定《共同纲领》奠定了思想基础。

1949年9月21日，中国人民政治协商会议第一届全体会议召开，通过了《中国人民政治协商会议共同纲领》《中国人民政治协商会议组织法》《中华人民共和国中央人民政府组织法》。鉴于新中国成立后的最初几年，实行人民代表大会制度的条件还不成熟，中国人民政治协商会议第一届全体会议代行了全国人民代表大会职权，地方各级人民代表会议则代行了地方各级人民代表大会职权，因此《共同纲领》当时实际上起到了临时宪法的作用，它规定了新中国为新民主主义的国家，实行工人阶级领导的、以工农联盟为基础的、团结各民主阶级和国内各民族的人民民主专政，反对帝国主义、封建主义和官僚资本主义，为中国的独立、民主、和平、统一和富强而奋斗，在经济上肯定五种经济成分的并存，规定它们的相互关系，在国营经济领导之下，分工合作，各得其所，以促进整个社会经济的发展。新民主主义的前途必定是向社会主义发展，这是毫无疑问的，但是在《共同纲领》的总纲中并没有明确地把社会主义写进去，对此，周恩来在说明共同纲领草案的特点时解释说"筹备会讨论中，大家认为这个前途是肯定的，毫无疑问的，但应该经过解释、宣传特别是实践来证明给全国人民看。只有全国人民在自己的实践中认识到这是唯一的最好的前途，才会真正承认它，并愿意全心全意为它而奋斗。所以现在暂时不写出来，不是否定它，而是更加郑重地看待它。而且这个纲领中经济的部分里面，已经规定要在实际上保证向这个前途走去"①。

但新中国仅仅经过三年时间，就迅速恢复了国民经济。随着形势的发展，原来的向社会主义过渡的设想有了改变，中共中央根据毛泽东的建议，在1953年正式提出了过渡时期的总路线：要在10年到15年或者更多一点时间内，逐步实现国家的社会主义工业化，逐步实现国家对农业、对手工业和对资本主义工商业的社会主义改造。从1953年开始，实施发展国民经济的第一个五年计划。1954年9月，第一届全国人民代表大会召开，审议通过了《中华人民共和国宪法》，以根本大法的形式把中国共产党在过渡时期的总路线作为国家在过渡时期的总任务确定下来，依据人

---

① 周恩来：《人民政协共同纲领草案的特点》，《建国以来周恩来文稿》第1册（一九四九年六月——一九四九年十二月），中央文献出版社2008年版，第391—392页。

民民主原则和社会主义原则，明确规定了向社会主义过渡的方向和途径，以及国家的国体、政体和经济制度，人民的权利和义务等，为国家各项事业的发展提供了政治保障。

由于全国人大的召开，中国人民政治协商会议代行全国人大职权的政权机关的作用已经消失，其职能发生了重大变化，但是，中国共产党领导下的多党合作制度并没有改变。1954 年 12 月 21 日至 25 日召开的政协第二届中央委员会第一次全体会议通过了《中国人民政治协商会议章程》，规定了人民政协的性质是团结全国各民族、各民主阶级、各民主党派、各人民团体、国外华侨和其他爱国民主人士的人民民主统一战线的组织，既不同于国家机关，也不同于一般的人民团体，是党派性的人民民主统一战线的组织，它的成员主要是党派、团体推举出的代表。其今后的任务是：协商国际问题；对全国人大和地方各级人大代表候选人名单以及政协各级组织组成人员的人选进行协商；协助国家机关，推动社会力量，解决社会生活中各阶级间相互关系问题，并联系群众，向有关国家机关反映群众意见和提出建议；协商和处理政协内部和党派团体之间的合作问题；帮助和督促政协成员学习马列主义和努力进行思想改造。[①] 标志着政协正式实现了职能的转换，从此在中国政治生活中形成了全国人大与人民政协并存的局面，全国人大常委会是国家最高权力机关，人民政协代表统一战线各方面成员的意见和要求，其活动的基本原则是民主协商。《中国人民政治协商会议章程》同时还确定了人民政协的组织原则：以各民主党派、各人民团体为基础组成，包括少数民族和国外华侨的代表，必要时可吸收个人参加，区域和人民解放军的代表不再作为参加政协的单位；将原来的政协全体会议、全国委员会、常务委员会三个层次，改为全国委员会全体会议和常务委员会两个层次；在省、自治区、直辖市和市设地方委员会，自治州、县、自治县和市辖区必要时设立地方委员会，全国委员会和各级地方委员会之间是指导关系而不是领导关系。

根据全国政协一届二次会议通过的《中国人民政治协商会议章程》，浙江省于 1955 年 2 月成立了政协第一届浙江省委员会，共有委员 155 名，由中国共产党、中国国民党革命委员会、中国民主同盟、中国民

① 转引自力平、马芷荪主编：《周恩来年谱（一九四九——一九七六）》上卷，中央文献出版社 1997 年版，第 433 页。

主建国会、中国民主促进会、中国农工民主党、中国新民主主义青年团、工会联合会、农民、民主妇女联合会、民主青年联合会、合作社、工商业联合会、文化艺术工作者联合会、科学技术界、教育界、新闻出版界、医药卫生界、对外和平友好团体、社会救济福利团体、少数民族、华侨、宗教界 23 个界别和特别邀请的人士组成，徐青甫作为 37 名特别邀请人士之一，荣幸地成为省政协委员，出席了政协第一届浙江省委员会第一次全体会议。

1955 年 2 月 22 日至 26 日，政协第一届浙江省委员会第一次全体会议在杭州召开，大会执行主席有江华、何燮侯、汤元炳、姜震中、杨思一、宋云彬、李士豪、马一浮。何燮侯代表主席团致开幕词。会议听取了时任浙江省委书记、浙江省各界人民代表会议协商委员会副主席江华所作的《关于目前形势的报告》，全国政协委员唐巽泽所作的《中国人民政治协商会议第二届全国委员会第一次全体会议的传达报告》，浙江省各界人民代表会议协商委员会副主席汤元炳所作的《关于浙江省各界人民代表会议协商委员会工作报告》。汤元炳在《关于浙江省各界人民代表会议协商委员会工作报告》中说：浙江省各界人民代表会议协商委员会于 1950 年 8 月由浙江省第一届各界人民代表会议选举产生，经过 1952 年 12 月的改选，已将近 5 年了。5 年来，全省人民在中国共产党、中华人民共和国政府和毛主席的英明领导下，曾经胜利地进行了抗美援朝、改革土地制度、镇压反革命分子、恢复国民经济、“三反”“五反”、思想改造等各项运动以及对农业、手工业、资本主义工商业逐步实行社会主义改造等一系列的伟大斗争，取得了重大的成就，并胜利地完成了国家第一个五年计划头两年度的任务，实行了普选，召开了各级人民代表大会。省协商委员会在此期间，做了许多工作，发挥了重要的作用，基本上完成了它所应该完成的任务。根据中国人民政治协商会议章程第二、第十七和第十八条的规定，依据本省的具体情况，浙江省各界人民代表会议协商委员会常务委员会经与各有关方面慎重协商，并经第四、第五次常务委员会议的认真讨论，确定了参加单位、名额及委员人选，组成了中国人民政治协商会议浙江省第一届委员会。委员会的成员包括各民族、各民主阶级、各民主党派、各人民团体、华侨和其他爱国民主人士的代表，参加单位的名额和它所代表的方面都比以前有了增加和扩大；这样就具有极广泛的代表性，标志着在中国共产党领导下的本省人民民主统一战线的日益巩固和发展。今后中国人民政治协商会议是团结全国各民族、各民主阶级、各民主党派、各人民团体、国外华侨和其他爱国民主人士的人民民主统一战线的组织。它一方面不同于国家机关，另一方面也不同于一般的人民团体。它是党派性的人民民主统一战线的组织，它的任务就是在中国共产党领导下，继续巩固和发展我国人民民主统一战线，通过各民主党派和各人民团体的团结，更广泛地团结全国各族人民共同反对国内外敌人，为和平民主和伟大的社会主义事业而奋斗。他还根据《中国人民政治协商会议章程》所规定的七项准则和浙江省第一届人民代表大会第二次会议所决定的工作任务，对第一届省政协的工作提出以下建议：一、加强对国际形势的宣传和时事的学习，加强保卫和平的斗争。二、动员和团结全省各界人民积极为解放台湾而斗争。三、协助政府动员和团结全省各界人民，为实现国家在过渡时期的总任务而奋斗。四、推动和协助各界人士进行政治学习和思想改造。五、协助本省各民主党派、各人民团体和民主人士商讨处理各项相互有关的问题，加强相互联系，及时交流经验。①

大会以无记名方式投票选举了中国人民政治协商会议第一届浙江省委员会主席、副主席、秘书长、常务委员，选举江华为中国人民政治协商会议第一届浙江省委员会主席，杨思一、何燮侯、林枫、宋云彬、汤元炳、余纪一为副主席，余纪一兼秘书长，于冠西、大悲等32人为常务委员。会议一致通过了《关于拥护中国人民政治协商会议第二届全国委员会周恩来主席在第一次全体会议上所作的政治报告和中国人民政治协商会议第二届全国委员会第一次全体会议宣言的决议》《关于响应反对使用原子武器签名运动号召的决议》《关于同意浙江省各界人民代表会议协商委员会工作报告的决议》，通过了向毛泽东致敬电，致中国人民解放军、中国人民志愿军在浙伤病员暨全省公安部队伤病员、革命残废军人的慰问电，致全省革命烈士家属慰问电和致全省革命军人家属的慰问电。《浙江日报》发表《巩固和发展人民民主统一战线》的社论，指出："政协第一届浙江省委员会成员包括各民族、各民主阶级、各民主党派、各人民团体、华侨和其他爱

① 汤元炳：《浙江省各界人民代表会议协商委员会工作报告——在中国人民政治协商会议浙江省第一届委员会第一次全体会议上的报告》，中国人民政治协商会议浙江省委员会秘书处：《中国人民政治协商会议浙江省第一届委员会第一次全体会议汇刊》，1955年3月编印，第3—7页。

国民主人士的代表，参加单位的名额比以前有了增加，代表的方面比以前也有了扩大，这标志着本省人民民主统一战线已日益巩固和发展，标志着全省人民在政治上是更加巩固地团结一致了。……统一战线工作是革命工作的一个重要方面。我们的党一向就十分重视统一战线工作，我们的人民民主革命斗争正是依靠党所领导的人民民主统一战线，团结了一切可以团结的力量，而后不断取得胜利的。目前，我国已进入社会主义改造即社会主义革命时期，我们正面临着较之新民主主义革命更加艰巨复杂的斗争任务，因此，继续巩固和发展人民民主统一战线，是十分重要的。……很显然，在继续巩固工人阶级领导和工农联盟的前提下，在可能的范围内，人民中间的团结越广，对于社会主义事业就越有好处。有些人以为既然要建设社会主义，劳动人民同可以合作的非劳动人民之间的联盟就不可能存在；或虽然可以存在，但却显得并不那么重要。这种看法都是错误的和有害的。”①

省政协于1956年4月24日至30日在杭州召开第二次全体会议，1957年5月2日至15日在杭州召开第三次全体会议，徐青甫作为省政协委员均出席了上述会议。② 在此期间，徐青甫还参加了省政协组织的纪念孙中山诞辰90周年活动。1956年11月1日，浙江省政协和杭州市政协联合成立浙江省暨杭州市纪念孙中山诞辰90周年筹备委员会，时任中共浙江省委第一书记、政协浙江省第一届委员会主席江华担任筹委会主任，副主任有杨思一、何燮侯、包达三、宋云彬、汤元炳、余纪一、王平夷、俞子夷、李士豪、姜震中、马一浮、陈立，徐青甫成为52名筹委会委员之一。③ 会议决定于11月12日在杭州市举行纪念大会，邀请省市各界代表人士参加，宁波、温州、绍兴、嘉兴、金华、湖州6市及有政协组织的23个县于同日举行纪念会和座谈会。各民主党派、人民团体省市地方组织和高等学校还可根据具体情况，分别在纪念日前后举行讲演会、报告会、座谈会等群众性的纪念活动。除杭州市各报刊发表纪念文章、广播电台组

① 《巩固和发展人民民主统一战线——祝中国人民政治协商会议第一届浙江省委员会第一次会议闭幕》，《浙江日报》1955年2月27日。

② 《西湖十老图》，《浙江日报》1957年5月13日。

③ 《省市政协常务委员会举行联席扩大会议成立省市纪念孙中山先生诞辰筹委会》，《浙江日报》1956年11月2日。

织广播外，筹委会还决定向省内各界广泛收集有关孙中山的文物，在浙江图书馆特辟孙中山先生遗著等展览室，供全市人民参观。11 月 12 日，纪念大会在杭州市人民大会堂举行，出席纪念大会的有在杭的政协全国委员会委员、全国人民代表大会代表，在杭的政协浙江省暨杭州市委员会委员，中共浙江省委代表，浙江省和杭州市人民代表大会代表，各民主党派、人民团体省、市组织的负责人和代表，在杭的归国华侨代表，省、市政府部门的代表和大专学校的代表共 1800 人。

大会主席、浙江省省长沙文汉致开幕词，他说：孙中山先生领导着中国的革命，推翻了清帝的统治，到了晚年他又提出了联俄、联共、扶助农工的三大政策，使中国革命明显地转向新的、更进步的广大群众的范畴。他还指出，现在，中山先生的理想不但已经实现，而且在中国共产党领导下我国人民已经取得了社会主义革命的决定性的胜利。现在我们国家的建设，还方兴未艾，我们正在为中国的独立、繁荣、自由而努力，愿我们全省人民，体会到革命的先人为着国家命运而奋斗的艰难与辛苦，更巩固地团结起来，为推进我国的社会主义建设事业做更大的努力，以行动来纪念孙中山先生。[①] 中共浙江省委代表杨思一、民革浙江省委主任委员何燮侯和各民主党派省、市地方组织代表宋云彬在会上先后讲话。何燮侯发表了《纪念中国伟大的民主主义革命家孙中山先生》的讲话，追述了孙中山光辉的、不断前进的一生，指出："中山先生当年毕生以求的建立独立自主的国家的理想，今天已成为现实了，中山先生所向往的'大同世界'，以及他反映在实业计划中的建设富强繁荣的国家的美好理想，我们在中国共产党的领导下，今天还在继续贯彻实现。我们今天纪念这位伟大的革命先行者，要发扬他的伟大的爱国主义思想和革命奋斗的精神，贯彻他的'唤起民众及联合世界上以平等待我之民族，共同奋斗'的正确主张，进一步加强国内各民族、各民主阶级、各民主党派、各人民团体的团结，巩固和扩大我们的人民民主统一战线，加强和巩固社会主义国家的团结，发挥更大的政治积极性与工作积极性，在把我国尽快地从落后的农业国变为先进的工业国的伟大事业中，在反对帝国主义侵略、保卫世界和平的神圣斗争中，当前特别是支持埃及、反对英法侵略的斗争中，以及在解放台湾与

---

① 《省市各界人民隆重举行大会纪念孙中山先生诞辰九十周年》，《浙江日报》1956 年 11 月 13 日。

继续肃清反革命残余势力的斗争中，竭智尽忠，贡献所有的力量，这是我们对于中山先生的最好的纪念。”[①]纪念会上，放送了孙中山当年的“勉励国民”“告慰同志”演讲录音。会后，省市纪念孙中山诞辰 90 周年筹委会还组织了浙江省暨杭州市参谒中山先生上海故居代表团，于 15 日出发前往上海参谒。

至 1958 年 10 月，政协第二届浙江省委员会成立，共有委员 289 名，徐青甫再次作为特别邀请人士(共有 100 名)被推为省政协委员，出席了 1958 年 10 月 27 日至 11 月 2 日在杭州召开的省政协二届一次全体会议。省政协二届一次会议是和省人大二届一次会议一起召开的。这次会议是在反右整风和工农业生产、其他各项工作大跃进的背景下召开的，其基本任务是：总结一年来本省全面大跃进的胜利，讨论和确定 1959 年各项建设的任务，以便更好地团结全省人民，调动一切积极因素，继续为实现“苦战三年，改变面貌”的历史任务，继续为贯彻执行鼓足干劲、力争上游、多快好省地建设社会主义的总路线而奋斗。会议由中共浙江省委常委、浙江省副省长吴宪主持并致开幕词，听取了中共浙江省委第一书记、政协浙江省第一届委员会主席江华所作的《认清形势，加快建设》的政治报告，浙江省省长周建人所作的省人民委员会工作报告，政协浙江省第一届委员会副主席汤元炳所作的政协浙江省第一届委员会常务委员会工作报告，以及其他相关报告。在会上，共有 96 名代表、委员和列席人员发言，171 名代表、委员和列席人员作了书面发言，代表们认为：今年我们在各个战线上所取得的巨大成绩，对于我们的共产主义的壮丽图景说来，只是万里长征的第一步，我们决不能自满麻痹起来，而必须充分发挥不断革命的精神，苦战三年，改变浙江的面貌。1959 年是苦战三年中具有决战性的一年，摆在全省人民面前的主要任务是：用更大的革命干劲和更高的速度，集中力量保证粮食、钢铁、机械三大“元帅”和电力、煤炭、交通运输等几个“先行官”实现更大的跃进，从而带动整个国民经济和文化教育科学事业的全面发展，争取全省人民基本上达到丰衣足食，争取在本省建成一个比较完整的工业体系。代表们对于贯彻“工业与农业同时并举”的方针进行了认真的讨论，认为本省发展农业已经有了比较成熟的经验，而工业生产

① 何燮侯：《纪念中国伟大的民主主义革命家孙中山先生》，《浙江日报》1956 年 11 月 11 日。

方面还没有打下巩固的基础，因此，我们应当适时地把领导工作的重心从农业方面转到工业方面来，一手抓工业，一手抓农业，重点是抓钢铁、机械等工业，同时不放松对农业的领导。代表们还批驳了“紧张论”“唯条件论”“重农轻工”等错误思想，指出为了加速社会主义建设、积极准备逐步向共产主义过渡，必须坚持政治挂帅，整风为纲，不断加强对人民群众的共产主义教育，加强对马克思列宁主义和毛主席的著作的学习，不断地插红旗、拔白旗，大破资本主义、个人主义、本位主义和各种右倾保守思想，大立“我为人人，人人为我”的共产主义思想，发扬敢想敢说敢做的共产主义风格，不断地鼓足干劲、力争上游，使各项工作都能做到多快好省。代表们还认为，为了适应工农业生产的大发展，必须积极开展大规模的技术革命和文化革命，交通运输、商业和财经工作也要迅速跟上去，为钢铁、粮食生产服务，特别要从各方面为“钢铁元帅”开路，保护“钢铁元帅”升帐。①

大会选举周建人为浙江省省长，霍士廉、李丰平、吴宪、陈伟达、任一力为副省长，丁振麟等 39 人为省人民委员会委员，吴仲廉为浙江省高级人民法院院长，王振远等 7 人为全省各地区中级人民法院院长，文芸等 35 人当选第二届全国人民代表大会代表。江华当选为政协浙江省第二届委员会主席，李丰平、何燮侯、林枫、汤元炳、余纪一、徐赤文、吴化文为副主席，余纪一兼秘书长，大悲等 43 人为常务委员。会议一致通过了省人民委员会工作报告、政协一届常委会工作报告、政协二届一次全体会议决议、《关于反对美国军事挑衅、支援解放台湾斗争的决议》等文件。

省二届政协续后于 1960 年 2 月 18 日至 23 日在杭州召开第二次全体会议，这次还是与省二届人大二次会议同时召开，徐青甫生前最后一次参加了省政协会议。

除了参加省政协的活动，徐青甫还积极参加了民革浙江省委和杭州市委组织的理论学习活动。

浙江省民革早在 1955 年就开始着手联系从旧社会过来的中上层人士的工作，他们中多数为国民党中上层人士，也有前清遗老和北洋政府时期的官吏，如吕公望、徐青甫、项雄霄等，省民革在自愿原则下组织他们学

① 《省人大二届一次会议、政协省二届一次全会胜利闭幕，号召全省人民继续苦战乘胜跃进》，《浙江日报》1958 年 11 月 3 日。

习时事政策、听报告、参观访问，帮助他们提高思想认识，鼓励他们从事社会服务和劳动生产，投身社会主义建设事业。1956 年 2 月 21 日—29 日，民革第三次全国代表大会召开，这是民革历史上一次具有深远历史意义的大会，明确了为社会主义服务的工作方针，把团结、教育、改造原国民党及与国民党有历史关系的中上层人士，特别是散处在社会上的上述人士，作为民革在社会主义革命进行中的首要任务，为民革今后的工作指明了方向，诚如民革中央主席李济深在工作报告中所说："在社会主义革命进行中，我们党的首要任务是团结、教育、改造原国民党及原国民党有历史关系的中上层人士，特别是其中散处在社会上的中上层人士；此外，还有晚清和北洋政府时代的旧军政人员、旧知识分子，也要根据必要和可能对他们进行一些工作。以上这些人士参加社会生活的实践和学习的机会较少，我们要特别着重对他们展开联系工作，向他们宣传社会主义，帮助他们进行思想改造，使他们能够逐渐提高觉悟，认识前途，掌握命运，愿意为社会主义贡献力量，和全国人民一道进入社会主义社会。我们党这一政治任务是光荣的，也是艰巨的，必须全党一致重视，积极工作。"[①]民革三大以后，民革中央成立了以邵力子为主任的社会联系工作委员会，积极开展社会联系工作。省民革也随即成立了社会联系工作委员会，联系的社会人士发展到 735 人，其中杭州市 260 余人，[②]半数以上经常性地参加时事政策学习，编成 9 个学习小组，徐青甫参与其中，据已有记载，他先后出席了关于周恩来总理《关于知识分子问题的报告》和中共第八次全国代表大会文件的学习活动。

1956 年 1 月 14 日至 20 日，中共中央专门召开了全国知识分子问题会议，周恩来总理作了《关于知识分子问题的报告》，对我国知识分子状况做出了正确估计和判断，认为他们中间的绝大部分已经成为国家工作人员，已经为社会主义服务，已经是工人阶级的一部分，提出了正确对待知识分子问题的政策、方针和方法。同年 5 月上旬至 7 月上旬，浙江省民革

① 李济深：《中国国民党革命委员会第二届中央委员会工作报告》，《中国国民党革命委员会第三届全国代表大会汇刊》，中国国民党革命委员会中央委员会编印，1956 年 7 月，第 19 页。

② 《积极开展联系社会人士工作》，《浙江民革》1956 年第 2 期，中国国民党革命委员会编印，1956 年 10 月 1 日，第 28 页。

组织联系的在杭社会人士学习周恩来总理的《关于知识分子问题的报告》。大家认为知识分子问题与自己有切身关系，因此学习情绪很高，早到迟退，只嫌讨论时间不够，甚至有病也坚持参加。不少与会人士能较认真地钻研文件，进行自学。在漫谈中，一般都能朝着畅所欲言的方向努力，有的虽然头几次发言不够大胆，但慢慢地也开始畅谈自己的见解。有的小组对某些认识上的问题，还展开争论，气氛比较活泼。有的与会人士还对照周恩来报告中所举出的知识分子的缺点，进行自我批评。通过学习，徐青甫等社会人士初步认识到党对知识分子的方针政策，认识到自己是在工、农、知识分子联盟以内的，又一次认识到自己的前途，因此情绪上有很大鼓舞，表示要发挥一技之长，建设社会主义，有的在实际行动中已有所表现。[①]

1956年9月15日至27日，中国共产党第八次全国代表大会召开，毛泽东致开幕词，重申了其在《论十大关系》讲话中的精神，指出中国共产党和各民主党派的关系应是“长期共存、互相监督”。浙江省民革组织在杭社会人士学习毛泽东主席的开幕词等中共八大文件，徐青甫、钱士青等14位社会人士和省民革成员何柱国、常希曾等参加了是年9月18日的座谈会，会上大家以兴奋的情绪踊跃发言。常希曾说：“党的八大会议说明中共领导革命三十余年来的历史性的胜利，大会文件，美不胜收。今后要争取进一步研究和反映祖国的医学、医药，作为我对八大的献礼。”钱士青在谈到中华人民共和国成立以来国际地位的提高时说：“这完全是由于中国共产党的领导有方，使我特别高兴。”何柱国回忆到二十五年前的今天，激动地说：“二十五年前的‘九一八’多少漂亮的城市化为瓦砾场，今天，在共产党的领导下，大洋房、大建筑都盖起来了，瓦砾场变为美丽的城市，不能不使人兴奋。”又说：“当年日本帝国主义侵占东北，他不过八百万吨钢铁，但我们在两个五年计划之后，就要到一千二百万吨，想到祖国的远景，实在太兴奋了。”朱其爙说：“毛主席号召我们，团结国内外一切可能团结的力量，为了建设一个伟大的社会主义的中国而奋斗。我们要响应号召，加强社会联系工作，积极发展组织。”章鸿春、施友荪表示要学习、再学习，来庆祝八大的举行。张卓如在发言中表示自己“今

---

① 《学习“关于知识分子问题的报告”的总结》，《浙江民革》1956年第2期，中国国民党革命委员会浙江省委员会编印，1956年10月1日，第30页。

后要更信服共产党、爱护共产党，在民革组织的教育下，紧紧跟随共产党，发挥自己的力量”[①]。

1956年11月，民革杭州市筹委会成立，原浙江省民革联系的社会人士，除留一个组外，其余的都划给杭州市民革联系，徐青甫遂成为杭州市民革联系的社会人士，开始随杭州市民革参加学习活动。截至1957年4月，杭州市所联系的社会人士计有534人，其中参加经常性学习的278人，分作27个学习小组。[②] 杭州市民革专门在西浣纱路40号租用一幢房屋，作为社会联系人士学习场所，开辟专供小组讨论的会议室六七个，从周一至周六，每天上下午各安排一个小组讨论，还有的小组安排不下，就在晚上开展学习讨论。如1957年1月10日、15日、16日，浙江省民革及杭州市筹委会邀请部分成员及所联系的社会人士徐青甫、章静轩、项雄霄、常希曾、樊元雄、应梦卿等40余人举行小型座谈会5次，座谈对《人民日报》1956年12月29日发表的《再论无产阶级专政的历史经验》一文的体会和感想。杭州市筹委会还于1月6日至19日陆续组织5个社会支部全体成员50余人，27个社会人士学习小组300余人，以及部分不参加小组学习的社会人士18人，先后漫谈对这篇文章的感想体会。这篇文章是由中共中央政治局集体讨论、毛泽东亲自审定的，是在赫鲁晓夫在苏共二十大作反斯大林的秘密报告，波匈事件发生，特别是南斯拉夫的铁托发表看法，认为原苏联那一套社会制度必然会产生“斯大林主义”等，国际上敌对势力掀起反苏反共浪潮，社会主义阵营内部产生思想混乱的特定历史背景下发表的。文章充分肯定了苏联革命和建设的经验，认为十月革命的道路不但是苏联无产阶级的康庄大道，而且也是各国无产阶级为了取得胜利都必须走的共同的康庄大道。斯大林的错误的发生，与苏联的社会主义经济体制和社会主义政治体制无关，为了纠正这些错误，当然不需要去纠正社会主义制度，西方资产阶级想用斯大林的错误来证明社会主义制度的错误，是完全没有根据的。同时批评有些人想用社会主义国

① 《中共第八次代表大会鼓舞了我们——本会邀集委员、成员及所联系群众座谈对“八大”的感想》，《浙江民革》1956年第2期，中国国民党革命委员会浙江省委员会编印，1956年10月1日，第11—12页。

② 陈石民：《杭州市组织社会人士学习的情况》，《浙江民革》1957年第4期，中国国民党革命委员会浙江省委员会编印，1957年4月12日，附2页。

家政权对于经济的管理来解释斯大林的错误，认为政府管理了经济就必然成为妨碍社会主义力量发展的“官僚主义机构”，同样令人无法信服。文章首次公开发表了毛泽东提出的两类社会矛盾的思想，指出我们面前有两种性质不同的矛盾，一种是敌我之间的矛盾，这是根本的矛盾；另一种是人民内部的矛盾，这是非根本的矛盾，它的解决首先必须服从于敌对斗争的总的利益，可以而且应该从团结的愿望出发，经过批评或者斗争获得解决，从而在新的条件下得到新的团结。对斯大林错误的纠正，即属此类。文章还对斯大林做出评价，认为斯大林功大于过，他的一生是伟大的马克思列宁主义革命家的一生，他的错误同他的成绩比起来，只居于第二位的地位，全面否定斯大林，会助长修正主义思潮的发展。[①] 与会人士在座谈中一致认为这篇文章是“历史性、世界性的文献”，可以帮助我们区别两种性质的矛盾，“分清敌我，明辨是非”，“坚定对马列主义和社会主义建设的信念”，“使我们在复杂的国际情势中看问题不致迷失方向，澄清了过去对匈牙利事件的糊涂看法”，并且有助于我们“学习批评与自我批评的方法”，“对我们做人和做工作都有好处”。对斯大林的功过问题，一般认为斯大林是“功大过小”，“不能因有过失，抹杀功绩”，一致同意文章中“斯大林的错误同他的成绩比较起来，只居于第二位的地位”的评论。有的社会人士还体会到“革命导师尚且要犯错误，我们更应虚心，不要骄傲”。对铁托的演说，大家也有了进一步的认识，一致体会到必须从中吸取教训，提高对帝国主义的警惕，加强社会主义阵营内部的团结。[②]

社会联系工作的开展，经常性地组织时事政策学习，团结教育了包括徐青甫在内的一批原国民党中上层人士、清末遗老、北洋政府官吏，使其逐渐认识社会主义道路和自己的前途，纷纷表示愿意为社会主义服务，并逐步形成了“听毛主席话，跟共产党走，走社会主义道路”的共识，这无论是对 1956 年的社会主义改造高潮还是以后的社会主义建设，都减少了一些消极因素，起到了有益的积极作用。

---

① 《〈再论无产阶级专政的历史经验〉发表》，廖盖隆、庄浦明主编：《中华人民共和国编年史(1949—2009)》，人民出版社 2010 年版，第 121—122 页。

② 《座谈“再论无产阶级专政的历史经验”——本会暨杭市筹委会举行座谈会》，《浙江民革》1957 年第 2 期，中国国民党革命委员会浙江省委员会编印，1957 年 2 月 15 日，第 16 页。

第四节　鼓励孙辈报效祖国

中华人民共和国成立后，徐青甫除了参加省政协以及省、市民革组织的活动和政治理论学习外，大部分时间都住在杭州的老宅里（徐氏老宅一共有2处，一是延安路上的一幢约2000平方米的3层别墅，即在原浙江医科大学的那幢14层主楼原址；二是徐青甫1954年前后卖掉延安路上房子后，买下的长生路34号一幢五六百平方米的3层花园小洋房）。

由于其唯一的儿子徐继庄远在香港，徐继庄与夫人金姗如所生的子女，有好几个在解放后跟徐青甫夫妇生活，由徐青甫夫妇代行抚养和管理职责。据孙女徐起政回忆，每逢周日，徐青甫和俞振亚都会带着孙子孙女一起游西湖。春天，白堤上桃红柳绿，他们便去平湖秋月喝茶，去孤山玩耍，到楼外楼聚餐；夏天，则去花港公园观赏金鱼，泛舟西湖，赏荷、赏月；秋天，去岳庙观赏菊花展览；冬天，白雪覆盖的西湖银装素裹，美到极致，就到六公园或柳浪闻莺堆雪人，观看孙辈打雪仗。每年除夕，吃完年夜饭后，都会办一场家庭内部文娱演出。每次都是以徐青甫的故事拉开帷幕，接着是俞振亚清唱的《木兰辞》《扬之江》……直到半夜12点新年钟声敲响时，徐青甫两口子才意犹未尽、步履蹒跚地上楼休息。[①]

徐青甫对孙子、孙女尽心呵护，照顾有加，而且特别重视对孙辈的教育，除了鼓励他们努力学习，在日常生活中也时时教导他们待人接物要有礼貌，要诚恳谦让，要求他们从小就要养成自学和自立的习惯。他对教育子女问题有着独到的见解，常说："多留财产于子孙，不过养成其骄惰游荡，减少其能力，堕落其人格，戕贼其身体，丧失其名誉。……为子孙计，惟有不给以财产，而给以智识与能力，使其随时随处，足以自立而不危，方真为爱惜子孙。"[②]更难能可贵的是，徐青甫还经常向孙辈讲授爱国的道理。他常对孙辈讲述抗日战争期间发生的重大事件，比如九一八事变、七七事变中日军侵占中国领土、杀戮中国百姓，一·二八淞沪抗战时驻守上

---

① 徐起政：《我记忆中的爷爷和家族二三事》，《徐青甫和他的〈经济革命救国论〉》，浙江大学出版社2017年版，第22—23页。

② 徐青甫：《经济革命救国论》，民国二十一年（1932）四月，第391页。

海的国民革命军第十九路军英勇抗击日寇侵略……让他们从小记住国难家耻。提到孙子、孙女未来选择职业，他总是希望孩子们都去学习理工科，有了真才实学，才能对国家做出实实在在的贡献。当时新中国刚刚成立，百废待兴，国家需要大量学有所成的科技人才，因此国家广泛动员海外学子回国效力。徐青甫的第二个孙子徐起超（因徐青甫长孙徐起余早夭，故徐起超后来即被视为长孙）是与钱学森同期赴美的中国留学生，是时刚在美国读完硕士，面临三个选择：一是留在美国，二是去香港，三是回祖国内地参加社会主义建设。他本来完全可以留在美国，获得良好的工作机会，香港的洋行也许诺优薪聘他担任高级经理，但徐青甫坚持主张徐起超回国，说："你是徐家的长房长孙，应该回来为国家效力。"于是徐起超毅然选择了回国，服从国家分配，在天津水电系统担任总工程师长达20余年，1976年才调回杭州。[①] 1950年底抗美援朝参军运动在全国各地掀起，招收青年学生、工人参加各种军事干部学校（简称"军干校"），徐青甫的两个在杭州读中学的孙子没有跟家里人商量，就一起去报名参军，但因年龄太小被拒绝，事后遭到他们奶奶和妈妈的责备，但徐青甫知道后却十分赞许他们的表现。而当1955年度杭州市征兵工作开始的时候，徐青甫亲自为已适龄的孙子徐起纲报名参军，并强烈要求批准他孙儿服现役的申请。[②] 1959年，徐青甫的孙女徐起政要去西北宁夏支边，当时家里人都极力反对，只有徐青甫一个人坚决支持，对孙女说："国家的号召，年轻人不响应，谁响应？"[③]其爱国情怀可见一斑，并深深地影响着他的孙子、孙女。徐家后辈的血液中无不流淌着徐青甫的爱国情怀，不论他们后来身在何处，即使是异国他乡，也都有一颗拳拳"中国心"。

1961年7月16日，徐青甫病逝于杭州，走完了他不平凡的人生之路，时年83岁，后被浙江省人民政府隆重安葬于杭州市南山公墓。

---

① 徐起政：《我记忆中的爷爷和家族二三事》，《徐青甫和他的〈经济革命救国论〉》，浙江大学出版社2017年版，第30页。

② 《把青春献给保卫祖国、建设祖国的事业》，《杭州日报》1955年12月22日。

③ 徐起政：《我记忆中的爷爷和家族二三事》，《徐青甫和他的〈经济革命救国论〉》，浙江大学出版社2017年版，第27—28页。

第十二章　结　语

徐青甫出生在封建社会的末期，其时的清王朝已彻底沦落为"洋人的朝廷"，帝国主义列强在中国大肆瓜分势力范围，民族危机日益严重。而中国一般旧知识分子仍然曲守儒学，大多唯以诗文自遣。徐青甫虽然因为编了一本应付清末科举改革后策论考试的参考书——《各国政治艺学简要录》，带来了很好的实战效果，在家兄和亲戚朋友的怂恿下参加了末代秀才和举人考试，成为一名末代秀才，但那只是一时之兴，因为他深知封建王朝已经走向了末路，科举已渐成无用之学，遂追求新学，"知非求新，不能救国"[①]，决定从学习算学入手，经世致用，以适应时代潮流。与此同时，他也接受了西方的民主思想和平等博爱的观念，先是赞襄维新变法，后来又接受了孙中山的"三民主义"，有革故鼎新之志，在政治思想、生活方式乃至价值观念上都与传统士大夫有了明显的区别，逐渐从一个传统士绅转变为新型知识分子，一个"新旧兼学"的学绅。在其影响下，其任教的浙江武备学堂的毕业或肄业生中有相当一部分人后来投身辛亥革命，在上海、杭州光复之役以及江浙联军攻克南京、建立民国的过程中发挥了中坚作用，"而光复有功者，无非旧友或门徒"[②]。

徐青甫与当时大多数接受过传统儒学教育，后又转向新学的"再教育者"不同的是，他并不攻于政治和法律，而是擅长经济，著有《经济革命救国论》《经济革命论的要旨》《粮食问题之研究》《物价问题之研究》《国难期间经济之设计》《改善经济之途径》《通资联营组织与发展经济之关系》等著作，还在《浙江经济》《银行周报》《中国农民银行月刊》《金融知识》《新社

① 徐青甫：《经济革命救国论》，民国二十一年(1932)四月，自序第1页。

② 同上书，自序第5页。

会》《战旗》《胜利》等报刊上发表了《再讲通资联营组织与发展经济之关系》《三讲通资联营组织与发展经济之关系——并答胡绍箕、沈松林两先生》《致张公权先生的一封信》《今后中国应采的经济政策》《草创民生主义经济学以符建国方针论》《政治经济改善的途径》《国民经济建设》《国防经济问题之答案》《粮食调节问题》《关于田赋改征实物之商榷》《读萧铮先生〈评阎锡山氏之土地村有〉以后》等针砭时弊的财经类文章，其中《经济革命救国论》一书是徐青甫的代表作，提出了经济统制、银行国有、虚粮本位等思想，是“货币二元论”[①]“虚粮本位论”“物本币末论”“物品证券论”理论的积极倡导者，为当时人所熟识，成为民国时期具有一定声望的经济学家。徐青甫的经济理论中既有中国传统经济思想的影子，如“量入为出”“开源节流”“民本”思想，这是由于多少接受过传统教育，因此在提出解决中国经济问题的主张时，自然而然地要从自身熟悉并为自己所要影响的对象易于理解的文化遗产中吸取有用的材料；同时他又吸收了西方的各种经济学说的养分，还亲自考察过日本的近代经济；更难能可贵的是，他不唯书，不盲从，不迷信权威，不因循旧说，看问题往往有自己独立的见解，走自己的路，因此徐青甫的经济思想可以说是西方经济学与中国传统经济思想的融合，加之他个人的独见创获而成的，“我国以生产落后，国力疲敝，内酿战争，外召侵侮，风雨飘摇，病异寻常，方应特创。乃欲以普通革命手段，寻常建设方案疗此特殊之疾，无怪其不能收效。……在寻常经济学说中，虽似无成例可以援用，而于原理中求之，则未始无法可创。爰是不揣揣陋，将平素对于世界经济上之感想，并筹拟救国方策，录供同胞参考”[②]。徐青甫丰富的管理经济的履历及长期在银行系统工作的经历则使他积累起丰富的实践经验，为其经济思想的形成提供了实践素材。他虽然一生中几度委身官场，但大多数情况下是担任政务厅厅长、财政厅厅长一类管理经济的官员，其在银行工作的履历更为丰富，从 1915 年 10 月到 1922 年 12 月，徐青甫在奉天、青岛、杭州、上海等地中国银行任职 7

① “货币二元论”泛指徐青甫鉴于“虚粮本位”货币只能行诸国内，不能行诸国外，因此对于购买外货，提出须设立专门的对外金融机关，对外要另有货币本位，可择各国币制较安定之制为其本位，把国内流通的货币与国外交易的货币相区分，对内对外施行两种不同的记账方式。

② 徐青甫：《经济革命救国论》，民国二十一年(1932)四月，自序第 6—7 页。

年，后又担任官办浙江地方银行理事长，私营东莱银行常务董事兼总经理、监察人、董事，抗战后期起到国民党政权垮台又连续担任中国农民银行、中国银行官股董事，对银行业务非常精通，积累了丰富的银行管理经验，这使他与同时代的经济学家相比，阅历较为丰富，而且能从容出入于政、商两界，具备了一般人所不能及的丰富的从政、管理与经商的眼光、经验与能力，也使他的经济思想在中国近代经济学界能独树一帜，而不仅仅是介绍、诠释、追随西方的经济学说。

关于徐青甫经济学著作写作的时空背景，以及作者当初的特殊切入角度和论点，对于几十年后的我们，确实有文化和时空上的落差，我们需要同时代的专业人士，用现代能理解的语言换个角度来解说。如果不是历代有专家不断地为我们注释解说《老子》《墨子》，一般知识界大概很难直接阅读原典，遑论读出新见解来。经济思想史学就是在做经济典籍整理与解说、诠释的工作，以今日较成熟的理论与概念，去批判先贤的思考缺乏深度；以今日较先进的技术工具(计算机统计软件)，去低估先贤的思考广度；急切地把先贤论述纳入自己的架构，合用就高兴，不合用就鄙弃。对先人没有“同情的理解”，只有眼前的实用取舍。读民国经济思想不是为历史而历史，而是把经典当作提供解答现代问题的数据库。经典会因为读者有新的问题意识，而发现新的意义，也会因为不同时代的阅读角度，得到不一样的感受。例如近代英国著名经济学家约翰·梅纳德·凯恩斯除了有卓越的才华，还有丰富的古典知识，他在 20 世纪 30 年代提出的国家干预经济理论中有一个有用的概念“有效需求(effective demand)”是从年轻时阅读的英国著名人口学家、政治经济学家托马斯·罗伯特·马尔萨斯(1766—1834)的著作中读到的。马尔萨斯一直反对古典学派的基本概念：每个供给者都会先了解市场的需求，之后才会去生产，所以不会有生产过剩(market glut)。马尔萨斯认为英国当时经济的衰退，就是供给过剩造成的，所以他提出“创造有效需求”这个药方，结果很明显，没有人理会他，直到 20 世纪 30 年代才由凯恩斯将其发现。凯恩斯的例子生动地说明，正是因为凯恩斯在求学成长期间，不以功利为取向地广泛阅读，才能在 20 世纪 30 年代全世界经济学界都束手无策时想起运用马尔萨斯的“有效需求”说。

从某种角度上说，徐青甫与同时代的经济学家相比是幸运的，因为他与南京国民政府的高层如蒋介石、黄郛等人关系特殊，徐青甫与蒋介石的结拜兄弟黄郛是总角之交，关系十分亲密，黄郛妻子沈亦云在《亦云回忆录》中多次提到徐青甫，称他为“老朋友”“大哥”[①]。由此，徐青甫亦被蒋介石所熟知，并因其经济学思想得到蒋介石的欣赏而被蒋请为讲授经济学的老师，这使得徐青甫的经济学主张有了实践的可能。他长期在银行工作及担任管理经济的高官的从业经历使得他的经济主张十分注重理论联系实际，重视对现实经济问题的研究，而这些研究成果又间接影响到了国民政府的经济政策的制定，如对国民政府抗战时期实行战时经济统制政策尤其是实行粮食统制、“田赋征实”起到了至关重要的作用，其中不少理论和主张，至今仍有借鉴和参考意义。

但徐青甫同时又是不幸的，民国时期，中国正处于大力引进、介绍和诠释西方学说，而非消化、吸收、批判、创新的阶段，社会上介绍、诠释、追随西方学说的著述非常流行，影响甚大。徐青甫的著作及其观点因立足批判、创新而超越了其所在的时代，其价值不能为当时的主流经济学界所理解和认同，从而未能产生更重要的影响，这使他成为一位为经济学界长期所忽视的经济学家。但正因为徐青甫的经济思想在近代中国经济学界独树一帜，而不是简单地介绍、诠释、追随西方经济学说，因此研究徐青甫的经济思想，能够为中国当前的经济改革和经济建设提供正反两方面的历史借鉴和启迪，毕竟今天中国社会的变迁，与民国时期相比，已到了消化与吸收外来思想，注重传统的现代转化，崇尚批判和创新的阶段。一方面，在徐青甫的思想体系中，有一些思想、言论、观点和主张在今天看来仍然值得肯定和赞扬。如他认为国家政权应对经济生活进行干预；国家财政要负起从事经济文化建设、重新分配国民所得、平均社会财富的责任；开征所得税、遗产税等既符合财政学理论中的公平原则，又顺应世界税制发展潮流的税种，以革新中国的税制；通过“公债”购买土地使土地公有，推行“永耕田”来解决近代土地分配不公问题；通过创办各种农业机构来改善农村金融，进而促进中国农业和农村经济的复兴与发展；在中国建立真正强有力的中央银行，实行总分行制，推行二元货币制，节制资本，发展实体经济生产等等。研究这些经济思想、言论、观点和主张，显然能够为当今中国正在进行的经济转型和各项经济制度改革包括金融改革提供正

① 沈亦云：《亦云回忆》，岳麓书社2017年版，第147、341页。

面的历史借鉴与启迪。但另一方面,我们也要看到徐青甫在特定历史环境下提出来的经济思想主张也含有错误、消极或空想的成分,诸如他提出的“虚粮本位论”“物本币末论”“通财主义”等思想具有一定的乌托邦色彩,寄托在不改变生产资料所有制的改革的基础上进行平均分配只能是一种美好的愿望,而且在民国时期生产力尚未达到一定水平的情况下也是难以实施的。

和同时代的大多数经济学家一样,徐青甫的民族主义和爱国主义思想是其经济思想的基本出发点。徐青甫认为中国经济要想从根本上得到发展,就必须进行民族革命,实现民族独立,民族的生存与独立始终是第一位的,从而形成了其独具特色的国防经济思想,“经济是一个国家生存的命脉,国势的强弱,要看他国力之是否充实,故必须国内有健全强固的经济基础,对外始有独立不可侵犯的实力。……我们就拿邻邦苏俄来说吧,彼国自革命以后,全国的经济基础差不多破坏无余,乃经过了两个的五年计划,埋头苦干,积极建设,各种经济事业突飞猛进,到了现在,国力的充实,在全世界要算有数的国家,这是我国一个很好的榜样”①,“现在既是国家经济互相竞争的时代,我们的经济政策,自应就整个国家利益的观点来决定。一切金融币制交通农矿工商等等政策,都应以其是否有利于本国,是否可以应付外来的竞争,巩固自己的力量为取舍的准则。私人私业的利益,只能包括于国家利益之内而存在,其经济活动应该以不背国家利益为范围”②。抗战时期,他积极投身于全民族抗战的洪流,为解决战时财经问题献计献策;中华人民共和国成立后,又积极投身新中国的经济建设,支持国家发行1950年第一期人民胜利折实公债,并带头认购公债,以自身影响带动殷实富户及原北洋、国民党政府官员购买公债,这些都充分体现了徐青甫鲜明的民族主义和爱国主义思想。

最后需要特别指出的是,历史人物往往因其所处的环境,存在其历史局限性,徐青甫也不例外。在中华人民共和国成立前,徐青甫按其政治立场,自应属于国民党政治集团中的一员,其《经济革命救国论》中提出的经

① 徐青甫:《国民经济建设》,《战旗》第74期,1939年10月18日,第2页。

② 徐青甫:《今后中国应采的经济政策》,《中国农民银行月刊》第1卷第4期,1936年4月30日,第82页。

济思想也是针对"资本主义所采用之方法未能尽善，社会主义所采用之手段亦难如意"[1]的另创新说，但是我们认为，评价一个历史人物，无论他是属于先进的革命的一方，或属于反动保守的一方，抑或处于中间状态的一方，都不能脱离实际，仅仅机械地以政治意识形态来画线，而应该根据其所处时代的要求，以是否有利于国家、民族的最高利益，是否有利于当时的社会进步和发展，以及服务于这一目标的个人一生的思想、言论、实践及个人品德进行综合考察。用这一标准衡量古今人物，均不难找到合适的坐标。诚然，"个人隶属于一定阶级这一现象，在那个除了反对统治阶级以外不需要维护任何特殊的阶级利益的阶级还没有形成之前，是不可能消灭的"[2]，但是，"给现代资产阶级打下基础的人物，决不受资产阶级的局限。……但他们的特征是他们几乎全都处在时代运动中，在实际斗争中生活着和活动着，站在这一方面或那一方面进行斗争，一些人用舌和笔，一些人用剑，一些人则两者并用。因此就有了使他们成为完人的那种性格上的完整和坚强。书斋里的学者是例外：他们不是第二流或第三流的人物，就是唯恐烧着自己手指的小心翼翼的庸人"[3]。具体到徐青甫，虽然他与国民党高层关系特殊，蒋介石欣赏他"懂得理财"，也曾经重用他，但终其一生，他毕竟只是一介书生、学者，一位经济学家，其大部分时间花在著书立说上，宣传他的经济思想，并无心为政。即使一度从政，在国民政府中也属于没有多少实权且洁身自好的清官，其清正廉洁一直贯穿其从政生涯的始终，也并没有参与到国民党统治的核心之中，自然也就无法干涉国民党的内外方针，因此并无明显的反共行为。此外，他抗战后期起虽担任中国农民银行、中国银行的官股董事，但也是名义上的，不属于国民党官僚资本集团中的一员。更何况，杭州解放前夕，徐青甫没有追随欣赏自己"懂得理财"的蒋介石去台湾，也没有跟他儿子去香港定居，而是坚定地选择了留在大陆，为新中国建设服务。他支持国家发行公债，并带头认购 1950 年第一期人民胜利折实公债，以自身影响带动

---

① 徐青甫：《经济革命救国论》，民国二十一年(1932)四月，魏颂唐跋第 2 页。

② 马克思、恩格斯：《德意志意识形态》，《马克思恩格斯全集》第 3 卷，人民出版社 1995 年版，第 86 页。

③ 恩格斯：《自然辩证法》，《马克思恩格斯全集》第 3 卷，人民出版社 1995 年版，第 445—446 页。

住在杭州的部分城市殷实富户及原北洋、国民党政府官员购买公债是热爱新中国的具体表现。因此,终其一生的评价,徐青甫应该是民国史上的一位浙江先贤、学者和经济学家,一位爱国人士,也是国民党政权中为数不多的清官。

附:徐青甫年谱(简谱)

光绪五年三月十二日(1879 年 4 月 3 日),出生于浙江省仁和县(今浙江省杭州市),名鼎,字青甫。

光绪十一年(1885),由父母做主,与浙江省新昌县县学廪生俞鸿学的三女儿俞振亚订婚。

光绪十三年九月初二(1887 年 10 月 18 日),父亲徐光祖(原籍浙江镇海,后占籍仁和县)病逝。

光绪十六年至光绪十八年(1890—1892),就学于杭州正蒙义塾,与同学黄郛、厉汝州最为友善,曾相约他日居家,成三角形,距离等,每日走晤。

光绪二十年至二十四年(1894—1898),辗转安徽六安州霍山县石门湾巡检司、庐州府舒城县麻地巡检司、凤阳府寿州州衙、六安州西两河口厘金局等衙门做师爷。

光绪二十四年(1898)冬,在杭州设馆教授蒙童。

光绪二十五年(1899),入杭州日文学堂学习日文。

光绪二十五年八月至三十一年(1899 年 9 月—1905 年),入浙江武备学堂,历任日本教习翻译、助教、教授。

光绪二十六年六月(1900 年 7 月),随好友金梁到上海参加“中国国会”,结识著名维新志士唐才常,遂决心以身许国,赴南京以死力谏两江总督刘坤一出兵平庚子之乱,拥光绪帝复位,不果,返回杭州。

光绪二十六年(1900),与浙江武备学堂、求是书院两所学校的有志青年蒋尊簋等 9 人,组织创办“争存会”,襄赞维新变法。是年,为避祸,趁学堂暑期放假,暂住岳父家,遂与俞振亚完婚。

光绪二十九年(1903),考中秀才。是年,参加末代乡试,但未中举。

光绪三十年六月二十六日(1904 年 8 月 7 日),其子徐继庄出生。

光绪三十一年(1905),经同乡叶景葵推荐,投奔盛京将军赵尔巽,出任奉天巡警总局交涉股股长。

光绪三十三年八月（1907 年 9 月），赵尔巽补授湖广总督，徐青甫随赵尔巽到汉口，担任汉口后湖清丈局稽核。

光绪三十四年（1908）夏，重返奉天。时老友金梁担任奉天旗务司总办，经金梁推荐，担任奉天巡警总局行政科长兼奉天巡警教练所教务长。

宣统元年七月底（1909 年 8 月底），调任奉天省安东县巡警局长，兼辖安东县乡镇巡警局，并兼任安东商埠交涉员。

宣统二年八月底（1910 年 9 月底），受金梁委托，与刘建封前往长白山下的安图勘查筹备设治事宜，以便迁旗殖边。

宣统二年十月至十二月（1910 年 11 月—1911 年 1 月），奉派至日本北海道、东京、大阪、神户等地考察拓殖、金融两个月。

宣统三年（1911），奉派筹办八旗兴业银行。是年 8 月，因金梁调任奉天新民府知府，徐青甫离开八旗兴业银行，改去奉天审计处任职。

宣统三年（1911），叶景葵担任署理大清银行正监督，徐青甫受邀担任大清银行东三省密查。是年 10 月 10 日，武昌起义爆发，随同叶景葵辞去大清银行职务，携眷返杭。

民国元年（1912）十一月至民国三年（1914），担任浙江省诸暨县知事，因时任浙江省民政长屈映光误将委任状上的名字“徐鼎”写成“徐鼎年”，只好将错就错，以徐鼎年之名上任，从此以后遂改名为徐鼎年，而以字相称呼。

民国三年（1914）九月至民国四年（1915）三月，担任湖北省通城县知事。

民国四年（1915）十月，经时任中国银行奉天分号经理陈廷綮介绍，出任中国银行奉天分号出纳主任。

民国六年（1917），接任中国银行奉天分号经理。

民国八年（1919）七月，中国银行奉天分号升格为中国银行奉天分行，徐青甫极力推辞出任分行行长，并辞职。

民国八年（1919）十月，应时任浙江兴业银行董事长叶景葵邀请，前往哈尔滨任浙江兴业银行哈尔滨分庄主任，不久因水土不服，被迫辞职。

民国九年（1920）至民国十年（1921），担任中国银行青岛支行经理。

民国十年（1921）至民国十一年（1922）十二月，担任中国银行浙江分行副经理。1922 年 7 月 30 日中国银行第一区区域行正式成立，以上海分行为区域行，管辖沪、宁、浙、皖四家分行，徐青甫以中国银行浙江分行副经理身份出任第一区区域行帮办。

民国十一年(1922)十二月至民国十三年(1924)十月，被时任浙江省省长张载阳延揽，担任浙江省政务厅厅长，其间主持官商合办的浙江地方实业银行分家，最终拆分成官办的浙江地方银行和商办的浙江实业银行。

民国十二年(1923)五月二十四日，生母余氏病逝。

民国十三年(1924)十月至民国十五年(1926)十月，因与“齐卢之战”后上台的浙江省省长夏超有师生之谊，故被推荐出任浙江地方银行董事长，兼任杭州分行经理。

民国十五年(1926)十月，夏超败亡后，徐青甫与阮性存、陈训正等浙江名流一起去南昌投奔北伐军，被邀担任浙江省政府财政委员。

民国十六年(1927)四月，南京国民政府成立，5 月被任命为中央政治会议浙江分会下设的浙江省政务委员会委员，但坚辞未就。

民国十六年(1927)七月至八月，受老友、时任上海特别市市长黄郛相邀，出任上海特别市政府财政局局长。

民国十六年(1927)至民国二十年(1931)底，归隐莫干山休养，潜心著书，于 1931 年著成《经济革命救国论》一书，1932 年 4 月由浙江经济学会代为出版，提出经济统制、银行国有和虚粮本位等思想。

民国二十一年(1932)，出版《国难期间经济之设计》一书。

民国二十一年(1932)三月至民国二十二年(1933)三月，出任东莱银行常务董事兼总经理。

民国二十一年(1932)七月二十日，受到蒋介石召见，详谈币制改革问题，蒋介石在当天的日记中评价其“此人老练，应早用也”。

民国二十二年(1933)十一月至民国二十四年(1935)三月，再度受黄郛邀请，担任南京国民政府行政院驻北平政务整理委员会调查处主任。

民国二十三年(1934)十二月至民国二十四年(1935)十二月，国民党新桂系头目黄绍竑首度出任浙江省政府主席，徐青甫经蒋介石推荐担任浙江省政府委员兼财政厅厅长。

民国二十五年(1936)二月至十二月，出任浙江省政府委员兼民政厅厅长。

民国二十五年(1936)八月至九月，因“两广事变”爆发，新桂系头目李宗仁、白崇禧联合粤系头目陈济棠举起反蒋抗日旗帜，蒋介石为分化新桂系,任命李宗仁为国民党军事委员会委员,白崇禧为浙江省政府主席,黄绍竑为广西军务善后督办,回广西主政,但李宗仁、白崇禧、黄绍竑拒不任职,徐青甫以省民政厅厅长身份代理浙江省政府主席。

民国二十六年(1937)八月至民国二十七年(1938)年一月,出任浙江省抗敌后援会执行委员、常务委员,兼省抗敌后援会下设的设计委员会常务委员。

民国二十七年(1938)四月,被浙江省党政联席会议推举为第一届国民参政会参政员候选人。

民国二十八年(1939)三月至民国三十一年(1942)十月,担任浙江省临时参议会议长。

民国二十八年(1939),首次提出“田赋征实”思想,其要点为废除田赋正附税各税,一律改征实物,以正产收获量什一为课税标准,且以谷物为本位。

民国二十九年(1940)一月,在《胜利》第 60 期发表《关于田赋改征实物之商榷》,引起福建、浙江关注,分别于 1940 年、1941 年实施田赋改征实物,成为继山西省之后全国第二个、第三个实行此政策的省份,早于中央在全国范围内推行田赋征实。

民国二十九年(1940)至民国三十八年(1940—1949),担任中国农民银行董事。

民国三十一年(1942),出版《粮食问题之研究》一书。

民国三十三年(1944),出版《物价问题之研究》一书。

民国三十三年至民国三十八年(1944—1949),担任中国银行官股董事。

民国三十五年(1946),出版《通资联营组织与发展经济之关系》一书。

民国三十六年(1947)秋,由杭州市商会和市警察局合办,成立杭州市义勇警察委员会,徐青甫任委员,委员会下设义勇警察总队,在中国人民解放军尚未进驻杭州前(1949 年 4 月 20 日至 5 月 3 日),起到了保卫地方治安的作用,做了一些有益于人民的工作。

1950 年 1 月,被推举为杭州市公债推销第五分会第三支会(下城支会)主任委员,在国家发行 1950 年第一期人民胜利折实公债运动中,主持第五分会第三支会的公债推销和宣传工作,还带头认购了 1000 分公债。

1950 年 10 月,被推为杭州市首届人民救济代表会议代表。是年,被推为杭州市支援皖北、苏北灾民劝募寒衣委员会委员和第七分会(城区殷实富户)委员,投入到支援皖北、苏北灾民寒衣劝募的运动。

1955 年 2 月,作为 37 名特别邀请人士之一,被推选为浙江省政协第一届委员会委员,出席了政协第一届浙江省委员会第一次全体会议。

1956 年 1 月 14 日至 20 日,中共中央专门召开了全国知识分子问题会议,周恩来总理作《关于知识分子问题的报告》。是年 5 月上旬至 7 月上旬,浙江省民革组织在杭社会人士学习座谈周恩来总理的该报告,徐青甫参加了此报告会。

1956 年 9 月 15 日至 27 日,中国共产党第八次全国代表大会召开,毛泽东致开幕词,重申了其在《论十大关系》讲话中的精神。9 月 18 日,浙江省民革组织在杭社会人士学习毛泽东开幕词等中共八大文件座谈会,徐青甫参加了此座谈会。

1956 年 11 月,浙江省政协和杭州市政协联合成立浙江省暨杭州市纪念孙中山诞辰 90 周年筹备委员会,成为 52 名筹委会委员之一,出席了在杭州举行的纪念孙中山诞辰 90 周年大会。

1957 年 1 月 10 日、15 日至 16 日,浙江省民革及杭州市筹委会邀请部分成员及所联系的社会人士 40 余人,先后 5 次举行小型座谈会,座谈对《人民日报》1956 年 12 月 29 日发表的《再论无产阶级专政的历史经验》一文的体会和感想,徐青甫都参加了这些座谈会。

1958 年 10 月,政协第二届浙江省委员会成立,徐青甫再次作为特别邀请人士(共有 100 名)被推为省政协委员,出席了 10 月 27 日至 11 月 2 日在杭州召开的省政协二届一次全体会议。

1961 年 7 月 16 日,病逝于杭州,享年 83 岁,被浙江省人民政府隆重安葬于杭州市南山公墓。

参考文献

一、原典文献

[1] 徐青甫.经济革命救国论[M].杭州:浙江经济学会,1932.

[2] 徐青甫.经济革命论的要旨[M].1932.

[3] 徐青甫.国难期间经济之设计[M].1932.

[4] 徐青甫.徐青甫先生演讲集:第二册[M].杭州:浙江财物人员养成所,1932.

[5] 徐青甫.改善经济之途径[M].1934.

[6] 徐青甫.粮食问题之研究[M].1942.

[7] 徐青甫.物价问题之研究[M].重庆:邮政储金汇业局,1944.

[8] 徐青甫.通资联营组织与发展经济之关系[M].1946.

[9] 徐鼎年,等.镇海大枫林徐氏宗谱[M]//上海图书馆.中国家谱总目.上海:上海古籍出版社,2008.

[10] 毛泽东.毛泽东选集[M].北京:人民出版社,1991.

[11] 陈云.陈云文选[M].北京:人民出版社,1995.

[12] 孙中山.孙中山全集[M].北京:中华书局,2006.

[13] 朱执信.朱执信集(增订本)[M].北京:中华书局,2006.

[14] 马寅初.马寅初全集[M].杭州:浙江人民出版社,1999.

[15] 章立凡.章乃器文集[M].北京:华夏出版社,1997.

[16] 章乃器,钱俊瑞,骆耕漠等.中国货币制度往那里去[M].上海:新知书店,1935.

[17] 中国国民党革命委员会中央宣传部.翁文灏论经济建设[M].北京:团结出版社,1989.

[18] 土地村有问题:各方对土地村有问题意见汇编[G].北京:中国地政学会印行,1935.

[19] 赵德馨. 张之洞全集[M]. 武汉:武汉出版社,2008.
[20] 金梁. 瓜圃丛刊叙录[M]//沈云龙. 近代中国史料丛刊正编:第二十九辑. 台北:文海出版社,1968.
[21] 金梁. 瓜圃述异[M]. 台北:广文书局,1976.
[22] 金梁. 光宣小记[M]. 上海:上海书店出版社,1998.
[23] 黄绍竑. 五十回忆[M]. 长沙:岳麓书社,1999.
[24] 沈亦云. 亦云回忆[M]. 长沙:岳麓书社,2017.
[25] 钱昌照. 钱昌照回忆录[M]. 北京:中国文史出版社,1998.
[26] 阮毅成. 前辈先生[M]. 台北:传记文学出版社,1972.
[27] 姚菘龄. 中行服务记[M]. 台北:传记文学出版社,1968.
[28] 中国史学会. 中国近代史资料丛刊·辛亥革命[M]. 上海:上海人民出版社,2000.
[29] 徐映璞. 两浙史事丛稿[M]. 杭州:浙江古籍出版社,1988.
[30] 中国第二历史档案馆. 中华民国史档案资料汇编:第五辑第二编财政经济[G]. 南京:江苏古籍出版社,1997.
[31] 中国银行总行,中国第二历史档案馆. 中国银行行史资料汇编:上编(1912—1949)[G]. 北京:档案出版社,1991.
[32] 中国人民银行金融研究所. 中国农民银行[M]. 北京:中国财政经济出版社,1980.
[33] 吴冈. 旧中国通货膨胀史料[M]. 上海:上海人民出版社,1958.
[34] 宋同福. 田赋征实概论[M]. 1942.
[35] 浙江图书馆. 浙江省政府公报(一九一二——一九二七)[M]. 北京:国家图书馆出版社,2016.
[36] 中国人民政治协商会议浙江省委员会秘书处. 中国人民政治协商会议浙江省第一届委员会第一次全体会议汇刊[M]. 1955.
[37] 秦孝仪. 抗战建国史料——粮政方面(一):革命文献第 110 辑[M]. 台北:"中央文物供应社",1987.
[38] 秦孝仪. 抗战建国史料——粮政方面(四):革命文献第 113 辑[M]. 台北:"中央文物供应社",1988.
[39] 秦孝仪. 抗战建国史料——田赋征实(一):革命文献第 114 辑[M]. 台北:"中央文物供应社",1988.
[40] 秦孝仪. 抗战建国史料——田赋征实(四):革命文献第 117 辑[M].

台北:“中央文物供应社”,1989.
[41] 四川联合大学经济研究所,中国第二历史档案馆.中国抗日战争时期物价史料汇编[G].成都:四川大学出版社,1998.
[42] 浙江省政府公报.1934—1936.
[43] 浙江财政月刊.1934—1936.
[44] 浙江民政日刊.1934—1936.
[45] 银行周报.1917—1950.
[46] 浙江经济.1946—1948.
[47] 浙光.1937.
[48] 浙江民众.1940—1941.
[49] 中国农民银行月刊.1936.
[50] 储汇服务.1945.
[51] 金融知识.1943.
[52] 星期文摘.1940.
[53] 东方杂志.1904—1948.
[54] 东南日报.1939—1944.
[55] 浙江日报.1939—1944.
[56] 申报.1872—1949.

二、今人论著

[1] 徐起政.徐青甫和他的《经济革命救国论》[M].杭州:浙江大学出版社,2017.
[2] 沈凯璋.近代经济学家徐青甫[G]//中国人民政治协商会议宁波市北仑区委员会文史资料委员会.北仑文史资料:第一辑.1990.
[3] 沈凯璋.徐青甫与他的《经济革命救国论》[G]//浙江省政协文史资料委员会.浙江近代金融业和金融家:浙江文史资料选辑第四十六辑.杭州:浙江人民出版社,1992.
[4] 李净通.辛亥革命后军阀统治时期的浙江政局[G]//中国人民政治协商会议浙江省委员会文史资料研究委员会.浙江文史资料选辑:第一辑.1962.
[5] 张履政.国民党统治时期浙江省财政厅的见闻[G]//中国人民政治协商会议浙江省委员会文史资料研究委员会.浙江文史资料选辑:第四辑.1962.

[6] 茹管廷. 国民党统治时期浙江省民政厅见闻[G]//中国人民政治协商会议浙江省委员会文史资料研究委员会. 浙江文史资料选辑：第二十一辑. 杭州：浙江人民出版社，1982.

[7] 洪品成. 浙江地方银行始末[G]//中国人民政治协商会议浙江省委员会文史资料研究委员会. 浙江文史资料选辑：第九辑. 1964.

[8] 谭鹤鸣. 民国时期通城县知事县长志[M]. 1989.

[9] 中国人民银行沈阳分行，沈阳市金融学会. 沈阳金融志(1840—1986)[M]. 1992.

[10] 浙江省金融志编纂委员会. 浙江省金融志[M]. 杭州：浙江人民出版社，2000.

[11] 浙江省政协志编纂委员会. 浙江省政协志[M]. 杭州：浙江人民出版社，2007.

[12] 浙江省中国共产党志编纂委员会. 浙江省中国共产党志[M]. 杭州：浙江人民出版社，2007.

[13] 浙江省政府志编纂委员会. 浙江省政府志[M]. 杭州：浙江人民出版社，2014.

[14] 丁孝智. 五四以来中国商业经济思想的发展[M]. 广州：广东人民出版社，2001.

[15] 叶世昌，李宝金，钟祥财. 中国货币理论史[M]. 厦门：厦门大学出版社，2003.

[16] 李向民. 大梦初觉——中国的经济发展学说[M]. 南京：江苏人民出版社，1994.

[17] 孙大权. 中国经济学的成长——中国经济学社研究(1923—1953)[M]. 上海：上海三联书店，2006.

[18] 中国银行行史编辑委员会. 中国银行行史(1912—1949)[M]. 北京：中国金融出版社，1995.

[19] 张海鹏. 中国近代通史[M]. 南京：江苏人民出版社，2013.

[20] 张宪文，张玉法. 中华民国专题史[M]. 南京：南京大学出版社，2015.

[21] 赵世培，郑云山. 浙江通史：清代卷(中)[M]. 杭州：浙江人民出版社，2005.

[22] 汪林茂. 浙江通史：清代卷(下)[M]. 杭州：浙江人民出版社，2005.

[23] 金普森，等. 浙江通史：民国卷(上)[M]. 杭州：浙江人民出版社，2005.

[24] 袁成毅.浙江通史:民国卷(下)[M].杭州:浙江人民出版社,2005.
[25] 廖盖隆,庄浦明.中华人民共和国编年史(1949—2009)[M].北京:人民出版社,2010.
[26] 李俊洁.人物·事件·记忆:浙江辛亥革命遗迹图考[M].杭州:浙江古籍出版社,2013.
[27] 刘孝诚.中国财政通史:中华民国卷[M].北京:中国财政经济出版社,2006.
[28] 杨荫溥.民国财政史[M].北京:中国财政经济出版社,1985.
[29] 陶士和.浙江民国史研究通论[M].北京:中国社会科学出版社,2007.
[30] 潘国旗.民国浙江财政研究[M].北京:中国社会科学出版社,2007.
[31] 袁成毅.民国浙江政局研究(1927—1949)[M].北京:中国社会科学出版社,2007.
[32] 石毓符.中国货币金融史略[M].天津:天津人民出版社,1984.
[33] 王丹莉.银行现代化的先声——中国近代私营银行制度研究(1897—1936)[M].北京:中国金融出版社,2009.
[34] 张朝晖,等.近代浙江地方银行研究[M].北京:商务印书馆,2015.
[35] 何品.从官办到官商合办再到商办:浙江实业银行及其前身的历史变迁(1908—1937)[M].上海:上海远东出版社,2014.
[36] 石涛.南京国民政府中央银行研究(1928—1937)[M].上海:上海远东出版社,2012.
[37] 周春,蒋和胜.中国抗日战争时期物价史[M].成都:四川大学出版社,1998.
[38] 侯坤宏.抗日战争时期粮食供求问题研究[M].北京:团结出版社,2015.
[39] 郝银侠.社会变动中的制度变迁:抗战时期国民政府粮政研究[M].北京:中国社会科学出版社,2013.
[40] 潘国旗,柳文.新中国国债研究[M].北京:经济科学出版社,2016.
[41] 万立明.中国共产党公债政策的历史考察及经验研究[M].上海:上海人民出版社,2015.
[42] 王中山,牛玉峰.中国民主党派史丛书:中国国民党革命委员会卷[M].石家庄:河北人民出版社,2001.
[43] 沈广杰.金梁年谱新编[M].北京:现代出版社,2012.
[44] 夏东元.盛宣怀年谱长编[M].上海:上海交通大学出版社,2004.

[45] 柳和城.叶景葵年谱长编[M].上海:上海交通大学出版社,2017.
[46] 沈云龙.黄膺白先生年谱长编[M].台北:联经出版事业公司,1976.
[47] 李凤琴.黄郛与近代中国政治[M].天津:南开大学出版社,2017.
[48] 王松.孔祥熙传[M].武汉:湖北人民出版社,2006.
[49] 吴景平.宋子文评传[M].福州:福建人民出版社,1992.
[50] 吴景平.宋氏家族与近代中国的变迁[M].上海:东方出版中心,2015.
[51] 沈松平.陈训正评传[M].杭州:浙江大学出版社,2015.
[52] 陈太先,魏方合.当代地政泰斗萧铮博士传略[M].1997.
[53] 叶世昌.胡召南和徐青甫的经济救国论[J].上海经济研究,1991(6).
[54] 叶世昌. 徐青甫的物本币末论[J].学术月刊,1992(7).
[55] 钟祥财.三十年代我国币制理论述评[J].中国钱币,1992(2).
[56] 郑会欣.战前"统制经济"学说的讨论及其实践[J].南京大学学报,2006(1).
[57] 贾钦涵."纸币兑现之争"与1935年法币改革决策[J].中国社会经济史研究,2016(2).
[58] 胡忆红. 抗战时期政界与学界对粮食统制问题的讨论与研究[J].历史教学,2015(4).
[59] 杨俊.蒋介石、晋绥系与国民经济建设运动初步纲领的制定[J].江苏社会科学,2015(6).
[60] 金普森,潘国琪.南京国民政府时期的外债研究综述[J].浙江社会科学,2001(6).
[61] 张睿.金梁与奉天旗务改革研究[D].沈阳:辽宁大学,2015.
[62] 马晶.浙江省临时参议会研究(1939—1946)[D].杭州:浙江大学,2010.

后 记

在镇海大枫林徐氏一脉中，徐青甫和其三叔的长子徐桴都是中国近现代史上耳熟能详的风云人物，并且在国民党政治集团中担任过比较重要的角色。徐青甫更是集学者、士绅、银行经理、官员于一身，是民国时期独树一帜的经济学家，既熟谙西方各种经济学说，又不因循旧说，而是另起炉灶，走自己的路，有自己独到的见解，其提出的经济统制、银行国有、虚粮本位、田赋征实等思想，有些至今仍不失其光彩。由于徐青甫与南京国民政府的高层如蒋介石、黄郛等人的特殊关系，其经济学思想得到蒋介石的欣赏而间接地影响到了国民政府的经济政策的制定，对国民政府抗战时期实行战时经济统制政策尤其是实行粮食统制、"田赋征实"起到了至关重要的作用。但令人遗憾的是，对于这样一位宁波先贤、在国内具有一定影响的民国人物，还是宁波历史上为数不多的在国内数得着的经济学家，国内外过往的研究实在是太稀少了，甚至可以说是被忽略了，迄今为止尚没有一部关于徐青甫的传记问世，即使是专门研究徐青甫的学术论文也是寥寥无几。笔者是在撰写专著《陈训正评传》的时候接触到了徐青甫的一些资料，由于笔者博士期间从事的是中国近代城市史、经济史研究，故而萌生了撰写《徐青甫评传》的想法，意欲弥补浙东、宁波名人研究中的这一空白，使人们对徐青甫有一个全面的认识，从而丰富和深化民国史、中国经济史的研究。

本书共分十二章，笔者撰写了第一、二、三、四、五、六、十、十一、十二章及书后的《徐青甫年谱(简谱)》，笔者的研究生杜航撰写了第七、八、九章。因杜航本科系中南财经政法大学武汉学院金融学专业毕业，而徐青甫的独树一帜的经济学思想的出发点是从改革币制金融入手的，故由她撰写了第七章"徐青甫的统制经济思想"、第八章"徐青甫的货币金融思想"、第九章"徐青甫的财政思想"，从这个角度说，本书也可以说是由我和我的研究生杜航共同完成的。

在本书写作过程中，笔者特意走访了位于宁波市北仑区小港街道枫林社区的徐青甫纪念馆，受到枫林社区党工委书记金胜男女士的热情接待，并由此结识了徐青甫先生的孙女徐启政（徐起政）女士。徐启政（徐起政）女士及徐青甫先生其他亲属为笔者提供了许多口述资料以及徐青甫生前的一些照片，弥补了现存文献资料的不足，使徐青甫先生的形象更为丰满。重庆市档案馆的王琳玲女士、温长松先生则提供了稀有的徐青甫先生当年发表在《邮政储汇》杂志上的生平口述资料。特向他们致以诚挚的感谢，没有他们的帮助，本书将会留下许多缺憾。同时，还要感谢浙江图书馆孤山分部、上海图书馆、浙江省档案馆，他们也为本书的写作提供了不少帮助。最后还要感谢浙江工商大学出版社尤其是责任编辑周敏燕女士，为本书的出版付出了大量劳动，在此一并致以诚挚的谢意！

沈松平

2019 年 3 月于宁波大学